国家“双一流”建设学科
辽宁大学应用经济学系列丛书
教材系列
总主编◎林木西

税收管理

Tax Administration

龚 辉 编著

中国财经出版传媒集团
经济科学出版社
Economic Science Press

图书在版编目（CIP）数据

税收管理/龚辉编著．—北京：经济科学出版社，2018.8
（辽宁大学应用经济学系列丛书．教材系列）
ISBN 978－7－5141－9611－5

Ⅰ．①税…　Ⅱ．①龚…　Ⅲ．①税收管理－高等学校－教材　Ⅳ．①F810.423

中国版本图书馆CIP数据核字（2018）第179264号

责任编辑：宋　涛
责任校对：杨晓莹
责任印制：李　鹏

税收管理
龚　辉　编著
经济科学出版社出版、发行　新华书店经销
社址：北京市海淀区阜成路甲28号　邮编：100142
总编部电话：010－88191217　发行部电话：010－88191522
网址：www.esp.com.cn
电子邮件：esp@esp.com.cn
天猫网店：经济科学出版社旗舰店
网址：http://jjkxcbs.tmall.com
北京密兴印刷有限公司印装
787×1092　16开　25.5印张　530000字
2018年10月第1版　2018年10月第1次印刷
印数：0001—2000册
ISBN 978－7－5141－9611－5　定价：65.00元
（图书出现印装问题，本社负责调换。电话：010－88191510）

总 序

本丛书为国家“双一流”建设学科辽宁大学“应用经济学”系列丛书，也是我主编的第三套系列丛书。前两套丛书出版后，总体看效果还可以：第一套是《国民经济学系列丛书》（2005年至今已出版13部），2011年被列入“十二五”国家重点出版物出版规划项目；第二套是《东北老工业基地全面振兴系列丛书》（共10部），在列入“十二五”国家重点出版物出版规划项目的同时，还被确定为2011年“十二五”规划400种精品项目（社科与人文科学155种）。围绕这两套系列丛书还取得了一系列成果，获得了一些奖项。

主编系列丛书从某种意义上说是“打造概念”。比如说第一套系列丛书也是全国第一套国民经济学系列丛书，主要为辽宁大学国民经济学国家重点学科“树立形象”；第二套则是在辽宁大学连续获得国家社科基金“八五”至“十一五”重大（点）项目，围绕东北（辽宁）老工业基地调整改造和全面振兴进行系统研究和滚动研究的基础上持续进行探索的结果，为促进我校区域经济学建设、服务地方经济做出了新贡献。在这一过程中，既出成果也带队伍、建平台、组团队，我校应用经济学学科建设也不断跃上新台阶。

主编第三套丛书旨在使辽宁大学应用经济学一级学科建设有一个更大的发展。辽宁大学应用经济学学科的历史说长不长、说短不短。早在1958年建校伊始，便设立了经济系、财政系、计统系等9个系，其中经济系由原东北财经学院的工业经济、农业经济、贸易经济三系合成，财税系和计统系即原东北财经学院的财信系、计统系。后来院系调整，将经济系留在沈阳的辽宁大学，将财政系、计统系迁到大连组建辽宁财经学院（即现东北财经大学前身），对工业经济、农业经济、贸易经济三个专业的学生培养到毕业为止。由此形成了辽宁大学重点发展理论经济学（主要是政治经济学）、辽宁财经学院重点发展应用经济学的大体格局。实际上，后来辽宁大学也发展了应用经济学，东北财经大学也发展了理论经济学，发展得都不错。1978年，辽宁大学恢复招收工业经济本科生，1980年受人民银行总行委托、经教育部批准开始招收国际金融本科生，1984年辽宁大学在全国第一批成立了经济管理学院，增设计划统计、会计、保险、投资经济、国际贸易等本科专业。到20世纪90年代中期，辽宁大学已有西方经济学、世界经济、国民经济管理、国际金融、工业经济5个二级学科博士点，当时在全国同类院校似不多见。1998 年建立国家重点教学基地“辽宁大学国家经济学基础人才培养基地”，同年获批建设第二批教育部人文社科重点研究基地“辽宁大学比较经济体制研究中心”（2010 年改为“转型国家经济政治研究中心”）。2000 年，辽宁大学在理论经济学一级学科博士点评审中名列全国第一；2003 年，辽宁大学在应用经济学一级学科博士点评审中并列全国第一；2010 年，新增金融、应用统计、税务、国际商务、保险等全国首批应用经济学类专业学位硕士点；2011 年，获全国第一批统计学一级学科博士点，从而实现了经济学、统计学一级学科博士点“大满贯”。

在二级学科重点学科建设方面，1984 年，外国经济思想史即后来的西方经济学、政治经济学被评为省级重点学科；1995 年，西方经济学被评为省级重点学科，国民经济管理被确定为省级重点扶持学科；1997 年，西方经济学、国际经济学、国民经济管理被评为省级重点学科和重点扶持学科；2002 年、2007 年国民经济学、世界经济连续两届被评为国家重点学科；2007 年，金融学被评为国家重点学科。

在一级学科重点学科建设方面，2017 年 9 月，被教育部、财政部、国家发展和改革委员会确定为国家“双一流”建设学科。辽宁大学确定的世界一流学科建设口径范围为“应用经济学”，所对应的一级学科为应用经济学和理论经济学，成为东北地区唯一一个经济学科“双一流”建设学科。这是我校继 1997 年成为“211”工程重点建设高校 20 年之后学科建设的又一次重大跨越，也是辽宁大学经济学科三代人共同努力的结果。此前，应用经济学、理论经济学于 2008 年被评为第一批一级学科省级重点学科，2009 年被确定为辽宁省“提升高等学校核心竞争力特色学科建设工程”高水平重点学科，2014 年被确定为辽宁省一流特色学科第一层次学科，2016 年被辽宁省人民政府确定为省一流学科。

在“211 工程”建设方面，应用经济学一级学科在“九五”立项的重点学科建设项目是“国民经济学与城市发展”“世界经济与金融”；“十五”立项的重点学科建设项目是“辽宁城市经济”；“211 工程”三期立项的重点学科建设项目是“东北老工业基地全面振兴”“金融可持续协调发展理论与政策”，基本上是围绕国家重点学科和省级重点学科而展开的。

经过多年的学科积淀与发展，辽宁大学应用经济学、理论经济学、统计学“三箭齐发”，国民经济学、世界经济、金融学国家重点学科“率先突破”，由“万人计划”领军人才、长江学者特聘教授领衔，中青年学术骨干梯次跟进，形成了一大批高水平的学术成果，培养出一批又一批优秀人才，多次获得国家级科研、教学奖励，在服务东北老工业基地全面振兴等方面做出了积极的贡献。

编写这套《辽宁大学应用经济学系列丛书》主要有三个目的：

一是促进“应用经济学”一流学科全面发展。以往辽宁大学应用经济学主要依托国民经济学和金融学国家重点学科和省级重点学科进行建设，取得了重要进展。这个“特色发展”的总体思路无疑是正确的。进入“十三五”时期，根据“双一流”建设需要，本学科确定了区域经济学、产业经济学与东北振兴，世界经济、国际贸易学与东北亚合作，国民经济学与地方政府创新，金融学、财政学与区域发展，政治经济学与理论创新等五个学科方向。其目标是到2020年，努力将本学科建设成为立足于东北经济社会发展、为东北振兴和东北亚合作做出应有贡献的一流学科。因此，本套丛书旨在为实现这一目标提供更大的平台支持。

二是加快培养中青年骨干教师茁壮成长。目前，本学科已建成由长江学者特聘教授、“万人计划”第一批教学名师、国务院学位委员会学科评议组成员、全国高校首届国家级教学名师领衔，“万人计划”哲学社会科学领军人才、教育部新世纪优秀人才、教育部教指委委员、省级教学名师、校级中青年骨干教师为中坚，以老带新、新老交替的学术梯队。本丛书设学术、青年学者、教材三个子系列，重点出版中青年教师的学术著作，带动他们尽快脱颖而出，力争早日担纲学科建设。本丛书设立教材系列的目的是促进教学与科研齐头并进。

三是在经济新常态、新时代、新一轮东北老工业基地全面振兴中做出更大贡献。面对新形势、新任务、新考验，我们力争提供更多具有原创性的科研成果、具有较大影响的教学改革成果、具有更高决策咨询价值的“智库”成果。

这套系列丛书的出版，得到了辽宁大学党委书记周浩波教授、校长潘一山教授和中国财经出版传媒集团副总经理、经济科学出版社社长吕萍的支持。在丛书出版之际，谨向所有关心支持辽宁大学应用经济学建设和发展的各界朋友，向辛勤付出的学科团队成员表示衷心的感谢！

林木西

2018年劳动节于蕙星楼

目　　录

第一章

基本理论

第一节　税收管理概述

一、税收管理的概念

税收管理是指主管税收工作的职能部门，代表国家对税收分配的全过程所进行的计划、组织、协调和监督工作，旨在保证财政收入及时足额入库，充分发挥税收对经济的调节作用。税收管理是国家以法律为依据，根据税收的特点及其客观规律，对税收参与社会分配活动全过程进行决策、计划、组织、协调和监督控制，以保证税收职能作用得以实现的一种管理活动，也是政府通过税收满足自身需求，促进经济结构合理化的一种活动。

二、税收管理的意义

（1）有利于提高税收遵从度，保证税收收入及时足额入库。税收管理有利于规范纳税人行为、加强企业经营管理，使纳税人及时了解和掌握国家的税收政策，降低涉税风险，加强企业经营管理，依法履行纳税义务，保证国家税收收入及时足额入库，保证国家行使各种职能和国民经济的正常运营。

（2）有利于调整经济结构，促进国民经济持续、快速、健康地发展。税收在经济收入的运行过程中，由于税种设置的不同、课税范围不同、税率高低不同，使得课税深度不同，客观上对经济产生了很大的影响。税收的职能作用，组织收入和分配，都是通过征管工作来体现的。加强税收管理，促进社会生产部门的结构合理化和资源的合理配置，促进国民经济有计划、持续、健康地发展。

三、税收管理的内容

税收管理的具体内容包括税收法制管理、税收业务管理、税务行政管理。

（一）税收法制管理

税收法制管理是指税法的制定和实施，具体包括税收立法、税收执法和税收司法的全过程。税法是国家法律的组成部分，是整个国家税收制度的核心，是税收分配活动的准则和规范。

税收立法工作由国家立法机关负责，是整个国家立法活动的一部分。与一般的立法的含义相对应，税收立法也有广义和狭义之分。广义的税收立法指国家机关依照法定权限和程序，制定各种不同规范等级和效力等级的税收规范性文件的活动。狭义的税收立法则是指立法机关制定税收法律的活动。税收立法是由制定、修改和废止税收法律、法规的一系列活动构成的。税收立法管理是税收管理的首要环节，只有通过制定法律，把税收征纳关系纳入法律调整范围，才能做到依法治税。

税收执法是国家行政机关重要的执法活动之一，它是指国家税务机关及其工作人员依照法定职权和程序，将国家税收法律法规适用于纳税人及其他管理相对人的一种具体行政行为。税收执法是通过税务机关行使不同的管理职权来实现的。国家通过制定、颁布一系列有关税收管理的法律法规，形成众多的、有机联系的税收法律规范。税务登记、征收管理、税务稽查等一系列各不相同的管理行为，虽然种类不同，方式各异，但都是一种执法行为，都在行使着税收执法权。因此，税收执法权的行使过程就是税收执法的过程。

税收司法指国家有关机关依照法律规范对有关税收案件进行审判并通过执行判决、裁定和其他司法活动维护税收秩序的行为。税收司法权是对税收案件行使的司法权，从法律意义上说，从实体到程序与一般的司法权相比没有本质的不同，只不过它突出地表现为税收及税收案件的一些特性，它包含了司法权的一般特点和司法权在税收领域运行的特殊规律。税收司法依照法律维护纳税人和其他税务当事人合法权益，保障国家税收收入，确保税收秩序井然有序，促进税收事业健康发展。

（二）税收业务管理

税收业务管理是指税法制定之后，税务机关组织、计划、协调、指挥税务人员，将税法具体实施的过程。具体包括税务登记管理、纳税申报管理、税款征收管理、减税免税及退税管理、税收票证管理、税务检查和税务稽查、纳税档案资料管理。税收业务管理是税收管理的核心内容，我国的《税收征收管理法》及其《实施细则》对税收业务管理有很多明确的规定。我国税收征管工作的基本目标是提高税收征管质量和效率、促进纳税遵从，努力做到严格执法、公正执法、文明执法，确保各项税收政策措施落实到位。依据税法和政策，通过各方面管理和服务工作，使税款实征数不断接近法定应征数，保持税收收入与经济协调增长。通过优化纳税服务，规范税收执法，促进纳税遵从，提高纳税遵从度。降低税收征纳成本，以尽量少的征纳成本获得尽量多的税收收入。

（三）税务行政管理

税务行政管理，又称税务组织管理，是对税务机关内部的机构设置和人员配备进行的管理。具体包括税务机构的设置管理、征收机关的组织与分工管理、税务工作的程序管理、对税务人员的监督与考核、税务行政复议与诉讼的管理等。税务行政管理活动保障着税收职能的正常发挥和税收业务的正常开展，既包括对税收业务的整体目标、具体落实措施、工作成果进行部署、监控、考核和奖惩，又包括对税收整体工作给予人、财、物的保障。税务机关的整体工作绩效一方面表现为税务行政管理与业务管理的综合成果；另一方面在很大程度上又取决于税务行政管理的质量和水平。

第二节 税收管理体制

一、税收管理体制概述

税收管理体制是中央和地方政府以及地方政府之间划分税收管理权限的制度，是国家财政管理体制的重要组成部分，体现了税收管理集权与分权的关系。

一个国家税收法令政策的制定和贯彻执行，以及税收管理的实现和税款的征解入库等，都必须依靠各级政府的协同活动才能顺利完成。同时，各级政府在执行各自的国家职能任务中，也需要一定的收入供其安排使用。为此有必要在中央和地方政府之间，建立起一套税收立法、执法以及税收管理权限划分的行政规范，以调动各方面共同搞好征收管理，完成税收任务的积极性，并使各级政府都有一部分可供支配的财务，以保证其职能任务的实现。这种划分税收管理权限的行政规范，就是税收管理体制。

二、建立税收管理体制的原则

税收管理体制与所有经济管理体制一样，都必须与经济基础相适应，并为经济基础服务，随着经济的发展变化而不断调整。税收管理体制又是国家经济管理体制、财政管理体制的一部分，也必须与各级经济管理体制相配套。

税收管理体制涉及正确处理中央集权与地方分权的关系，涉及中央与地方政府以及各级地方政府之间的责、权、利关系。因此，正确处理这种关系必须适应政治经济发展变化的要求，遵循一定的原则。

（一）统一领导、分级管理

统一领导、分级管理是建立税收管理体制的基本原则。中国宪法规定，中央和地方的国家机构职权的制定，遵循在中央的统一领导下，充分发挥地方的主动性、积极性的原则。这条原则是制定各项经济管理体制，包括税收管理体制的基本原则。

统一领导，就是属于国民经济宏观调控的税收方针、政策由中央制定，并要求地方贯彻执行。分级管理是指具体税种由中央和地方分权管理。在社会主义市场经济条件下，国家管理经济以直接调控为主转向间接调控为主，税收作为国家从宏观上引导、控制国民经济正常进行的重要手段，税收管理必须有较多的集中。属于国民经济宏观调控的税收方针、政策必须由中央制定，并监督地方贯彻执行，全国的税收工作必须在中央统一领导下进行。由于中国地区经济发展不平衡，经济效益和税收负担能力有很大差异，为便于地方因地制宜处理一些地区性税收问题，更好地组织收入和发挥调节经济的作用，也应给地方必要的税收管理权。

（二）责、权、利相结合

责，就是责任，指与权利相对应的各级政府应负的职责；权，就是权利，指各级政府处理本级政府范围内行政事务的法定许可；利，就是利益，指各级政府在履行其权、责过程中所得到的回报和与责任相联系的财力保证。

建立税收管理体制在于实现合理分权，而合理分权归根结底是为了正确处理中央与地方各级之间的分配关系。因此，不能把税收管理体制仅仅归结为一种行政管理手段，它体现的是一种经济关系，并首先作为利益表现出来。只规定国家或地方政府担负的责任，而无相应的权利，没有适当的利益驱动，势必挫伤各级政府及职能机构的积极性和主动性；反之，仅规定政府及职能机构享有权力，缺乏行使权利的责任约束，也必然导致权力的滥用。确立税收管理体制必须遵循责、权、利相结合的原则。

（三）按收入归属划分税收管理权限

按收入归属划分税收管理权限是指凡属中央财政的固定收入以及共享收入，管理权限在中央；凡属地方财政的固定收入，管理权限在地方。

税收管理权限的明确划分，是税收管理体制的首要问题。如果权限划分不清，在税收管理上责、权、利统一的原则就不可能完整、准确地体现出来，统一领导、分级管理就成了一句空话。因此，哪些管理权限由中央行使，哪些由地方行使，都应规定清楚，避免越权行使和互相扯皮现象的发生。

（四）有利于发展社会主义市场经济

税收管理体制的建立，要遵循市场经济的客观规律，充分发挥税收宏观调控的作用，对关系国民经济全局的税收问题，税收管理权限应相对集中；对涉及局部地区经济利益的税收问题，税收管理权限应下放给地方；对某些重要的税收管理权限，逐步缩小以致取消地区间的差别，促进统一市场的形成，以利于公平税负、平等竞争。

三、确定税收管理体制的依据

确定税收管理体制，就是要明确中央和地方各级税务管理主体分别拥有哪些税收管理权限，应当依照以下顺序：首先根据国家的政治、经济体制确定其事权范围；其次根据事权范围确定其应拥有财权的大小；最后视其财权大小确定其税收管理权限。如果最终确立中央拥有较多的税收管理权限，这种管理体制就是集权型的；如果地方拥有较多的税收管理权限，地方自主性很强，这种税收管理体制就是分权型的。但无论是哪种类型的税收管理体制，其确定的依据一般都要包括以下几个方面。

（一）国家政治体制

国家政治体制是政权性质和组合形式的综合反映，是决定事权范围的依据。一般情况下，政治体制为单一制的国家（即地方政府直接由中央政府领导），中央政府在国家公共事务中发挥的作用较大，负责管理的公共事务较多，因此要求拥有较多的财力，表现在税收管理体制上多为集权型；政治体制为联邦制的国家则相反，为分权型。国家政治体制是确定税收管理体制的最基本的依据。

（二）经济体制

经济体制是一国经济运行的基本模式。在计划经济体制下，国家统筹宏观与微观经济的管理，地方的自主权极其有限，对财权的要求并不十分强烈。在市场经济体制下，每一市场参与者都是一个独立的决策主体，根据瞬息万变的市场信息配置资源，地区之间客观存在的自然差异促使各地方要求因地制宜地发展自己的经济，地方要求根据自己的利益独立地行使事权和财权。因此，计划经济往往导致集权型税收管理体制，而市场经济则倾向于确立分权型税收管理体制。

（三）财政管理体制

财政管理体制是由国家政治、经济体制决定的。在高度集权制国家，要求财力高度集中，因此，税收管理权限也基本都集中在中央。而在中央与地方明确划分事权的国家，则要求明确划分财权，实行分级财政体制，因而税收管理体制也多为分权型的。

（四）法制环境

在法制健全的国家，各级政府对自身行为约束力较强，能够按照既定的事权、财权范围行事，因此有利于实行分权型税收管理体制。

（五）国情

一国的疆域大小、人口多少、社会经济的地域差异、产业结构状况等，对确定税收管理体制都有重要影响。一般而言，领土广阔、地区间差异较大的国家，应首选分权型税收管理体制，这有利于调动地方的积极性，并提高管理的效率。

世界各国依据自身的具体情况确立了不同的税收管理体制。在以私有制为基础的资本主义国家中，财税体制大体上分为中央与地方分权制和中央集权制两大类型。目前很多国家都采用了中央与地方分权制，即分税制。在实行分税制的国家里，税权的集中与分散、中央支配收入的比重大小等都各不相同，尚不能以此来衡量一国税收管理体制的优劣。

四、我国财政管理体制的变迁

我国的税收管理体制与财政管理体制密不可分，特别是在新中国成立初期，由于当时的实际情况，二者相互融合。经过很多次调整，从新中国成立初期的"统收统支"，到十一届三中全会后的"财政包干"，再到1994年的分税制改革，我国财政管理体制始终根据国民经济的具体发展形势不断变迁。

（一）"统收统支"的财政管理体制

在新中国成立初期由于刚刚结束多年的战争，工农业生产和交通设施都遭到破坏，国家百废待兴，国外的反动势力又不断阻挠，国家财政面临严峻的考验，财政收入捉襟见肘。同时财政支出压力却很大，一方面为了巩固新建立的人民政权，需要庞大的军费开支，另一方面新建立的国家各级机关和人员也需要相应的行政经费开支才能保证正常运转，还有城市中大量的无业人员的生存问题以及多发的自然灾害都需要国家的财政补贴，财政收入的无源和财政支出的多流在两个方面给新中国的财政施加压力，为此在1950年3月当时的政务院作为国家政务的最高执行机关颁布了《关于统一全国财政经济工作的决定》，其主要内容是统一全国的财政收支，国家财政收入的主要部分集中到中央，除了批准征收的地方税外，其他农业税、关税、盐税、货物税、工商税等一切收入都归中央政府的财政部统一调度使用，地方税收的税率、税则和税目等统一由财政部报请政务院批准执行，未经批准，地方政府不得随意变动。这种高度集中的财政管理体制在当时政治经济尚未完全稳定的新中国成立初期对稳定局面和解决财政困难起到了积极的作用。

随着全国财政状况的好转，这种高度集中的财政管理体制呈现出一些弊端，由于财权的高度集中，地方政府没有能力和资金发展本地区经济，同时事无巨细的财政收支又加重了中央财政的负担和工作压力，由于每笔收支都要报请中央批准，也影响了资金的使用效率。因此在1951年3月又确定了统一领导、分级管理的原则，即将全国财政按照当时的行政关系分为中央、大区和省级三级财政，中央的财政收入划归中央财政，地方财政收入则由中央和地方按照比例分配，相应的支出也分为中央预算支出和地方预算支出，地方的预算支出每年由中央核定，不足部分由分得的比例部分收入抵补。这些规定比原来的高度集中的财政管理体制已经有了进一步的分化，进一步解决了财政紧张的问题。

1953年我国开始了第一个五年计划时期，1954年政务院又配合第一个五年计划做出了划分收支、分级管理的决定，对预算收入实行分类分成的办法，将国家预算收入分为国家固定收入、国家比例分成收入和国家调剂收入，分成和调剂的比例根据各地区实际预算收支的平衡情况分别计算确定，地方预算仍然每年由中央核定，与之前不同的是，地方预算支出首先由地方固定收入和获得的比例分成收入抵补，不足的部分再由中央支付调剂收入抵补，如果地方超额完成预算收入，仍然按照固定比例加以分成。

第一个五年计划结束，“大跃进”的错误对我国的财政工作造成了又一次冲击，相应的在1958年9月国务院通过了《关于进一步改进财政管理体制和银行信用管理体制的几项规定》，决定从下一年起实行总额分成、一年一变的财政管理体制，在收入方面除了少数由中央管理的企业和便于划归地方管理的企业外，其他企业的收入以及各项税收都划归省级地方政府作为地方财政收入管理，在支出方面，除了中央各部门的少数经济建设事业支出、中央行政和文教支出、国防费、援外支出和债务支出外，所有包括地方基本建设拨款和企业需要增加的流动资金在内，全部作为地方的财政支出，不再划分地方正常支出和中央专案的拨款支出。地方财政收支在收支相抵后，结余部分上缴中央，不足部分由中央补贴。这些规定都是为了配合大跃进的发展需要，在财政管理体制上进行了适当放权。

“大跃进”的错误以及随后的20世纪60年代初的自然灾害，使中央认识到要在经济中实行集中统一的方针，在财政管理体制方面，纠正了财力过于分散的错误，强调财政管理要集中统一于中央，中央收回重要物资和资金的管理权，进而提出1958年以来，各省（市、区）和中央各部下放给专区、县、公社和企业的人权、财权、商权和工权，放得不适当的，一律收回。

在20世纪60年代中期到70年代中期的10年间是我国政治历史上的“文化大革命”时期，配合“文化大革命”对地方实行三个大包干，包括基建投资大包干、物资分配大包干和财政收支大包干，财政收支大包干即定收定支，收支包干，保证上缴（或差额补助），节余留用，一年一定的体制形式。后来又在1974年起在全国推广收入按固定比例留成，超收另定分成比例，支出按指标包干的政策，主要是从地方财政收入中按照某一固定比例给地方政府留有机动财力，而各地的这一固定比例却又不尽相同。到1976年则又恢复了收支挂钩、总额分成的体制。

从以上我国财政管理体制的几次调整来看，尽管从新中国成立初期到20世纪70年代末的财政管理体制的特征是“统收统支”，而实际上根据不同历史时期的政治经济情况经历了收——放——收——放的多次调整和变革。

（二）“财政包干”的财政管理体制

1979年十一届三中全会后，国家决定从1980年起实行“划分收支、分级包干”的财政管理体制，原则上在巩固中央统一领导和统一计划，确保中央必不可少的开支的前提下，明确各级财政的权利和责任，做到权责结合，各行其职，各负其责，充分发挥中央和地方两个积极性。在收入方面，中央所属企业的收入、关税收入和中央其他收入，归中央财政，作为中央财政的固定收入；地方所属企业的收入、盐税、农牧业税、工商所得税、地方税和地方其他收入，归地方财政，作为地方财政的固定收入。经国务院批准，上划给中央部门直接管理的企业，其收入作为固定比例分成收入，80%归中央财政，20%归地方财政。工商税作为中央和地方的调剂收入。在支出方面，中央的基本建设投资，中央企业的流动资金、挖潜改造资金和新产品试制费，地质勘探费，国防战备费，对外援助支出，国家物资储备支出，以及中央级的文教卫生科学事业费，农林、水利、气象等事业费，工业、交通、商业部门的事业费和行政管理费等，归中央财政支出；地方的基本建设投资，地方企业的流动资金（包括中央代建项目的流动资金）、挖潜改造资金和新产品试制费，支援农村人民公社支出，农林、水利、气象等事业费，工业、交通、商业部门的事业费，城市维护费，人防经费，城镇人口下乡经费，文教卫生科学事业费，抚恤和社会救济费，行政管理费等，归地方财政支出。地方预算的安排，要瞻前顾后，量力而行，坚持收支平衡、略有结余的原则。不得打赤字预算，不得寅吃卯粮，不得发地方公债，不得搞平调摊派。地方财政预算由地方编制，经财政部汇总审核后，报国务院审定。这一规定在划分中央和地方财政的基础上，明确了中央和地方的财权范围，调动了地方财政的积极性。

但这一体制也存在一些问题，一是中央财政收支难以平衡，困难较大；二是由于当时中央出台了各种改革措施，增加了许多减收增支的项目，地方为扩大财源，画地为牢，开始与中央讨价还价，出现了地方政府财政竞争的萌芽。因此1985年，中央对这一体制进行了调整。国务院发布了《关于实行“划分税种、核定收支、分级包干”财政管理体制的规定的通知》，在总结现行财政管理体制经验的基础上，存利去弊，扬长避短，继续坚持“统一领导，分级管理”的原则，进一步明确各级财政的权力和责任，做到权责结合，充分发挥中央和地方两个积极性。中央财政固定收入包括：中央企业的所得税、调节税；铁道、民航、邮电部门和各银行总行、保险总公司的营业税；军工企业的收入；中央企业包干的收入；外贸企业的亏损；粮、棉、油超购加价补贴；烧油特别税；关税和海关代征工商税；海关石油外资、合资企业的工商税、所得税和矿区使用费；国库券收入；国家能源交通重点建设基金；其他收入。另外石油部、电力部、石化总公司、有色金属总公司所属企业的产品税、营业税、增值税，以其70%作为中央财政固定收入。划归省级财政收入的包括石油部、电力部、石化总公司、有色金属总公司所属企业的产品税、营业税、增值税的30%；省内各银行、保险公司（包括省以下各级机构）的营业税；省属企业的所得税和调节税；资源税的70%。其余各项收入，在1985年、1986年两年内，仍按现行办法，分别划归各级收入，由省与地市实行总额分成。资源税的30%及建筑税和国营企业奖金税，列入各地市收入总额之内。排污费收入（除按规定比例上解部分）、城市水资源费收入、城市维护建设税，划归地、市固定收入，不参与总额分成。支出划分，除人防经费上划中央财政外，其余均按现行办法不变。这一规定改变了以往以企事业单位行政隶属关系划分收入的方法，变为以税种作为中央和地方划分收入的依据，这一变革为以后的分税制改革奠定了基础。

下放了财权的财政管理体制的改革在提高地方政府积极性的同时，也为地方政府间财政竞争创造了条件，在1986年以后出现了经济发展比较快的地方政府为减少对中央的上缴比例和金额，采取"藏富于民"或"藏富于企业"的做法，造成了经济发展快的地区反而出现财政收入滑坡的现象。针对这一情况，国务院在1988年颁布了《关于地方实行财政包干办法的决定》，对除广州和西安以外的地区实行了不同形式的包干办法。包括收入递增包干、总额分成、总额分成加增长分成、上解额递增包干、定额上解和定额补助六种包干措施。(1)"收入递增包干"办法是以1987年决算收入和地方应得的支出财力为基数，参照各地近几年的收入增长情况，确定地方收入递增率（环比）和留成、上解比例。在递增率以内的收入，按确定的留成、上解比例，实行中央与地方分成；超过递增率的收入，全部留给地方；收入达不到递增率，影响上解中央的部分，由地方用自有财力补足。实行这种办法的地区有10个，即北京市、河北省、辽宁省（不包括沈阳市和大连市）、沈阳市、哈尔滨市、江苏省、浙江省（不包括宁波市）、宁波市、河南省和重庆市。(2)"总额分成"办法是根据前两年的财政收支情况，核定收支基数，以地方支出占总收入的比重，确定地方的留成和上解中央比例。实行这个办法的有3个地区，即天津市、山西省和安徽省。(3)"总额分成加增长分成"办法是在上述"总额分成"办法的基础上，收入比上年增长的部分，另加分成比例，即每年以上年实际收入为基数，基数部分按总额分成比例分成，实际收入比上年增长的部分，除按总额分成比例分成外，另加增长分成比例。实行这个办法的有3个地区，即大连市、青岛市和武汉市。(4)"上解额递增包干"办法是以1987年上解中央的收入为基数，每年按一定比例递增上交。实行这个办法的有2个地区，即广东省和湖南省。(5)“定额上解”办法是按原来核实收支基数，收大于支的部分，确定固定的上解数额。实行这个办法的有3个地区，即上海市、山东省和黑龙江省。(6)“定额补助”办法是：按原来核定的收支基数，支大于收的部分，实行固定数额补助。实行这种办法的有16个地区，即吉林省、江西省、甘肃省、陕西省、福建省、内蒙古自治区、广西壮族自治区、西藏自治区、宁夏回族自治区、新疆维吾尔自治区、贵州省、云南省、青海省、海南省、湖北省和四川省。湖北省、四川省划出武汉、重庆两市后，由上解省变为补助省，其支出大于收入的差额，分别由武汉市、重庆市从其收入中上交本省一部分，作为中央对地方的补助。

20世纪80年代初期开始的“财政包干”的财政管理体制与之前相比扩大了地方的财政自主权，经过几次从不同程度上对中央和地方政府的收入进行的调整，一方面改变了中央与地方的财力格局，调动了地方政府的积极性；另一方面也为地方政府间财政竞争创造了政策条件，弱化了税收的调节功能，而且使国家的财力过于分散，迫使中央财政收入比重不断下降而陷入弱势，减损了中央对宏观经济环境的调控能力。

(三) 分税制财政管理体制

为了理顺中央与地方的财政分配关系，更好发挥中央和地方财政的职能，既要考虑提高地方政府的发展经济的积极性，照顾地方利益，又要适当增加中央政府的财力，逐步提高中央财政收入的比重保证中央财政收入的稳步增长，增强中央政府的宏观调控能力，1994年国务院颁布了《关于实行分税制财政管理体制的决定》，为了清晰地比较中央政府和地方政府所对应的财权和事权，1994年分税制改革事权和财权分配表如表1-1所示。

表1-1　1994年分税制改革对中央与地方财权与事权的划分

		中央政府	地方政府
事权	范围	国家安全、外交和中央国家机关运转方面，调整国民经济结构、协调地区发展、实施宏观调控以及由中央直接管理的各项事业	本地区政权机关运转以及本地区经济、事业发展
	具体支出	国防及武警经费，外交和援外支出，中央级行政管理支出，中央统管的基本建设投资，中央直属企业的技术改造和研发费，地质勘探费，中央财政安排的支农支出，中央负担的国内外债务的还本付息支出，中央本级的公检法和文化、教育、卫生、科学等各项支出	地方行政管理经费，地方公检法支出，部分武警经费，地方统筹的基本建设投资，地方企业的技术改造和研发费，支农支出，城市维护和建设经费，地方文化、教育、卫生等各项支出，地方居民价格补贴等

续表

		中央政府	地方政府
财权	固定收入	关税，海关代征的增值税部分，消费税，中央企业所得税，金融企业所得税，铁道部门、各保险总公司的收入（包括营业税、所得税、利润和城市维护建设税），中央企业上缴的利润，外贸企业的出口退税	营业税、地方企业所得税和城市维护建设税（三税皆不含已经划归中央的部分），地方企业上缴利润，个人所得税，城镇土地使用税，固定资产投资方向调节税，房产税，车船使用税，印花税，屠宰税，农牧业税，农业特产税，耕地占用税，契税，遗产和赠予税，土地增值税，国有土地有偿使用收入
	共享税收入	增值税中央分享75%，地方分享25%；资源税按不同的资源品种划分，除海洋石油资源税作为中央收入外其余资源税作为地方收入；证券交易税，中央与地方各分享50%。	

从1994年分税制改革的规定来看，中央和地方对企业所得税收入的划分，仍然是按照行政隶属关系作为依据，中央企业的所得税归中央财政，地方企业所得税归地方财政，随着投资主体的多元化，按照隶属关系划分企业所得税容易造成中央与地方收入划分不清进而混库的现象。为此，2001年12月国务院印发了《所得税收入分享改革方案》，规定除铁路运输、国家邮政、中国工商银行、中国农业银行、中国银行、中国建设银行、国家开发银行、中国农业发展银行、中国进出口银行以及海洋石油天然气企业缴纳的所得税继续作为中央收入外，其他企业所得税和个人所得税收入由中央与地方按比例分享。

2011年财政部和国家税务总局联合下发了在部分行业营业税改征增值税试点的方案，开启了我国又一次财税改革的序幕。截至2013年底，"营改增"已推广到全国范围内试行，涉及的行业包括交通运输业和部分现代服务业（研发和技术服务、信息技术服务、文化创意服务、物流辅助服务、有形动产租赁服务、鉴证咨询服务），这本是我国税制结构的一次重大调整，但却不可避免地影响到税收收入的分配。由于营业税是我国地方的主体税种，是地方政府主要税收来源，改为作为75%归属中央的共享税增值税后，势必对地方财政造成冲击。为此，2013年6月，财政部出台了《关于营业税改征增值税试点有关预算管理问题的通知》，明确规定，在试点期间财政收入归属保持不变，原归属地方的营业税收入，改征增值税后仍然全部归地方财政所有，改征增值税税款附带的滞纳金、罚款收入也随之全部归属地方。随着"营改增"的不断深入和扩展，税制结构的调整势必带来财政收入分配的变革，因此财政管理体制的改革将是一个牵一发动全身的复杂过程。2016年4月30日，国务院发布了《全面推开营改增试点后调整中央与地方增值税收入划分过渡方案》，明确以2014年为基数核定中央返还和地方上缴基数，所有行业企业缴纳的增值税均纳入中央和地方共享范围，中央分享增值税的50%，地方按税收缴纳地分享增值税的50%，过渡期暂定2～3年。2016年5月1日起，营业税改征增值税试点全面推开，营业税正式退出历史舞台，这是自1994年分税制改革以来，我国财政管理体制的又一次深刻变革。

改革需要，起到引领规范作用。落实税收法定原则，将促进和保障税制改革规范、平稳、顺利开展。

（二）从实际出发的原则

贯彻这个原则，首先要求税收立法必须根据经济、政治发展的客观需要，反映客观规律，也就是从中国国情出发，充分尊重社会经济发展规律和税收分配理论；其次要客观反映一定时期国家社会、政治、经济等各方面的实际情况，既不能被某些条条框框所束缚，也不能盲目抄袭别国的立法模式，在此基础上，充分运用科学的知识和技术手段，不断丰富税收立法理论，完善税法体系，以适应社会主义市场经济发展的客观需要。

（三）公平原则

在税收立法中一定要体现公平原则。所谓公平，就是要体现合理负担原则。在市场经济体制下，参加市场竞争的各个主体需要有一个平等竞争的环境，而税收的公平是实现平等竞争的重要条件。公平主要体现在三个方面：一是从税收负担能力上看，负担能力大的应多纳税，负担能力小的应少纳税，没有负担能力的不纳税；二是从纳税人所处的生产和经营环境看，由于客观环境优越而取得超额收入或级差收益者多纳税，反之少纳税；三是从税负平衡看，不同地区、不同行业间及多种经济成分之间的实际税负必须尽可能公平。

（四）民主决策的原则

民主决策的原则主要指税收立法过程中必须充分倾听群众的意见，严格按照法定程序进行，确保税收法律能体现广大群众的根本利益。坚持这个原则，要求税收立法的主体应以人民代表大会及其常务委员会为主，按照法定程序进行；对税收法案的审议，要进行充分的辩论，倾听各方面意见；税收立法过程要公开化，让广大公众及时了解税收立法的全过程，以及立法过程中各个环节的争论情况和如何达成共识的。

（五）原则性与灵活性相结合的原则

在制定税法时，要求明确、具体、严谨、周密。但是，为了保证税法制定后在全国范围内、在各个地区都能贯彻执行，不致与现实脱节，又要求在制定税法时，不能规定得过细过死，这就要求必须坚持原则性与灵活性相结合的原则。具体讲，就是必须贯彻法制的统一性与因时、因地制宜相结合。法制的统一性，表现在税收立法上，就是税收立法权只能由国家最高权力机关来行使，各地区、各部门不能擅自制定违背国家宪法和法律的所谓“土政策”“土规定”。但是，我国又是一个幅员辽阔、人口众多，多民族的国家，各地区的经济文化发展水平不平衡，政治状况也不尽相同，因而对不同地区不能强求一样。因此，为了照顾不同地区、特别是少数民族地区不同的情况和特点，为了充分发挥地方的积极性，在某些情况下，允许地方在遵守国家法律、法规的前提下，制定适合当地实施办法等。因此，只有贯彻这个原则，才能制定出既符合全国统一性要求，又能适应各地区实际情况的税法。

（六）法律的稳定性、连续性与废、改、立相结合的原则

唯物辩证法认为，一切事物都是发展的，而在发展过程中，又有着不同的发展阶段。制定税法，是与一定经济基础相适应的，税法一旦制定，在一定阶段内就要保持其稳定性，不能朝令夕改，变化不定。如果税法经常变动，不仅会破坏税法的权威和严肃性，而且会给国家经济生活造成非常不利的影响。但是，这种稳定性不是绝对的，因为社会政治、经济状况是不断变化的，税法也要进行相应的发展变化。这种发展变化具体表现在：有的税法，已经过时，需要废除；有的税法，部分失去效力，需要修改、补充；根据新的情况，需要制定新的税法。此外，还必须注意保持税法的连续性，即税法不能中断，在新的税法未制定前，原有的税法不应随便中止生效；在修改、补充或制定新的税法时，应保持与原有税法的承续关系，应在原有税法的基础上，结合新的实践经验，修改、补充原有的税法和制定新的税法。只有遵循这个原则，才能制定出符合社会政治、经济发展规律的税法。

三、我国税收立法的程序

（一）提议阶段

税法草案通常由财政部税政司或国家税务总局草拟后，提交国务院审查。国务院法制局将税法草案发给有关部门征求意见，修改后提交国务院审议。国务院审查通过后，提交全国人民代表大会或常务委员会审查。

（二）审议阶段

全国人民代表大会或常务委员会的法制委员会在国务院提交税法草案后，将税法草案送国务院各有关单位和各省级人民代表大会征求意见，修改后提交全国人民代表大会或常务委员会审议通过。

（三）通过阶段

全国人民代表大会或常务委员会在开会期间，要听取国务院关于税法草案的说明，并经过代表或委员们的讨论或辩论，以少数服从多数的方式通过税法议案，成为税法，送国家主席发布。

（四）颁布阶段

全国人民代表大会或常务委员会通过的税法，要送国家主席并以国家主席名义签发，公开发布实施。

四、我国税收制度的法律级次

目前，中国有权制定税收法律法规和政策的国家机关主要有全国人民代表大会及其常务委员会、国务院、财政部、国家税务总局、海关总署、国务院关税税则委员会等。

（一）全国人民代表大会及其常务委员会制定的法律和有关规范性文件

《中华人民共和国宪法》规定，全国人民代表大会和全国人民代表大会常务委员会行使国家立法权。《中华人民共和国立法法》第八条规定，税收基本制度，只能由全国人民代表大会及其常务委员会制定法律。税收法律在中华人民共和国主权范围内普遍适用，具有仅次于宪法的法律效力。目前，由全国人民代表大会及其常务委员会制定的税收实体法律有：《中华人民共和国个人所得税法》（以下简称《个人所得税法》）、《中华人民共和国企业所得税法》（以下简称《企业所得税法》）、《中华人民共和国车船税法》（以下简称《车船税法》）；税收程序法律有：《中华人民共和国税收征收管理法》（以下简称《税收征管法》）。

全国人民代表大会及其常务委员会作出的规范性决议、决定以及全国人民代表大会常务委员会的法律解释，同其制定的法律具有同等法律效力。比如，1993 年 12 月全国人民代表大会常务委员会审议通过的《关于外商投资企业和外国企业适用增值税、消费税、营业税等税收暂行条例的决定》。

（二）国务院制定的行政法规和有关规范性文件

我国现行税法绝大部分都是国务院制定的行政法规和规范性文件。归纳起来，有以下几种类型：

（1）税收的基本制度。根据《中华人民共和国立法法》第九条规定，税收基本制度尚未制定法律的，全国人民代表大会及其常务委员会有权授权国务院制定行政法规。比如，现行增值税、消费税、营业税、车辆购置税、土地增值税、房产税、城镇土地使用税、耕地占用税、契税、资源税、船舶吨税、印花税、城市维护建设税、烟叶税、关税等诸多税种，都是国务院制定的税收条例。

（2）法律实施条例或实施细则。全国人民代表大会及其常务委员会制定的《个人所得税法》《企业所得税法》《车船税法》《税收征管法》，由国务院制定相应的实施条例或实施细则。

（3）税收的非基本制度。国务院根据实际工作需要制定的规范性文件，包括国务院或者国务院办公厅发布的通知、决定等。例如，2006 年 5 月国务院办公厅转发建设部、财政部、国家税务总局等部门《关于调整住房供应结构稳定住房价格意见的通知》中有关房地产交易营业税政策的规定。

（4）对税收行政法规具体规定所做的解释。例如，2004 年 2 月国务院办公厅对《〈中华人民共和国城市维护建设税暂行条例〉第五条解释的复函》。

（5）国务院所属部门发布的，经国务院批准的规范性文件，视同国务院文件。例如，2006 年 3 月财政部、国家税务总局经国务院批准发布的《关于调整和完善消费税政策的通知》。

（三）国务院财税主管部门制定的规章及规范性文件

国务院财税主管部门，主要是财政部、国家税务总局、海关总署和国务院关税税则委员会。国务院财税主管部门可以根据法律和行政法规的规定，在本部门权限范围内发布有关税收事项的规章和规范性文件，包括命令、通知、公告等文件形式。

具体为，一是根据行政法规的授权，制定行政法规实施细则；二是在税收法律或者行政法规具体适用过程中，为进一步明确界限或者补充内容而作出的具体规定；三是在部门权限范围内发布有关税收政策和税收征管的规章及规范性文件。

（四）地方人民代表大会及其常务委员会制定的地方性法规和有关规范性文件，地方人民政府制定的地方政府规章和有关规范性文件

省、自治区、直辖市人民代表大会及其常务委员会和省、自治区人民政府所在地的市以及经国务院批准的较大的市的人民代表大会及其常务委员会，可以制定地方性法规。省、自治区、直辖市人民政府，以及省、自治区人民政府所在地的市及经国务院批准的较大的市的人民政府，可以根据法律和国务院行政法规制定规章。

根据中国现行立法体制，税收立法权，无论中央税、中央地方共享税还是地方税，立法权都集中在中央，地方只能根据法律、行政法规的授权制定地方性税收法规、规章或者规范性文件，对某些税制要素进行调整。例如，《城镇土地使用税暂行条例》规定，税额标准由省、自治区、直辖市人民政府在规定幅度内确定。再如，《民族区域自治法》第三十五条规定，在民族自治地方，自治机关（省级人民代表大会和省级人民政府）在国家统一审批减免税项目之外，对属于地方财政收入的某些需要从税收上加以照顾和鼓励的，可以实行减税或者免税，自治州、自治县决定减税或者免税，须报省或者自治区人民政府批准。

（五）省以下税务机关制定的规范性文件

这是指省或者省以下税务机关在其权限范围内制定的适用于其管辖区域内的具体

税收规定。通常是有关税收征管的规定，在特定区域内生效。这些规范性文件的制定依据，是税收法律、行政法规、规章及上级税务机关的规范性文件。

（六）中国政府与外国政府（地区）签订的税收协定

税收协定是两个或两个以上的主权国家，为了协调相互之间在处理跨国纳税人征税事务和其他涉税事项，依据国际关系准则，签订的协议或条约。税收协定属于国际法中“条约法”的范畴，是划分国际税收管辖权的重要法律依据，对当事国具有同国内法效力相当的法律约束力。中国自20世纪80年代初开始对外谈签税收协定至2010年底，已对外谈签了96个税收协定，其中94个已经生效执行，与香港和澳门两个特别行政区也签署了税收安排。这些协定和安排在避免双重征税、吸引外资、促进“走出去”战略的实施以及维护国家税收权益等方面发挥着重要作用。

《税收征管法》规定，中华人民共和国同外国缔结的有关税收的条约、协定同本法有不同规定的，依照条约、协定的规定办理。

目前，中央人民政府不在特别行政区征税，特别行政区实行独立税收制度，参照原在香港、澳门实行的税收政策，自行立法规定税种、税率、税收宽免和其他税务事项。立法会是特别行政区的立法机关，其制定的税收法律在特别行政区内具有仅次于基本法的法律效力。特别行政区法律须报全国人民代表大会常务委员会备案，但备案不影响生效。

第二节　税收执法管理

一、税收执法概述

税收执法是指国家税务机关及其工作人员依照法定职权和程序，将国家税收法律法规适用于纳税人及其他管理相对人的一种具体行政行为，是国家行政机关重要的执法活动之一。税收执法是通过税务机关行使不同的管理职权来实现的。国家通过制定、颁布一系列有关税收管理的法律法规，形成众多的、有机联系的税收法律规范。税务登记、征收管理、税务稽查等一系列各不相同的管理行为，虽然种类不同，方式各异，但都是一种执法行为，都在行使着税收执法权。

二、税收执法的特征

（一）税收执法具有法律的强制力

税收执法是税务机关或经法定授权组织代表国家进行的税收管理活动，其实施无须与相对人进行合意，仅凭单方意志即可实施。而且以国家强制力作为执法的保障，其遇到执法障碍时，可以运用行政权力和手段，或借助其他国家机关的强制手段，消除障碍，保证税收执法行为的实现。

（二）税收执法是一种具体行政行为

税收执法是国家税务机关或经法定授权的组织在其职权范围内，针对特定的人或事采取行政措施的活动。作为具体行政行为，税收执法具有可救济性，当事人可以提起行政复议或行政诉讼。

（三）税收执法具有裁量性

税收执法必须依据法律严格进行，这是税收法定主义在税法执行领域的要求；但是并不意味着税务机关只能机械地执行法律，而没有任何主动性参与其间。事实上税法规定不能面面俱到，总是留下一定的空间让税务机关自由裁量，如税收行政处罚的幅度等。

（四）税收执法具有主动性

这是与税务司法活动相区别的重要特点，税收执法是积极、主动的行为，而不像税务司法活动被动地遵循“不告不理”的原则。这也体现了税收执法具有的职权和职责相统一的特点。税收执法既是税务机关的职权，又是税务机关的职责，当一定的涉税事实出现时，税务机关必须依法履行这种职权行为，而不得放弃、转让。

（五）税收执法是有责行政行为

有责行政是现代行政法的基本要求，这是为了克服税收执法主体专制和滥用权力，保障税收执法相对人权利的根本措施。税务机关必须对其行政执法行为所产生的后果承担法律责任，对于违法行政对相对人造成的损害要负赔偿责任。

三、税收执法的主体

各级税务机关必须严格执行征管法规定，除税款征收权外，税收检查权、强制执行权等其他税收行政执法权都必须由税务机关行使，税务机关不得委托给任何单位和个人。

对税款征收权，征管法实施细则规定税务机关可以按照国家有关规定委托有关单位和个人代征零星分散和异地缴纳的税收；考虑到税务师事务所既作为被管理者身份从事代理，如果又作为管理者身份从事代征，显然有失公允，因此，总局要求各级税务机关不得委托税务师事务所代征税款；对已经委托的，应进行清理纠正。

四、税收执法责任

第一，税务执法人员有下列行为之一的，应当对其进行批评教育
(1) 未对逾期办理开业税务登记行为按违法违章进行处理的；
(2) 未按规定制作非正常户认定书的；
(3) 未按规定审批延期申报的；
(4) 未对欠税进行公告的；
(5) 未对欠税进行准确核算的；
(6) 未按规定办理政策性退税的；
(7) 对达到立案标准的案件未按规定立案的；
(8) 未按规定查办举报案件的；
(9) 未按规定的时限审结案件的；
(10) 未按《行政许可法》的有关规定进行公开、公告的；
(11) 其他行为性质、后果较轻的执法过错行为。
第二，税务执法人员有下列行为之一的，应当责令作出书面检查
(1) 延期申报未按规定核定预缴税款的；
(2) 未按规定发售发票的；
(3) 未按规定代开发票的；
(4) 未按规定对重号发票进行重复认证的；
(5) 未按规定办理注销税务登记的；
(6) 未按规定受理和审批减免税申请的；
(7) 未按规定受理和审批税前扣除申请的；
(8) 未按规定受理和审批纳税人享受税收优惠政策资格的；
(9) 未按规定回复案件协查情况的；
(10) 未按规定调取、退还纳税人账簿、资料的；
(11) 案件审理确认的事实不清楚，证据不确凿，定性不准确的；
(12) 未按规定程序组织行政处罚听证的；
(13) 未按规定执行处理（罚）决定的。
第三，税务执法人员有下列行为之一的，应当通报批评
(1) 未按规定在防伪税控系统内设置或者修改金税卡时钟的；
(2) 金税工程各系统纳税人信息的录入和变动未及时、准确的；
(3) 未按规定审批延期缴纳税款的；
(4) 未按规定停供发票的；
(5) 未按规定缴销发票的；

（6）未按规定将销售额超过小规模标准的纳税人按增值税一般纳税人管理的；

（7）税务行政处罚未按规定履行告知程序的；

（8）未按规定实施税收保全、强制执行措施的；

（9）未按规定受理税务行政处罚听证的申请；

（10）未按规定处理（罚）涉税违法行为的；

（11）未在规定时限内办理税务行政复议事项的；

（12）其他性质一般，但可能导致较重后果或者一定社会负面影响的执法过错行为。

第四，税务执法人员有下列行为之一的，应当责令待岗

（1）未按规定认定、取消增值税一般纳税人资格的；

（2）未按规定对金税工程各系统进行数据备份的；

（3）认证不符或者密文有误发票未及时扣留、传递的；

（4）防伪税控的企业发行不符合规定的；

（5）未按规定移送涉嫌涉税犯罪案件的；

（6）未按规定受理税务行政复议申请的；

（7）其他性质较重，可能导致严重后果或者较大社会负面影响的执法过错行为。

第五，税务执法人员有下列行为之一的，应当取消执法资格

（1）混淆税款入库级次的；

（2）违规提前征收和延缓征收税款的；

（3）违规多征、少征税款的；

（4）税务行政复议的决定不合法的；

（5）其他性质、后果严重的执法过错行为。

第六，对按照上述规定进行责任追究的税务执法人员，税务机关可以根据责任人执法过错的原因、性质和后果，同时并处经济惩戒。具体数额由各省、自治区、直辖市和计划单列市国家税务局、地方税务局规定。

第七，执法过错行为按照下列方法明确责任：

（1）因承办人的个人原因造成执法过错的，承担全部过错责任；承办人为两人或者两人以上的，根据过错责任大小分别承担主要责任、次要责任；

（2）承办人的过错行为经过批准的，由承办人和批准人共同承担责任，批准人承担主要责任，承办人承担次要责任。承办人的过错行为经过审核后报经批准的，由批准人、审核人和承办人共同承担责任，审核人承担主要责任，批准人、承办人承担次要责任；

（3）因承办人弄虚作假导致批准错误的，由承办人承担全部过错责任；

（4）经复议维持的过错行为，由承办人和复议人员共同承担责任，其中复议人员承担主要责任，承办人承担次要责任；经复议撤销或者变更导致的过错行为，由复议

人员承担全部责任；

（5）执法过错行为由集体研究决定的，由主要领导承担主要责任，其他责任人承担次要责任。

第八，有下列情形之一的，不予追究税务执法人员的责任：

（1）因执行上级机关的答复、决定、命令、文件，导致执法过错的；

（2）有其他不予追究的情节或者行为的。

第九，有下列情况之一的，行为人不承担责任：

（1）因所适用的法律、行政法规、规章的规定不明确，导致执法过错的；

（2）在集体研究中申明保留不同意见的；

（3）因不可抗力导致执法过错的；

（4）其他不承担责任的情节或行为的。

第十，执法过错责任人有下列情形之一的，可以从轻或者减轻责任：

（1）主动承认过错并及时纠正错误、有效阻止危害结果发生、挽回影响的；

（2）经领导批准同意后实施，导致执法过错的；

（3）有其他从轻或者减轻的情节或者行为的。

过错行为情节显著轻微，没有造成危害后果的，可以对责任人免予追究。

第十一，执法过错责任人有下列情形之一的，应当从重或者加重责任，上述规定的所应承担责任的限制，直至取消执法资格：

（1）同时具有本办法规定的两种以上过错行为的；

（2）同一年度内发生多起相同根据本办法应当追究执法过错行为的；

（3）转移、销毁有关证据，弄虚作假或者以其他方法阻碍、干扰执法过错责任调查、追究的；

（4）被责令限期改正而无正当理由逾期不改正的；

（5）导致国家税款流失数额较大的；

（6）导致较大社会负面影响的；

（7）导致税务行政诉讼案件终审败诉的；

（8）导致税务机关承担国家赔偿责任的。

第三节　税收司法管理

一、税收司法概述

税收司法是指国家司法机关依照法定的职权和程序，运用税法对税务纠纷案件和税收犯罪案件进行审理、判决的管理活动。税收司法的内容包括：使税收争议案件得以顺畅进入司法渠道并加以解决的司法引入机制；确保司法独立与效率的税收司法组织机制。

二、税收司法的作用

税收司法是使税收立法得以实现的保证，税收司法与税收执法有机结合，保证了税法的贯彻执行，对维护税法的严肃性和权威性，强化税收管理，维护正常的税收环境和税收秩序，维护国家的主权和经济利益，保证税收收入及时足额交入国库，都有着十分重要的作用。同时，税收司法也会使征纳双方受到法制教育，提高征收机关依法行政和纳税人依法纳税的自觉性，从法律的角度强化了对征税方的监督和对纳税方的管理，促进税收管理质量的提高。

三、税收司法的主体

我国目前没有独立的专业的税收司法审判机关，在我国由人民法院对税收案件进行侦查、检察、审判，并依法作出判决、裁定，并使其得以执行，而税务机关不具备相应的税收司法权，因此我国税收司法的主体是人民法院。

四、税收司法的程序

税收司法一般包括对税务争议案件的处理和对税务诉讼案件的处理。对税务争议的案件，若争议的焦点是征税行为，则必须经过税务行政复议；对其他行为可直接提起税务行政诉讼。税务行政诉讼主要是由人民法院来进行审理，同其他司法案件的处理程序一样，往往要经过起诉、受理和判决等程序。有关税收司法的内容将在第十四章税务行政救济第二节税务行政诉讼中详细介绍，此处不再赘述。

思考与练习

1. 简述税收立法应遵循的原则。
2. 简述我国税收立法的程序。
3. 简述我国税收制度的法律级次。
4. 简述税收执法的特征。
5. 简述税收司法的含义。
6. 案例题：2016 年 8 月 18 日，Z 公司在变更经营范围为：提供二手车交易服务，提供代办二手车转移登记、保险、纳税服务（依法须经批准的项目，经相关部门批准后方可开展经营活动)。2016 年 8 月 22 日，税务局依 Z 公司申请，经过审核向 Z 公司作出《税务事项通知书》，通知确认发票种类为二手车销售统一发票，申请类型是增加，每月最高领用数量为 25 份等信息。2016 年 10 月 19 日，税务局以 Z 公司未取得《备案证明》为由，作出《关于对 Z 公司停供发票的通知》，决定从 2016 年 10 月 19 日对 Z 公司停供二手车销售统一发票。Z 公司不服该决定，诉至法院，请求判令撤销税务局作出的停供发票的行政行为，恢复原告二手车销售统一发票的领购权，被告承担诉讼费用。

试分析 Z 公司的请求能否胜诉。

第三章

税收基础管理

第一节　税务登记

一、税务登记

税务登记，是指税务机关对纳税人的基本情况及生产经营项目进行登记管理的一项基本制度。它是税务机关对纳税人实施管理、了解掌握税源情况的基础。税务登记包括：设立登记及信息采集、变更登记、停复业登记、清税注销、自然人登记、社会保险费信息登记、扣缴义务人管理、委托代征管理、外出经营报验管理、其他登记管理、非正常户管理、证照管理、税源管理项目管理、登记户日常管理、税务登记创新处理。税务登记是整个税收征收管理工作的首要环节。

建立税务登记制度，对于税务机关依法征税和纳税人依法纳税都具有重要的意义。依照税收法律法规规定，应当办理税务登记的纳税人，须按时办理税务登记。税务机关应主动获取工商、质监等部门登记信息，对应办理税务登记而未办理的纳税人应及时纳入登记管理。税务机关应及时对纳税人登记信息进行维护更新，确保登记信息真实、准确。

二、税务登记的主管机关

县以上（含本级，下同）税务局（分局）是税务登记的主管税务机关，负责税务登记的设立登记、变更登记、注销登记和税务登记证验证、换证以及非正常户处理、报验登记等有关事项。

税务局（分局）可以按照“各区分散受理、全市集中处理”的原则办理税务登记。

三、税务登记证件及使用

税务登记证件包括税务登记证及其副本、临时税务登记证及其副本。

扣缴税款登记证件包括扣缴税款登记证及其副本。

纳税人办理下列事项时，必须提供税务登记证件：

（1）开立银行账户；

（2）领购发票。

纳税人办理其他税务事项时，应当出示税务登记证件，经税务机关核准相关信息后办理手续。

四、纳税识别号

税务局（分局）执行统一纳税人识别号。纳税人识别号由省、自治区、直辖市和计划单列市税务局按照纳税人识别号代码行业标准联合编制，统一下发各地执行。

已领取组织机构代码的纳税人，其纳税人识别号共15位，由纳税人登记所在地6位行政区划码+9位组织机构代码组成。以业主身份证件为有效身份证明的组织，即未取得组织机构代码证书的个体工商户以及持回乡证、通行证、护照办理税务登记的纳税人，其纳税人识别号由身份证件号码+2位顺序码组成。

纳税人识别号具有唯一性。

五、税务登记的种类及管理规程

（一）设立登记

设立登记及信息采集，是指未实行“三证合一、一照一码”登记模式纳税人向生产、经营所在地税务机关申报办理税务登记；已实行“三证合一、一照一码”登记模式纳税人对于工商登记已采集信息，税务机关不再重复采集；其他必要涉税基础信息，可在企业办理有关涉税事宜时，及时采集，陆续补齐。设立登记及信息采集包括：单位纳税人登记、个体经营登记、临时税务登记、一照一码户信息采集。

1. 单位纳税人设立登记

（1）业务概述。单位纳税人（含合伙企业、个人独资企业、一人有限责任公司、外国企业常驻代表机构）申报办理税务登记，包括：

①从事生产、经营的纳税人领取工商营业执照的；

②从事生产、经营的纳税人未办理工商营业执照但经有关部门批准设立的；

③临时税务登记纳税人已领取营业执照或已经有关部门批准的；

④已办理临时税务登记的非正常纳税人的法定代表人或经营者在原税务机关办结相关涉税事宜后，申报转办单位纳税人登记的。

该事项不适用实施“一照一码”的纳税人。

（2）业务流程。单位纳税人登记流程如图3－1所示。

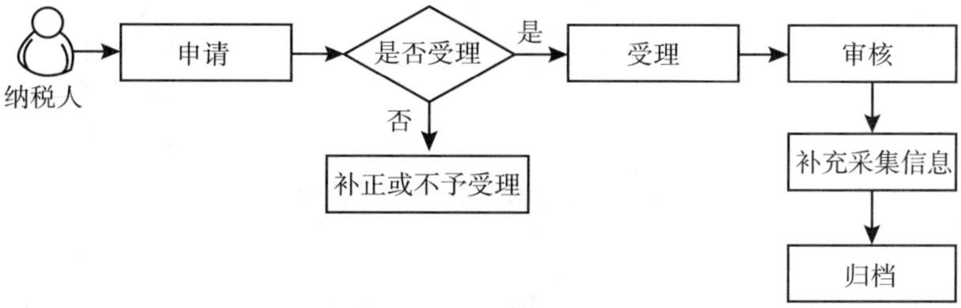

图3－1　单位纳税人登记流程

（3）办理规范。税务人员按照以下情况分别办理：

①对纳税人提交资料齐全、符合法定形式的，受理申请。

A. 当场发放证件的，可以仅采集《税务登记表（适用单位纳税人）》中涉及税务登记证件的内容。

B. 对临时税务登记转办正式的税务登记的情况，应收缴并核销临时税务登记证件。

C. 增值税一般纳税人因住所、经营地点变动涉及改变税务登记机关的，在迁出地主管税务机关办理注销税务登记并在迁达地重新办理税务登记，在迁达地重新办理税务登记后，认定管理部门恢复相关税务认定资格，重新发行防伪税控设备。

②纳税人提交资料不齐全或不符合法定形式的，制作《税务事项通知书》（补正通知），一次性告知纳税人需补正的内容。

③依法不属于本机关职权或本业务受理范围的，制作《税务事项通知书》（不予受理通知），告知纳税人不予受理的原因。

④未按照规定的期限申报办理税务登记的，由税务机关责令限期改正，可以处2000元以下的罚款；情节严重的，处2000元以上1万元以下的罚款。

2. 临时税务登记

（1）业务概述。以下情形的纳税人需要申报办理临时税务登记：

①有独立的生产经营权、在财务上独立核算并定期向发包人或者出租人上交承包费或租金的承包承租人；

②境外企业在中国境内承包建筑、安装、装配、勘探工程和提供劳务的；

③从事生产、经营的纳税人，应办而未办工商营业执照，或无需办理工商营业执照而需经有关部门批准设立但未经有关部门批准的；

④非正常户纳税人的法定代表人或经营者申报办理新的税务登记的；

⑤非境内注册居民企业收到居民身份认定书的。

（2）业务流程。临时税务登记流程如图3－2所示。

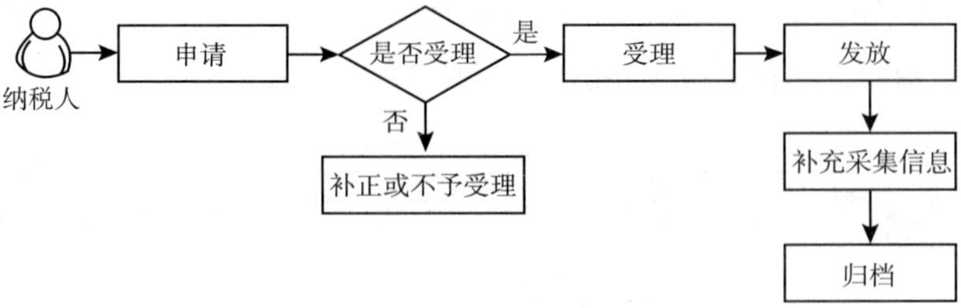

图3－2　临时税务登记流程

（3）办理规范。税务人员按照以下情况分别办理：

①对纳税人提交资料齐全、符合法定形式的，受理申请。

当场发放证件的，可以仅采集《税务登记表（适用临时税务纳税人）》中涉及税务登记证件的内容。

②纳税人提交资料不齐全或不符合法定形式的，制作《税务事项通知书》（补正通知），一次性告知纳税人需补正的内容。

③依法不属于本机关职权或本业务受理范围的，制作《税务事项通知书》（不予受理通知），告知纳税人不予受理的原因。

④未按照规定的期限申报办理税务登记的，由税务机关责令限期改正，可以处2000元以下的罚款；情节严重的，处2000元以上1万元以下的罚款。

3. 一照一码户信息采集

（1）业务概述。各省税务机关在交换平台获取“三证合一”企业登记信息后，依据企业住所（以统一代码为标识）按户分配至县（区）税务机关；对于工商登记已采集信息，税务机关不再重复采集；其他必要涉税基础信息，可在企业办理有关涉税事宜时，及时采集，陆续补齐。新设立企业、农民专业合作社（以下统称“企业”）领取由工商行政管理部门核发加载法人和其他组织统一社会信用代码（以下称统一代码）的营业执照后，无需再次进行税务登记，不再领取税务登记证。企业办理涉税事宜时，在完成补充信息采集后，凭加载统一代码的营业执照可代替税务登记证使用。

（2）业务流程。一照一码户信息采集流程如图3－3所示。

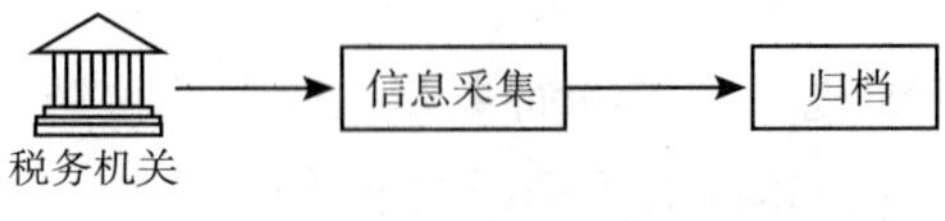

图3－3　一照一码户信息采集流程图

（3）办理规范。

①信息采集。纳税人首次上门办理有关涉税事项时，填报《纳税人首次办税补充信息表》，同时提供有关资料或证明材料，税务人员向纳税人采集必要的涉税基础信息，并提醒纳税人办理税（费）种认定等相关事宜。

对于领取“一照一码”营业执照后30日内未到税务局办理涉税事宜的纳税人，不予进行“逾期办理税务登记”的处罚。

②归档。将有关资料进行归档处理。

（二）变更信息登记

变更信息是指，未实行“三证合一、一照一码”登记模式户纳税人税务登记内容发生变化的，应当向主管税务机关申报办理变更税务登记；“一照一码”纳税人工商登记信息发生变更（除生产经营地、财务负责人、核算方式等信息外），向工商机关办理变更登记，工商机关核准后将变更信息即时共享至省级信息交换平台，税务机关接收工商变更信息并更新税务系统内纳税人对应信息；已实行“三证合一、一照一码”登记模式的企业《纳税人补充信息表》和生产经营地、财务负责人、核算方式等信息发生变化时，向税务主管机关申请变更。税务主管机关应将变更后的生产经营地、财务负责人、核算方式等信息即时共享至信息交换平台。2015 年 10 月 1 日前已登记企业（存量）申请变更登记，或者申请换发营业执照的，税务机关应告知企业在登记机关申请变更，换发载有统一社会信用代码的营业执照。原税务登记证由企业登记机关收缴、存档。

1. 单位纳税人变更登记

（1）业务概述。纳税人税务登记内容发生变化的，应当向主管税务机关申报办理变更税务登记。

该事项适用于同城通办业务，不适用于实施“一照一码”的纳税人。

（2）业务流程。变更登记流程如图 3－4 所示。

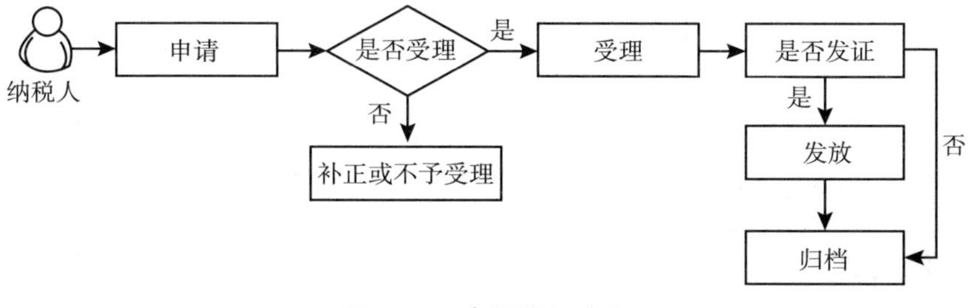

图 3－4　变更登记流程

（3）办理规范。税务人员按照以下情况分别办理：

①对纳税人提交资料齐全、符合法定形式的，受理变更登记信息。

A. 对涉及改变税务登记证件内容的，收缴并核销原税务登记证正本及副本。

B. 对变更经营范围、国标行业或登记注册类型等项目的，根据实际情况判断是否进行税（费）种认定、主管税务所（科、分局）分配或管户分配。

②纳税人提交资料不齐全或不符合法定形式的，制作《税务事项通知书》（补正通知），一次性告知纳税人需补正的内容。

③依法不属于本机关职权或本业务受理范围的，制作《税务事项通知书》（不予受理通知），告知纳税人不予受理的原因。

其中：被调查企业在税务机关实施特别纳税调查调整期间申请变更经营地址登记的，税务机关在调查结案前原则上不予办理税务变更。

④变更登记涉及税务登记证件内容变化的，由受理方税务机关收缴并核销原税务登记证件，重新发放盖有双方印章并标注同一纳税人识别号的税务登记证件；不涉及税务登记证件内容变化的，由受理方税务机关直接在征管信息系统中进行变更。

⑤未按照规定的期限申报办理变更登记的，由税务机关责令限期改正，可以处2000元以下的罚款；情节严重的，处2000元以上1万元以下的罚款。

2. 一照一码信息变更登记

（1）业务概述。"一照一码"纳税人工商登记信息发生变更（除生产经营地、财务负责人、核算方式等信息外），向工商机关办理变更登记，工商机关核准后将变更信息即时共享至省级信息交换平台，税务机关接收工商变更信息并更新税务系统内纳税人对应信息；"一照一码"纳税人《纳税人补充信息表》和生产经营地、财务负责人、核算方式等信息发生变化时，向主管税务机关申请变更。主管税务机关应将变更后的生产经营地、财务负责人、核算方式等信息即时共享至信息交换平台。

该事项适用于同城通办业务。

（2）业务流程。一照一码户信息变更流程如图3-5所示。

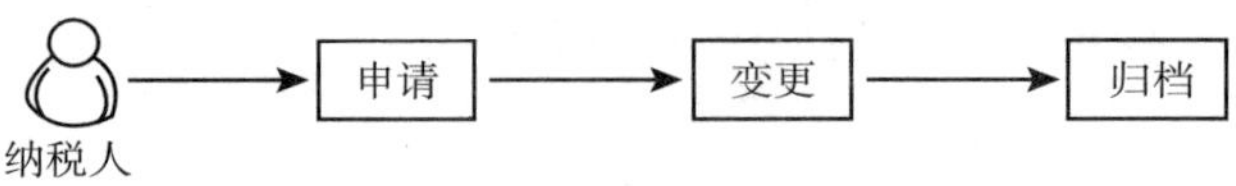

图3-5 一照一码户信息变更流程

（3）办理规范。纳税人填报《纳税人首次办税补充信息表》，同时提供有关资料或证明材料，税务机关为其办理相关信息变更。

（三）停复业登记

停复业登记，是指实行定期定额征收方式的个体工商户需要停业的，应当在停业前向税务机关申报办理停业登记。纳税人的停业期限不得超过1年。停复业登记包括停业登记、复业登记。

1. 停业登记

（1）业务概述。

①实行定期定额征收方式的个体工商户或比照定期定额户进行税款征收管理的个人独资企业需要停业的，应当在停业前向税务机关申报办理停业登记。

②纳税人在申报办理停业登记时，应如实填写申请登记表，说明停业理由、停业期限、停业前的纳税情况和发票的领、用、存情况，并结清应纳税款、滞纳金、罚款。税务机关应收存其税务登记证件及副本、发票领用簿、未使用完的发票。

③纳税人停业期满不能及时恢复生产经营的，应当在停业期满前向税务机关提出延长停业登记申请。

（2）业务流程。停业登记流程如图 3－6 所示。

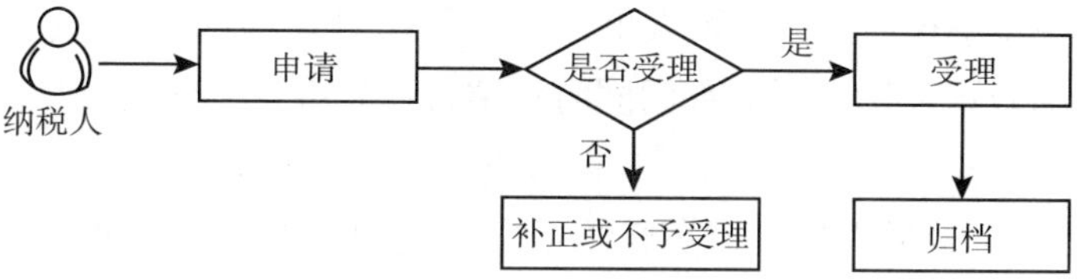

图 3－6　停业登记流程

（3）办理规范。税务人员按照以下情况分别办理：

①对纳税人提交资料齐全、符合法定形式的，验旧发票、结清对应税款并收存税务登记证及其副本、《发票领用簿》及未使用完的发票，受理纳税人停业申请，录入停业登记内容，发放《税务事项通知书》。

②纳税人提交资料不齐全或不符合法定形式的，制作《税务事项通知书》（补正通知），一次性告知纳税人需补正的内容。其中纳税人存在未缴税款（包括滞纳金和罚款等）、未申报税种、未办结违章案件等情况的，要求先行办结。

③依法不属于本机关职权或本业务受理范围的，制作《税务事项通知书》（不予受理通知），告知纳税人不予受理的原因。

2. 复业登记

（1）业务概述。纳税人应当于恢复生产经营之前，向主管税务机关申报办理复业登记，领回并启用税务登记证件、发票领用簿及发票。

（2）业务流程。复业登记流程如图 3－7 所示。

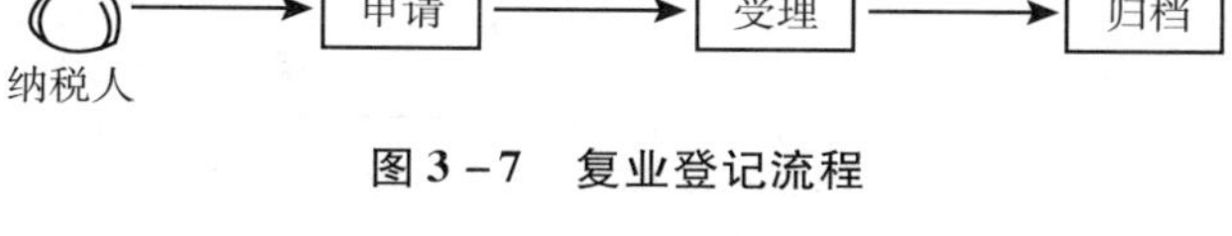

图 3－7　复业登记流程

（3）办理规范。税务人员受理复业申请，返还代保管的税务登记证正本及其副本、《发票领用簿》及发票。

（四）清税注销税务登记

清税注销是指，未实行“三证合一、一照一码”登记模式户纳税人发生解散、破产、撤销以及其他情形，依法终止纳税义务的，应当在向工商行政管理机关或者其他机关办理注销登记前，持有关证件和资料向原税务登记机关申报办理注销税务登记；按规定不需要在工商行政管理机关或者其他机关办理注册登记的，应当自有关机关批准或者宣告终止之日起15日内，持有关证件和资料向原税务登记机关申报办理注销税务登记。已实行“三证合一、一照一码”登记模式的企业办理注销登记，须先向税务主管机关申报清税，税务机关确认纳税人结清应纳税款、多退（免）税款、滞纳金和罚款，缴销发票和相关证件后所有税务事项后，向纳税人出具《清税证明》，提示其凭税务机关开具的《清税证明》办理工商登记注销。税务部门同时将清税信息推送到信息共享交换平台。

1. 注销税务登记

（1）业务概述。纳税人发生以下情形的，向主管税务机关申报办理注销税务登记：

①纳税人发生解散、破产、撤销以及其他情形，依法终止纳税义务的；

②按规定不需要在工商行政管理机关或者其他机关办理注销登记的，但经有关机关批准或者宣告终止的；

③纳税人被工商行政管理机关吊销营业执照或者被其他机关予以撤销登记的；

④纳税人因住所、经营地点变动，涉及改变税务登记机关的；

⑤境外企业在中国境内承包建筑、安装、装配、勘探工程和提供劳务的，项目完工、离开中国的；

⑥外国企业常驻代表机构驻在期届满、提前终止业务活动的；

⑦非境内注册居民企业经确认终止居民身份的；

该事项不适用实施“一照一码”的纳税人。

（2）业务流程。注销登记流程如图3－8所示。

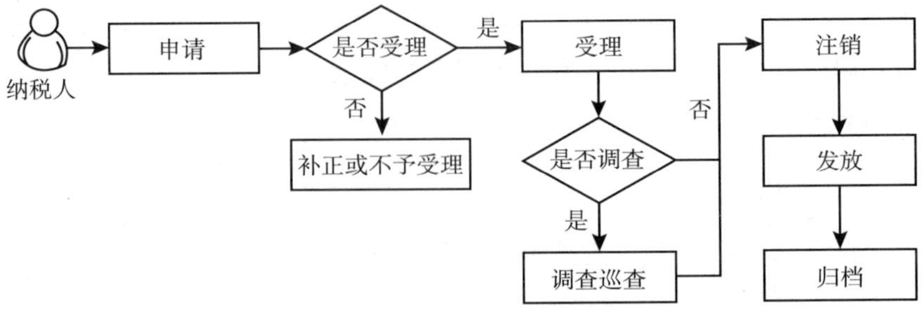

图3－8　注销登记流程

（3）办理规范。

①受理。税务人员按照以下情况分别办理：

A. 纳税人提交资料齐全、符合法定形式的，受理纳税务人注销登记申请。

B. 纳税人提交资料不齐全或不符合法定形式的，制作《税务事项通知书》（补正通知），一次性告知纳税人需补正的内容。

C. 依法不属于本机关职权或本业务受理范围的，制作《税务事项通知书》（不予受理通知），告知纳税人不予受理的原因。

D. 未按照规定的期限申报办理注销登记的，由税务机关责令限期改正，可以处2000 元以下的罚款；情节严重的，处2000 元以上1 万元以下的罚款。

②调查。税务机关根据是否存在疑点决定是否进行调查巡查，需要进行调查巡查的，核实纳税人的纳税申报、税款缴纳情况、对增值税一般纳税人因住所经营地点变动，涉及改变税务登记机关的，核实注销税务登记前尚未抵扣的进项税额等。

③注销。根据调查巡查反馈情况，决定是否注销税务登记。

A. 纳税人已办结所有未结事项的，注销税务登记。

B. 纳税人存在以下情形的，通知其存在未结事宜。

a. 纳税人存在未申报、欠税信息；

b. 纳税人存在未验旧的发票；

c. 土地增值税纳税人未完成土地增值税清算；

d. 企业所得税纳税人未完成企业所得税清算；

e. 纳税人存在多缴（包括预缴、应退未退）税款；

f. 纳税人存在未结报的税收票证；

g. 纳税人存在其他应结未结事项。

C. 增值税一般纳税人因住所、经营地点变动，涉及改变税务登记机关的，在办结相关涉税事项，核实注销税务登记前尚未抵扣的进项税额后，准予注销迁移。

D. 若涉嫌偷逃骗抗税、虚开发票等税收违法行为需要立案查处的，移送稽查部门处理。

E. 注销通过后收缴并核销相关税务证件及按规定应收缴的设备。

2. 一照一码户清税申报

（1）业务概述。已实行“三证合一、一照一码”登记模式的企业办理注销登记，须先向税务主管机关申报清税，填写《清税申报表》；由受理税务机关根据清税结果向纳税人统一出具《清税证明》，并将信息共享到交换平台。

税务机关在核查、检查过程中发现涉嫌偷、逃、骗、抗税或虚开发票的，或者需要进行纳税调整等情形的，办理时限自然中止。

（2）业务流程。一证一码户清税申报流程如图3 -9 所示。

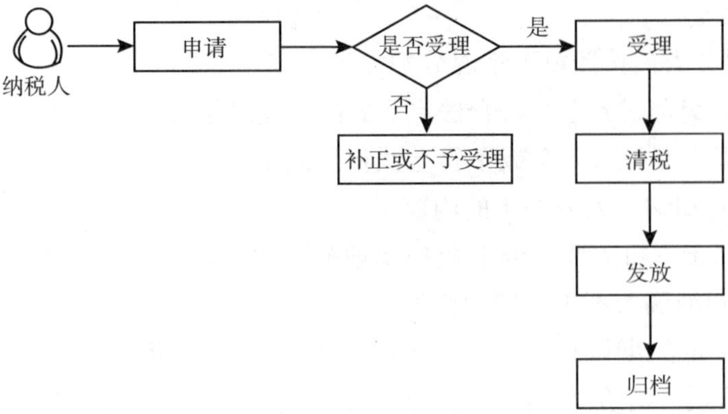

图 3-9 一证一码户清税申报流程

（3）办理规范。

①受理。税务人员按照以下情况分别办理：

A. 纳税人提交资料齐全、符合法定形式的，制作《税务事项通知书》（受理通知），受理纳税人清税申请。

B. 纳税人提交资料不齐全或不符合法定形式的，制作《税务事项通知书》（补正通知），一次性告知纳税人需补正的内容。

C. 依法不属于本机关职权或本业务受理范围的，制作《税务事项通知书》（不予受理通知），告知纳税人不予受理的原因。

②清税。

A. 纳税人存在以下情形的，通知其存在未结事宜：

a. 纳税人存在未申报、欠税信息；

b. 纳税人存在未验旧的发票；

c. 土地增值税纳税人未完成土地增值税清算；

d. 企业所得税纳税人未完成企业所得税清算；

e. 纳税人存在多缴（包括预缴、应退未退）税款；

f. 纳税人存在未结报的税收票证；

g. 纳税人存在其他应结未结事项。

B. 清税过程中若发现纳税人涉嫌偷逃骗抗税、虚开发票等税收违法行为需要立案查处的，移送稽查部门处理。

C. 根据省税务机关对纳税人分类管理制定的具体办法，对符合条件的，简化办理手续，缩短办结时限或即时办结。

D. 接收清税申报信息的税务机关应将清税结果及时反馈给先受理方税务机关，即时办结；对于存在疑点的，由双方税务机关分别告知纳税人。

（五）其他税务登记

1. 扣缴税款登记

（1）业务概述。以下根据税收法律、行政法规的规定负有扣缴税款义务的扣缴义务人，应当办理扣缴税款登记：

①已办理税务登记的扣缴义务人；

②根据税收法律、行政法规的规定可不需办理税务登记的扣缴义务人；

③境外的单位或者个人在境内提供增值税应税劳务，在境内未设有经营机构的，以其境内代理人为扣缴义务人；在境内没有代理人的，以购买方为扣缴义务人。境外的单位或者个人在境内销售服务、无形资产或者不动产，在境内未设有经营机构的，以购买方为增值税扣缴义务人。

④其他依法负有扣缴义务的单位和个人。

（2）业务流程。扣缴税款登记流程如图 3－10 所示。

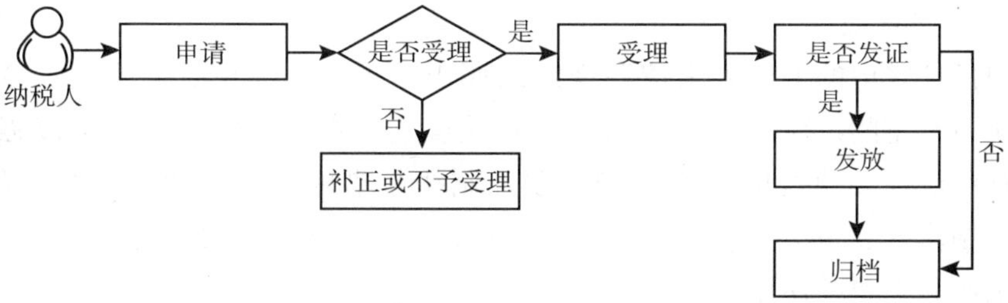

图 3－10　扣缴税款登记流程

（3）办理规范。税务人员按照以下情况分别办理：

①对纳税人提交资料齐全、符合法定形式的，办理扣缴税款登记。

A. 对已办理税务登记的扣缴义务人，在其税务登记证件上登记扣缴税款事项。

B. 对逾期登记扣缴义务人，税务人员按照有关规定处理。

②纳税人提交资料不齐全或不符合法定形式的，制作《税务事项通知书》（补正通知），一次性告知纳税人需补正的内容。

③依法不属于本机关职权或本业务受理范围的，制作《税务事项通知书》（不予受理通知），告知纳税人不予受理的原因。

2. 外埠纳税人经营地报验登记

（1）业务概述。纳税人应当于外出经营开始前，持《外出经营活动税收管理证明》向外出经营地税务机关报验登记，并接受经营地税务机关的管理；自《外出经营活动税收管理证明》签发之日起 30 日内未办理报验登记的，所持证明作废，纳税人需要向税务机关重新申请开具。

（2）业务流程。外埠纳税人经营地报验登记流程如图 3－11 所示。

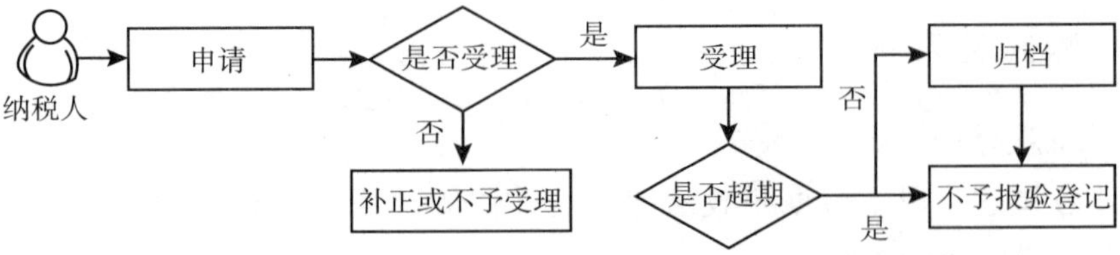

图3－11　外埠纳税人经营地报验登记流程

（3）办理规范。税务人员按照以下情况分别办理：

①对纳税人提交资料齐全、符合法定形式的，办理外埠纳税人经营地报验登记。如果外埠纳税人为销售货物，需同时办理外埠纳税人经营地申报查验货物。

②纳税人提交资料不齐全或不符合法定形式的，制作《税务事项通知书》（补正通知），一次性告知纳税人需补正的内容。

③依法不属于本机关职权或本业务受理范围的，制作《税务事项通知书》（不予受理通知），告知纳税人不予受理的原因。其中，自《外出经营活动税收管理证明》签发之日起30日内未办理报验登记的，所持证明作废。

3. 非正常户管理

已办理税务登记的纳税人未按照规定的期限申报纳税，在税务机关责令其限期改正后，逾期不改正的，税务机关应当派员实地检查，查无下落并且无可以强制执行的财物或虽有可以强制执行的财物但经采取强制执行措施仍无法使其履行纳税义务的，由税务人员制作非正常户认定书，存入纳税人档案，税务机关暂停其税务登记证件、发票领购用簿和发票的使用。

纳税人被列入非正常户超过3个月的，税务机关可以宣布其税务登记证件失效。

税务机关应在非正常户认定的次月，在办税场所或者广播、电视、报纸、期刊、网络等媒体上公告非正常户。

对没有欠税且没有未缴销发票的纳税人，认定为非正常户超过两年的，税务机关可以注销其税务登记证件。

被税务机关认定为非正常户的纳税人，需恢复履行纳税义务的，向税务机关提出办理解除非正常户。

六、证照管理

证照管理，是指税务机关应当加强税务登记证照的管理，采取实地调查、上门验证等方法，或者结合税务部门和工商部门之间的信息交换比对进行税务登记证件的管理。证照管理包括：税务登记验证，税务登记换证，证件遗失、损毁管理。

（一）税务登记验证

纳税人应当在税务机关规定的期限内持有关证件到主管税务机关办理验证手续。

税务人员按照以下情况分别办理：

（1）对纳税人提交资料齐全、符合法定形式的，受理验证申请，并在纳税人《税务登记证》（副本）上加盖验证章或者加贴验证标识。

（2）纳税人提交资料不齐全或不符合法定形式的，制作《税务事项通知书》（补正通知），一次性告知纳税人需补正的内容。

（3）依法不属于本机关职权或本业务受理范围的，制作《税务事项通知书》（不予受理通知），告知纳税人不予受理的原因。

（二）税务登记换证

按照税务总局统一规定，税务登记证式样改变或达到定期换证期限的，统一换发税务登记证件。

税务人员按照以下情况分别办理：

（1）对纳税人提交资料齐全、符合法定形式的，收缴并核销原税务登记证件，并对税务登记信息进行比对。信息相符的，采集换证信息；信息不符的，通知纳税人变更税务登记。

（2）纳税人提交资料不齐全或不符合法定形式的，制作《税务事项通知书》（补正通知），一次性告知纳税人需补正的内容。

（3）依法不属于本机关职权或本业务受理范围的，制作《税务事项通知书》（不予受理通知），告知纳税人不予受理的原因。

（三）证件遗失、损毁管理

遗失税务登记证件的纳税人、扣缴义务人，应当自遗失税务登记证件之日起 15 日内，书面报告主管税务机关，如实填写《税务证件挂失报告表》，并将纳税人名称、税务登记证件名称、税务登记证件号码、税务登记证件发证日期、发证机关名称在市级以上公开发行的报刊上刊登遗失声明，凭报刊上刊登的遗失声明向税务机关申请补办税务登记证件。

税务人员按照以下情况分别办理：

（1）对纳税人提交资料齐全、符合法定形式的，采集相关信息，发放税务证件。

（2）纳税人提交资料不齐全或不符合法定形式的，制作《税务事项通知书》（补正通知），一次性告知纳税人需补正的内容。重点审核《遗失声明》中应包括：纳税人名称、税务登记证件名称、税务登记证件号码、税务登记证件有效期、发证机关名称、发证日期。

（3）依法不属于本机关职权或本业务受理范围的，制作《税务事项通知书》（不予受理通知），告知纳税人不予受理的原因。

（4）纳税人损毁税务登记证件的，处 2000 元以上 1 万元以下的罚款；情节严重的，处1万元以上5万元以下的罚款。

（5）纳税人未按照规定办理税务登记证件验证或者换证手续的，由税务机关责令限期改正，可以处2000元以下的罚款；情节严重的，处2000元以上1万元以下的罚款。

七、税务登记创新处理

为认真贯彻国务院加快政府职能转变，创新政府监管方式的要求，进一步创新税收服务和管理，顺应注册资本登记制度改革和“三证合一”“一照一码”改革的需要，可以从如下方面对税务登记业务进行创新。

（1）电子登记。积极探索推进全程电子化登记，实现网上申请、网上审核，或者网上发证，纳税人足不出户就可以办理。

（2）纳税人首次确认。在登记制度改革后，纳税人在首次办理涉税事项时，税务机关按照纳税人出示的合法证照，进行“免填单”式信息采集，并开展常用办税事项告知、税种及发票核定、办税操作辅导等“一站式”服务。

（3）免填单服务。办税服务厅工作人员在受理涉税事项时，不再需要纳税人填写申请表单，根据办理人员提供的资料、证件或口述信息，依托征管信息系统或相关辅助软件，录入纳税人相关涉税申请，打印税务文书，经纳税人核对、修订、补充并签字（章）确认后，按规定程序办理涉税事项。

（4）加强后续管理。在行政审批制度改革和简政放权改革的推进过程中，前端放开，后续管理应持续加强。在办理涉税业务时，应及时录入、补录和确认相关信息，逐步实现税务基础信息的确定性和完整性，为加强纳税人管理夯实基础。注重创新后续管理方式，善于把后续管理融入税收征管和税收执法等日常工作之中，综合运用申报管理、发票管理、账簿凭证管理、税源管理等日常征管方式，以及检查、处罚、强制等日常执法手段加强对纳税人的事中事后管理，提高后续管理的科学化水平。

（5）开展风险管理及纳税评估。注重运用“互联网+税务”方式加强风险管理，善于根据纳税申报信息、第三方信息对纳税人的日常涉税情况进行归集整理，建立风险模型，加强数据分析，强化风险识别，按照风险等级有针对性地采取案头评估、日常检查、随机抽查等方式加强主动管理。建立风险识别、排序推送、风险应对、结果评价闭环式的风险管理模式。

（6）加强区域间协作管理。推进涉税信息异地共享，特别是外出经营、非正常户、停业户等涉税信息。简化外出经营税收征管流程，探索采用电子《外出经营活动税收管理证明》，实现网上向经营地税务机关传递、税务机关实行网上报验查询，逐步取消纸质证明。对非正常户纳税人的法定代表人或经营者加强管理，限量供应发票，并通知其回原税务机关办理相关涉税事宜。在信息互通、有效管辖的基础上，对于异地迁移的纳税人，在迁出时可以不作注销清算。

（7）支撑税源专业化管理。探索税源管理从“管户制”向“管事制”的转变，可以不将税源管理对象（纳税人、扣缴义务人等）固定分配至税收管理员，即不做“管户分配”，而仅分配至主管税务所（科、分局），由主管税务所（科、分局）或其上级机关按照“因事设岗、分类管事”原则确立岗责体系，同一岗位多人时实行“派工制”。

（8）支持纳税人引入中介机构依法出具鉴证报告。纳税人可以在企业变更税务登记、注销税务登记等业务中，委托中介机构依法出具税款清算鉴证。例如，单位及查账征收个体工商户注销税务登记时，如果能够提供中介机构出具的前3年度的《企业注销税务登记税款清算鉴证报告》（税务登记时间未满3年的，提供登记之日起的《鉴证报告》），报告内容显示纳税人无应缴少缴税款，或虽有少缴税款但纳税人已依法足额补缴税款，主管税务机关按规定对纳税人涉税信息进行案头分析后未发现疑点的，可以直接出具清税证明（正在查处的涉税违法违章案件的纳税人除外）。

（9）探索税务局、工商、质监部门联合进行非正常户管理。包括认定、公告、注销等业务。

八、税务登记的法律责任

从事生产、经营的纳税人自领取营业执照之日起30日内，持有关证件，向税务机关申报办理税务登记。税务机关应当于收到申报的当日办理登记并发给税务登记证件。工商行政管理机关应当将办理登记注册、核发营业执照的情况，定期向税务机关通报。从事生产、经营的纳税人，税务登记内容发生变化的，自工商行政管理机关办理变更登记之日起30日内或者在向工商行政管理机关申请办理注销登记之前，持有关证件向税务机关申报办理变更或者注销税务登记。

纳税人不办理税务登记的，由税务机关责令限期改正；逾期不改正的，经税务机关提请，由工商行政管理机关吊销其营业执照。未按照规定的期限申报办理税务登记、变更或者注销登记的，由税务机关责令限期改正，可以处2000元以下的罚款；情节严重的，处2000元以上1万元以下的罚款。

纳税人通过提供虚假的证明资料等手段，骗取税务登记证的，处2000元以下的罚款；情节严重的，处2000元以上1万元以下的罚款。

扣缴义务人未按照规定办理扣缴税款登记的，税务机关应当自发现之日起3日内责令其限期改正，并可处以1000元以下的罚款。

纳税人按照国务院税务主管部门的规定使用税务登记证件。税务登记证件不得转借、涂改、损毁、买卖或者伪造。纳税人未按照规定使用税务登记证件，或者转借、涂改、损毁、买卖、伪造税务登记证件的，处2000元以上1万元以下的罚款；情节严重的，处1万元以上5万元以下的罚款。

纳税人、扣缴义务人违反规定，拒不接受税务机关处理的，税务机关可以收缴其发票或者停止向其发售发票。

税务人员徇私舞弊或者玩忽职守，违反规定为纳税人办理税务登记相关手续，或者滥用职权，故意刁难纳税人、扣缴义务人的，调离工作岗位，并依法给予行政处分。

第二节　账簿、凭证管理

一、账簿、凭证概念的界定

账簿是纳税人、扣缴义务人连续记录其各种经济业务的账册和簿籍。凭证是纳税人用来记录其各种经济业务，明确经济责任，并据以登记账簿、具有法律效力的书面证明。凭证可分为原始凭证和记账凭证。税务部门按照税收法律、行政法规和财务会计制度规定，对纳税人的会计账簿、凭证等实行管理和监督，是税收征管的重要环节。

二、账簿、凭证管理

（一）账簿设置

纳税人应按要求设置总账、明细账、日记账（特别是现金日记账和银行存款日记账）以及与履行纳税义务有关的其他辅助账簿。账簿由具有一定格式而又联结在一起的若干账页所组成，用来纪录各项经济业务，是编制报表的依据，也是保存会计数据资料的重要工具。

企业应当按照国家统一会计制度的规定和会计业务的需要设置会计账簿。会计账簿包括总账、明细账、日记账和其他辅助性账簿。每一项会计事项，一方面要记入有关的总账；另一方面要记入该总账所属的明细账。

总账的形式，法规未作统一规定，可以采用“三栏式”的订本账或者活页账，也可以采用棋盘式总账，还可以采用具有期初余额、本期发生额和期末余额的科目汇总表代替总账，但只有本期发生额的科目汇总表不能代替总账。各单位可以根据实际情况自行选择总账。

明细账可以有多种形式，如订本式、活页式、三栏式、多栏式等。各单位可以自行选择。

日记账是一种特殊的明细账，如现金日记账和银行存款日记账，为了加强现金和银行存款的管理，手工记账的单位，现金日记账和银行存款日记账必须采用订本式账簿，不得用银行对账单或者其他方法代替日记账。

实行会计电算化的单位，用计算机打印的会计账簿必须连续编号，经审核无误后装订成册，并由记账人员和会计机构负责人、会计主管人员签字或者盖章，以防止账页的散失及被抽换，保证会计资料的完整。

从事生产、经营的纳税人应当自领取营业执照或者发生纳税义务之日起15日内，按照国家有关规定设置账簿。

生产、经营规模小又确无建账能力的纳税人，可以聘请经批准从事会计代理记账业务的专业机构或者经税务机关认可的财会人员代为建账和办理账务。聘请上述机构或者人员有实际困难的，经县以上税务机关批准，可以按照税务机关的规定，建立收支凭证粘贴簿、进货销货登记簿或者使用税控装置。

扣缴义务人应当自税收法律、行政法规规定的扣缴义务发生之日起10日内，按照代扣、代收的税种，分别设置代扣代缴、代收代缴税款账簿。

纳税人、扣缴义务人会计制度健全，能够通过计算机正确、完整计算其收入和所得或者代扣代缴、代收代缴税款情况的，其计算机输出的完整的书面会计记录，可视同会计账簿。

纳税人、扣缴义务人会计制度不健全，不能够通过计算机正确、完整计算其收入和所得或者代扣代缴、代收代缴税款情况的，应当建立总账及与纳税或者代扣代缴、代收代缴税款有关的其他账簿。

（二）账务管理

从事生产经营的纳税人应当自领取营业执照之日起15日内，将其财务、会计制度或者财务、会计处理办法和会计核算软件，报送主管税务机关备案。采用计算机记账的，其记账软件和使用说明及有关资料在使用前也应当报送税务机关备案。

纳税人的账簿、会计凭证和报表，应当使用中文。民族自治地方可以同时使用当地通用的一种民族文字。外商投资企业和外国企业可以同时使用一种外国文字。

记账凭证应合法、有效。合法，是指要按照法律、行政法规的规定取得填制凭证、不得使用非法凭证；有效，是要求取得和填制的凭证内容真实，要素齐全。

纳税人、扣缴义务人的财务、会计制度或者财务、会计处理办法与国务院或者国务院财政、税务主管部门有关税收的规定抵触的，依照国务院或者国务院财政、税务主管部门有关税收的规定计算应纳税款、代扣代缴和代收代缴税款。

（三）账簿、凭证的保管

从事生产、经营的纳税人、扣缴义务人必须按照国务院财政、税务主管部门规定的保管期限保管账簿、记账凭证、完税凭证及其他有关资料。除法律、行政法规另有规定外，账簿、会计凭证、报表、完税凭证及其他有关纳税资料应当保存10年。

纳税人、扣缴义务人不得伪造、变造或者擅自销毁账簿、记账凭证、完税凭证及其他有关资料。非法印制、转借、倒卖、变造或者伪造完税凭证的，由税务机关责令改正，处2000元以上1万元以下的罚款；情节严重的，处1万元以上5万元以下的罚款；构成犯罪的，依法追究刑事责任。

三、银行账户管理

从事生产、经营的纳税人应当按照国家有关规定，持税务登记证件，在银行或者其他金融机构开立基本存款账户和其他存款账户，并将其全部账号向税务机关报告。

银行和其他金融机构应当在从事生产、经营的纳税人的账户中登录税务登记证件号码，并在税务登记证件中登录从事生产、经营的纳税人的账户账号。

从事生产、经营的纳税人应当自开立基本存款账户或者其他存款账户之日起15日内，向主管税务机关书面报告其全部账号；发生变化的，应当自变化之日起15日内，向主管税务机关书面报告。

四、税控装置

增值税防伪税控系统是运用数字密码和电子存储技术，强化增值税专用发票防伪功能，实现对增值税一般纳税人税源监控的计算机管理系统。税控系统专用设备包括税控金税盘、报税盘，通用设备包括用于税控系统开具专用发票的计算机和打印机。国家根据税收征收管理的需要，积极推广使用税控装置。推行增值税防伪税控系统，是加强增值税管理，保障国家税收，防范和严厉打击各种偷、骗增值税等违法犯罪活动的重要手段，是国家实现税收信息化管理实施金税工程的重要组成部分。

凡经税务机关认定，取得增值税一般纳税人资格的企业必须按照当地税务机关的统一要求，逐步纳入税控系统管理。纳税人应当按照规定安装、使用税控装置，不得损毁或者擅自改动税控装置。

纳税人应当按照税务机关的要求安装、使用税控装置，纳入税控系统管理的企业，必须通过该系统开具专用发票，并按照税务机关的规定报送有关数据和资料。

五、法律责任

（一）账簿、凭证管理方面的法律责任

（1）纳税人有下列行为的，由税务机关责令限期改正，可以处2000元以下的罚

款；情节严重的，处2000元以上1万元以下的罚款：

①未按照规定设置、保管账簿或者保管记账凭证和有关资料的；

②未按照规定将财务、会计制度或者财务、会计处理办法和会计核算软件报送税务机关备查的；

③外商投资企业、外国企业的会计记录不使用中文的。

（2）扣缴义务人未按照规定设置、保管代扣代缴、代收代缴税款账簿或者保管代扣代缴、代收代缴税款记账凭证及有关资料的，由税务机关责令限期改正，可以处2000元以下的罚款；情节严重的，处2000元以上5000元以下的罚款。

（3）非法印制、转借、倒卖、变造或者伪造完税凭证的，由税务机关责令限期改正，可以处2000元以上1万元以下的罚款；情节严重的，处1万元以上5万元以下的罚款；构成犯罪的，依法追究刑事责任。

（4）纳税人伪造、变造、隐匿、擅自销毁账簿、记账凭证，或者在账簿上多列支出或者不列、少列收入，或者经税务机关通知申报而拒不申报或者进行虚假的纳税申报，不缴或者少缴应纳税款的，是偷税。对纳税人偷税的，由税务机关追缴其不缴或者少缴的税款、滞纳金，并处不缴或者少缴的税款50%以上5倍以下的罚款；构成犯罪的，依法追究刑事责任。

（5）扣缴义务人采取前款所列手段，不缴或者少缴已扣、已收税款，由税务机关追缴其不缴或者少缴的税款、滞纳金，并处不缴或者少缴的税款50%以上5倍以下的罚款；构成犯罪的，依法追究刑事责任。

（二）银行账户管理方面的法律责任

纳税人未按照规定将其全部银行账号向税务机关报告的，由税务机关责令限期改正，可以处2000元以下的罚款，情节严重的，处2000元以上1万元以下的罚款。

银行和其他金融机构未依照《税收征管法》的规定在从事生产、经营的纳税人的账户中登录税务登记证件号码，或者未按规定在税务登记证件中登录从事生产、经营的纳税人的账户账号的，由税务机关责令其限期改正，处2000元以上2万元以下的罚款；情节严重的，处2万元以上5万元以下的罚款。

为纳税人、扣缴义务人非法提供银行账户、发票、证明或者其他方便，导致未缴、少缴税款或者骗取国家出口退税款的，税务机关除没收其违法所得外，可以处未缴、少缴或者骗取的税款1倍以下的罚款。

（三）税控装置使用方面的法律责任

纳税人未按照规定安装、使用税控装置，或者损毁或者擅自改动税控装置的，由税务机关责令限期改正，可以处2000元以下的罚款，情节严重的，处2000元以上1万元以下的罚款。

第三节 发票管理

一、发票管理的意义

发票管理是指税务机关对发票的印制、领购、开具、保管、检查、处罚等各个环节进行组织、协调、监督时所开展的各项活动的总称。发票管理是国家税收征收管理的重要组成部分，也是税务管理的重要内容之一。管理好发票，具有十分重要的意义。

（一）有利于企业正确组织会计核算，加强财务收支监督

加强发票管理，能促进企业正确地核算经营成果。企业在经济活动和财务收支业务中，必须开具发票或取得合法凭证。税务机关加强发票管理，可以制止企业乱摊成本，确保财务收支的真实性和合法性，督促企业按照财政、税收法规对其生产经营成果予以反映和核算。

（二）有利于加强税收管理，确保国家税收收入

税务机关加强发票管理，可以制止企业乱摊成本，做假账，确保财务收支的真实性和合法性，督促企业按照财政、税收法规对其生产经营成果予以反映和核算。这不仅有利于税务机关征收管理，而且有利于财政、审计部门的监督，有利于税款的及时足额入库。

（三）有利于维护社会经济秩序，制定有效的宏观调控政策

有助于维护税收征管秩序、税收征管质量、堵塞税收漏洞，保证正常有序的市场经济秩序，有利于国家在真实、可靠的核算基础上作出合理的判断和决策，进行有效的宏观调控。

二、发票管理办法

（一）发票的联次和内容

在全国范围内统一式样的发票，由国家税务总局确定。在省、自治区、直辖市范围内统一式样的发票，由省、自治区、直辖市税务局确定。

发票的基本联次包括存根联、发票联、记账联。存根联由收款方或开票方留存备

查；发票联由付款方或受票方作为付款原始凭证；记账联由收款方或开票方作为记账原始凭证。省以上税务机关可根据发票管理情况以及纳税人经营业务需要，增减除发票联以外的其他联次，并确定其用途。

发票的基本内容包括：发票的名称、发票代码和号码、联次及用途、客户名称、开户银行及账号、商品名称或经营项目、计量单位、数量、单价、大小写金额、开票人、开票日期、开票单位（个人）名称（章）等。省以上税务机关可根据经济活动以及发票管理需要，确定发票的具体内容。

用票单位可以书面向税务机关要求使用印有本单位名称的发票，税务机关依据相关规定，确认印有该单位名称发票的种类和数量。

（二）发票的印制

（1）增值税专用发票由国务院税务主管部门确定的企业印制；其他发票，按照国务院税务主管部门的规定，由省、自治区、直辖市税务机关确定的企业印制。禁止私自印制、伪造、变造发票。

（2）印制发票的企业，由税务机关批准。增值税专用发票的印制企业由国务院税务主管部门批准。全国统一管理的普通发票和其他普通发票的印制企业分别由国务院税务主管部门和各省、自治区、直辖市税务机关批准。

印制发票的企业应当具备下列条件：

①取得印刷经营许可证和营业执照；

②设备、技术水平能够满足印制发票的需要；

③有健全的财务制度和严格的质量监督、安全管理、保密制度。

（3）税务机关应当以招标方式确定印制发票的企业，并发给发票准印证。发票准印证由国家税务总局统一监制，省税务机关核发。

税务机关应当对印制发票企业实施监督管理，对不符合条件的，应当取消其印制发票的资格。监制发票的税务机关根据需要下达发票印制通知书，被指定的印制企业必须按照要求印制。发票印制通知书应当载明印制发票企业名称、用票单位名称、发票名称、发票代码、种类、联次、规格、印色、印制数量、起止号码、交货时间、地点等内容。

（4）全国统一的发票防伪措施由国家税务总局确定，省税务机关可以根据需要增加本地区的发票防伪措施，并向国家税务总局备案。发票防伪专用品应当按照规定专库保管，不得丢失。次品、废品应当在税务机关监督下集中销毁。

（5）全国统一发票监制章是税务机关管理发票的法定标志，其形状、规格、内容、印色由国家税务总局规定。

（6）全国范围内发票换版由国家税务总局确定；省、自治区、直辖市范围内发票换版由省税务机关确定。发票换版时，应当进行公告。

（7）印制发票企业印制完毕的成品应当按照规定验收后专库保管，不得丢失。废品应当及时销毁。

（三）发票的领购

纳税人办理了税务登记后需要领用发票的，应当持税务登记证件、经办人身份证明、按照国务院税务主管部门规定式样制作的发票专用章的印模，向主管税务机关申请办理发票领用手续。发票专用章式样由国家税务总局确定。税务机关对领购发票单位和个人提供的发票专用章的印模应当留存备查。主管税务机关根据领用单位和个人的经营范围和规模，确认领用发票的种类、数量以及领用方式。领购方式包括批量供应、交旧购新或者验旧购新等方式。

领购发票的单位和个人，应当提出购票申请，并提供税务登记证件、经办人的身份证明或者其他有关证明，主管税务机关发给发票领购簿。发票领购簿的内容应当包括用票单位和个人的名称、所属行业、购票方式、核准购票种类、开票限额、发票名称、领购日期、准购数量、起止号码、违章记录、领购人签字（盖章）、核发税务机关（章）等内容。

税务机关在发售发票时，应当按照核准的收费标准收取工本管理费，并向购票单位和个人开具收据。发票工本费征缴办法按照国家有关规定执行。

（四）发票的开具和取得

销售商品、提供经营服务以及从事其他经营活动的单位和个人，发生经营业务收取款项时，收款方必须向付款方开具发票。单位和个人在销售商品或提供劳务、服务的同时，应该按规定主动向付款方开具发票，不能以任何理由或借口拒绝开具发票，不能以任何理由或借口开具收款收据及其他凭证。开具不符合规定的发票，不得作为财务报销凭证，任何单位和个人有权拒收。

消费者购买商品或接受服务，在付款的同时，应主动索取发票。对不符合规定的发票，有权拒收或向税务机关举报。在要求销售方开具发票时，不得要求变更品名和金额，或者自行填开发票入账。

在以下特殊情况下，由付款方向收款方开具发票：

①收购单位和扣缴义务人支付个人款项时；

②国家税务总局认为其他需要由付款方向收款方开具发票的。

单位和个人在开具发票时，必须做到按照号码顺序填开，填写项目齐全，内容真实，字迹清楚，全部联次一次打印，内容完全一致，并在发票联和抵扣联加盖发票专用章。开具发票应当使用中文，民族自治地方可以同时使用当地通用的一种民族文字。

安装税控装置的单位和个人，应当按照规定使用税控装置开具发票，并按期向主管税务机关报送开具发票的数据。使用非税控电子器具开具发票的，应当将非税控电子器具使用的软件程序说明资料报主管税务机关备案，并按照规定保存、报送开具发票的数据。税务机关采集发票开具电子数据后，实现对发票的自动验旧处理。

税务机关依据纳税人申请，为符合代开条件的单位和个人开具增值税普通发票。不能自开增值税普通发票的小规模纳税人销售其取得的不动产，以及其他个人出租不动产，可以向税务局申请代开增值税普通发票。对于具备增值税普通发票安全保管条件、可连通网络、税务局可有效监控代征税款及代开发票情况的政府部门等单位，县（区）以上税务局经评估后认为风险可控的，可以同意其代征税款并代开增值税普通发票。

对作废的发票，应当在发票上加盖“作废”戳记，作废发票全部联次妥善保管。发生销货退回或者结算退款的，必须收回原发票并注明“作废”字样或取得对方有效证明；计算机打印发票的，可以开具负数发票。发生销售折让的，必须在收回原发票并注明“作废”字样后重新开具销售发票或取得对方有效证明后开具红字发票。

自 2017 年 7 月 1 日起，购买方为企业的，索取增值税普通发票时，应向销售方提供纳税人识别号或统一社会信用代码；销售方为其开具增值税普通发票时，应在“购买方纳税人识别号”栏填写购买方的纳税人识别号或统一社会信用代码。不符合规定的发票，不得作为税收凭证。

销售方开具增值税发票时，发票内容应按照实际销售情况如实开具，未发生经营业务一律不准开具发票，不得根据购买方要求填开与实际交易不符的内容。销售方开具发票时，通过销售平台系统与增值税发票税控系统后台对接，导入相关信息开票的，系统导入的开票数据内容应与实际交易相符，如不相符应及时修改完善销售平台系统。

任何单位和个人不得有下列虚开发票行为：（1）为他人、为自己开具与实际经营业务情况不符的发票；（2）让他人为自己开具与实际经营业务情况不符的发票；（3）介绍他人开具与实际经营业务情况不符的发票。

任何单位和个人不得介绍他人转让发票；对知道或者应当知道是假发票的，不得受让、开具、存放、携带、邮寄和运输；不得以其他凭证代替发票使用。

（五）发票的保管和缴销

开具发票的单位和个人应该按照税务机关的规定存放和保管发票，建立发票使用登记制度，设置发票登记簿，并定期向主管税务机关报告发票使用情况，不得擅自损毁发票。

已经开具的发票存根联、发票登记簿和使用电子器具开具发票的电子数据，应当保存 5 年；保存期满，报经税务机关查验后对缴销发票实物销毁。

临时到本省、自治区、直辖市以外从事经营活动的单位或者个人，应当凭所在地税务机关的证明，向经营地税务机关领购经营地的发票。纳税人外出经营活动结束，应当向经营地税务机关结清税款、缴销发票。

开具发票的单位和个人应当在办理变更或者注销税务登记的同时，办理发票和发票领用簿的变更、缴销手续。

税务机关发票换版时，应对纳税人领用尚未填开的空白发票进行缴销。

特殊情况下需要提前缴销的，应当报省、自治区、直辖市税务机关批准。

如果在发票保管过程中发生发票丢失、被盗情况的，应当于发现丢失当日书面报告税务机关，并登报声明作废，同时依法接受税务机关处理。

任何单位和个人不得转借、转让和代开发票（经税务机关批准代开发票除外），任何单位和个人未经税务机关批准，不得跨规定的使用区域携带、邮寄、运输空白发票。

（六）发票的监督管理

发票的印制地或者违法行为发生地的税务机关负责发票真伪的鉴别，并通过多种形式提供发票查询服务。用票单位和个人有权申请税务机关对发票的真伪进行鉴别。收到申请的税务机关应当受理并负责鉴别发票的真伪；鉴别有困难的，可以提请发票监制税务机关协助鉴别。在伪造、变造现场以及买卖地、存放地查获的发票，由当地税务机关鉴别。取得增值税发票的单位和个人可登录全国增值税发票查验平台（https：//inv - veri. chinatax. gov. cn），对新系统开具的增值税专用发票、增值税普通发票、机动车销售统一发票和增值税电子普通发票的发票信息进行查验。

印制、使用发票的单位和个人，必须接受税务机关依法检查，如实反映情况，提供有关资料，不得拒绝、隐瞒。税务人员进行检查时，应当出示税务检查证和税务检查通知书，并有责任为被检查人保守秘密。税务机关需要将已开具的发票调出查验时，应当向被查验的单位和个人开具发票换票证。发票换票证与所调出查验的发票有同等的效力，被调出查验发票的单位和个人不得拒绝。发票换票证的式样由国务院税务主管部门确定。税务机关需要将空白发票、发票存根联调出查验时，应当开具收据；经查无问题的，应当及时返还。

（七）发票管理的法律责任

1. 对用票单位和个人违法行为的处罚

（1）有下列情形之一的，由税务机关责令改正，可以处 1 万元以下的罚款；有违法所得的予以没收：

①应当开具而未开具发票，或者未按照规定的时限、顺序、栏目，全部联次一次性开具发票，或者未加盖发票专用章的；

②使用税控装置开具发票，未按期向主管税务机关报送开具发票的数据的；

③使用非税控电子器具开具发票，未将非税控电子器具使用的软件程序说明资料报主管税务机关备案，或者未按照规定保存、报送开具发票的数据的；

④拆本使用发票的；

⑤扩大发票使用范围的；

⑥以其他凭证代替发票使用的；

⑦跨规定区域开具发票的；

⑧未按照规定缴销发票的；

⑨未按照规定存放和保管发票的。

（2）跨规定的使用区域携带、邮寄、运输空白发票，以及携带、邮寄或者运输空白发票出入境的，由税务机关责令改正，可以处1万元以下的罚款；情节严重的，处1万元以上3万元以下的罚款；有违法所得的予以没收。

丢失发票或者擅自损毁发票的，依照前款规定处罚。

（3）有下列虚开发票的，由税务机关没收违法所得；虚开金额在1万元以下的，可以并处5万元以下的罚款；虚开金额超过1万元的，并处5万元以上50万元以下的罚款；构成犯罪的，依法追究刑事责任。

①为他人、为自己开具与实际经营业务情况不符的发票；

②让他人为自己开具与实际经营业务情况不符的发票；

③介绍他人开具与实际经营业务情况不符的发票。

非法代开发票的，依照前款规定处罚。

（4）私自印制、伪造、变造发票，非法制造发票防伪专用品，伪造发票监制章的，由税务机关没收违法所得，没收、销毁作案工具和非法物品，并处1万元以上5万元以下的罚款；情节严重的，并处5万元以上50万元以下的罚款；对印制发票的企业，可以并处吊销发票准印证；构成犯罪的，依法追究刑事责任。

前款规定的处罚，《税收征收管理法》有规定的，依照其规定执行。

（5）非法印制发票的，由税务机关销毁非法印制的发票，没收违法所得和作案工具，并处1万元以上5万元以下的罚款；构成犯罪的，依法追究刑事责任。

（6）有下列情形之一的，由税务机关处1万元以上5万元以下的罚款；情节严重的，处5万元以上50万元以下的罚款；有违法所得的予以没收：

①转借、转让、介绍他人转让发票、发票监制章和发票防伪专用品的；

②知道或者应当知道是私自印制、伪造、变造、非法取得或者废止的发票而受让、开具、存放、携带、邮寄、运输的。

（7）对违反发票管理规定2次以上或者情节严重的单位和个人，税务机关可以向社会公告。

（8）违反发票管理法规，导致其他单位或者个人未缴、少缴或者骗取税款的，由税务机关没收违法所得，可以并处未缴、少缴或者骗取的税款1倍以下的罚款。

2. 对税务人员违法（规）行为的处罚

税务人员利用职权之便，故意刁难印制、使用发票的单位和个人，或者有违反发票管理法规行为的，依照国家有关规定给予处分；构成犯罪的，依法追究刑事责任。

三、增值税专用发票的使用管理

专用发票，是增值税一般纳税人销售货物或者提供应税劳务开具的发票，是购买方支付增值税额并可按照增值税有关规定据以抵扣增值税进项税额的凭证。

为适应增值税专用发票管理需要，规范增值税专用发票使用，进一步加强增值税征收管理，在广泛征求意见的基础上，国家税务总局对《增值税专用发票使用规定》进行了修订，自 2007 年 1 月 1 日起施行。

增值税一般纳税人丢失已开具专用发票的发票联和抵扣联，如果丢失前已认证相符的，购买方可凭销售方提供的相应专用发票记账联复印件及销售方主管税务机关出具的《丢失增值税专用发票已报税证明单》或《丢失货物运输业增值税专用发票已报税证明单》（以下统称《证明单》），作为增值税进项税额的抵扣凭证；如果丢失前未认证的，购买方凭销售方提供的相应专用发票记账联复印件进行认证，认证相符的可凭专用发票记账联复印件及销售方主管税务机关出具的《证明单》，作为增值税进项税额的抵扣凭证。专用发票记账联复印件和《证明单》留存备查。

（一）防伪税控系统

一般纳税人应通过增值税防伪税控系统使用专用发票。使用，包括领购、开具、缴销、认证纸质专用发票及其相应的数据电文。

防伪税控系统，是指经国务院同意推行的，使用专用设备和通用设备、运用数字密码和电子存储技术管理专用发票的计算机管理系统。

专用设备，是指金税卡、IC 卡、读卡器和其他设备。

通用设备，是指计算机、打印机、扫描器具和其他设备。

（二）专用发票联次

专用发票由基本联次或者基本联次附加其他联次构成，基本联次为三联：发票联、抵扣联和记账联。发票联，作为购买方核算采购成本和增值税进项税额的记账凭证；抵扣联，作为购买方报送主管税务机关认证和留存备查的凭证；记账联，作为销售方核算销售收入和增值税销项税额的记账凭证。其他联次用途，由一般纳税人自行确定专用发票的基本规定。

（三）最高限额管理

增值税专用发票（增值税税控系统）实行最高开票限额管理。最高开票限额，是指单份专用发票或货运专票开具的销售额合计数不得达到的上限额度。

最高开票限额由一般纳税人申请，区县税务机关依法审批。一般纳税人申请最高开票限额时，需填报《增值税专用发票最高开票限额申请单》。主管税务机关受理纳税人申请以后，根据需要进行实地查验。实地查验的范围和方法由各省国税机关确定。

税务机关应根据纳税人实际生产经营和销售情况进行审批，保证纳税人生产经营的正常需要。

（四）初始发行

一般纳税人领购专用设备后，凭《最高开票限额申请表》《发票领购簿》到主管税务机关办理初始发行。

初始发行，是指主管税务机关将一般纳税人的下列信息载入空白金税卡和 IC 卡的行为：企业名称；税务登记代码；开票限额；购票限量；购票人员姓名、密码；开票机数量；国家税务总局规定的其他信息。

一般纳税人发生税务登记代码信息变化，应向主管税务机关申请注销发行；发生上列其他信息变化，应向主管税务机关申请变更发行。

（五）专用发票的领购

一般纳税人凭《发票领购簿》、IC 卡和经办人身份证明领购专用发票。

一般纳税人有下列情形之一的，不得领购开具专用发票：

（1）会计核算不健全，不能向税务机关准确提供增值税销项税额、进项税额、应纳税额数据及其他有关增值税税务资料的。上列其他有关增值税税务资料的内容，由省、自治区、直辖市和计划单列市税务局确定。

（2）有《税收征管法》规定的税收违法行为，拒不接受税务机关处理的。

（3）有下列行为之一，经税务机关责令限期改正而仍未改正的：

①虚开增值税专用发票。

②私自印制专用发票。

③向税务机关以外的单位和个人买取专用发票。

④借用他人专用发票。

⑤未按规定开具专用发票。

⑥未按规定保管专用发票和专用设备，即有下列情形之一：未设专人保管专用发票和专用设备；未按税务机关要求存放专用发票和专用设备；未将认证相符的专用发票抵扣联、《认证结果通知书》和《认证结果清单》装订成册；未经税务机关查验，擅自销毁专用发票基本联次。

⑦未按规定申请办理防伪税控系统变更发行。

⑧未按规定接受税务机关检查。

有上列情形的，如已领购专用发票，主管税务机关应暂扣其结存的专用发票和 IC 卡。

（六）专用发票的开具

（1）一般纳税人销售货物或者应税劳务，应当向索取增值税专用发票的购买方开具增值税专用发票，并在增值税专用发票上分别注明销售额和销项税额。

商业企业一般纳税人零售的烟、酒、食品、服装、鞋帽（不包括劳保专用部分）、化妆品等消费品不得开具专用发票。

销售免税货物不得开具专用发票，法律、法规及国家税务总局另有规定的除外。

（2）专用发票应按下列要求开具：

①项目齐全，与实际交易相符；

②字迹清楚，不得压线、错格；

③发票联和抵扣联加盖财务专用章或者发票专用章；

④按照增值税纳税义务的发生时间开具。

对不符合上列要求的专用发票，购买方有权拒收。

一般纳税人销售货物或者提供应税劳务可汇总开具专用发票。汇总开具专用发票的，同时使用防伪税控系统开具《销售货物或者提供应税劳务清单》，并加盖财务专用章或者发票专用章。

一般纳税人在开具专用发票当月，发生销货退回、开票有误等情形，收到退回的发票联、抵扣联符合作废条件的，按作废处理；开具时发现有误的，可即时作废。

作废专用发票须在防伪税控系统中将相应的数据电文按“作废”处理，在纸质专用发票（含未打印的专用发票）各联次上注明“作废”字样，全联次留存。

一般纳税人取得专用发票后，发生销货退回、开票有误等情形但不符合作废条件的，或者因销货部分退回及发生销售折让的，购买方应向主管税务机关填报《开具红字增值税专用发票申请单》。《申请单》所对应的蓝字专用发票应经税务机关认证。经认证结果为“认证相符”并且已经抵扣增值税进项税额的，一般纳税人在填报《申请单》时不填写相对应的蓝字专用发票信息；经认证结果为“纳税人识别号认证不符”“专用发票代码、号码认证不符”的，一般纳税人在填报《申请单》时应填写相对应的蓝字专用发票信息。《申请单》一式两联：第一联由购买方留存；第二联由购买方主管税务机关留存。《申请单》应加盖一般纳税人财务专用章。

主管税务机关对一般纳税人填报的《申请单》进行审核后，出具《开具红字增值税专用发票通知单》（以下简称《通知单》）。《通知单》应与《申请单》一一对应。《通知单》一式三联：第一联由购买方主管税务机关留存；第二联由购买方送交销售方留存；第三联由购买方留存。《通知单》应加盖主管税务机关印章。《通知单》应按月依次装订成册，并比照专用发票保管规定管理。

购买方必须暂依《通知单》所列增值税税额从当期进项税额中转出，未抵扣增值税进项税额的可列入当期进项税额，待取得销售方开具的红字专用发票后，与留存的

《通知单》一并作为记账凭证。属于经认证结果为“纳税人识别号认证不符”“专用发票代码、号码认证不符”的，不作进项税额转出。销售方凭购买方提供的《通知单》开具红字专用发票，在防伪税控系统中以销项负数开具。红字专用发票应与《通知单》一一对应。

（3）已办理税务登记的小规模纳税人（包括个体经营者）以及国家税务总局确定的其他可予代开增值税专用发票的纳税人发生增值税应税行为、需要开具增值税专用发票时，可向其主管税务机关申请代开。营业税改征增值税试点地区的小规模纳税人提供应税服务，接受方索取增值税专用发票的，可以向主管税务机关申请代开。

增值税纳税人申请代开增值税专用发票时，应填写《代开增值税专用发票缴纳税款申报单》，携带税务登记证副本，到主管税务机关税款征收岗位按增值税专用发票上注明的税额全额申报缴纳税款。

代开专用发票遇有填写错误、销货退回或销售折让等情形的，按照专用发票有关规定处理。

税务机关代开专用发票时填写有误的，应及时在防伪税控代开票系统中作废，重新开具。代开专用发票后发生退票的，税务机关应按照增值税一般纳税人作废或开具负数专用发票的有关规定进行处理。对需要重新开票的，税务机关应同时进行新开票税额与原开票税额的清算，多退少补；对无需重新开票的，按照规定退还增值税纳税人已缴的税款或抵顶下期正常申报税款。

税务机关为小规模纳税人代开专用发票需要开具红字专用发票的，比照一般纳税人开具红字专用发票的处理办法，信息表第二联交代开税务机关。

2016 年 5 月 1 日起，增值税小规模纳税人销售其取得的不动产以及其他个人出租不动产，购买方或承租方不属于其他个人的，纳税人缴纳增值税后可以向地税局申请代开增值税专用发票。对于具备增值税专用发票安全保管条件、可连通网络、税务局可有效监控代征税款及代开发票情况的政府部门等单位，县（区）以上税务局经评估后认为风险可控的，可以同意其代征税款并代开增值税专用发票。

2016 年 5 月 1 日起，小规模纳税人销售自行开发的房地产项目，自行开具增值税普通发票。购买方需要增值税专用发票的，小规模纳税人向主管税务机关申请代开。

（4）同时具有下列情形的发票作为作废发票：

①收到退回的发票联、抵扣联时间未超过销售方开票当月；

②销售方未抄税并且未记账；

③购买方未认证或者认证结果为“纳税人识别号认证不符”“专用发票代码、号码认证不符”。

抄税，是报税前用 IC 卡或者 IC 卡和软盘抄取开票数据电文。

（5）一般纳税人开具专用发票应在增值税纳税申报期内向主管税务机关报税，在申报所属月份内可分次向主管税务机关报税。

报税，是纳税人持IC卡或者IC卡和软盘向税务机关报送开票数据电文。

因IC卡、软盘质量等问题无法报税的，应更换IC卡、软盘。

因硬盘损坏、更换金税卡等原因不能正常报税的，应提供已开具未向税务机关报税的专用发票记账联原件或者复印件，由主管税务机关补采开票数据。

（6）一般纳税人注销税务登记或者转为小规模纳税人，应将专用设备和结存未用的纸质专用发票送交主管税务机关。主管税务机关应缴销其专用发票，并按有关安全管理的要求处理专用设备。

专用发票的缴销，是指主管税务机关在纸质专用发票监制章处按“V”字剪角作废，同时作废相应的专用发票数据电文。被缴销的纸质专用发票应退还纳税人。

（7）用于抵扣增值税进项税额的专用发票应经税务机关认证相符（国家税务总局另有规定的除外）。认证相符的专用发票应作为购买方的记账凭证，不得退还销售方。

认证，是税务机关通过防伪税控系统对专用发票所列数据的识别、确认。

认证相符，是指纳税人识别号无误，专用发票所列密文解译后与明文一致。

经认证，有下列情形之一的，不得作为增值税进项税额的抵扣凭证，税务机关退还原件，购买方可要求销售方重新开具专用发票。

①无法认证。无法认证，是指专用发票所列密文或者明文不能辨认，无法产生认证结果。

②纳税人识别号认证不符。纳税人识别号认证不符，是指专用发票所列购买方纳税人识别号有误。

③专用发票代码、号码认证不符。专用发票代码、号码认证不符，是指专用发票所列密文解译后与明文的代码或者号码不一致。

经认证，有下列情形之一的，暂不得作为增值税进项税额的抵扣凭证，税务机关扣留原件，查明原因，分别情况进行处理。

①重复认证。重复认证，是指已经认证相符的同一张专用发票再次认证。

②密文有误。密文有误，是指专用发票所列密文无法解译。

③认证不符。认证不符，是指纳税人识别号有误，或者专用发票所列密文解译后与明文不一致，包括无法认证和纳税人识别号认证不符的情形。

④列为失控专用发票。列为失控专用发票，是指认证时的专用发票已被登记为失控专用发票。

一般纳税人丢失已开具专用发票的发票联和抵扣联，如果丢失前已认证相符的，购买方可凭销售方提供的相应专用发票记账联复印件及销售方主管税务机关出具的《丢失增值税专用发票已报税证明单》或《丢失货物运输业增值税专用发票已报税证明单》（以下统称《证明单》），作为增值税进项税额的抵扣凭证；如果丢失前未认证的，购买方凭销售方提供的相应专用发票记账联复印件进行认证，认证相符的可凭专用发票记账联复印件及销售方主管税务机关出具的《证明单》，作为增值税进项税额的抵扣凭证。专用发票记账联复印件和《证明单》留存备查。

一般纳税人丢失已开具专用发票的抵扣联，如果丢失前已认证相符的，可使用专用发票发票联复印件留存备查；如果丢失前未认证的，可使用专用发票发票联认证，专用发票发票联复印件留存备查。

一般纳税人丢失已开具专用发票的发票联，可将专用发票抵扣联作为记账凭证，专用发票抵扣联复印件留存备查。

专用发票抵扣联无法认证的，可使用专用发票发票联到主管税务机关认证。专用发票发票联复印件留存备查。

四、网络发票的管理

网络发票是指符合国家税务总局统一标准并通过国家税务总局及省、自治区、直辖市税务局公布的网络发票管理系统开具的发票。

（一）网络发票的开具

税务机关应根据开具发票的单位和个人的经营情况，核定其在线开具网络发票的种类、行业类别、开票限额等内容。开具发票的单位和个人需要变更网络发票核定内容的，可向税务机关提出书面申请，经税务机关确认，予以变更。

开具发票的单位和个人开具网络发票应登录网络发票管理系统，如实完整填写发票的相关内容及数据，确认保存后打印发票。开具发票的单位和个人在线开具的网络发票，经系统自动保存数据后即完成开票信息的确认、查验。

开具发票的单位和个人应当在办理变更或者注销税务登记的同时，办理网络发票管理系统的用户变更、注销手续并缴销空白发票。

税务机关根据发票管理的需要，可以按照国家税务总局的规定委托其他单位通过网络发票管理系统代开网络发票。税务机关应当与受托代开发票的单位签订协议，明确代开网络发票的种类、对象、内容和相关责任等内容。

开具发票的单位和个人在网络出现故障，无法在线开具发票时，可离线开具发票。开具发票后，不得改动开票信息，并于48小时内上传开票信息。

开具发票的单位和个人必须如实在线开具网络发票，不得利用网络发票进行转借、转让、虚开发票及其他违法活动。

（二）网络发票的取得

单位和个人取得网络发票时，应及时查询验证网络发票信息的真实性、完整性，对不符合规定的发票，不得作为财务报销凭证，任何单位和个人有权拒收。开具发票的单位和个人需要开具红字发票的，必须收回原网络发票全部联次或取得受票方出具的有效证明，通过网络发票管理系统开具金额为负数的红字网络发票。

开具发票的单位和个人作废开具的网络发票，应收回原网络发票全部联次，注明“作废”，并在网络发票管理系统中进行发票作废处理。

第四节　纳税申报

一、纳税申报的意义

（一）纳税申报的定义

纳税申报是指纳税人按照税法规定的期限和内容向税务机关提交有关纳税事项书面报告的法律行为，是纳税人履行纳税义务、承担法律责任的主要依据，是税务机关税收管理信息的主要来源和税务管理的一项重要制度。

（二）纳税申报的意义

1. 有利于增强纳税人的纳税观念，提高纳税自觉性

实行纳税申报制度有利于培养纳税人主动申报纳税的意识，由纳税人自行申报可以减少税收成本，充分调动纳税人在税务管理中的能动作用是尊重纳税人、保证纳税人权益的重要措施。纳税申报制度明确了纳税人的申报义务和征纳双方的法律责任，并对不依法申报的行为予以处罚，从而通过法律手段强化了纳税申报，创造一个纳税人自觉申报纳税的社会环境。

2. 有利于税务机关及时掌握分析税源情况，加强税收征管，提高征管效率

纳税申报资料是纳税人提供给税务机关的第一手税源资料，有利于实现应征税款的准确性。税务机关在根据纳税申报资料办理征收业务过程中，通过审核计算应收税额，开具完税凭证等，了解纳税人的经济活动情况，掌握和分析税源的变化情况，了解纳税人涉税行为的正确性和趋势，及时、准确地征收税款，及时发现涉税违法行为的线索和动向，防止税款流失。同时，通过对纳税资料的综合分析可以全面掌握经济运行状况，把握国家经济运行的趋势，积极运用税收杠杆调节经济，促进经济和社会发展。

二、办理纳税申报的对象

（一）依法负有纳税义务的单位和个人

主要包括：从事生产、经营活动负有纳税义务的企业、事业单位、其他组织和个

人；临时取得应税收入或发生应税行为，以及其他不从事生产、经营活动但依照法律、行政法规的规定负有纳税义务的单位和个人。

纳税人必须依照法律、行政法规规定或者税务机关依照法律、行政法规的规定确定的申报期限、申报内容如实办理纳税申报，报送纳税申报表、财务会计报表以及税务机关根据实际需要要求纳税人报送的其他纳税资料。

纳税人在纳税期内没有应纳税款的，也应当按照规定办理纳税申报。纳税人享受减税、免税待遇的，在减税、免税期间也应当按照规定办理纳税申报。

（二）依法负有代扣代缴、代收代缴义务的单位和个人，即扣缴义务人

扣缴义务人必须依照法律、行政法规规定或者税务机关依照法律、行政法规的规定确定的申报期限、申报内容如实报送代扣代缴、代收代缴税款报告表以及税务机关根据实际需要要求扣缴义务人报送的其他有关资料。

三、办理纳税申报的要求

（一）纳税申报的内容

纳税申报的内容主要明确在各税种的纳税申报表和代扣（收）代缴税款报告表内。

纳税人、扣缴义务人发生纳税义务、税款扣缴义务后，应在规定的申报期限内，如实填报纳税申报表、代扣（收）代缴税款报告表，并附报财务会计报表和税务机关要求提供的有关纳税资料。

1. 纳税申报表和扣缴税款报告表的主要内容

我国各税种都有相应的纳税申报表，有的税种除了主表以外，还有若干个附表。纳税人、扣缴义务人的纳税申报或者代扣代缴、代收代缴税款报告表的主要内容包括：税种、税目，应纳税项目或者应代扣代缴、代收代缴税款项目，计税依据，扣除项目及标准，适用税率或者单位税额，应退税项目及税额、应减免税项目及税额，应纳税额或者应代扣代缴、代收代缴税额，税款所属期限、延期缴纳税款、欠税、滞纳金等。例如在全面推开营业税改征增值税试点后增值税纳税申报的资料包括：增值税纳税申报表（一般纳税人适用），本期销售情况明细（资料一），本期进项税额明细（资料二），服务、不动产和无形资产扣除项目明细（资料三），税额抵减情况表（资料四），不动产分期抵扣计算表（资料五），固定资产（不含不动产）进项税额抵扣情况表，本期抵扣进项税额结构明细表，增值税减免税申报明细表等。

2. 办理纳税申报时应报送的证件和资料

纳税人办理纳税申报时，应当如实填写纳税申报表，并根据不同的情况相应报送下列有关证件、资料：

①财务会计报表及其说明材料；

②与纳税有关的合同、协议书及凭证；

③税控装置的电子报税资料；

④外出经营活动税收管理证明和异地完税凭证；

⑤境内或者境外公证机构出具的有关证明文件；

⑥税务机关规定应当报送的其他有关证件、资料。

扣缴义务人办理代扣代缴、代收代缴税款报告时，应当如实填写代扣代缴、代收代缴税款报告表，并报送代扣代缴、代收代缴税款的合法凭证以及税务机关规定的其他有关证件、资料。

（二）纳税申报的期限

1. 法律、行政法规明确的期限

对于法律、行政法规明确规定纳税申报期限的，纳税人、扣缴义务人应当在法律、行政法规规定的期限内办理纳税申报、代扣（收）代缴税款报告。

2. 税务机关按照法律、行政法规的规定确定的期限

税务机关按照法律、行政法规的原则规定，结合纳税人生产经营情况及其所应缴纳的税种等相关因素确定的纳税期限，与法律、行政法规明确规定的期限具有同等的法律效力。纳税人应当按照税务机关确定的期限办理纳税申报。例如，增值税的纳税期限分别为1日、3日、5日、10日、15日、1个月或者1个季度。以1个季度为纳税期限的规定仅适于小规模纳税人和有特殊规定的纳税人。纳税人以1个月或者1个季度为1个纳税期的，自期满之日起15日内申报纳税；以1日、3日、5日、10日或者15日为1个纳税期的，自期满之日起5日内预缴税款，于次月1日起15日内申报纳税并结清上月应纳税款。

（三）延期申报

纳税人、扣缴义务人按照规定的期限办理纳税申报或者报送代扣代缴、代收代缴税款报告表确有困难，需要延期的，应当在规定的期限内向税务机关提出书面延期申请，经税务机关核准，在核准的期限内办理。

纳税人、扣缴义务人因不可抗力，不能按期办理纳税申报或者报送代扣代缴、代收代缴税款报告表的，可以延期办理；但是，应当在不可抗力情形消除后立即向税务机关报告。税务机关应当查明事实，予以核准。

经核准延期办理前款规定的申报、报送事项的，应当在纳税期内按照上期实际缴纳的税额或者税务机关核定的税额预缴税款，并在核准的延期内办理税款结算。

（四）纳税申报的方式

1. 直接申报、邮寄申报和数据电文申报

按照数据传送方式的不同，可分为直接申报、邮寄申报和数据电文申报。

纳税人、扣缴义务人可以直接到税务机关办理纳税申报或者报送代扣代缴、代收代缴税款报告表，也可以按照规定采取邮寄、数据电文或者其他方式办理上述申报、报送事项。

（1）直接申报。直接申报，即上门申报，是指纳税人、扣缴义务人在规定的申报期限内，直接到主管税务机关办理纳税申报、代扣代缴、代收代缴税款报告手续的一种方式。它是税收征管法所规定的主要申报方式。

（2）邮寄申报。邮寄申报，是指纳税人、扣缴义务人经税务机关批准在规定的申报期限内，通过邮寄方式向主管税务机关报送纳税申报表、代扣（收）代缴税款报告及有关纳税资料，办理申报手续的一种申报方式。纳税人采取邮寄方式办理纳税申报的，应当使用统一的纳税申报专用信封，并以邮政部门收据作为申报凭据。邮寄申报以寄出的邮戳日期为实际申报日期。

（3）数据电文申报。数据电文申报，也称电子申报，是指纳税人、扣缴义务人经税务机关批准在规定的申报期限内，通过税务机关确定的电话语音、电子数据交换和网络传输等电子方式，向主管税务机关办理纳税申报、代扣（收）代缴税款报告的一种申报方式。纳税人采取电子方式办理纳税申报的，应当按照税务机关规定的期限和要求保存有关资料，并定期书面报送主管税务机关。

2. 自行申报和代理申报

按照纳税申报表的填列人不同，可分为自行申报和代理申报。

（1）自行申报。自行申报，是指由纳税人、扣缴义务人自行填写纳税申报表、代扣（收）代缴税款报告表，自行办理申报手续的一种申报方式。

（2）代理申报。代理申报，是指纳税人、扣缴义务人委托具有代理执业资格的税务代理人代为填写纳税申报表、代扣（收）代缴税款报告表，代为办理申报手续的一种申报方式。通过代理申报，可以帮助、指导纳税人正确履行纳税义务，维护国家利益和纳税人自身的合法权益。

3. 简易申报和简并征期

实行定期定额缴纳税款的纳税人，可以实行简易申报、简并征期等申报纳税方式。

（1）简易申报。简易申报，是指实行定期定额缴纳税款的纳税人在法律、行政法规规定的期限或者在税务机关依照法律、行政法规的规定确定的期限内缴纳税款的，税务机关可以视同申报。

（2）简并征期。简并征期，是指实行定期定额缴纳税款的纳税人，经税务机关批准，可以采取将纳税期限合并为按季、半年、年的方式缴纳税款，具体期限由省级税务机关根据具体情况确定。

四、纳税申报的受理与审核

税务机关收到的纳税人、扣缴义务人填报的申报资料后，应按规定办理受理、签收手续，并对申报资料的合法性、真实性、完整性进行审核。对纳税人提交资料齐全、符合法定形式、相关税种纳税申报表内容填写符合规定，受理纳税人申报并录入申报信息；纳税人提交资料不齐全，税务人员告知纳税人补齐补正资料，制作《税务事项通知书》（补正内容通知），通知纳税人需补齐补正资料的内容；纳税人提交资料不符合条件，或纳税人不属于本税务机关管辖范围的，税务人员可口头告知纳税人不予受理或制作《税务事项通知书》（不予受理通知），告知纳税人不予受理的理由；如需调整前期的申报或对前期申报进行补充申报，则通过申报错误更正业务进行办理；如属于纳税评估自查补报，则通过纳税评估通知书进行办理。

税务机关应加强对纳税申报环节的管理，对不申报、不按期申报或不如实申报的纳税人和扣缴义务人，依照税收征管法的规定严肃处理，促使纳税人和扣缴义务人按期如实申报纳税，确保国家税收收入。

五、纳税申报的法律责任

纳税人未按照规定的期限办理纳税申报和报送纳税资料的，或者扣缴义务人未按照规定的期限向税务机关报送代扣代缴、代收代缴税款报告表和有关资料的，由税务机关责令限期改正，可以处2000元以下的罚款；情节严重的，可以处2000元以上1万元以下的罚款。

纳税人经税务机关通知申报而拒不申报或者进行虚假的纳税申报，不缴或者少缴应纳税款的，由税务机关追缴其不缴或者少缴的税款、滞纳金，并处不缴或者少缴的税款50%以上5倍以下的罚款；构成犯罪的，依法追究刑事责任。

扣缴义务人采取前款所列手段，不缴或者少缴已扣、已收税款，由税务机关追缴其不缴或者少缴的税款、滞纳金，并处不缴或者少缴的税款50%以上5倍以下的罚款；构成犯罪的，依法追究刑事责任。

纳税人、扣缴义务人编造虚假计税依据的，由税务机关责令限期改正，并处5万元以下的罚款。

纳税人不进行纳税申报，不缴或者少缴应纳税款的，由税务机关追缴其不缴或者少缴的税款、滞纳金，并处不缴或者少缴的税款50%以上5倍以下的罚款。

扣缴义务人应扣未扣、应收而不收税款的，由税务机关向纳税人追缴税款，对扣缴义务人处应扣未扣、应收未收税款50%以上3倍以下的罚款。

思考与练习

1. 简述办理临时税务登记适用的情形。
2. 简述办理注销税务登记适用的条件。
3. 简述纳税人违反账簿和凭证管理的规定需承担的法律责任。

4. 简述纳税人违反发票管理的规定需承担的法律责任。

5. 简述网络发票的管理规定。

6. 简述纳税申报的方式。

7. 案例题：2003 年 7 月某市国税稽查局到某电器商行调查增值税发票的使用情况，发现该商行营业执照和税务登记证的负责人与实际经营人不同，负责人是张某，而实际经营人是王某，王某原在该商行做业务，2003 年 3 月 18 日，张某因家中出事，便将商行转让给王某，双方商定，张某注销工商登记，王某重新办理工商登记，而王某自受让商行经营以来，一直没有办理营业执照和税务登记手续，而是继续使用商行的营业执照和税务登记证。张某在将商行转让给王某时，未申报缴纳 2003 年 2 月和 3 月的增值税 5000 元，王某自受让商行以来，也一直未申报纳税。电器商行在张某经营期间，曾向某汽车装配厂供应汽车用电器 100 多万元，因张某欲转让商行，因此在 2003 年 2 月要求汽车装配厂偿付此项货款，汽车装配厂要求以 5 辆汽车抵偿货款，张某同意，但张某无汽车销售权，就要求将汽车直接发给张某联系好的某汽车销售公司，并将销售发票直接开给汽车销售公司，由汽车销售公司帮助销售顶账汽车，销售后，直接以现金支付给张某。

试分析本案中相关各方的违法行为及应承担的法律责任。

第四章

纳税评估与分析

第一节　纳税评估

纳税评估是指税务机关运用数据信息对比分析的方法，对纳税人和扣缴义务人（以下简称纳税人）纳税申报（包括减免缓抵退税申请，下同）情况的真实性和准确性作出定性和定量的判断，并采取进一步征管措施的管理行为。开展纳税评估有利于推进依法治税，切实加强对税源的科学化、精细化管理，降低税收风险，减少税款流失，不断提高税收征管的质量和效率。纳税评估工作要遵循强化管理、优化服务；分类实施、因地制宜；人机结合、简便易行的原则。

开展纳税评估工作原则上在纳税申报到期之后进行，评估的期限以纳税申报的税款所属当期为主，特殊情况可以延伸到往期或以往年度。

一、纳税评估的主体、客体、内容

纳税评估的主体是基层税务机关的税源管理部门及其税收管理员。基层税务机关是指直接面向纳税人负责税收征收管理的税务机关；税源管理部门是指基层税务机关所属的税务分局、税务所或内设的税源管理科（股）。此外，重点税源和重大事项的纳税评估也可由上级税务机关负责。

对汇总合并缴纳企业所得税企业的纳税评估，由其汇总合并纳税企业申报所在地税务机关实施，对汇总合并纳税成员企业的纳税评估，由其监管的当地税务机关实施；对合并申报缴纳外商投资和外国企业所得税企业分支机构的纳税评估，由总机构所在地的主管税务机关实施。

纳税评估的客体为纳税评估的对象，即主管税务机关负责管理的所有纳税人及其应纳所有税种。

纳税评估对象可采用计算机自动筛选、人工分析筛选和重点抽样筛选等方法。筛选纳税评估对象，要依据税收宏观分析、行业税负监控结果等数据，结合各项评估指标及其预警值和税收管理员掌握的纳税人实际情况，参照纳税人所属行业、经济类型、经营规模、信用等级等因素进行全面、综合的审核对比分析。

综合审核对比分析中发现有问题或疑点的纳税人要作为重点评估分析对象；重点税源户、特殊行业的重点企业、税负异常变化、长时间零税负和负税负申报、纳税信用等级低下、日常管理和税务检查中发现较多问题的纳税人要列为纳税评估的重点分析对象。

纳税评估主要工作内容包括：根据宏观税收分析和行业税负监控结果以及相关数据设立评估指标及其预警值；综合运用各类对比分析方法筛选评估对象；对所筛选出的异常情况进行深入分析并作出定性和定量的判断；对评估分析中发现的问题分别采取税务约谈、调查核实、处理处罚、提出管理建议、移交稽查部门查处等方法进行处理；维护更新税源管理数据，为税收宏观分析和行业税负监控提供基础信息等。

对纳税人申报纳税资料进行审核分析时，要包括以下重点内容：纳税人是否按照税法规定的程序、手续和时限履行申报纳税义务，各项纳税申报附送的各类抵扣、列支凭证是否合法、真实、完整；纳税申报主表、附表及项目、数字之间的逻辑关系是否正确，适用的税目、税率及各项数字计算是否准确，申报数据与税务机关所掌握的相关数据是否相符；收入、费用、利润及其他有关项目的调整是否符合税法规定，申请减免缓抵退税，亏损结转、获利年度的确定是否符合税法规定并正确履行相关手续；与上期和同期申报纳税情况有无较大差异；税务机关和税收管理员认为应进行审核分析的其他内容。

二、纳税评估指标

纳税评估指标是税务机关筛选评估对象、进行重点分析时所选用的主要指标，分为通用分析指标和特定分析指标两大类（具体见第六章第三节税务检查的评估指标），使用时可结合评估工作实际不断细化和完善。

纳税评估分析时，要综合运用各类指标，并参照评估指标预警值进行配比分析。评估指标预警值是税务机关根据宏观税收分析、行业税负监控、纳税人生产经营和财务会计核算情况以及内外部相关信息，运用数学方法测算出的算术、加权平均值及其合理变动范围。测算预警值，应综合考虑地区、规模、类型、生产经营季节、税种等因素，考虑同行业、同规模、同类型纳税人各类相关指标的若干年度的平均水平，以使预警值更加真实、准确和具有可比性。纳税评估指标预警值由各地税务机关根据实际情况自行确定。

三、纳税评估的主要依据及数据来源

纳税评估工作根据国家税收法律、行政法规、部门规章和其他相关经济法规的规定，按照属地管理原则和管户责任开展；对同一纳税人申报缴纳的各个税种的纳税评估要相互结合、统一进行，避免多头重复评估。

纳税评估的主要依据及数据来源包括以下几方面。

（一）纳税信息

“一户式”存储的纳税人各类纳税信息资料，主要包括：纳税人税务登记的基本情况，各项核定、认定、减免缓抵退税审批事项的结果，纳税人申报纳税资料，财务会计报表以及税务机关要求纳税人提供的其他相关资料，增值税交叉稽核系统各类票证比对结果等。

（二）税收管理员掌握的信息

税收管理员通过日常管理所掌握的纳税人生产经营实际情况，主要包括：生产经营规模、产销量、工艺流程、成本、费用、能耗、物耗情况等各类与税收相关的数据信息。

（三）上级税务机关发布的信息

上级税务机关发布的宏观税收分析数据，行业税负的监控数据，各类评估指标的预警值；本地区的主要经济指标、产业和行业的相关指标数据，外部交换信息，以及与纳税人申报纳税相关的其他信息。

四、纳税评估的方法

纳税评估可根据所辖税源和纳税人的不同情况采取灵活多样的评估分析方法。

（一）案头审核

对纳税人申报纳税资料进行案头的初步审核比对，以确定进一步评估分析的方向和重点。

（二）指标测算

通过各项指标与相关数据的测算，设置相应的预警值，将纳税人的申报数据与预警值相比较。

（三）数据对比

数据对比包括横向对比与纵向对比。横向对比包括将纳税人申报数据与财务会计报表数据进行比较、与同行业相关数据或类似行业同期相关数据进行横向比较；纵向对比是将纳税人申报数据与历史同期相关数据进行纵向比较。

（四）关联分析

根据不同税种之间的关联性和钩稽关系，参照相关预警值进行税种之间的关联性分析，分析纳税人应纳相关税种的异常变化。

（五）情况对照

应用税收管理员日常管理中所掌握的情况和积累的经验，将纳税人申报情况与其生产经营实际情况相对照，分析其合理性，以确定纳税人申报纳税中存在的问题及其原因。

（六）综合比较

通过对纳税人生产经营结构，主要产品能耗、物耗等生产经营要素的当期数据、历史平均数据、同行业平均数据以及其他相关经济指标进行比较，推测纳税人实际纳税能力。

对实行定期定额（定率）征收税款的纳税人以及未达起征点的个体工商户，可参照其生产经营情况，利用相关评估指标定期进行分析，以判断定额（定率）的合理性和是否已经达到起征点并恢复征税。

五、评估结果处理

（一）提请、督促改正

对纳税评估中发现的计算和填写错误、政策和程序理解偏差等一般性问题，或存在的疑点问题经约谈、举证、调查核实等程序认定事实清楚，不具有偷税等违法嫌疑，无需立案查处的，可提请纳税人自行改正。需要纳税人自行补充的纳税资料，以及需要纳税人自行补正申报、补缴税款、调整账目的，税务机关应督促纳税人按照税法规定逐项落实。

（二）约谈纳税人

对纳税评估中发现的需要提请纳税人进行陈述说明、补充提供举证资料等问题，应由主管税务机关约谈纳税人。

1. 提前通知

税务约谈要经所在税源管理部门批准并事先发出《税务约谈通知书》，提前通知纳税人。

2. 约谈的对象

税务约谈的对象主要是企业财务会计人员。因评估工作需要，必须约谈企业其他相关人员的，应经税源管理部门批准并通过企业财务部门进行安排。纳税人可以委托具有执业资格的税务代理人进行税务约谈。税务代理人代表纳税人进行税务约谈时，应向税务机关提交纳税人委托代理合法证明。纳税人因特殊困难不能按时接受税务约谈的，可向税务机关说明情况，经批准后延期进行。

3. 实地调查

对评估分析和税务约谈中发现的必须到生产经营现场了解情况、审核账目凭证的，应经所在税源管理部门批准，由税收管理员进行实地调查核实。对调查核实的情况，要作认真记录。需要处理处罚的，要严格按照规定的权限和程序执行。

4. 问题处理

发现纳税人有偷税、逃避追缴欠税、骗取出口退税、抗税或其他需要立案查处的税收违法行为嫌疑的，要移交税务稽查部门处理。

对税源管理部门移交稽查部门处理的案件，税务稽查部门要将处理结果定期向税源管理部门反馈。

发现外商投资和外国企业与其关联企业之间的业务往来不按照独立企业业务往来收取或支付价款、费用，需要调查、核实的，应移交上级税务机关国际税收管理部门（或有关部门）处理。

5. 报告结果

对纳税评估工作中发现的问题要作出评估分析报告，提出进一步加强征管工作的建议，并将评估工作内容、过程、证据、依据和结论等记入纳税评估工作底稿。纳税评估分析报告和纳税评估工作底稿是税务机关内部资料，不发纳税人，不作为行政复议和诉讼依据。

六、评估工作管理

（一）管理部门

评估工作的管理部门包括基层税务机关、各级税务机关的征管部门、计划统计部门和专业管理部门。

基层税务机关及其税源管理部门要根据所辖税源的规模、管户的数量等工作实际情况，结合自身纳税评估的工作能力，制订评估工作计划，合理确定纳税评估工作量，对重点税源户，要保证每年至少重点评估分析一次。

基层税务机关及其税源管理部门要充分利用现代化信息手段，广泛收集和积累纳税人各类涉税信息，不断提高评估工作水平；要经常对评估结果进行分析研究，提出加强征管工作的建议；要做好评估资料整理工作，本着“简便、实用”的原则，建立纳税评估档案，妥善保管纳税人报送的各类资料，并注重保护纳税人的商业秘密和个人隐私；要建立健全纳税评估工作岗位责任制、岗位轮换制、评估复查制和责任追究制等各项制度，加强对纳税评估工作的日常检查与考核；要加强对从事纳税评估工作人员的培训，不断提高纳税评估工作人员的综合素质和评估能力。

各级税务机关的征管部门负责纳税评估工作的组织协调工作，制定纳税评估工作业务规程，建立健全纳税评估规章制度和反馈机制，指导基层税务机关开展纳税评估工作，明确纳税评估工作职责分工并定期对评估工作开展情况进行总结和交流；

各级税务机关的计划统计部门负责对税收完成情况、税收与经济的对应规律、总体税源和税负的增减变化等情况进行定期的宏观分析，为基层税务机关开展纳税评估提供依据和指导；

各级税务机关的专业管理部门（包括各税种、国际税收、出口退税管理部门以及县级税务机关的综合业务部门）负责进行行业税负监控、建立各税种的纳税评估指标体系、测算指标预警值、制定分税种的具体评估方法，为基层税务机关开展纳税评估工作提供依据和指导。

（二）管理责任及要求

从事纳税评估的工作人员，在纳税评估工作中徇私舞弊或者滥用职权，或为有涉嫌税收违法行为的纳税人通风报信致使其逃避查处的，或瞒报评估真实结果、应移交案件不移交的，或致使纳税评估结果失真、给纳税人造成损失的，不构成犯罪的，由税务机关按照有关规定给予行政处分；构成犯罪的，要依法追究刑事责任。

各级税务局要加强纳税评估工作的协作，提高相关数据信息的共享程度，简化评估工作程序，提高评估工作实效，最大限度地方便纳税人。

第二节　税收分析

税收分析是运用科学的理论和方法，对一定时期内税收与经济税源、税收政策、税收征管等相关影响因素及其相互关系进行分析、评价，查找税收管理中存在的问题，进而提出完善税收政策、加强税收征管的措施建议的一项综合性管理活动。它是税收管理的重要内容和环节，是促进税收科学化精细化管理、充分发挥税收职能的重要手段，对进一步加强税收管理，推进税收科学化、精细化管理，及时发现税收征管中的薄弱环节和存在的问题，规范税收分析工作，提升税收分析水平，提高税收征管的质量和效率发挥了重要作用。

按照建立健全税收经济分析、企业纳税评估、税源监控和税务稽查之间互动机制的要求，通过税收经济分析，及时发现征管中存在的问题，为企业纳税评估和税源监控提供参考，企业纳税评估和税务稽查又促进税收分析水平进一步提高。

一、税收分析的分类

（一）按照分析层面的不同，分为宏观分析和微观分析

1. 宏观分析

反映全国或地区、税种、行业税收总量等宏观领域税收与经济总量的关系，包括税收与经济关系研究、税源测算、纳税能力估算等。运用税负比较、弹性分析等手段从宏观层面揭示税收增长与经济发展是否协调、税源管理和征收情况是否正常。

2. 微观分析

反映微观领域税款征收入库情况。通过对企业生产经营活动的监控分析、与同行业平均税负比较以及纳税评估等手段，及时发现企业财务核算和纳税申报中可能存在的问题，发现征管的薄弱环节，进而提出堵塞漏洞、加强征管的建议。

（二）按照分析内容的不同，可分为税负分析、税收弹性分析、税源分析、税收关联分析

1. 税负分析

可进一步分为宏观税负分析和微观税负分析，宏观税负分析包括地区税负、税种税负、行业税负等分析，如地区税收总量与地区生产总值对比，工商业增值税与工商业增加值对比，企业所得税与企业利润对比，行业税收与相关经济指标对比等，反映宏观层面的税负情况；微观税负分析是针对企业层面的税负分析，通常采取同行业税负比较的方式，揭示企业税负与同行业税负的差异，查找税收征管漏洞。

2. 税收弹性分析

可进一步分为总量弹性分析和分量弹性分析。总量弹性分析是从全国（地区）税收总量和经济总量上做弹性分析，分析税收增长与经济增长是否协调；分量弹性分析是从税种、税目、行业以及企业税收等分量上与对应税基或相关经济指标进行细化的弹性分析，分析税收增长与经济增长是否协调。要注意剔除税收收入中特殊因素的影响，以免因特殊增收减收因素影响真实的弹性，掩盖税收征管中的问题。

3. 税源分析

通过企业生产经营活动的投入产出和税负率等指标的分析对企业财务核算和纳税申报质量进行评判。利用工商、银行、统计以及行业主管等外部门数据，细致测算判断企业税源状况。通过对宏观经济数据的分析，开展税种间税基关系的研究，开展增值税、营业税、企业所得税等主要税种的纳税能力估算，从宏观层面测算分析各地税源状况和征收率，减少税收流失。

4. 税收关联分析

对有相关关系的各种税收、税源数据进行对比分析，包括发票销售额与申报表应税销售额，申报应征税收与入库税款和欠税，增值税与所得税，宏观经济和企业财务经营状况与税收、税源等关联数据分析，有效地发现企业纳税申报、税款征收和入库中存在的问题，加强税收管理。

（三）按照分析形式的不同，分为常规分析和专题分析

1. 常规分析

常规分析主要动态反映当期（月、季、年）税收收入情况，反映当期（月、季、年）税收收入的总体情况和形势，其主要内容有：准确判断和客观描述税收收入形势；深入透彻分析税收增减变化的原因，进行各主要税种、行业的税收与相关经济情况的对比分析；发现税源变动、征收管理以及政策执行中存在的问题；预测收入趋势，提出加强税收管理、完善税收政策的措施建议。

2. 专题分析

专题分析主要反映特定税收问题或现象，对税收中特定问题或现象进行分析，通常包括：对问题或现象进行客观描述；对问题或现象产生的根源进行分析；对发展趋势做出预测；提出改进的措施建议。

上述各类分析既相对独立又密切相关。在实际工作中，要将各种分析有机结合起来，全面、完整地反映税收和税源状况，及时、准确地反映税收管理中存在的问题，提出有价值的意见和建议，通过全面分析，提高税收征管的质量和效率。

二、税收分析的工作职责

税收分析工作实行层级管理，分税务总局和省、市、县税务机关 4 级管理，上级税务机关负责对下级税务机关税收分析工作进行指导和监督，下级税务机关要对上级税务机关反馈税收分析的具体执行情况。

（一）国家税务总局

国家税务总局税收分析工作职责主要包括以下几方面。

（1）定期开展全国宏观税负、税收弹性以及税种和行业与对应经济指标相关关系的宏观分析；组织进行全国纳税能力估算，开展税收征收率的测算和分析工作；组织开展税收政策变动及重大税收征管措施对税收收入影响的跟踪分析；定期开展全国税收预测。

（2）定期发布税务总局监控重点税源企业分行业税负标准和税负预警指标，通报行业和重点税源企业的税负率、利润率、平均物耗等指标及变动情况。

（3）实行月度税收分析会议制度，提出完善政策、加强管理的措施建议；实行税收收入分析报告与通报制度；实行税收分析档案管理制度；开展税收调研分析工作。

（4）建立健全全国规范统一的税收分析指标体系和方法体系，研究建立税收分析预测模型，协调开发税收分析软件并推广使用。

（5）制定与完善税收分析工作制度，举办税收分析业务培训与交流，指导各地税收分析工作。

（二）省、市税务机关

省、市级税务机关税收分析工作的主要职责是贯彻上级税收分析工作要求，负责分析和监控本地区及行业税源、税收情况，推动本级税收分析工作，组织指导下一级做好税收分析工作。

（三）县级税务机关

县税务机关税收分析工作的主要职责包括贯彻上级税收分析工作要求，开展本地区经济税源分析调查，做好税收日常分析和专题分析，特别是做好本地区重点税源企业的税收微观分析，并做好税收分析的上报和信息反馈工作，为上级领导决策和加强税源管理提供可靠依据。

三、税收分析指标体系

税收分析指标体系包括基础指标和分析指标。

（一）基础指标

基础指标主要包括税收计统业务指标、税收征管业务指标和经济指标。

1. 税收计统业务指标

税收计统业务指标包括税收月（旬）快报、会计统计报表、重点税源监控资料、税收分析档案等目前计统部门核算、统计的数据指标。

2. 税收征管业务指标

税收征管业务指标包括税收征收管理系统、出口退税管理系统以及其他管理软件中的税务登记、纳税申报、税款征收和入库等相关数据指标。

3. 经济指标

经济指标主要包括与税收分析相关的国内生产总值、工商业增加值、社会消费品零售总额、物价、企业利润总额、进出口贸易额等宏观经济指标以及行业、企业生产经营情况指标。

（二）分析指标

分析指标主要由基础指标经过运算加工而成，用于反映税收内部状况、税收与经济关系以及税收征收管理水平等情况。

在进行税收分析时，要统一指标定义，规范指标口径，确保各项数据及时、准确、完整。加强部门之间的协调配合，建立稳定顺畅的信息交流机制。运用各种先进工具加强对各类数据的整理和应用，充分挖掘数据利用价值。

四、税收分析方法

税收分析方法包括对比分析法、因素分析法以及数理统计分析法。

（一）对比分析法

通过各项税收指标之间或者税收与经济指标之间的对比来描述税收形势、揭示收入中存在的问题。税收数据的对比分析通常包括规模、结构、增减、进度、关联税种等方面的对比分析，税收与经济的对比分析主要采用税负和弹性两种方法。

（二）因素分析法

从经济、政策、征管以及特殊因素等方面对税收、税源进行分析。其中，经济因素包括经济规模、产业结构、企业效益以及产品价格等变化情况；政策因素主要是指税收政策调整对税收、税源的影响；征管因素主要包括加强税源管理和各税种管理、清理欠税、查补税款等对税收收入的影响；特殊因素主要是一次性、不可比的增收、减收因素。

（三）数理统计分析法

运用一元或多元统计分析、时间序列分析等数理统计理论和方法，借助先进统计分析工具，利用历史数据，建立税收分析预测模型，对税收与相关影响因素的相关关系进行量化分析。

五、税收分析工作机制

税收分析工作机制的内容主要包括月度税收分析会、地区税收分析会、税收情况报告通报、定期税收预测、经济税源调查以及税收分析档案管理等。

（一）月度税收分析会

各级税务机关原则上每月召开税收收入分析会（至少每季度召开一次），分析把握税收形势，研究加强税收征管、完善税收政策的措施。税收收入分析会由主要局领导主持，计统、税种管理、征收管理以及税源管理等部门参加。计统部门负责税收收入综合情况分析，税种管理部门负责分管税种收入情况及政策执行情况分析，征收管理部门负责征管措施成效分析，税源管理部门负责税源情况分析。

（二）地区税收分析会

地区税收分析会至少每季度召开一次。会议由税务机关的局领导或计统部门组织，一般由下级税务机关负责税收分析工作的人员参加，必要时分管计统工作的局领导参加，并扩大到税种管理、征收管理、税源管理等部门以及行业主管部门和企业财务人员。地区税收分析会要针对问题进行专题讨论，避免流于形式。

（三）税收情况报告和通报

各地税务机关要每月向上级税务机关报告、向下级税务机关通报税收收入完成情况，及时分析收入形势，发现问题，提出建议，促进征管质量和效率的提高以及组织收入工作的顺利开展。当收入情况发生异常波动或出现较大问题时，要及时汇报或通报。

（四）定期税收预测

包括年度预测和月度预测。年度预测通常 1 年进行 4 次，分别在 7 月、10 月、11 月和 12 月进行。月度预测一般每月 2 次，分别在每月的上旬和中旬进行。基层税款征收单位的月度预测要在纳税申报的基础上，综合考虑税款预缴入库等因素进行。省、市、县税务机关税收预测要充分考虑下级预测和税款所属期宏观经济运行情况。

（五）经济税源调查

经济税源调查的内容主要包括产业、行业、企业生产经营情况，工商登记信息、企业资金状况等相关情况，实现应征、上缴入库税收情况，税收政策执行情况，征管措施实施情况，税制变化、政策调整影响税收情况等。经济税源调查可采取全面调查或抽样调查、经常性调查或一次性调查、案头调查或实地调查等方式，在实际工作中要根据调查目的，科学确定调查方式。

（六）建立税收分析档案

要对开展税收分析所必需的税收收入情况、影响税源和税收变动的各种因素、主要宏观经济指标、重点税源生产经营情况等数据、文字资料，按照规范、完整、及时、准确、连贯的原则建立税收分析档案，对其实行动态管理和连续性分析，充分挖掘使用税收分析档案资料，深化本级税收分析，并按规定层层上报。

六、税收分析工作流程

（一）工作流程

税收分析工作流程：获取和查阅税收及相关资料——加工整理形成各种分析图表——分析人员共同研究讨论收入形势和分析重点——撰写内部分析报告——专题会议研究——行文向上级报告、向下级通报收入情况——整理税收分析档案——跟踪了解分析中所发现问题的成因及改进措施的落实情况。

（二）相关的要求

1. 税收及相关资料的要求

税收及相关资料具体包括税收月快报、税收会计统计报表、重点税源监控资料、税收分析档案等税收情况，以及有关经济税源信息和新出台的税收政策、征管措施等。要将上述相关数据信息融入到月度税收分析中，以扩展月度税收分析的数据源和信息量，丰富月度税收分析内容。

2. 月度税收分析时间要求

税务总局每个月终了后 5 日内完成税收月快报数据采集和情况搜集，6 日内完成会计统计报表数据采集，25 日内完成重点税源监控资料采集；10 日内完成税收分析报告；15 日内税务总局召开办公会专题分析税收收入，研究加强税收征管的措施；按要求完成向全国人大、国务院的税收完成情况报告；15 日内完成对各省收入情况通报；整理税收分析档案。各地上述税收分析工作时间安排相应提前。

3. 月度税收分析报告、通报和分析档案。

税收收入（或税种、行业税收）同比增幅超过 30% 或出现下降的省税务机关月份终了后 4 日内向税务总局上报主要增减原因分析；省税务机关月份终了后 10 日内正式行文向税务总局报告、向下级税务机关通报收入情况；按规定时间向税务总局报送税收分析档案。市、县税务机关上述税收分析工作时间安排相应提前。

七、税收分析组织保障与考核

税收分析坚持实事求是、从经济到税收、定性与定量相结合、宏观与微观相结合的原则。

按照税收分析工作的要求，建立局领导统一领导、计统部门牵头负责、有关部门共同参与、上下级密切配合的税收分析保障体系。县以上税务机关的计统部门是税收分析的综合部门，要配备一定数量的懂经济税收、数理统计和计算机技术的高素质人才。开展多种形式的税收分析培训，提高税收分析人员的素质，造就一支高水平的税收分析专家队伍。

定期开展税收分析工作情况检查，将分析工作开展情况作为税收工作目标管理的一项重要内容。

定期开展优秀税收分析报告评审，对通过分析反映问题深入、指导实践效果突出的，给予表彰、奖励，激发税收分析人员的积极性和创造性。

各级税务机关要建立税收分析人才库，及时将理论素养高、实践能力强的分析人员纳入人才库，加强对分析人才的培养和使用。

思考与练习

1. 简述纳税评估的主体、客体和内容。
2. 简述纳税评估的方法。
3. 简述如何处理评估结果。
4. 简述税收分析的分类。
5. 简述税收分析的方法。
6. 案例题：某房地产开发有限责任公司2016~2017年度主要财务指标、税种指标数据如表4-1、表4-2所示。

表4-1　　2016年、2017年度该公司主要财务指标对比表　　单位：元

财务指标名称	2016年	2017年	增减变动率（%）
销售收入	51399.94	33812330.53	65782.82
销售税金	3734.50	2366623.94	63271.91
管理费用	1201408.11	1431632.72	19.16
利润总额	-743454.55	2656363.62	—

表 4－2　　**2016 年、2017 年度该公司缴纳地方税对比表**　　单位：元

税种	2016 年度	2017 年度	增减变动率（%）
增值税	2236927. 83	13000. 00	－99. 42
企业所得税	209317. 43	958917. 88	358. 12
个人所得税	1779. 00	1749. 90	－1. 64
城市维护建设税	156584. 95	910. 00	－99. 42
房产税	6276. 92	8676. 82	38. 23
土地增值税	154739. 20	0	—
土地使用税	50650. 00	59007. 53	16. 50
教育费附加	67107. 83	390. 00	－99. 42
印花税	9728. 82	21319. 00	119. 13

试分析可以根据哪些财务指标数据确定该公司为纳税评估对象。

第五章

税 款 征 收

第一节　税款征收方式

一、税款征收

税款征收是税务机关依照税收法律、行政法规的规定，将纳税义务人依法应缴纳的工商各税组织征收入库的一系列活动的总称。税款征收是税务机关依法征税和纳税人依法纳税过程的统一。

税款征收是税收征收管理的中心环节，直接关系到国家税收能否及时、足额入库。它是税收征收管理的核心内容，是税务登记、账簿票证管理、纳税申报等税务管理工作的目的和归宿。税款征收的主要内容包括税款征收的方式、程序，减免税的核报，核定税额的几种情况，税收保全措施和强制执行措施的设置与运用以及欠缴、多缴税款的处理等。

其内涵主要包括以下两个方面：一是税务机关作为征税主体，必须依法行使税收行政执法权并承担相应的义务及责任；二是纳税人或扣缴义务人作为纳税主体或税款扣缴主体，必须依法履行纳税义务或税款扣缴义务并承担相应的法律责任。

二、税款征收方式

科学合理的税款征收方式是确保税款顺利足额征收的前提条件。税款征收方式是指税务机关对纳税人的应纳税额从计算核定到征收入库所采取的具体的征收方法或形式。税务机关应当加强对税款征收的管理，建立、健全责任制度，根据保证国家税款及时足额入库、方便纳税人、降低税收成本的原则，确定税款征收的方式。

税款的征收方式可以根据税款的收缴方式或收缴人划分，分为税务机关直接征收、代收代缴、代扣代缴和委托代征。除税务机关、税务人员以及经税务机关依照法律、行政法规委托的单位和人员外，任何单位和个人不得进行税款征收活动。

（一）税务机关直接征收

即由税务机关向纳税人直接征收税款。直接征收又可以根据应纳税额的确定方式或方法划分为以下四种。

1. 查账征收

查账征收是指税务机关根据纳税人的会计账册资料，依照税法规定计算征收税款的一种方式。它适用于经营规模较大，财务会计制度健全，能够如实核算和提供生产经营情况，正确计算应纳税款的纳税人。

2. 查定征收

查定征收是指税务机关根据纳税人的从业人员、生产设备、原材料耗用情况等因素，查实核定其在正常生产经营条件下应税产品的产量、销售额，并据以征收税款的一种方式。这种方式适用生产经营规模较小、产品零星、税源分散、会计账册不健全的小型厂矿和作坊。

3. 查验征收

查验征收是指税务机关对纳税人应纳税商品，通过查验数量，按照市场一般销售单价计算其收入并据以征收税款的一种方式。这种方式适用于对零星分散、流动性大的税源。例如，城乡集贸市场的临时经营和火车站、码头周边的场外经营的税款征收。

4. 定期定额征收

定期定额征收是指税务机关根据纳税人自报及有关单位评议情况，核定其一定时期应税收入及应纳税额并分月征收的一种方式。这种方式适用于对生产经营规模较小、营业额和所得额不能准确计算的小型工商业户的税款征收。

（二）代收代缴

代收代缴是指依照税法规定，负有代收代缴税款义务的单位和个人，在向纳税人收取款项的同时，依法收取纳税人应纳的税款并按照规定的期限和缴库办法申报解缴的一种方式。如《消费税暂行条例》规定，纳税人“委托加工的应税消费品，由受托方在向委托方交货时代收代缴税款”。这种方式的适用范围仅限于税法中明确规定的情形。

（三）代扣代缴

代扣代缴是指按照税法规定，负有代扣代缴税款义务的单位和个人，在向纳税人支付款项时，依法从支付款额中扣收纳税人应纳的税款并按照规定的期限和缴库办法申报解缴的一种方式。在实际操作中，它的适用范围仅限于税法中明确规定的情形。例如，《个人所得税法》规定，“个人所得税，以所得人为纳税义务人，以支付所得的单位或者个人为扣缴义务人。”

扣缴义务人依照法律、行政法规的规定履行代扣、代收税款的义务。对法律、行政法规没有规定负有代扣、代收税款义务的单位和个人，税务机关不得要求其履行代扣、代收税款义务。扣缴义务人依法履行代扣、代收税款义务时，纳税人不得拒绝。纳税人拒绝的，扣缴义务人应当及时报告税务机关处理。税务机关按照规定付给扣缴义务人代扣、代收手续费。

（四）委托代征

委托代征是指税务机关委托某些单位或个人，代其向纳税人征收税款的一种方式。税务机关根据有利于税收控管和方便纳税的原则，可以按照国家有关规定委托有关单位和人员代征零星分散和异地缴纳的税收，并发给委托代征证书。受托单位和人员按照代征证书的要求，以税务机关的名义依法征收税款，纳税人不得拒绝；纳税人拒绝的，受托代征单位和人员应当及时报告税务机关。这种方式主要适用于零星、分散和流动性大的税款征收，如集贸市场税收、车船税等。委托代征有利于加强零散税源的管控，提高征管效率，同时税务机关要加强对代征单位和人员的管理，确保税收的应收尽收。

未经税务机关依法委托征收税款的，责令退还收取的财物，依法给予行政处分或者行政处罚；致使他人合法权益受到损失的，依法承担赔偿责任；构成犯罪的，依法追究刑事责任。

三、税款缴库、退库

税款缴库、退库应当遵循依法、规范、安全、效率、简便的原则。

（一）缴库

税款缴库是指税务机关、扣缴义务人、代征代售人依照法律法规或者委托代征税款协议，开具法定税收票证，将征收的税款、滞纳金、罚没款等各项收入缴入国家金库（以下简称国库），以及纳税人直接通过银行将应缴纳的税款缴入国库。

纳税人从异地或第三方账户缴纳的不能直接缴库的非现金税款，由直接负责税款征收的县以上税务机关通过国库“待缴库税款”专户收缴，并在收到国库发送的收账回单的当日或次日，核对收账回单、纳税申报表、税务处理决定书等凭证，分纳税人填开缴库凭证，将税款解缴入库。

税款缴库按照办理凭证的不同分为手工缴库和电子缴库。

1. 手工缴库

税务机关、纳税人、扣缴义务人、代征代售人等向银行传递《税收缴款书（银行经收专用）》《税收缴款书（出口货物劳务专用）》，由银行据以收纳报解税款后缴入国库的缴库方式为手工缴库。

手工缴库包括直接缴库和汇总缴库两种形式。

（1）直接缴库。直接缴库是指由纳税人持《税收缴款书（银行经收专用）》或《税收缴款书（出口货物劳务专用）》，直接到银行缴纳税款，银行据以收纳报解税款后缴入国库。

凡在银行开立账户的纳税人或扣缴义务人都应当根据不同的税款征收方式，自填或由税务机关填开税收缴款书，在规定的期限内直接向国库经收处缴纳税款。

直接缴库时，纳税人应当在税款缴库凭证载明的税款限缴日期内，到银行办理税款的缴纳；超过税款限缴日期的，由税务机关计算纳税人应缴滞纳金，开具税款缴库凭证，纳税人到银行办理税款和滞纳金的缴纳。

（2）汇总缴库。这种方式主要适用于直接向国库经收处缴纳税款有困难，以及没有在银行开设结算账户的纳税人。如个体工商户、临时经营户或个人。

汇总缴库分为税务机关汇总缴库和扣缴义务人、代征代售人汇总缴库。

①税务机关汇总缴库的，由纳税人、扣缴义务人、代征代售人向税务机关缴纳或者解缴税款，税务机关根据所收税款，汇总开具《税收缴款书（银行经收专用）》，向银行解缴，银行据以收纳报解税款后缴入国库，应予缴库的税务代保管资金和待缴库税款，按纳税人分别开具《税收缴款书（银行经收专用）》。

税务机关汇总缴库时，应当于收取税款的当日或次日向银行办理税款解缴；地区偏远无法及时办理的，应当按照限期限额的规定向银行办理税款解缴。

②扣缴义务人、代征代售人汇总缴库的，由纳税人向扣缴义务人、代征代售人缴纳税款，扣缴义务人、代征代售人根据所扣、所收税款，汇总开具《税收缴款书（银行经收专用）》，向银行解缴，银行据以收纳报解税款后缴入国库。

扣缴义务人、代征代售人汇总缴库时，应当在到税务机关办理税收票款结报缴销前向银行办理税款解缴；解缴迟延的，参照上款规定，办理滞纳金、违约金的缴纳。

2. 电子缴库

税务机关将记录纳税人、扣缴义务人、代征代售人应缴税款信息的《税收电子缴款书》通过横向联网电子缴税系统发送给国库，国库转发给银行，银行据以收纳报解税款后缴入国库的缴库方式为电子缴库。由于横向联网电子缴税系统故障等非纳税人、扣缴义务人原因造成税款缴库不成功的，对纳税人、扣缴义务人不加征滞纳金。

电子缴库包括划缴入库和自缴入库两种形式。

（1）划缴入库。划缴入库的，由税务机关将纳税人、扣缴义务人、代征代售人应缴库税款的信息，通过横向联网电子缴税系统发送给国库，国库转发给纳税人、扣缴义务人、代征代售人签订授权（委托）划缴协议的开户银行，开户银行从签约指定账户将款项划至国库。

采用划缴入库形式缴库时，税务机关可以将应缴税款信息分户发送至横向联网电子缴税系统办理税款实时划缴入库，也可以将多户应缴税款信息批量发送横向联网电子缴税系统办理税款定时划缴入库。

授权（委托）划缴协议是纳税人、扣缴义务人、代征代售人等缴款人准予其指定账户的开户银行根据税务机关发送的应缴税信息，从该指定账户中扣划税款缴库的书面约定。

（2）自缴入库。自缴入库的，由纳税人、扣缴义务人、代征代售人通过银行或POS机布设机构，经横向联网电子缴税系统向税务机关查询其应缴税款信息并予以确认，银行或POS机布设机构办理税款实时入库。

（二）退库

税款退库是指税务机关对经财政部门授权办理的税收收入退库业务，依照法律法规，开具法定税收票证，通过国库向纳税人退还应退税款。

税务机关办理税款退库应当直接退还纳税人。纳税人经由扣缴义务人代扣代收的税款发生多缴的，经纳税人同意，税务机关可以将税款退还扣缴义务人，由扣缴义务人转退纳税人。国家政策明确规定税款退给非原纳税人的，税务机关应当向非原纳税人退还。

税务机关直接向纳税人退还税款的，应当由纳税人填写退税申请。税务机关通过扣缴义务人向纳税人退还税款的，可以由扣缴义务人填写退税申请。

税务机关直接向纳税人退还税款时，应当将税款退至纳税人原缴款账户。税务机关通过扣缴义务人向纳税人退还税款的，应当将税款退至扣缴义务人原缴款账户。由于特殊情况不能退至纳税人、扣缴义务人原缴款账户的，纳税人、扣缴义务人在申请退税时应当书面说明理由，提交相关证明资料，并指定接受退税的其他账户及接受退税单位（人）名称。

税务机关应当在法定期限内办理税款退库。税务机关发现纳税人多缴税款的，应当立即核实应退税额、账户等相关情况，通知纳税人或扣缴义务人提交退税申请，自接到纳税人或扣缴义务人退税申请之日起10日内办理退库手续。

纳税人发现多缴税款要求退还的，税务机关应当自接到纳税人或扣缴义务人退税申请之日起30日内查实并办理退库手续。

除出口退税以外，纳税人既有应退税款又有欠缴税款的，税务机关可以将纳税人的应退税款和利息先抵扣欠缴的税款；抵扣后有余额的，办理应退余额的退库。

除出口退税以外，纳税人既有应退税款又有欠缴税款的，税务机关可以将纳税人的应退税款和利息先抵扣欠缴的税款；抵扣后有余额的，办理应退余额的退库。

税务机关对未开设银行账户的纳税人确需以现金方式退税的，应当在《税收收入退还书》备注栏注明“退付现金”和原完税凭证号码、纳税人身份证号码，送当地国库办理退库手续，同时通知纳税人到指定银行领取退还税款。

境外纳税人以外币兑换人民币缴纳的税款需要退库的，税务机关应当在《税收收入退还书》上加盖“可退付外币”戳记，并根据纳税人缴纳的外汇税款币种注明退付的外币币种，送交国库通过指定银行退至境外纳税人账户。

根据《中华人民共和国税收征收管理法》及其实施细则规定应当向纳税人退付利息的，按照税务机关办理退税手续当天中国人民银行规定的活期存款利率计算利息。办理退税手续当天是指开具《税收收入退还书》或《税收收入电子退还书》、办理应退税款抵扣欠缴税款的当天。

退付给纳税人的利息，采用冲减应退税款原入库预算科目的办法，从入库收入中退付。

退库税款预算科目和预算级次应当与原入库税款一致，但是，退库税款有专用退库预算科目，原预算科目、预算级次已修订或国家另有规定的除外。

除出口退税以外，应退税款超过一定额度标准的，应当事先向市（不含县级市，下同）或省（自治区、直辖市和计划单列市，以下简称省）税务机关报告，具体标准和报告程序由各省税务机关确定。

税款退库按照办理凭证的不同分为手工退库和电子退库。

1. 手工退库

税务机关向国库传递《税收收入退还书》，由国库据以办理税款退还的方式为手工退库。

手工退库的，《税收收入退还书》应当经税务机关主要负责人签发并加盖在国库预留的退税专用印鉴，连同退税申请书，由税务机关送国库办理退库手续。

2. 电子退库

税务机关通过横向联网电子缴税系统将记录应退税款信息的《税收收入电子退还书》发送给国库，国库据以办理税款退还的方式为电子退库。

电子退库的，《税收收入电子退还书》应当经税务机关复核人员复核授权，连同相关电子文件，由税务机关向国库发送办理退库手续。

（三）监督管理

国家积极推广以横向联网电子缴税系统为依托的税款电子缴库、退库工作。税务机关应当加强与国库、银行等部门间的协作，保持税收征管系统与横向联网电子缴税系统稳定，确保电子缴库、退库信息安全、完整和不可篡改，保证电子缴库、退库税款准确。

税务机关应当按照国家规定的税收征收管理范围和税款预算科目、预算级次办理税款缴库、退库。

税务机关应当将征收的税款按照国家规定直接缴入国库，不得缴入在国库以外或者国家规定的税款账户以外的任何账户。任何税务机关不得占压、挪用和截留税款。

税务机关应当加强税款缴库、退库管理，建立部门、岗位配合和制约机制。

各级税务机关收入规划核算部门根据本级职责范围，负责制定税款缴库、退库管理制度，办理税款缴库、退库相关业务，反映税款缴库、退库结果，监督税款缴库、退库的规范性、准确性和及时性。

税务机关应当强化内部制约机制，严格按照各项法律法规和财经纪律办理税款缴库、退库、调库及销号对账等手续，确保国家税款的安全、完整、准确。

税务机关应当定期对下级税务机关、扣缴义务人、代征代售人的税款缴库、退库的及时性、准确性等情况进行检查。

税务机关应当及时对税款缴库、退库、调库凭证及相关资料进行归档，保存期限按国家有关规定执行。

税务机关工作人员违反缴库、退库相关规定的，应当根据情节轻重，给予批评教育、责令做出检查、诫勉谈话或调整工作岗位处理；构成违纪的，按照有关规定给予处分；涉嫌犯罪的，移送司法机关。

纳税人、扣缴义务人以假报出口或者其他欺骗手段，骗取国家出口退税款的，由税务机关追缴其骗取的退税款，并处骗取税款1倍以上5倍以下的罚款；构成犯罪的，依法追究刑事责任。

对骗取国家出口退税款的，税务机关可以在规定期间内停止为其办理出口退税。涉嫌犯罪的，移送司法机关。

税务机关与代征代售人签订代征代售合同时，应当就相关规定的责任进行约定，并按约定及其他有关规定追究责任；涉嫌犯罪的，移送司法机关。

四、相关税收票证的种类和使用

税收票证，是指税务机关、扣缴义务人依照法律法规，代征代售人按照委托协议，征收税款、基金、费、滞纳金、罚没款等各项收入（以下统称税款）的过程中，开具的收款、退款和缴库凭证。税收票证是纳税人实际缴纳税款或者收取退还税款的法定证明。

税收票证包括纸质形式和数据电文形式。数据电文税收票证是指通过横向联网电子缴税系统办理税款的征收缴库、退库时，向银行、国库发送的电子缴款、退款信息。国家积极推广以横向联网电子缴税系统为依托的数据电文税收票证的使用工作。

税收票证的基本要素包括：税收票证号码、征收单位名称、开具日期、纳税人名称、纳税人识别号、税种（费、基金、罚没款）、金额、所属时期等。纸质税收票证的基本联次包括收据联、存根联、报查联。收据联交纳税人作完税凭证；存根联由税务机关、扣缴义务人、代征代售人留存；报查联由税务机关做会计凭证或备查。

税收票证包括税收缴款书、税收收入退还书、税收完税证明、出口货物劳务专用税收票证、印花税专用税收票证以及国家税务总局规定的其他税收票证。

（一）税收缴款书

税收缴款书是纳税人据以缴纳税款，税务机关、扣缴义务人以及代征代售人据以征收、汇总税款的税收票证。具体包括：

（1）《税收缴款书（银行经收专用）》。由纳税人、税务机关、扣缴义务人、代征代售人向银行传递，通过银行划缴税款（出口货物劳务增值税、消费税除外）到国库时使用的纸质税收票证。

（2）《税收缴款书（税务收现专用）》。纳税人以现金、刷卡（未通过横向联网电子缴税系统）方式向税务机关缴纳税款时，由税务机关开具并交付纳税人的纸质税收票证。

（3）《税收缴款书（代扣代收专用）》。扣缴义务人依法履行税款代扣代缴、代收代缴义务时开具并交付纳税人的纸质税收票证。

（4）《税收电子缴款书》。税务机关将纳税人、扣缴义务人、代征代售人的电子缴款信息通过横向联网电子缴税系统发送给银行，银行据以划缴税款到国库时，由税收征管系统生成的数据电文形式的税收票证。

（二）税收收入退还书

税收收入退还书是税务机关依法为纳税人从国库办理退税时使用的税收票证。具体包括：

（1）《税收收入退还书》。税务机关向国库传递，依法为纳税人从国库办理退税时使用的纸质税收票证。

（2）《税收收入电子退还书》。税务机关通过横向联网电子缴税系统依法为纳税人从国库办理退税时，由税收征管系统生成的数据电文形式的税收票证。

税收收入退还书应当由县以上税务机关税收会计开具并向国库传递或发送。

（三）税收完税证明

税收完税证明是税务机关为证明纳税人已经缴纳税款或者已经退还纳税人税款而开具的纸质税收票证。其适用范围包括以下几方面。

（1）纳税人、扣缴义务人、代征代售人通过横向联网电子缴税系统划缴税款到国库（经收处）后或收到从国库退还的税款后，当场或事后需要取得税收票证的；

（2）扣缴义务人代扣代收税款后，已经向纳税人开具税法规定或国家税务总局认可的记载完税情况的其他凭证，纳税人需要换开正式完税凭证的；

（3）纳税人遗失已完税的各种税收票证（《出口货物完税分割单》、印花税票和《印花税票销售凭证》除外），需要重新开具的；

（4）对纳税人特定期间完税情况出具证明的；

（5）国家税务总局规定的其他需要为纳税人开具完税凭证情形。

（四）出口货物劳务专用税收票证

出口货物劳务专用税收票证是由税务机关开具，专门用于纳税人缴纳出口货物劳务增值税、消费税或者证明该纳税人再销售给其他出口企业的货物已缴纳增值税、消费税的纸质税收票证。具体包括：

（1）《税收缴款书（出口货物劳务专用）》。由税务机关开具，专门用于纳税人缴纳出口货物劳务增值税、消费税时使用的纸质税收票证。

（2）《出口货物完税分割单》。已经缴纳出口货物增值税、消费税的纳税人将购进货物再销售给其他出口企业时，为证明所售货物完税情况，便于其他出口企业办理出口退税，到税务机关换开的纸质税收票证。

（五）印花税专用税收票证

印花税专用税收票证是税务机关或印花税票代售人在征收印花税时向纳税人交付、开具的纸质税收票证。具体包括：

（1）印花税票。印有固定金额，专门用于征收印花税的有价证券。纳税人缴纳印花税，可以购买印花税票贴花缴纳，也可以开具税收缴款书缴纳。

（2）《印花税票销售凭证》。税务机关和印花税票代售人销售印花税票时一并开具的专供购买方报销的纸质凭证。

税收票证应当按规定的适用范围填开，不得混用。

税收票证实行分级印制管理。《税收缴款书（出口货物劳务专用）》《出口货物完税分割单》、印花税票以及其他需要全国统一印制的税收票证由国家税务总局确定的企业印制；其他税收票证，按照国家税务总局规定的式样和要求，由各省税务机关确定的企业集中统一印制。禁止私自印制、倒卖、变造、伪造税收票证。

税收票证的运输应当确保安全、保密。

数据电文税收票证由税收征管系统自动生成税收票证号码，分配给税收票证开具人员，视同发放。数据电文税收票证不得重复发放、重复开具。

税务机关对结存的税收票证应当定期进行盘点，发现结存税收票证实物与账簿记录数量不符的，应当及时查明原因并报告上级或所属税务机关。

税收票证应当分纳税人开具；同一份税收票证上，税种（费、基金、罚没款）、税目、预算科目、预算级次、所属时期不同的，应当分行填列。税收票证栏目内容应当填写齐全、清晰、真实、规范，不得漏填、简写、省略、涂改、挖补、编造；多联式税收票证应当一次全份开具。

纳税人遗失已完税税收票证需要税务机关另行提供的，应当登报声明原持有联次遗失并向税务机关提交申请；税款经核实确已缴纳入库或从国库退还的，税务机关应当开具税收完税证明或提供原完税税收票证复印件。

税务机关应当按税收票证种类、领用单位设置税收票证账簿，对各种税收票证的印制、领发、用存、作废、结报缴销、停用、损失、销毁的数量、号码进行及时登记和核算，定期结账。

税务机关应当及时对已经开具、作废的税收票证、账簿以及其他税收票证资料进行归档保存。纸质税收票证、账簿以及其他税收票证资料，应当整理装订成册，保存期限五年；作为会计凭证的纸质税收票证保存期限 15 年。数据电文税收票证、账簿以及其他税收票证资料，应当通过光盘等介质进行存储，确保数据电文税收票证信息的安全、完整，保存时间和具体办法另行制定。

税务机关工作人员违反税收票证相关规定的，应当根据情节轻重，给予批评教育、责令做出检查、诫勉谈话或调整工作岗位处理；构成违纪的，依照《中华人民共和国公务员法》《行政机关公务员处分条例》等法律法规给予处分；涉嫌犯罪的，移送司法机关。

扣缴义务人未按照规定开具税收票证的，可以根据情节轻重，处以 1000 元以下的罚款。

自行填开税收票证的纳税人违反相关规定的，税务机关应当停止其税收票证的领用和自行填开，并限期缴销全部税收票证；情节严重的，可以处以 1000 元以下的罚款。

非法印制、转借、倒卖、变造或者伪造税收票证的，由税务机关销毁非法印制的税收票证，没收违法所得和作案工具，并处 1 万元以上 5 万元以下的罚款；构成犯罪的，依法追究刑事责任。伪造、变造、买卖、盗窃、抢夺、毁灭税收票证专用章戳的，移送司法机关。

第二节　税款征收保障措施

一、加收滞纳金

纳税人未按照规定期限缴纳税款的，扣缴义务人未按照规定期限解缴税款的，税务机关除责令限期缴纳外，从滞纳税款之日起，按日加收滞纳税款万分之五的滞纳金。

税收滞纳金是纳税人或者扣缴义务人不及时履行纳税义务而产生的连带义务。国家对滞纳税款的纳税人、扣缴义务人征收滞纳金，目的是保证纳税人、扣缴义务人及时履行缴纳或者解缴税款的义务。

从经济角度讲，滞纳金是纳税人、扣缴义务人因占用国家税款所做的补偿。不能将滞纳金作为行政处罚对待，在税法上更加倾向于将滞纳金与税款同等对待。《国家税务总局关于税收优先权包括滞纳金问题的批复》文件精神也证明了这一观点，该文件明确：按照《税收征收管理法》的立法精神，税款滞纳金与罚款两者在征收和缴纳时顺序不同，税款滞纳金在征缴时视同税款管理，税收强制执行、出境清税、税款追征、复议前置条件等相关条款都明确规定滞纳金随税款同时缴纳。税收优先权等情形也适用这一法律精神。

二、核定税额征收

由税务机关根据纳税人情况，在正常生产经营条件下，对其生产的应税产品查实核定产量和销售额，然后依照税法规定的税率征收税款的征收方式。

（一）核定税额的适用范围

根据《税收征管法》第三十五条的规定，纳税人有下列情形之一的，税务机关有权核定其应纳税额：

（1）依照法律、行政法规的规定可以不设置账簿的；

（2）依照法律、行政法规的规定应当设置账簿但未设置的；

（3）擅自销毁账簿或者拒不提供纳税资料的；

（4）虽设置账簿，但账目混乱或者成本资料、收入凭证、费用凭证残缺不全，难以查账的；

（5）发生纳税义务，未按照规定的期限办理纳税申报，经税务机关责令限期申报，逾期仍不申报的；

（6）纳税人申报的计税依据明显偏低，又无正当理由的。

税务机关核定应纳税额的具体程序和方法由国务院税务主管部门规定。

（二）核定税额的方法

纳税人有以上所列情形之一的，税务机关有权采用下列任何一种方法核定其应纳税额：

（1）参照当地同类行业或者类似行业中经营规模和收入水平相近的纳税人的税负水平核定；

（2）按照营业收入或者成本加合理的费用和利润的方法核定；

（3）按照耗用的原材料、燃料、动力等推算或者测算核定；

（4）按照其他合理方法核定。

采用上述所列一种方法不足以正确核定应纳税额时，可以同时采用两种以上的方法核定。

纳税人对税务机关采取本条规定的方法核定的应纳税额有异议的，应当提供相关证据，经税务机关认定后，调整应纳税额。

三、几种特殊情形的税款征收

（一）对未办理税务登记和临时经营的税款征收

对未按照规定办理税务登记的从事生产、经营的纳税人以及临时从事经营的纳税人，由税务机关核定其应纳税额，责令缴纳；不缴纳的，税务机关可以扣押其价值相当于应纳税款的商品、货物。扣押后缴纳应纳税款的，税务机关必须立即解除扣押，并归还所扣押的商品、货物；扣押后仍不缴纳应纳税款的，经县以上税务局（分局）局长批准，依法拍卖或者变卖所扣押的商品、货物，以拍卖或者变卖所得抵缴税款。

其中未按照规定办理税务登记从事生产、经营的纳税人，包括到外县（市）从事生产、经营而未向营业地税务机关报验登记的纳税人。

（二）对承包承租经营的税款征收

承包人或者承租人有独立的生产经营权，在财务上独立核算，并定期向发包人或者出租人上缴承包费或者租金的，承包人或者承租人应当就其生产、经营收入和所得纳税，并接受税务管理；但是，法律、行政法规另有规定的除外。

发包人或者出租人应当自发包或者出租之日起30日内将承包人或者承租人的有关情况向主管税务机关报告。发包人或者出租人不报告的，发包人或者出租人与承包人或者承租人承担纳税连带责任。

四、关联企业业务往来的税收调整

（一）关联企业的认定

我国税收征管法中所称的关联企业，是指有下列关系之一的公司、企业和其他经济组织。

（1）在资金、经营、购销等方面，存在直接或者间接的拥有或者控制关系；

（2）直接或者间接地同为第三者所拥有或者控制；

(3) 在利益上具有相关联的其他关系。

纳税人有义务就其与关联企业之间的业务往来，向当地税务机关提供有关的价格、费用标准等资料。具体办法由国家税务总局制定。

(二) 关联企业业务往来的税收调整

税收征管法所称独立企业之间的业务往来，是指没有关联关系的企业之间按照公平成交价格和营业常规所进行的业务往来。

纳税人可以向主管税务机关提出与其关联企业之间业务往来的定价原则和计算方法，主管税务机关审核、批准后，与纳税人预先约定有关定价事项，监督纳税人执行。

纳税人与其关联企业之间的业务往来有下列情形之一的，税务机关可以调整其应纳税额：

(1) 购销业务未按照独立企业之间的业务往来作价；

(2) 融通资金所支付或者收取的利息超过或者低于没有关联关系的企业之间所能同意的数额，或者利率超过或者低于同类业务的正常利率；

(3) 提供劳务，未按照独立企业之间业务往来收取或者支付劳务费用；

(4) 转让财产、提供财产使用权等业务往来，未按照独立企业之间业务往来作价或者收取、支付费用；

(5) 未按照独立企业之间业务往来作价的其他情形。

纳税人有上述所列情形之一的，税务机关可以按照下列方法调整计税收入额或者所得额：

(1) 按照独立企业之间进行的相同或者类似业务活动的价格；

(2) 按照再销售给无关联关系的第三者的价格所应取得的收入和利润水平；

(3) 按照成本加合理的费用和利润；

(4) 按照其他合理的方法。

纳税人与其关联企业未按照独立企业之间的业务往来支付价款、费用的，税务机关自该业务往来发生的纳税年度起 3 年内进行调整；有特殊情况的，可以自该业务往来发生的纳税年度起 10 年内进行调整。

企业或者外国企业在中国境内设立的从事生产、经营的机构、场所与其关联企业之间的业务往来，应当按照独立企业之间的业务往来收取或者支付价款、费用；不按照独立企业之间的业务往来收取或者支付价款、费用，而减少其应纳税的收入或者所得额的，税务机关有权进行合理调整。

五、纳税担保

纳税担保是指经税务机关同意或确认，纳税人或其他自然人、法人、经济组织以保证、抵押、质押的方式，为纳税人应当缴纳的税款及滞纳金提供担保的行为。

纳税担保人包括以保证方式为纳税人提供纳税担保的纳税保证人和其他以未设置或者未全部设置担保物权的财产为纳税人提供纳税担保的第三人。纳税担保的形式分为纳税保证、纳税抵押和纳税质押。

（一）纳税担保的范围

1. 纳税担保的适用条件

纳税人有下列情况之一的，适用纳税担保：

（1）税务机关有根据认为从事生产、经营的纳税人有逃避纳税义务行为，在规定的纳税期之前经责令其限期缴纳应纳税款，在限期内发现纳税人有明显的转移、隐匿其应纳税的商品、货物以及其他财产或者应纳税收入的迹象，责成纳税人提供纳税担保的；

（2）欠缴税款、滞纳金的纳税人或者其法定代表人需要出境的；

（3）纳税人同税务机关在纳税上发生争议而未缴清税款，需要申请行政复议的；

（4）税收法律、行政法规规定可以提供纳税担保的其他情形。

另外，纳税人、扣缴义务人、纳税担保人同税务机关在纳税上发生争议时，必须先依照税务机关的纳税决定缴纳或者解缴税款及滞纳金或者提供相应的担保，然后可以依法申请行政复议。

2. 纳税担保的范围

纳税担保范围包括税款、滞纳金和实现税款、滞纳金的费用。费用包括抵押、质押登记费用，质押保管费用，以及保管、拍卖、变卖担保财产等相关费用支出。

用于纳税担保的财产、权利的价值不得低于应当缴纳的税款、滞纳金，并考虑相关的费用。纳税担保的财产价值不足以抵缴税款、滞纳金的，税务机关应当向提供担保的纳税人或纳税担保人继续追缴。

用于纳税担保的财产、权利的价格估算，除法律、行政法规另有规定外，由税务机关按照《税收征管法实施细则》第六十四条规定的方式，参照同类商品的市场价、出厂价或者评估价估算。

（二）纳税保证

纳税保证，是指纳税保证人向税务机关保证，当纳税人未按照税收法律、行政法规规定或者税务机关确定的期限缴清税款、滞纳金时，由纳税保证人按照约定履行缴纳税款及滞纳金的行为。纳税保证必须经税务机关认可，税务机关认可的，保证成立；税务机关不认可的，保证不成立。

纳税保证为连带责任保证，纳税人和纳税保证人对所担保的税款及滞纳金承担连带责任。当纳税人在税收法律、行政法规或税务机关确定的期限届满未缴清税款及滞纳金的，税务机关即可要求纳税保证人在其担保范围内承担保证责任，缴纳担保的税款及滞纳金。

1. 纳税保证人的要求

纳税保证人，是指在中国境内具有纳税担保能力的自然人、法人或者其他经济组织。法人或其他经济组织财务报表资产净值超过需要担保的税额及滞纳金 2 倍以上的，自然人、法人或其他经济组织所拥有或者依法可以处分的未设置担保的财产的价值超过需要担保的税额及滞纳金的，为具有纳税担保能力。

国家机关，学校、幼儿园、医院等事业单位、社会团体不得作为纳税保证人。企业法人的职能部门不得为纳税保证人。企业法人的分支机构有法人书面授权的，可以在授权范围内提供纳税担保。

有以下情形之一的，不得作为纳税保证人：

（1）有偷税、抗税、骗税、逃避追缴欠税行为被税务机关、司法机关追究过法律责任未满 2 年的；

（2）因有税收违法行为正在被税务机关立案处理或涉嫌刑事犯罪被司法机关立案侦查的；

（3）纳税信誉等级被评为 C 级以下的；

（4）在主管税务机关所在地的市（地、州）没有住所的自然人或税务登记不在本市（地、州）的企业；

（5）无民事行为能力或限制民事行为能力的自然人；

（6）与纳税人存在担保关联关系的；

（7）有欠税行为的。

2. 纳税担保书的要求

纳税保证人同意为纳税人提供纳税担保的，应当填写纳税担保书。纳税担保书应当包括以下内容：

（1）纳税人应缴纳的税款及滞纳金数额、所属期间、税种、税目名称；

（2）纳税人应当履行缴纳税款及滞纳金的期限；

（3）保证担保范围及担保责任；

（4）保证期间和履行保证责任的期限；

（5）保证人的存款账号或者开户银行及其账号；

（6）税务机关认为需要说明的其他事项。

纳税担保书须经纳税人、纳税保证人签字盖章并经税务机关签字盖章同意方为有效。纳税担保从税务机关在纳税担保书签字盖章之日起生效。

3. 保证期限

保证期限为纳税人应缴纳税款期限届满之日起 60 日，即税务机关自纳税人应缴纳税款的期限届满之日起 60 日内有权要求纳税保证人承担保证责任，缴纳税款、滞纳金。

履行保证责任的期限为15日，即纳税保证人应当自收到税务机关的纳税通知书之日起15日内履行保证责任，缴纳税款及滞纳金。

4. 保证责任

纳税保证期间内税务机关未通知纳税保证人缴纳税款及滞纳金以承担担保责任的，纳税保证人免除担保责任。

纳税人在规定的期限届满未缴清税款及滞纳金，税务机关在保证期限内书面通知纳税保证人的，纳税保证人应按照纳税担保书约定的范围，自收到纳税通知书之日起15日内缴纳税款及滞纳金，履行担保责任。

纳税保证人未按照规定的履行保证责任的期限缴纳税款及滞纳金的，由税务机关发出责令限期缴纳通知书，责令纳税保证人在限期15日内缴纳；逾期仍未缴纳的，经县以上税务局（分局）局长批准，对纳税保证人采取强制执行措施，通知其开户银行或其他金融机构从其存款中扣缴所担保的纳税人应缴纳的税款、滞纳金，或扣押、查封、拍卖、变卖其价值相当于所担保的纳税人应缴纳的税款、滞纳金的商品、货物或者其他财产，以拍卖、变卖所得抵缴担保的税款、滞纳金。

（三）纳税抵押

纳税抵押，是指纳税人或纳税担保人不转移对财产的占有，将该财产作为税款及滞纳金的担保。纳税人逾期未缴清税款及滞纳金的，税务机关有权依法处置该财产以抵缴税款及滞纳金。

在纳税抵押关系中，以财产作抵押的纳税人或者纳税担保人为抵押人，税务机关为抵押权人，提供担保的财产为抵押物。

1. 抵押物的范围

下列财产可以抵押：

（1）抵押人所有的房屋和其他地上定着物；

（2）抵押人所有的机器、交通运输工具和其他财产；

（3）抵押人依法有权处分的国有的房屋和其他地上定着物；

（4）抵押人依法有权处分的国有的机器、交通运输工具和其他财产；

（5）经设区的市、自治州以上税务机关确认的其他可以抵押的合法财产。

以依法取得的国有土地上的房屋抵押的，该房屋占用范围内的国有土地使用权同时抵押。以乡（镇）、村企业的厂房等建筑物抵押的，其占用范围内的土地使用权同时抵押。

下列财产不得抵押：

（1）土地所有权；

（2）土地使用权，但与房屋同时抵押的除外；

（3）学校、幼儿园、医院等以公益为目的的事业单位、社会团体、民办非企业单位的教育设施、医疗卫生设施和其他社会公益设施（但可以其教育设施、医疗卫生设施和其他社会公益设施以外的财产为其应缴纳的税款及滞纳金提供抵押）；

（4）所有权、使用权不明或者有争议的财产；

（5）依法被查封、扣押、监管的财产；

（6）依法定程序确认为违法、违章的建筑物；

（7）法律、行政法规规定禁止流通的财产或者不可转让的财产；

（8）经设区的市、自治州以上税务机关确认的其他不予抵押的财产。

2. 纳税抵押的办理

（1）填写纳税担保书和纳税担保财产清单。纳税人提供抵押担保的，应当填写纳税担保书和纳税担保财产清单。纳税担保书应当包括以下内容：

①担保的纳税人应缴纳的税款及滞纳金数额、所属期间、税种名称、税目；

②纳税人履行应缴纳税款及滞纳金的期限；

③抵押物的名称、数量、质量、状况、所在地、所有权权属或者使用权权属；

④抵押担保的范围及担保责任；

⑤税务机关认为需要说明的其他事项。

纳税担保财产清单应当写明财产价值以及相关事项。纳税担保书和纳税担保财产清单须经纳税人签字盖章并经税务机关确认。

（2）办理抵押物登记。纳税抵押财产应当办理抵押物登记。纳税抵押自抵押物登记之日起生效。纳税人应向税务机关提供由以下部门出具的抵押登记的证明及其复印件（以下简称证明材料）：

①以城市房地产或者乡（镇）、村企业的厂房等建筑物抵押的，提供县级以上地方人民政府规定部门出具的证明材料；

②以船舶、车辆抵押的，提供运输工具的登记部门出具的证明材料；

③以企业的设备和其他动产抵押的，提供财产所在地的工商行政管理部门出具的证明材料或者纳税人所在地的公证部门出具的证明材料。

抵押期间，经税务机关同意，纳税人可以转让已办理登记的抵押物，并告知受让人转让物已经抵押的情况。纳税人转让抵押物所得的价款，应当向税务机关提前缴纳所担保的税款、滞纳金。超过部分归纳税人所有，不足部分由纳税人缴纳或提供相应的担保。

在抵押物灭失、毁损或者被征用的情况下，税务机关应该就该抵押物的保险金、赔偿金或者补偿金要求优先受偿，抵缴税款、滞纳金。抵押物灭失、毁损或者被征用的情况下，抵押权所担保的纳税义务履行期未满的，税务机关可以要求将保险金、赔偿金或补偿金等作为担保财产。

（3）担保责任的履行。纳税人在规定的期限内未缴清税款、滞纳金的，税务机关应当依法拍卖、变卖抵押物，变价抵缴税款、滞纳金。

纳税担保人以其财产为纳税人提供纳税抵押担保的，按照纳税人提供抵押担保的规定执行；纳税担保书和纳税担保财产清单须经纳税人、纳税担保人签字盖章并经税务机关确认。

纳税人在规定的期限届满未缴清税款、滞纳金的，税务机关应当在期限届满之日起15日内书面通知纳税担保人自收到纳税通知书之日起15日内缴纳担保的税款、滞纳金。

纳税担保人未按照前款规定的期限缴纳所担保的税款、滞纳金的，由税务机关责令限期在15日内缴纳；逾期仍未缴纳的，经县以上税务局（分局）局长批准，税务机关依法拍卖、变卖抵押物，抵缴税款、滞纳金。

（四）纳税质押

纳税质押，是指经税务机关同意，纳税人或纳税担保人将其动产或权利凭证移交税务机关占有，将该动产或权利凭证作为税款及滞纳金的担保。纳税人逾期未缴清税款及滞纳金的，税务机关有权依法处置该动产或权利凭证以抵缴税款及滞纳金。

1. 纳税质押的分类

纳税质押分为动产质押和权利质押。

动产质押包括现金以及其他除不动产以外的财产提供的质押。

汇票、支票、本票、债券、存款单等权利凭证可以质押。

对于实际价值波动很大的动产或权利凭证，经设区的市、自治州以上税务机关确认，税务机关可以不接受其作为纳税质押。

2. 纳税质押的办理

（1）填写纳税担保书和纳税担保财产清单。纳税人提供质押担保的，应当填写纳税担保书和纳税担保财产清单并签字盖章。纳税担保书应当包括以下内容：

①担保的税款及滞纳金数额、所属期间、税种名称、税目；

②纳税人履行应缴纳税款、滞纳金的期限；

③质物的名称、数量、质量、价值、状况、移交前所在地、所有权权属或者使用权权属；

④质押担保的范围及担保责任；

⑤纳税担保财产价值；

⑥税务机关认为需要说明的其他事项。

纳税担保财产清单应当写明财产价值及相关事项。

纳税质押自纳税担保书和纳税担保财产清单经税务机关确认和质物移交之日起生效。

以汇票、支票、本票、公司债券出质的，税务机关应当与纳税人背书清单记载

“质押”字样。以存款单出质的，应由签发的金融机构核押。

（2）质押责任的履行。以载明兑现或者提货日期的汇票、支票、本票、债券、存款单出质的，汇票、支票、本票、债券、存款单兑现日期先于纳税义务履行期或者担保期的，税务机关与纳税人约定将兑现的价款用于缴纳或者抵缴所担保的税款及滞纳金。

纳税担保人以其动产或财产权利为纳税人提供纳税质押担保的，按照纳税人提供质押担保的规定执行；纳税担保书和纳税担保财产清单须经纳税人、纳税担保人签字盖章并经税务机关确认。

纳税人在规定的期限内缴清税款、滞纳金的，税务机关应当在 3 个工作日内将质物返还给纳税担保人，解除质押关系。

纳税担保人未按照规定的期限缴纳所担保的税款、滞纳金，由税务机关责令限期在 15 日内缴纳；缴清税款、滞纳金的，税务机关自纳税担保人缴清税款及滞纳金之日起 3 个工作日内返还质物、解除质押关系；逾期仍未缴纳的，经县以上税务局（分局）局长批准，税务机关依法拍卖、变卖质物，抵缴税款、滞纳金。

（五）纳税担保的法律责任

1. 纳税人、纳税担保人的法律责任

纳税人采取欺骗、隐瞒等手段提供担保，造成应缴税款损失的，由税务机关处以未缴、少缴税款 50% 以上 5 倍以下的罚款。

纳税担保人采取欺骗、隐瞒等手段提供担保的，由税务机关处以 1000 元以下的罚款；属于经营行为的，处以 1 万元以下的罚款。

2. 税务机关的法律责任

非法为纳税人、纳税担保人实施虚假纳税担保提供方便的，由税务机关处以 1000 元以下的罚款。

税务机关负有妥善保管质物的义务。因保管不善致使质物灭失或者毁损，或未经纳税人同意擅自使用、出租、处分质物而给纳税人造成损失的，税务机关应当对直接损失承担赔偿责任。

纳税义务期限届满或担保期间，纳税人或者纳税担保人请求税务机关及时行使权利，而税务机关怠于行使权利致使质物价格下跌造成损失的，税务机关应当对直接损失承担赔偿责任。

税务机关工作人员有下列情形之一的，根据情节轻重给予行政处分：

（1）违反本办法规定，对符合担保条件的纳税担保，不予同意或故意刁难的；

（2）违反本办法规定，对不符合担保条件的纳税担保，予以批准，致使国家税款及滞纳金遭受损失的；

（3）私分、挪用、占用、擅自处分担保财物的；

（4）其他违法情形。

六、税收保全措施

税收保全措施是指税务机关对可能由于纳税人的行为或者某种客观原因，致使以后税款的征收不能保证或难以保证的情况下，采取限制纳税人处理和转移商品、货物或其他财产的措施。税收保全措施，是法律赋予税务机关的一种强制权力，其目的是以保证国家税款的及时、足额入库。

（一）税收保全措施的适用范围及条件

根据《税收征管法》第三十八条规定，税务机关有根据认为从事生产、经营的纳税人有逃避纳税义务行为的，可以在规定的纳税期之前，责令限期缴纳应纳税款；在限期内发现纳税人有明显的转移、隐匿其应纳税的商品、货物以及其他财产或者应纳税的收入的迹象的，税务机关可以责成纳税人提供纳税担保。如果纳税人不能提供纳税担保，经县以上税务局（分局）局长批准，税务机关可以采取税收保全措施。

由此可以看出，在税款征收环节，税收保全措施只适用于有逃避纳税义务行为的从事生产、经营的纳税人。对非从事生产、经营的纳税人，或对扣缴义务人和纳税担保人，不能适用该措施。

对纳税人采取税收保全措施，必须符合下列条件。

1. 纳税人有逃避纳税义务的行为

这是采取税收保全措施的基本前提。所谓逃避纳税义务行为，是指纳税人采取转移、隐匿商品、货物或者其他财产或收入等方式，隐瞒其纳税支付能力，纳税人的这种行为将会影响税款的及时缴纳。因此，当税务机关依据一定线索判定纳税人由逃避纳税义务的行为时，应当：

（1）责令限期缴纳税款；（2）若在限期内发现纳税人有明显的转移、隐匿应纳税的商品、货物、其他财产或收入迹象的，应责成纳税人提供纳税担保。

限期缴纳和纳税担保是税收保全的前期措施，也是税收保全的必经前置程序。

2. 纳税人在限期内不能提供纳税担保

纳税人在税务机关责令其限期缴纳税款的期限内能否提供纳税担保，是税务机关是否采取税收保全措施的先决条件。当纳税人不能提供纳税担保时，经县以上税务局（分局）局长批准，可以采取税收保全措施。

因此，从税收保全措施的适用程序上看，必须是：责令限期缴纳在先，纳税担保居中，税收保全措施断后。

（二）税收保全措施的形式及要求

税收保全措施的形式有两种。

1. 书面通知纳税人开户银行或其他金融机构冻结支付纳税人的金额相当于应纳税款的存款

这项措施实施的前提是纳税人有存款，冻结存款的数额以相当于纳税人应纳税款的数额为限，并要经县以上税务局（分局）局长批准，并以该税务局（分局）的名义向纳税人开户银行或其他金融机构发出《冻结存款通知书》，被通知的银行或其他金融机构依法协助执行。

2. 扣押、查封纳税人的价值相当于应纳税款的商品、货物或其他财产

这项措施在纳税人没有足够的存款或税务机关无法掌握其存款的情况下采用。但应注意：

（1）其他财产，包括纳税人的房地产、现金、有价证券等不动产和动产。

个人及其所扶养家属维持生活必需的住房和用品，不在税收保全措施的范围之内。个人所扶养家属，是指与纳税人共同居住生活的配偶、直系亲属以及无生活来源并由纳税人扶养的其他亲属。机动车辆、金银饰品、古玩字画、豪华住宅或者一处以外的住房不属于所称个人及其所扶养家属维持生活必需的住房和用品。

税务机关对单价 5000 元以下的其他生活用品，不采取税收保全措施和强制执行措施。

（2）税务机关执行税收征管法的规定，扣押、查封价值相当于应纳税款的商品、货物或者其他财产时，参照同类商品的市场价、出厂价或者评估价估算。税务机关按照前款方法确定应扣押、查封的商品、货物或者其他财产的价值时，还应当包括滞纳金和扣押、查封、保管、拍卖、变卖所发生的费用。对价值超过应纳税额且不可分割的商品、货物或者其他财产，税务机关在纳税人、扣缴义务人或者纳税担保人无其他可供强制执行的财产的情况下，可以整体扣押、查封、拍卖。

（3）税务机关扣押商品、货物或者其他财产时，必须开付收据；查封商品、货物或者其他财产时，必须开付清单。扣押或查封完毕后，由税务执行人员将查封的保全标的物名称、单价、数量等相关内容填入《查封商品、货物或者其他财产清单》，将扣押的保全标的物名称、单价、数量等相关内容填入《扣押商品、货物或者其他财产专用收据》，并由纳税人签字确认。

（4）实施扣押、查封时，对有产权证件的动产或者不动产，税务机关可以责令当事人将产权证件交税务机关保管，同时可以向有关机关发出协助执行通知书，有关机关在扣押、查封期间不再办理该动产或者不动产的过户手续。

（5）采取扣押、查封的税收保全措施过程中，对已采取税收保全的商品、货物、其他财产或者财产权利，在作出税务处理决定之前，不得拍卖、变卖处理变现。但是，在税收保全期内，已采取税收保全措施的财物有下列情形之一的，税务机关可以制作《税务事项通知书》，书面通知纳税人及时协助处理：

①鲜活、易腐烂变质或者易失效的商品、货物；

②商品保质期临近届满的商品、货物；

③季节性的商品、货物；

④价格有急速下降可能的商品、货物；

⑤保管困难或者需要保管费用过大的商品、货物；

⑥其他不宜长期保存，需要及时处理的商品、货物。

纳税人未按规定期限协助处理的，经县以上税务局（分局）局长批准，税务机关制作《税务事项通知书》通知纳税人后，可参照《抵税财物拍卖、变卖试行办法》规定的程序和方式拍卖、变卖。拍卖、变卖所得，由税务机关保存价款，继续实施税收保全措施，并以《税务事项通知书》的形式书面通知纳税人。

税务机关依法作出税务处理决定后，应及时办理税款、滞纳金或者罚款的入库手续。拍卖或者变卖所得抵缴税款、滞纳金、罚款后有余额的，税务机关应当自办理入库手续之日起3个工作日内退还纳税人。拍卖、变卖所得不足抵缴税款、滞纳金或者罚款的，税务机关应当继续追缴。

（6）税务机关执行扣押、查封商品、货物或者其他财产时，必须由两名以上税务人员执行，并通知被执行人。被执行人是公民的，应当通知被执行人本人或其他成年家属到场；被执行人是法人或者其他组织的，应当通知法定代表人或者主要负责人到场；拒不到场的，不影响执行。

（7）对查封的商品、货物或者其他财产，税务机关可以指令被执行人负责保管，保管责任由被执行人承担。继续使用被查封的财产不会减少其价值的，税务机关可以允许被执行人继续使用；因被执行人保管或者使用的过错造成的损失，由被执行人承担。

（三）税收保全措施的延期、解除及责任

1. 税收保全措施的延期

税收保全延期处理是指税务机关在查处重大税收违法案件中，对已实施的税收保全措施，符合以下法定情形，需要延长税收保全期限的，应当逐级报请国家税务总局批准：

（1）案情复杂，在税收保全期限内确实难以查明案件事实的；

（2）被查对象转移、隐匿、销毁账簿、记账凭证或者其他证据材料的；

（3）被查对象拒不提供相关情况或者以其他方式拒绝、阻挠检查的；

（4）解除税收保全措施可能使纳税人转移、隐匿、损毁或者违法处置财产，从而导致税款无法追缴的。

2. 税收保全措施的解除

纳税人在税务机关采取税收保全措施后，按照税务机关规定的期限缴纳税款的，税务机关应当自收到税款或者银行转回的完税凭证之日起1日内解除税收保全。

3. 相关的法律责任

如果纳税人在限期期满仍未缴纳税款的，经县以上税务局（分局）局长批准，税务机关可以书面通知纳税人开户银行或者其他金融机构从其冻结的存款中扣缴税款，或者依法拍卖或者变卖所扣押、查封的商品、货物或者其他财产，以拍卖或者变卖所得抵缴税款。

如果因税务机关滥用职权违法采取税收保全措施，或者采取税收保全措施不当，或者纳税人在限期内已缴纳了税款，税务机关未立即解除税收保全措施，致使纳税人的合法利益遭受损失的，税务机关应当承担赔偿责任。

七、税收强制执行措施

税收强制执行，是指税务机关发现税务行政相对人在税款、滞纳金、罚款限缴期限到期后仍不缴纳时，经催告后，通知银行或其他金融机构扣缴税务行政相对人的存款或扣押、查封、拍卖、变卖部分财产以抵缴税款、滞纳金或罚款。

（一）税收强制执行措施的适用范围及条件

从事生产、经营的纳税人、扣缴义务人未按照规定的期限缴纳或者解缴税款，纳税担保人未按照规定的期限缴纳所担保的税款，由税务机关责令限期缴纳，逾期仍未缴纳的，经县以上税务局（分局）局长批准，税务机关可以采取强制执行措施。

从适用对象上看，税收强制执行措施不仅适用从事生产、经营的纳税人，也适用于扣缴义务人和纳税担保人。

从适用条件及程序上看，必须是告诫在先，执行在后。对已依法采取税收保全措施的纳税人、扣缴义务人和纳税担保人，若在规定限期内不履行纳税义务、扣缴义务和担保义务，税务机关可直接采取税收强制执行措施。税务机关作出强制执行决定前，应当事先催告当事人履行义务。催告书送达10日后当事人仍未履行义务的，税务机关可以向有管辖权的人民法院申请强制执行。对于实施加处罚款的，在告知当事人30日后，也要进行催告处理。

从执法权限上看，税收强制执行措施必须经县以上税务局（分局）局长批准，这一点与税收保全措施相同。

（二）税收强制执行措施的形式及要求

1. 税收强制执行措施的形式

（1）书面通知其开户银行或者其他金融机构从其存款中扣缴税款。

（2）扣押、查封、依法拍卖或者变卖其价值相当于应纳税款的商品、货物或者其他财产，以拍卖所得抵缴税款。

2. 采取税收强制执行措施的要求及法律责任

（1）税务机关采取强制执行措施时，对纳税人、扣缴义务人、纳税担保人未缴纳的滞纳金同时强制执行。

（2）个人及其所扶养家属维持生活必需的住房和用品，不在强制执行措施的范围之内。采取税收强制执行措施必须依照法定权限和法定程序，不得查封、扣押纳税人个人及其所扶养家属维持生活必需的住房和用品。

（3）采取税收强制执行措施的权力，不得由法定的税务机关以外的单位和个人行使。

（4）税务机关将扣押、查封的商品、货物或者其他财产变价抵缴税款时，应当交由依法成立的拍卖机构拍卖；无法委托拍卖或者不适于拍卖的，可以交由当地商业企业代为销售，也可以责令纳税人限期处理；无法委托商业企业销售，纳税人也无法处理的，可以由税务机关变价处理，具体办法由国家税务总局规定。国家禁止自由买卖的商品，应当交由有关单位按照国家规定的价格收购。拍卖或者变卖所得抵缴税款、滞纳金、罚款以及拍卖、变卖等费用后，剩余部分应当在3日内退还被执行人。

（5）纳税人、扣缴义务人在规定期限内不缴或者少缴应纳或者应解缴的税款，经税务机关责令限期缴纳，逾期仍未缴纳的，税务机关除依照规定采取强制执行措施追缴其不缴或者少缴的税款外，可以处不缴或者少缴的税款50%以上5倍以下的罚款。

（6）纳税人、扣缴义务人的开户银行或者其他金融机构拒绝接受税务机关依法检查纳税人、扣缴义务人存款账户，或者拒绝执行税务机关作出的冻结存款或者扣缴税款的决定，或者在接到税务机关的书面通知后帮助纳税人、扣缴义务人转移存款，造成税款流失的，由税务机关处10万元以上50万元以下的罚款，对直接负责的主管人员和其他直接责任人员处1000元以上1万元以下的罚款。

（7）税务机关、税务人员查封、扣押纳税人个人及其所扶养家属维持生活必需的住房和用品的，责令退还，依法给予行政处分；构成犯罪的，依法追究刑事责任。

税务机关滥用职权违法采取税收强制执行措施，或者采取税收强制执行措施不当，使纳税人、扣缴义务人或者纳税担保人的合法权益遭受损失的，应当依法承担赔偿责任。

八、税款优先

（一）税收优先于无担保债权

税务机关征收税款，税收优先于无担保债权，但法律另有规定的除外。

（二）税收先于抵押权、质权、留置权

抵押权是对于债务人或者第三人不转移占有而供担保的不动产或其他财产，债权

人有优先清偿其债权的权利。

质权是指为了担保债权的履行，债务人或第三人将其动产或权利移交债权人占有，当债务人不履行债务时，债权人有就其占有的财产优先受偿的权利。

留置权指债权人按照合同约定占有债务人的财产，在债务人逾期不履行债务时，有留置该财产，并就该财产优先受偿的权利。

抵押权、质权、留置权都属于担保物权。

纳税人欠缴的税款发生在纳税人以其财产设定抵押、质押或者纳税人的财产被留置之前的，税收应当先于抵押权、质权、留置权执行。

（三）税收优先于罚款、没收违法所得

纳税人欠缴税款，同时又被行政机关决定处以罚款、没收违法所得的，税收优先于罚款、没收违法所得。

纳税人有欠税情形而以其财产设定抵押、质押的，应当向抵押权人、质权人说明其欠税情况。抵押权人、质权人可以请求税务机关提供有关的欠税情况。税务机关应当对纳税人欠缴税款的情况定期予以公告。

九、欠税清缴

欠税是指纳税人、扣缴义务人超过征收法律法规规定或税务机关依照税收法律、法规规定的纳税期限，未缴或少缴税款的行为。为保证国家税款的及时、足额入库，《税收征管法》及其《实施细则》规定了欠税清缴制度。

（一）限期缴纳

从事生产、经营的纳税人、扣缴义务人未按照规定的期限缴纳或者解缴税款的，纳税担保人未按照规定的期限缴纳所担保的税款的，由税务机关发出限期缴纳税款通知书，责令缴纳或者解缴税款的最长期限不得超过15日。

（二）离境清税制度

欠缴税款的纳税人或者其法定代表人在出境前应当在出境前向税务机关结清应纳税款、滞纳金或者提供担保。未按照规定结清应纳税款、滞纳金或者提供纳税担保的，税务机关可以通知出入境管理机关阻止其出境。阻止出境的具体办法，由国家税务总局会同公安部制定。

（三）处置大额资产报告制度

欠缴税款数额较大（指欠缴税款5万元以上）的纳税人在处分其不动产或者大额

资产之前，应当向税务机关报告。

（四）合并分立清税制度

纳税人有合并、分立情形的，应当向税务机关报告，并依法缴清税款。纳税人合并时未缴清税款的，应当由合并后的纳税人继续履行未履行的纳税义务。纳税人分立时未缴清税款的，分立后的纳税人对未履行纳税义务应当承担连带责任。

（五）代位权和撤销权

代位权是指因债务人怠于行使其到期债权，对债权人造成损害的，债权人可以向人民法院请求以自己的名义代位行使债务人的债权，但该债权专属于债务人自身的除外。代位权的行使范围以债权人的债权为限。债权人行使代位权的必要费用，由债务人负担。

撤销权，又称废罢诉权，是指债权人在债务人与他人实施处分其财产或权利的行为危害债权的实现时，可请求法院予以撤销的权利。

欠缴税款的纳税人因怠于行使到期债权，或者放弃到期债权，或者无偿转让财产，或者以明显不合理的低价转让财产而受让人知道该情形，对国家税收造成损害的，税务机关可以依照合同法第 73 条、第 74 条的规定行使代位权、撤销权。

税务机关依法行使代位权、撤销权的，不免除欠缴税款的纳税人尚未履行的纳税义务和应承担的法律责任。

（六）欠税公告制度

规范税务机关的欠税公告行为，督促纳税人自觉缴纳欠税，防止新的欠税的发生，保证国家税款的及时足额入库，税务机关应当对纳税人欠缴税款的情况定期予以公告。

1. 公告机关

公告机关为县以上（含县）税务局。由县级以上各级税务机关应当将纳税人的欠税情况，在办税场所或者广播、电视、报纸、期刊、网络等新闻媒体上定期公告。对纳税人欠缴税款的情况实行定期公告的办法，由国家税务总局制定。

企业、单位纳税人欠缴税款 200 万元以下（不含 200 万元），个体工商户和其他个人欠缴税款 10 万元以下（不含 10 万元）的，由县级税务局（分局）在办税服务厅公告。

企业、单位纳税人欠缴税款 200 万元以上（含 200 万元），个体工商户和其他个人欠缴税款 10 万元以上（含 10 万元）的，由地（市）级税务局（分局）公告。

对走逃、失踪的纳税户以及其他经税务机关查无下落的纳税人欠税的，由各省、自治区、直辖市和计划单列市税务局公告。

公告机关在欠税公告前，应当深入细致地对纳税人欠税情况进行确认，重点要就欠税统计清单数据与纳税人分户台账记载数据、账簿记载书面数据与信息系统记录电子数据逐一进行核对，确保公告数据的真实、准确。

欠税一经确定，公告机关应当以正式文书的形式签发公告决定，向社会公告。

2. 公告欠税的范围

欠税是指纳税人超过税收法律、行政法规规定的期限或者纳税人超过税务机关依照税收法律、行政法规规定确定的纳税期限（以下简称税款缴纳期限）未缴纳的税款（但不包括滞纳金和罚款）。包括：

（1）办理纳税申报后，纳税人未在税款缴纳期限内缴纳的税款；

（2）经批准延期缴纳的税款期限已满，纳税人未在税款缴纳期限内缴纳的税款；

（3）税务检查已查定纳税人的应补税额，纳税人未在税款缴纳期限内缴纳的税款；

（4）税务机关核定纳税人的应纳税额，纳税人未在税款缴纳期限内缴纳的税款；

（5）纳税人的其他未在税款缴纳期限内缴纳的税款。

税务机关对前款规定的欠税数额应当及时核实。

欠税公告的数额实行欠税余额和新增欠税相结合的办法，对纳税人的以下欠税，税务机关可不公告：

（1）已宣告破产，经法定清算后，依法注销其法人资格的企业欠税；

（2）被责令撤销、关闭，经法定清算后，被依法注销或吊销其法人资格的企业欠税；

（3）已经连续停止生产经营1年（按日历日期计算）以上的企业欠税；

（4）失踪两年以上的纳税人的欠税。

公告决定应当列为税收征管资料档案，妥善保存。

3. 公告的内容

欠税公告内容如下：

（1）企业或单位欠税的，公告企业或单位的名称、纳税人识别号、法定代表人或负责人姓名、居民身份证或其他有效身份证件号码、经营地点、欠税税种、欠税余额和当期新发生的欠税金额；

（2）个体工商户欠税的，公告业户名称、业主姓名、纳税人识别号、居民身份证或其他有效身份证件号码、经营地点、欠税税种、欠税余额和当期新发生的欠税金额；

（3）个人（不含个体工商户）欠税的，公告其姓名、居民身份证或其他有效身份证件号码、欠税税种、欠税余额和当期新发生的欠税金额。

4. 公告频率

公告机关应当按期在办税场所或者广播、电视、报纸、期刊、网络等新闻媒体上公告纳税人的欠缴税款情况。

（1）企业或单位欠税的，每季公告一次；

（2）个体工商户和其他个人欠税的，每半年公告一次；

（3）走逃、失踪的纳税户以及其他经税务机关查无下落的非正常户欠税的，随时公告。

5. 注意事项

公告机关公告纳税人欠税情况不得超出规定的范围，并应依照规定对纳税人的有关情况进行保密。在欠税公告中，税务机关应注意保护纳税人的合法权益，要严格按照规定的范围和内容进行公告，不得公告与欠税无关的其他信息。

欠税发生后，除依照规定公告外，税务机关应当依法催缴并严格按日计算加收滞纳金，直至采取税收保全、税收强制执行措施清缴欠税。任何单位和个人不得以欠税公告代替税收保全、税收强制执行等法定措施的实施，干扰清缴欠税。各级公告机关应指定部门负责欠税公告工作，并明确其他有关职能部门的相关责任，加强欠税管理。

公告机关应公告不公告或者应上报不上报，给国家税款造成损失的，上级税务机关除责令其改正外，应按《国家公务员暂行条例》和《人事部关于国家公务员纪律惩戒有关问题的通知》规定，对直接责任人员予以处理。

扣缴义务人、纳税担保人的欠税公告参照执行。

十、税款的补缴和追征

税款的补缴和追征，是根据造成税款少缴、未缴的原因来区分的。补缴是因税务机关的责任造成的，追征是因纳税人、扣缴义务人的责任造成的。

（一）税款补缴

因税务机关的责任，致使纳税人、扣缴义务人未缴或者少缴税款的，税务机关在3年内可以要求纳税人、扣缴义务人补缴税款，但是不得加收滞纳金。

这里所称税务机关的责任，是指税务机关适用税收法律、行政法规不当或者执法行为违法。

（二）税款追征

因纳税人、扣缴义务人计算错误等失误，未缴或者少缴税款的，税务机关在3年内可以追征税款、滞纳金。有特殊情况（累计数额在10万元以上）的，追征期可以延长到5年。

所称纳税人、扣缴义务人计算错误等失误，是指非主观故意的计算公式运用错误以及明显的笔误。

对偷税、抗税、骗税的，税务机关追征其未缴或者少缴的税款、滞纳金或者所骗取的税款，不受上述规定期限的限制。

补缴和追征税款、滞纳金的期限，自纳税人、扣缴义务人应缴未缴或者少缴税款之日起计算。

第三节 延期纳税和减免税

一、延期纳税

纳税人、扣缴义务人按照法律、行政法规规定或者税务机关依照法律、行政法规的规定确定的期限，缴纳或者解缴税款。纳税人因有特殊困难，不能按期缴纳税款的，经省、自治区、直辖市国家税务局、地方税务局批准，可以延期缴纳税款，但是最长不得超过3个月。

(一) 延期纳税的适用范围

延期纳税仅适用于因有特殊困难而不能按照规定的期限缴纳税款的纳税人。所谓特殊困难，是指有下列情形之一导致短期资金困难的：

(1) 因不可抗力，导致纳税人发生较大损失，正常生产经营活动受到较大影响的；

(2) 当期货币资金在扣除应付职工工资、社会保险费后，不足以缴纳税款的。

(二) 延期纳税的程序

延期纳税的审批权限在省、自治区、直辖市国家税务局、地方税务局。计划单列市国家税务局、地方税务局可以参照税收征管法规定的批准权限，审批纳税人延期纳税。

纳税人需要延期缴纳税款的，应当在缴纳税款期限届满前提出申请，并报送下列材料：申请延期缴纳税款报告，当期货币资金余额情况及所有银行存款账户的对账单，资产负债表，应付职工工资和社会保险费等税务机关要求提供的支出预算。

税务机关应当自收到申请延期缴纳税款报告之日起20日内作出批准或者不予批准的决定；不予批准的，从缴纳税款期限届满之日起加收滞纳金。纳税人经批准延期缴纳税款的，在批准的期限内，不加收滞纳金；延期缴纳期满后未缴纳的，税务机关应当自批准的期限届满次日起，按日加收未缴税款万分之五的滞纳金，并发出催缴税款通知书，责令其在最长不超过15日内的限期内缴纳；逾期仍不缴纳的，依照税收征管第40条的规定，将应缴未缴的税款连同滞纳金一并强制执行。

二、减免税

(一) 减免税及其分类

减免税是指国家对特定纳税人或征税对象，给予减轻或者免除税收负担的一种税收优惠措施，包括税基式减免、税率式减免和税额式减免三类。不包括出口退税和财政部门办理的减免税。减税、免税是国家根据一定时期的政治、经济、社会政策的要求，对某些纳税人给予免除部分或全部税收负担的一种特殊措施。各级税务机关应当遵循依法、公开、公正、高效、便利的原则，规范减免税管理，及时受理和核准纳税人申请的减免税事项。

减免税分为核准类减免税和备案类减免税。

1. 核准类减免税

核准类减免税是指法律、法规规定应由税务机关核准的减免税项目。

纳税人享受核准类减免税，应当提交核准材料，提出申请，经依法具有批准权限的税务机关按规定核准确认后执行。未按规定申请或虽申请但未经有批准权限的税务机关核准确认的，纳税人不得享受减免税。

2. 备案类减免税

备案类减免税是指不需要税务机关核准的减免税项目。

纳税人享受备案类减免税，应当具备相应的减免税资质，并履行规定的备案手续。

纳税人依法可以享受减免税待遇，但是未享受而多缴税款的，纳税人可以在税收征管法规定的期限内申请减免税，要求退还多缴的税款。

纳税人实际经营情况不符合减免税规定条件的或者采用欺骗手段获取减免税的、享受减免税条件发生变化未及时向税务机关报告的，以及未按照规定履行相关程序自行减免税的，税务机关依照税收征管法有关规定予以处理。

（二）核准类减免税的申报和核准实施

1. 申报

纳税人申请核准类减免税的，应当在政策规定的减免税期限内，向税务机关提出书面申请，并按要求报送相应的材料。纳税人对报送材料的真实性和合法性承担责任。

税务机关对纳税人提出的减免税申请，应当根据以下情况分别作出处理：

（1）申请的减免税项目，依法不需要由税务机关核准后执行的，应当即时告知纳税人不受理；

（2）申请的减免税材料存在错误的，应当告知并允许纳税人更正；

（3）申请的减免税材料不齐全或者不符合法定形式的，应当场一次性书面告知纳税人；

（4）申请的减免税材料齐全、符合法定形式的，或者纳税人按照税务机关的要求提交全部补正减免税材料的，应当受理纳税人的申请。

税务机关受理或者不予受理减免税申请，应当出具加盖本机关专用印章和注明日期的书面凭证。

2. 核准

减免税的审核是对纳税人提供材料与减免税法定条件的相关性进行审核，不改变纳税人真实申报责任。

减免税申请符合法定条件、标准的，税务机关应当在规定的期限内作出准予减免税的书面决定。依法不予减免税的，应当说明理由，并告知纳税人享有依法申请行政复议以及提起行政诉讼的权利。

纳税人在减免税书面核准决定未下达之前应按规定进行纳税申报。纳税人在减免税书面核准决定下达之后，所享受的减免税应当进行申报。纳税人享受减免税的情形发生变化时，应当及时向税务机关报告，税务机关对纳税人的减免税资质进行重新审核。

（三）备案类减免税的申报和备案实施

1. 申报

备案类减免税的实施可以按照减轻纳税人负担、方便税收征管的原则，要求纳税人在首次享受减免税的申报阶段在纳税申报表中附列或附送材料进行备案，也可以要求纳税人在申报征期后的其他规定期限内提交报备资料进行备案。

纳税人随纳税申报表提交附送材料或报备材料进行备案的，应当在税务机关规定的减免税期限内，报送以下资料：

（1）列明减免税的项目、依据、范围、期限等；

（2）减免税依据的相关法律、法规规定要求报送的材料。

纳税人对报送材料的真实性和合法性承担责任。

税务机关对纳税人提请的减免税备案，应当根据以下情况分别作出处理：

（1）备案的减免税材料存在错误的，应当告知并允许纳税人更正；

（2）备案的减免税材料不齐全或者不符合法定形式的，应当场一次性书面告知纳税人；

（3）备案的减免税材料齐全、符合法定形式的，或者纳税人按照税务机关的要求提交全部补正减免税材料的，应当受理纳税人的备案。

税务机关受理或者不予受理减免税备案，应当出具加盖本机关专用印章和注明日期的书面凭证。

2. 备案

备案类减免税的审核是对纳税人提供资料完整性的审核，不改变纳税人真实申报责任。

税务机关对备案材料进行收集、录入，纳税人在符合减免税资质条件期间，备案材料一次性报备，在政策存续期可一直享受。

纳税人享受备案类减免税的，应当按规定进行纳税申报。纳税人享受减免税到期的，应当停止享受减免税，按照规定进行纳税申报。纳税人享受减免税的情形发生变化时，应当及时向税务机关报告。

（四）减免税的监督管理

（1）税务机关应当结合税收风险管理，将享受减免税的纳税人履行纳税义务情况纳入风险管理，加强监督检查，主要内容包括：

①纳税人是否符合减免税的资格条件，是否以隐瞒有关情况或者提供虚假材料等手段骗取减免税；

②纳税人享受核准类减免税的条件发生变化时，是否根据变化情况经税务机关重新审查后办理减免税；

③纳税人是否存在编造虚假计税依据骗取减免税的行为；

④减免税税款有规定用途的，纳税人是否按照规定用途使用减免税款；

⑤减免税有规定减免期限的，是否到期停止享受税收减免；

⑥是否存在纳税人应经而未经税务机关批准自行享受减免税的情况；

⑦已享受减免税是否按时申报。

（2）纳税人享受核准类或备案类减免税的，对符合政策规定条件的材料有留存备查的义务。纳税人在税务机关后续管理中不能提供相关印证材料的，不得继续享受税收减免，追缴已享受的减免税款，并依照税收征管法的有关规定处理。

税务机关在纳税人首次减免税备案或者变更减免税备案后，应及时开展后续管理工作，对纳税人减免税政策适用的准确性进行审核。对政策适用错误的告知纳税人变更备案，对不应当享受减免税的，追缴已享受的减免税款，并依照税收征管法的有关规定处理。

（3）税务机关应当将减免税核准和备案工作纳入岗位责任制考核体系中，建立税收行政执法责任追究制度。

①建立健全减免税跟踪反馈制度。各级税务机关应当定期对减免税核准和备案工作情况进行跟踪与反馈，适时完善减免税工作机制。

②建立减免税案卷评查制度。各级税务机关应当建立各类减免税资料案卷，妥善保管各类案卷资料，上级税务机关应定期对案卷资料进行评查。

③建立层级监督制度。上级税务机关应建立经常性的监督制度，加强对下级税务机关减免税管理工作的监督，包括是否按本办法规定的权限、条件、时限等实施减免税核准和备案工作。

（4）税务机关需要对纳税人提交的减免税材料内容进行实地核实的，应当指派 2 名以上工作人员按照规定程序进行实地核查，并将核查情况记录在案。上级税务机关对减免税实地核查工作量大、耗时长的，可委托企业所在地的区县税务机关具体组织实施。

因税务机关的责任批准或者核实错误，造成企业未缴或少缴税款，依照税收征管法的有关规定处理。

税务机关越权减免税的，除依照税收征管法规定撤销其擅自作出的决定外，补征应征未征税款，并由上级机关追究直接负责的主管人员和其他直接责任人员的行政责任；构成犯罪的，依法追究刑事责任。

（5）税务机关应对享受减免税企业的实际经营情况进行事后监督检查。检查中，发现有关专业技术或经济鉴证部门认定失误的，应及时与有关认定部门协调沟通，提请纠正后，及时取消有关纳税人的优惠资格，督促追究有关责任人的法律责任。有关部门非法提供证明，导致未缴、少缴税款的，依照税收征管法的有关规定处理。

三、多缴税款的退还

纳税人多缴的税款可以依法申请收回。

纳税人超过应纳税额缴纳的税款，税务机关发现后应当立即退还。

纳税人自结算缴纳税款之日起 3 年内发现的，可以向税务机关要求退还多缴的税款并加算银行同期存款利息，税务机关及时查实后应当立即退还；涉及从国库中退库的，依照法律、行政法规有关国库管理的规定退还。

若纳税人自结算缴款之日起 3 年后申请退还的，税务机关不予受理。

（一）关于利息的计算

加算银行同期存款利息的多缴税款退税，不包括依法预缴税款形成的结算退税、出口退税和各种减免退税。退税利息按照税务机关办理退税手续当天中国人民银行规定的活期存款利率计算。

（二）退税时间或办法

税务机关发现纳税人多缴税款的，应当自发现之日起 10 日内办理退还手续。

纳税人发现多缴税款，要求退还的，税务机关应当自接到纳税人退还申请之日起 30 日内查实并办理退还手续。当纳税人既有应退税款又有欠缴税款的，税务机关可以将应退税款和利息先抵扣欠缴税款；抵扣后有余额的，退还纳税人。

第四节　税款征纳的其他法律责任

一、纳税人、扣缴义务人的法律责任

（1）纳税人、扣缴义务人编造虚假计税依据的，由税务机关责令限期改正，并处5

万元以下的罚款。

（2）纳税人欠缴应纳税款，采取转移或者隐匿财产的手段，妨碍税务机关追缴欠缴的税款的，由税务机关追缴欠缴的税款、滞纳金，并处欠缴税款50%以上5倍以下的罚款；构成犯罪的，依法追究刑事责任。

（3）以假报出口或者其他欺骗手段，骗取国家出口退税款的，由税务机关追缴其骗取的退税款，并处骗取税款1倍以上5倍以下的罚款；构成犯罪的，依法追究刑事责任。

对骗取国家出口退税款的，税务机关可以在规定期间内停止为其办理出口退税。

（4）以暴力、威胁方法拒不缴纳税款的，是抗税，除由税务机关追缴其拒缴的税款、滞纳金外，依法追究刑事责任。情节轻微，未构成犯罪的，由税务机关追缴其拒缴的税款、滞纳金，并处拒缴税款1倍以上5倍以下的罚款。

（5）扣缴义务人应扣未扣、应收而不收税款的，由税务机关向纳税人追缴税款，对扣缴义务人处应扣未扣、应收未收税款50%以上3倍以下的罚款。

（6）纳税人、扣缴义务人逃避、拒绝或者以其他方式阻挠税务机关检查的，由税务机关责令改正，可以处1万元以下的罚款；情节严重的，处1万元以上5万元以下的罚款。

（7）从事生产、经营的纳税人、扣缴义务人有本法规定的税收违法行为，拒不接受税务机关处理的，税务机关可以收缴其发票或者停止向其发售发票。

（8）纳税人拒绝代扣、代收税款的，扣缴义务人应当向税务机关报告，由税务机关直接向纳税人追缴税款、滞纳金；纳税人拒不缴纳的，税务机关除依照规定采取强制执行措施追缴其不缴或者少缴的税款外，可以处不缴或者少缴的税款50%以上5倍以下的罚款。

二、税务机关及工作人员的法律责任

（1）纳税人、扣缴义务人有《税收征管法》规定的行为涉嫌犯罪的，税务机关应当依法移交司法机关追究刑事责任。税务人员徇私舞弊，对依法应当移交司法机关追究刑事责任的不移交，情节严重的，依法追究刑事责任。

（2）税务人员与纳税人、扣缴义务人勾结，唆使或者协助纳税人、扣缴义务人有违反《税收征管法》规定的行为，构成犯罪的，依法追究刑事责任；尚不构成犯罪的，依法给予行政处分。

（3）税务人员利用职务上的便利，收受或者索取纳税人、扣缴义务人财物或者谋取其他不正当利益，构成犯罪的，依法追究刑事责任；尚不构成犯罪的，依法给予行政处分。

（4）税务人员徇私舞弊或者玩忽职守，不征或者少征应征税款，致使国家税收遭受重大损失，构成犯罪的，依法追究刑事责任；尚不构成犯罪的，依法给予行政处分。

（5）税务人员滥用职权，故意刁难纳税人、扣缴义务人的，调离税收工作岗位，并依法给予行政处分。

（6）税务人员对控告、检举税收违法违纪行为的纳税人、扣缴义务人以及其他检举人进行打击报复的，依法给予行政处分；构成犯罪的，依法追究刑事责任。

（7）违反法律、行政法规的规定提前征收、延缓征收或者摊派税款的，由其上级机关或者行政监察机关责令改正，对直接负责的主管人员和其他直接责任人员依法给予行政处分。

（8）违反法律、行政法规的规定，擅自作出税收的开征、停征或者减税、免税、退税、补税以及其他同税收法律、行政法规相抵触的决定的，除依照本法规定撤销其擅自作出的决定外，补征应征未征税款，退还不应征收而征收的税款，并由上级机关追究直接负责的主管人员和其他直接责任人员的行政责任；构成犯罪的，依法追究刑事责任。

（9）税务人员私自扣押、查封的商品、货物或者其他财产，情节严重，构成犯罪的，依法追究刑事责任；尚不构成犯罪的，依法给予行政处分。

（10）税务人员在征收税款或者查处税收违法案件时，未按照本法规定进行回避的，对直接负责的主管人员和其他直接责任人员，依法给予行政处分。

（11）未按照规定为纳税人、扣缴义务人、检举人保密的，对直接负责的主管人员和其他直接责任人员，由所在单位或者有关单位依法给予行政处分。

（12）税务机关和司法机关的涉税罚没收入，应当按照税款入库预算级次上缴国库。税务机关违反规定擅自改变税收征收管理范围和税款入库预算级次的，责令限期改正，对直接负责的主管人员和其他直接责任人员依法给予降级或者撤职的行政处分。

三、银行及其他金融机构的法律责任

为纳税人、扣缴义务人非法提供银行账户、发票、证明或者其他方便，导致未缴、少缴税款或者骗取国家出口退税款的，税务机关除没收其违法所得外，可以处未缴、少缴或者骗取的税款1倍以下的罚款。

四、税务代理人的法律责任

税务代理人违反税收法律、行政法规，造成纳税人未缴或者少缴税款的，除由纳税人缴纳或者补缴应纳税款、滞纳金外，对税务代理人处纳税人未缴或者少缴税款50%以上3倍以下的罚款。

思考与练习

1. 简述税款征收的方式及其适用的情形。

2. 简述税务机关实行核定征收适用的情形。

3. 简述税收保全措施及其适用的条件。

4. 简述税收强制执行措施及其适用的条件。

5. 简述税款的补缴和追征。

6. 简述纳税人、扣缴义务人在税款征纳方面需承担的法律责任。

7. 案例题：艾某自2003年1月取得营业执照和税务登记证开始从事摩托车修理业务，委托天成会计师事务所进行监管和测算，会计师事务所认为摩托车修理业务流动性大，不易被税务机关监管，所以建议艾某不申报不纳税。2003年5月12日县国税局稽查局委托稽查干部组长张天和李彪对其1~3月纳税情况进行检查。二人出示了稽查证件。艾某认为李彪曾到修理部修理过摩托车并发生争执，其检查有打击报复之嫌。组长张天认为这不符合回避条件，拒绝艾某要求。二人调取了艾某的账簿回税务机关检查。经过检查，发现艾某1~3月共偷逃增值税10000元，城建税500元。5月18日，稽查局下达了《税务处理决定书》，责令艾某在15日内缴纳税款10500元，滞纳金和罚款10000元，艾某拒绝签收《限期缴纳税款通知书》，两位税务人员签字证明后，将通知书张贴在修理部墙上，并告知艾某视为留置送达。艾某担心强制执行，5月20日提出将银行存款50000元转移。而经国税局局长同意，税务机关通知银行冻结其15000元存款。但银行以存款不属于税收保全范围，并要求市级局长批准，因而拒绝冻结。5月25日经县稽查局局长批准，对艾某采取强制措施，查封修理部，收缴营业执照和税务登记证，责令停业整顿。6月25日，稽查局履行相关程序，拍卖修理部的部分财产抵缴税款。艾某不服，在2003年6月30日向县法院提出诉讼。

请指出本案中违反相关法律规定的行为及其相关方应承担的法律责任。

第六章

税务检查概述

第一节　税务检查

一、税务检查的概念

（一）税务检查的定义

税务检查是伴随着税收分配活动的产生而产生的。纳税人不照章纳税，国家就没有稳定的财政收入，国家履行各项职能就没有财力保证，国家的宏观经济目标就难以实现。从历史的发展过程看，税务检查是伴随税收的发展而发展的。在我国不同的历史发展时期，只要税收存在，税务检查则必然存在。

税务检查是税务机关依照国家有关税收法律、行政法规、规章和财务会计制度的规定，对纳税人、扣缴义务人履行纳税义务、代扣代缴义务及其他税法义务的情况进行检查和处理的全部活动。税务检查对于保障税收收入，维护税收秩序，确保纳税人、扣缴义务人依法纳税具有重要的作用。税务检查是税务部门进行税收征收管理、组织收入的一项重要手段，也是国家税收监督的重要组成部分，体现着国家对税收征收管理工作的监督职能。

（二）税务检查的组成要素

税务检查的要素包括检查主体、检查对象、检查依据和检查目标。

税务检查的执行主体是国家各级税务管理部门。税务检查是国家法律赋予税务机关的一项职权，是税收征管工作的一个重要环节，也是税务机关的一项日常基础性工作。税务机关作为经国家授权的执法机关，是税务检查的组织者，也是税务检查的实施者。

税务检查的对象是纳税人或扣缴义务人。纳税人和扣缴义务人是税收执法的相对人，依法纳税是每一个纳税人的法定义务，依法代扣代缴税款是每一个扣缴义务人的法定责任。税务检查就是对纳税人或扣缴义务人履行纳税义务或扣缴义务的情况进行监督，检查纳税人是否及时、足额缴纳了税款，检查扣缴义务人是否依法履行了扣缴手续，是否存在税收违法行为。

税务检查的基本依据是国家税收法律及其他经济法规。税务检查必须以国家税法和征收管理法为依据，往往是从检查纳税人的财务会计资料开始的，因此会计法律法规也是税务检查的主要依据。除此之外由于税务检查活动政策性强，涉及面广，相应的经济法律规定和刑法的有关规定，也是税务检查过程中必须遵循的法律依据。

税务检查的目标是保证国家税收收入能够按照税收法律的规定及时足额缴入国库。开展税务检查，其目的是保证国家税收政策、法规的正确贯彻执行，堵塞各种“跑冒滴漏”，保证国家财政收入的足额实现，满足财政支出的需要。税务检查的实施过程就是调整或警示纳税人的税务违规行为，保证税法在经济活动中的贯彻执行，保证国家税收收入的及时足额入库。

（三）税务检查的意义

1. 保证国家财政收入

税收是我国财政收入的主要来源，税收收入决定着国家财力的支付能力，但由于税收具有非特定补偿性，始终存在违法偷逃税款的现象，给国家财政造成了巨大损失。为了解决这个问题，国家在不断完善税收法律、提高纳税人纳税意识的同时，要组织有计划的税务检查，通过税务检查，税务机关可以详细掌握纳税人的财务状况和生产经营情况，准确分析纳税人的纳税行为，加强监督，最大限度地阻止偷逃税款现象的发生。

2. 保证发挥税收调节经济的作用

税收通过分配关系的作用产生对经济的调节作用，而税收的调节手段是由税收法律法规予以规定的。只有纳税人依法纳税，才能保证税收调节作用的实现、维护经济秩序，通过税务检查我们能够发现和纠正纳税人的违法行为，保证税收调节作用的充分发挥。

3. 保证发挥税收的监督作用

监督是税收的内在功能，但税收的监督功能只有通过国家依法征收、纳税人依法纳税才能得以实现，否则，税收的监督功能就是一句空话。税务检查能够加强税务机关和纳税人之间的联系，及时发现税收法律的不完善之处、税务机关工作的不足之处，全方位监督征纳双方的行为。

4. 有利于提高税务机关的税收管理水平

税务检查不仅能够发现纳税人偷逃税款的现象，还能找出纳税人偷逃税款的原因，发现税款征收管理过程中的薄弱环节，有利于税务机关及时总结经验教训、堵塞管理漏洞，提高征收管理水平。

二、税务检查和会计检查、税务稽查的区别

（一）税务检查和会计检查的区别

1. 检查主体不同

税务检查是政府的行政行为，检查的主体是依据法律规定具有行使税收检查权力的政府行政机关，其中主要是由各级税务机关代表国家向纳税人行使日常的检查权。被检查的纳税人有权根据法律规定的程序对税务机关在检查中的行政违法行为提起行政复议或诉讼。会计检查不是政府的专门行政行为，检查的主体也不仅仅是政府权力机关。如果不考虑国家审计部门对国有资产的专项审计，那么会计检查的主体主要是具有商业营业目的的会计师事务所。

2. 检查的依据不同

税务检查的根本依据是税收法律规定。会计法、财务管理法、其他经济法规也是税务检查的依据，但是当这些法规与税收法规产生冲突时，税法是唯一的检查依据。会计检查的依据主要是会计法及相关的财务制度，只有在特殊的检查目的下，其他经济法规才能成为会计检查的依据。

3. 检查的内容不同

税务检查的主要内容是纳税人的纳税行为。在实施检查的过程中，不仅财务会计资料是检查的主要内容，纳税人的工商行政管理部门签发的工商营业执照，以及其他与纳税有关的统计资料都是被检查的对象。会计检查的主要内容是与被检查主体会计核算有关的行为，包括被检查对象的会计核算资料、库存材料、在产品、产成品等资产。

4. 检查的关注点不同

税务检查的关注点在于防止纳税人为逃避纳税义务，减少应纳税额而多列支出，少计收入，因此检查的重点为是否将收入计入其他非收入科目，是否存在违规抵减的情况。会计检查的重点是防止被检查对象（特别是上市公司）为吸引潜在投资者而粉饰经营状况，虚增资产和收入，多计利润，少计成本费用，因此主要关注收入和利润的真实性。税务检查和会计检查相反的关注点，可以从两个方向发力，使纳税人的核算结果更加趋于真实可靠。

5. 检查的结果不同

税务检查的根本目的是通过检查纳税人的有关纳税资料确定纳税人的纳税行为是否合法。检查的最终结果是要求纳税人依法正确、及时、足额地缴纳税款。在税务检查过程中也会涉及纳税人的会计处理问题，但与会计检查的目的和角度不同。会计检查的目的是通过核实账簿，查清财产物资和被查对象的财务管理的情况，会计检查的一般目的是清产核资，其结果体现在会计资料是否符合真实性、完整性的要求，是否

遵循会计准则。

（二）税务检查和税务稽查的区别

1. 执法主体不同

税务检查的执法主体是税务机关，即各级税务局、税务分局、税务所和按照国务院规定设立的并向社会公告的税务机构。税务稽查的执法主体是省以下税务局的稽查局，是税务机关的一个分支部门。稽查局在所属税务局领导下开展税务稽查工作。税务稽查是税务检查的一种，是税务稽查机构的专项检查。

2. 执法对象不同

税务检查的对象主要是在税收征管活动中有特定义务或需要，或者在某一环节出现问题的纳税人或扣缴义务人税务检查既具有检查的性质，又具有调查和审查的性质，目的是加强征管。税务稽查主要负责偷税、逃避追缴欠税、骗税、抗税案件的查处，执法对象是偷逃税、骗税、抗税的纳税人，目的是查处税收违法案件。

3. 执法案源不同

税务检查的案件来源于税收征管过程中各个环节的检查，或者按照实际情况需要对特定纳税人的检查，例如，对停业歇业纳税人实施的检查。税务稽查是采用计算机选案分析系统进行筛选的案件，或者根据群众举报、有关部门转办、上级部门交办、情报资料交换确定的案件，发现有税收违法嫌疑的，则确定为待查对象。

4. 执法程序不同

税务检查可以根据实际征管的需要，随时进行检查，方式灵活，程序比较简单。

税务稽查专业性强，要求水平高，必须按照选案、检查、审理、执行四个环节进行，各环节实行严格的专业化分工，相互制约。

总的来说，税务检查涵盖了税务稽查，税务稽查是对特定案件的专项检查。税务检查与税务稽查既有区别又有联系，通过税务检查发现有偷、逃、骗、抗税嫌疑的及时交给稽查部门，为税务稽查提供案源；通过税务稽查，将发现的问题及时传送给征管部门，以便征管部门及时采取措施加强管理，提高征管质量。

第二节 税务检查的方法和工作程序

一、税务检查的基本内容

（一）税务检查的一般内容

检查纳税人税收法律规定的执行情况。税务检查的主要目的就是通过税务检查，了解纳税人的税法遵守情况，及时发现和纠正纳税人的违法行为，保证税法的严肃性，保证纳税人严格贯彻和执行税法，使税收能够及时足额入库，满足国家财政的需要，充分发挥税收对经济的调节作用，保证国家基本政策方针的实现，满足国家宏观管理的需要。

检查纳税人会计法及财务制度的落实情况。纳税人的纳税行为与其财务核算行为密切相关，纳税人对会计法和财务制度的落实情况影响其纳税的质量，因此税务检查必须检查纳税人对会计法和财务制度的落实情况。

检查纳税人的财务资料和与纳税有关的财产实物。纳税人的财务资料和财产实物是纳税人财务核算和纳税情况的直接体现，通过核实纳税人的财务资料和财产实物，确定其纳税情况的真实性和准确性。

（二）税务检查的具体内容

税务检查的具体内容是指税务检查部门对各税种的具体检查。我国目前开征的税种较多，不同的税种，其检查的内容和方法会有所不同。各税种检查的具体内容和调整方法将在后面的章节中专门论述。

二、税务检查的基本方法

税务检查的基本方法根据分类角度的不同分为全查法和抽查法，顺查法和逆查法，联系查法和侧面查法，以及指标对比法和数字控制法。

（一）全查法和抽查法

根据检查范围的不同，税务检查分为全查法和抽查法。

全查法是指税务机关对纳税人进行税务检查时，对其被检查期内的全部会计资料进行检查，进而发现有关纳税问题的一种方法。由于全查法检查的内容全面，因而，全查法的检查效果比较好。但是采用全查法进行税收检查需要投入较多的人力物力，税务检查的成本较高。全查法一般适用于检查财务制度不健全、纳税态度不端正、纳税行为不守法的纳税人。

抽查法是指税务机关对纳税人进行税务检查时，抽取其被检查期内的部分会计资料予以检查，进而发现有关纳税问题的一种方法。由于采用抽查法实施检查时，被检查的会计资料有限，因此，与其他方法相比，抽查法具有检查时间短、检查成本低的特点。抽查法适用于检查财务制度健全、守法纳税的纳税人。

（二）顺查法和逆查法

根据检查顺序的不同，税务检查分为顺查法和逆查法。

顺查法是指税务机关对纳税人进行税务检查时，顺着会计核算的程序检查会计资料，即先检查会计凭证，再检查会计账簿，最后检查会计报表的检查方法。采用顺查法检查纳税人的纳税资料可以从会计核算的起源上，根据会计核算的逻辑关系逐步缜密地发现问题，检查的效果好。但是这种方法的检查成本较高，一般适用于检查经营规模小、财务核算混乱的纳税人。

逆查法是指税务机关对纳税人进行税务检查时，逆着会计核算的程序检查会计资料，即先检查会计报表，再检查会计账簿，最后检查会计凭证的方法。采用逆查法检查纳税人的纳税资料，可以利用财务资料之间的钩稽关系，在较短的时间内发现问题。目前这种方法在实践中被广泛使用。

（三）联系查法和侧面查法

根据检查对象的不同，分为联系查法和侧面查法。

联系查法是指税务机关对纳税人进行税务检查时，以纳税人的财务会计资料为检查对象，利用财务资料之间的钩稽关系发现纳税人的有关纳税问题。

侧面查法是指税务机关在税务检查中，通过对纳税人财务资料以外的相关情况和资料进行检查分析，从而发现问题的一种方法。

（四）指标对比法和数字控制法

根据分析方式的不同，分为指标对比法和数字控制法。

指标对比法是指税务机关在税务检查中，通过对比纳税人不同历史时期相同经济指标的数字变化和不同纳税人相同经济指标的不同数字变化，分析判断纳税人的纳税行为的一种方法。采用指标对比法进行检查时必须注意以下问题：（1）分析指标数字的变化要剔除物价等不可比因素的影响；（2）分析指标数字的变化要与查账相结合；（3）不能把指标对比法作为唯一的检查方法使用。

数字控制法是指税务机关进行税务检查时，通过不同经济数据之间的相互控制关系分析判断纳税人纳税行为的一种方法。例如，根据纳税人的流动资产的质量分析企业的生产经营状况，根据纳税人的库存材料分析纳税人的产量，通过纳税人能源消耗量判断纳税人的实际生产量等。采用数字控制法分析纳税人的纳税行为时，同样要注意不可比因素对各类数字的影响。

三、税务检查的工作程序

（一）税务检查机关的工作程序

税务检查机关的工作程序包括选案、实施、审理、处理决定执行四个环节。这四个环节实行分工负责，形成相互合作、相互制约、彼此促进的运行机制，以保证准确有效地执行税法。

1. 检查选案

检查选案是税务检查的第一个环节。选案部门主要职能是在各种案源信息中确定检查对象，并向检查实施部门下达检查任务及跟踪税务检查情况。

2. 检查实施

检查实施是税务检查的第二个环节，也是核心环节。实施部门主要职能是按照税收法律、法规、规章及检查方案所确定的范围、种类、方式和内容等要求，采取科学有效的方法，有目标有步骤地依法进行税务检查。

3. 检查审理

检查审理是税务检查的第三个环节。审理部门主要职能是在实施部门查明案件事实的基础上，依法核准案件事实、审查辨别证据、分析认定案件性质并提出处理意见。

4. 处理决定执行

处理决定执行是检查工作的最后一道工序。执行部门主要职能是将发生法律效力的税务处理决定付诸实施，完成税务检查任务，使税法得以真正实施。

（二）税务检查人员进行税务检查时的工作程序

（1）一般情况下，在实施前发出《税务检查通知书》并附《税务文书送达回证》通知被查对象；在群众举报或税务机关有根据认为纳税人有税务违法行为，或者预先通知有碍检查的，可在书面通知的同时实施检查。

（2）实施税务检查时，检查人员应当2人以上并出示《中华人民共和国税务检查证》，同时送达《税务检查通知书》，填制文书送达回证，检查金融、军工、尖端科学等保密单位时，还应出示《税务检查专用证明》。

税务检查证的式样，由国家税务总局统一制定。税务检查证的式样为封皮套内芯，内芯为浅灰色税徽防伪底纹图案。稽查局专用的税务检查证封皮颜色为黑色；征收、管理部门专用的税务检查证封皮颜色为咖啡色。税务检查证的主要内容包括：持证人的姓名、照片、工作单位、检查范围、检查职责和发证机关、证号、税务检查证专用章、有效期限、发证时间。税务检查证由国家税务总局和省、自治区、直辖市、计划单列市税务局分别编号。税务检查证内芯主页应当盖有发证机关税务检查证专用章。税务检查证每五年统一更换一次。税务检查证只限于持证人本人使用，不得转借、转让、涂改或者损毁。持证人应当妥善保管税务检查证。税务检查证遗失或者损毁，持证人应当及时书面申请补发。税务检查证实行年度审验制度。持证人因工作变动不属于规定的税务检查证发放范围的，应当在工作变动前将税务检查证缴回检查证主管部门。

（3）实施税务检查时，需到被查单位开户银行查询被查对象存款账户时，检查人员应凭县以上税务局局长审批的《税务机关检查纳税人、扣缴义务人存款账户储蓄存款许可证明》，到银行支行级会计部门办理签字手续后办理有关手续。需查询税务违法案件涉嫌人员的储蓄存款须经市以上税务局局长批准。

（4）实施税务检查时采取询问方式的，必须有 2 名以上检查人员参加，检查人员询问当事人、证人和利害关系人，要事先向被询问人送达《询问通知书》，同时填制文书送达回证，询问过程中不得对当事人和证人引供、诱供或逼供。

询问调查时，应有专人记录，并制作《询问（调查）笔录》，并在询问前告知被询问人的权利与义务（有不回答问题的权利即沉默权和如实作证的义务），不如实提供情况、作伪证、假证应承担的法律责任。

询问调查时可根据实际情况责令当事人就有关涉税事宜填写《税务案件当事人自述材料》并由其在自述材料中签章、押印。调查询问结束后，《询问（调查）笔录》应交被询问人核对，被询问人没有阅读能力的，应当向被询问人宣读，核对无误后，由被询问人签章、押印，被询问人拒绝的，应当注明。如果笔录有差错、遗漏，允许被询问人更正或补充，核对无误后，再由被询问人在改动和补充处签章、押印。

（5）实施账务检查时，原则上应在被查对象的业务场所进行，也可以责成被查单位将账簿、记账凭证、报表和其他有关资料携带到税务机关接受检查。必要时可采取调账检查，由检查人员持局长审批的《调取账簿资料通知书》送达被查单位，填制文书送达回证，将被查对象的账簿、记账凭证、报表和有关资料调回稽查局检查。调取账簿资料时，必须向被查对象开具《调取账簿资料清单》。调取被查对象以前年度的涉税资料，应在 3 个月内退还。调取被查对象当年涉税资料的，须经市以上的税务局局长批准，并在 1 个月内退还。

（6）调查取证过程中，需要取得证据原件的可向当事人开具《提取证据专用收据》；不能取得原件的，可以复印、复制或照相，但必须注明原件的保存单位（个人）和出处，由原件保存单位和个人签注“此件由我单位（个人）提供，与原件核对无误”字样，并由其签字、押印。

要将空白发票调出查验时，使用局长审批的《调取空白发票收据》；确需对已使用的发票进行查验并作为重要证据材料使用时，凭局长审批的《发票换票证》办理相关手续。

（7）在检查从事生产、经营的纳税人以前纳税期的纳税情况的过程中，发现纳税人有逃避纳税义务行为，并有明显的转移、隐匿其应纳税商品、货物以及其他财产或者应纳税收入迹象的，稽查实施部门可根据有关情况，依法采取冻结存款、查封、扣押商品、货物或其他财产及阻止出境等税收保全措施。

（8）如被查对象存在拒绝检查人员检查、实施部门发出《限期提供资料通知书》后拒绝提供财务资料、实施部门发出《询问通知书》后拒绝接受询问情况的，经局长批准后，税务检查实施部门可要求公安机关协助检查。

第三节　税务检查的分析评估指标

一、纳税评估通用分析指标及使用方法

（一）通用指标及功能

1. 收入类评估分析指标及其计算公式和指标功能

主营业务收入变动率 =（本期主营业务收入 − 基期主营业务收入）÷ 基期主营业务收入 ×100%。

如主营业务收入变动率超出预警值范围，可能存在少计收入问题和多列成本等问题，运用其他指标进一步分析。

2. 成本类评估分析指标及其计算公式和功能

单位产成品原材料耗用率 = 本期投入原材料 ÷ 本期产成品成本 ×100%。

分析单位产品当期耗用原材料与当期产出的产成品成本比率，判断纳税人是否存在账外销售问题、是否错误使用存货计价方法、是否人为调整产成品成本或应纳所得额等问题。

主营业务成本变动率 =（本期主营业务成本 − 基期主营业务成本）÷ 基期主营业务成本 ×100%，其中：主营业务成本率 = 主营业务成本 ÷ 主营业务收入。

主营业务成本变动率超出预警值范围，可能存在销售未计收入、多列成本费用、扩大税前扣除范围等问题。

3. 费用类评估分析指标及其计算公式和指标功能

主营业务费用变动率 =（本期主营业务费用 − 基期主营业务费用）÷ 基期主营业务费用 ×100%，其中：主营业务费用率 =（主营业务费用 ÷ 主营业务收入）×100%。

与预警值相比，如相差较大，可能存在多列费用问题。

营业（管理、财务）费用变动率 = [本期营业（管理、财务）费用 − 基期营业（管理、财务）费用] ÷ 基期营业（管理、财务）费用 ×100%。

如果营业（管理、财务）费用变动率与前期相差较大，可能存在税前多列支营业（管理、财务）费用问题。

成本费用率 =（本期营业费用 + 本期管理费用 + 本期财务费用）÷ 本期主营业务成本 ×100%。

分析纳税人期间费用与销售成本之间关系，与预警值相比较，如相差较大，企业可能存在多列期间费用问题。

成本费用利润率 = 利润总额 ÷ 成本费用总额 × 100%，其中：成本费用总额 = 主营业务成本总额 + 费用总额。

与预警值比较，如果企业本期成本费用利润率异常，可能存在多列成本、费用等问题。

税前列支费用评估分析指标：工资扣除限额、“三费”（职工福利费、工会经费、职工教育经费）扣除限额、交际应酬费列支额（业务招待费扣除限额）、公益救济性捐赠扣除限额、开办费摊销额、技术开发费加计扣除额、广告费扣除限额、业务宣传费扣除限额、财产损失扣除限额、呆（坏）账损失扣除限额、总机构管理费扣除限额、社会保险费扣除限额、无形资产摊销额、递延资产摊销额等。

如果申报扣除（摊销）额超过允许扣除（摊销）标准，可能存在未按规定进行纳税调整，擅自扩大扣除（摊销）基数等问题。

4. 利润类评估分析指标及其计算公式和指标功能

主营业务利润变动率 =（本期主营业务利润 − 基期主营业务利润）÷ 基期主营业务利润 × 100%。

其他业务利润变动率 =（本期其他业务利润 − 基期其他业务利润）÷ 基期其他业务利润 × 100%。

上述指标若与预警值相比相差较大，可能存在多结转成本或不计、少计收入问题。

税前弥补亏损扣除限额。按税法规定审核分析允许弥补的亏损数额。如申报弥补亏损额大于税前弥补亏损扣除限额，可能存在未按规定申报税前弥补等问题。

营业外收支增减额。营业外收入增减额与基期相比减少较多，可能存在隐瞒营业外收入问题。营业外支出增减额与基期相比支出增加较多，可能存在将不符合规定支出列入营业外支出。

5. 资产类评估分析指标及其计算公式和指标功能

净资产收益率 = 净利润 ÷ 平均净资产 × 100%。

分析纳税人资产综合利用情况。如指标与预警值相差较大，可能存在隐瞒收入，或闲置未用资产计提折旧问题。

总资产周转率 =（利润总额 + 利息支出）÷ 平均总资产 × 100%。

存货周转率 = 主营业务成本 ÷［（期初存货成本 + 期末存货成本）÷ 2］× 100%。

分析总资产和存货周转情况，推测销售能力。如总资产周转率或存货周转率加快，而应纳税税额减少，可能存在隐瞒收入、虚增成本的问题。

应收（付）账款变动率 =［期末应收（付）账款 − 期初应收（付）账款］÷ 期初应收（付）账款 × 100%。

分析纳税人应收（付）账款增减变动情况，判断其销售实现和可能发生坏账情况。如应收（付）账款增长率增高，而销售收入减少，可能存在隐瞒收入、虚增成本的问题。

固定资产综合折旧率 = 基期固定资产折旧总额 ÷ 基期固定资产原值总额 × 100%。

固定资产综合折旧率高于与基期标准值，可能存在税前多列支固定资产折旧额问题。要求企业提供各类固定资产的折旧计算情况，分析固定资产综合折旧率变化的原因。

资产负债率 = 负债总额 ÷ 资产总额 × 100%，其中：负债总额 = 流动负债 + 长期负债，资产总额是扣除累计折旧后的净额。

分析纳税人经营活力，判断其偿债能力。如果资产负债率与预警值相差较大，则企业偿债能力有问题，要考虑由此对税收收入产生的影响。

（二）指标的配比分析

1. 主营业务收入变动率与主营业务利润变动率配比分析

正常情况下，二者基本同步增长。（1）当比值 <1，且相差较大，二者都为负时，可能存在企业多列成本费用、扩大税前扣除范围问题；（2）当比值 >1 且相差较大、二者都为正时，可能存在企业多列成本费用、扩大税前扣除范围等问题；（3）当比值为负数，且前者为正后者为负时，可能存在企业多列成本费用、扩大税前扣除范围等问题。

对产生疑点的纳税人可从以下三方面进行分析：结合“主营业务利润率”指标进行分析，了解企业历年主营业务利润率的变动情况；对“主营业务利润率”指标也异常的企业，应通过年度申报表及附表分析企业收入构成情况，以判断是否存在少计收入问题；结合《资产负债表》中“应付账款”“预收账款”和“其他应付款”等科目的期初、期末数进行分析，如出现“应付账款”和“其他应付账款”红字和“预收账款”期末大幅度增长等情况，应判断存在少计收入问题。

2. 主营业务收入变动率与主营业务成本变动率配比分析

正常情况下二者基本同步增长，比值接近 1。当比值 <1，且相差较大，二者都为负时，可能存在企业多列成本费用、扩大税前扣除范围等问题；当比值 >1 且相差较大，二者都为正时，可能存在企业多列成本费用、扩大税前扣除范围等问题；当比值为负数，且前者为正后者为负时，可能存在企业多列成本费用、扩大税前扣除范围等问题。

对产生本疑点的纳税人可以从以下三个方面进行分析：结合“主营业务收入变动率”指标，对企业主营业务收入情况进行分析，通过分析企业年度申报表及附表《营业收入表》，了解企业收入的构成情况，判断是否存在少计收入的情况；结合《资产负债表》中“应付账款”“预收账款”和“其他应付账款”等科目的期初、期末数额进行分析，如“应付账款”和“其他应付账款”出现红字和“预收账款”期末大幅度增长情况，应判断存在少计收入问题；结合主营业务成本率对年度申报表及附表进行分析，了解企业成本的结转情况，分析是否存在改变成本结转方法、少计存货（含产成品、在产品和材料）等问题。

3. 主营业务收入变动率与主营业务费用变动率配比分析

正常情况下，二者基本同步增长。当比值 <1 且相差较大，二者都为负时，可能存在企业多列成本费用、扩大税前扣除范围等问题；当比值 >1 且相差较大，二者都为正时，可能企业存在多列成本费用、扩大税前扣除范围等问题；当比值为负数，且前者为正后者为负时，可能存在企业多列成本费用、扩大税前扣除范围等问题。

对产生疑点的纳税人可从以下三个方面进行分析：结合《资产负债表》中“应付账款”“预收账款”和“其他应付账款”等科目的期初、期末数进行分析。如“应付账款”和“其他应付账款”出现红字和“预收账款”期末大幅度增长等情况，应判断存在少计收入问题；结合主营业务成本，通过年度申报表及附表分析企业成本的结转情况，以判断是否存在改变成本结转方法、少计存货（含产成品、在产品和材料）等问题；结合“主营业务费用率”“主营业务费用变动率”两项指标进行分析，与同行业的水平比较；通过《损益表》对营业费用、财务费用、管理费用的若干年度数据分析三项费用中增长较多的费用项目，对财务费用增长较多的，结合《资产负债表》中短期借款、长期借款的期初、期末数进行分析，以判断财务费用增长是否合理，是否存在基建贷款利息列入当期财务费用等问题。

4. 主营业务成本变动率与主营业务利润变动率配比分析

当两者比值大于1，都为正时，可能存在多列成本的问题；前者为正，后者为负时，视为异常，可能存在多列成本、扩大税前扣除范围等问题。

5. 资产利润率、总资产周转率、销售利润率配比分析

综合分析本期资产利润率与上年同期资产利润率，本期销售利润率与上年同期销售利润率，本期总资产周转率与上年同期总资产周转率。如本期总资产周转率 - 上年同期总资产周转率 >0，本期销售利润率 - 上年同期销售利润率 ≤0，而本期资产利润率 - 上年同期资产利润率 ≤0 时，说明本期的资产使用效率提高，但收益不足以抵补销售利润率下降造成的损失，可能存在隐匿销售收入、多列成本费用等问题。如本期总资产周转率 - 上年同期总资产周转率 ≤0，本期销售利润率 - 上年同期销售利润率 >0，而本期资产利润率 - 上年同期资产利润率 ≤0 时，说明资产使用效率降低，导致资产利润率降低，可能存在隐匿销售收入问题。

6. 存货变动率、资产利润率、总资产周转率配比分析

比较分析本期资产利润率与上年同期资产利润率，本期总资产周转率与上年同期总资产周转率。若本期存货增加不大，即存货变动率 ≤0，本期总资产周转率 - 上年同期总资产周转率 ≤0，可能存在隐匿销售收入问题。

二、纳税评估分税种特定分析指标及使用方法

（一）增值税评估分析指标及使用方法

1. 增值税税收负担率（以下简称税负率）

税负率 =（本期应纳税额 ÷ 本期应税主营业务收入）×100%。

计算分析纳税人税负率，与销售额变动率等指标配合使用，将销售额变动率和税负率与相应的正常峰值进行比较，销售额变动率高于正常峰值，税负率低于正常峰值的；销售额变动率低于正常峰值，税负率低于正常峰值的和销售额变动率及税负率均高于正常峰值的均可列入疑点范围。运用全国丢失、被盗增值税专用发票查询系统对纳税评估对象的抵扣联进行检查验证。

根据评估对象报送的增值税纳税申报表、资产负债表、损益表和其他有关纳税资料，进行毛益率测算分析、存货、负债、进项税额综合分析和销售额分析指标的分析，对其形成异常申报的原因作出进一步判断。

与预警值对比。销售额变动率高于正常峰值及税负率低于预警值或销售额变动率正常，而税负率低于预警值的，以进项税额为评估重点，查证有无扩大进项抵扣范围、骗抵进项税额、不按规定申报抵扣等问题，对应核实销项税额计算的正确性。

对销项税额的评估，应侧重查证有无账外经营、瞒报、迟报计税销售额、错用税率等问题。

2. 工（商）业增加值分析指标

（1）应纳税额与工（商）业增加值弹性分析。应纳税额与工（商）业增加值弹性系数 = 应纳税额增长率 ÷ 工（商）业增加值增长率。其中：

应纳税额增长率 =（本期应纳税额 − 基期应纳税额）÷ 基期应纳税额 ×100%；

工（商）业增加值增长率 = [本期工（商）业增加值 − 基期工（商）业增加值] ÷ 基期工（商）业增加值 ×100%。

应纳税额是指纳税人缴纳的增值税应纳税额；工（商）业增加值是指工资、利润、折旧、税金的合计。弹性系数小于预警值，则企业可能有少缴税金的问题。应通过其他相关纳税评估指标与评估方法，并结合纳税人生产经营的实际情况进一步分析，对其申报真实性进行评估。

（2）工（商）业增加值税负分析。工（商）业增加值税负差异率 = [本企业工（商）业增加值税负 ÷ 同行业工（商）业增加值税负] ×100%。其中：

本企业工（商）业增加值税负 = 本企业应纳税额 ÷ 本企业工（商）业增加值；

同行业工（商）业增加值税负 = 同行业应纳税额总额 ÷ 同行业工（商）业增加值。

应用该指标分析本企业工（商）业增加值税负与同行业工（商）业增加值税负的

差异，如低于同行业工（商）业增加值平均税负，则企业可能存在隐瞒收入、少缴税款等问题，结合其他相关评估指标和方法进一步分析，对其申报真实性进行评估。

3. 进项税金控制额

本期进项税金控制额 =（期末存货较期初增加额 + 本期销售成本 + 期末应付账款较期初减少额）× 主要外购货物的增值税税率 + 本期运费支出数 ×7%。

将增值税纳税申报表计算的本期进项税额，与纳税人财务会计报表计算的本期进项税额进行比较；与该纳税人历史同期的进项税额控制额进行纵向比较；与同行业、同等规模的纳税人本期进项税额控制额进行横向比较；与税收管理员掌握的本期进项税额实际情况进行比较，查找问题，对评估对象的申报真实性进行评估。

具体分析时，先计算本期进项税金控制额，以进项税金控制额与增值税申报表中的本期进项税额核对，若前者明显小于后者，则可能存在虚抵进项税额和未付款的购进货物提前申报抵扣进项税额的问题。

4. 投入产出评估分析指标

投入产出评估分析指标 = 当期原材料（燃料、动力等）投入量 ÷ 单位产品原材料（燃料、动力等）使用量。

单位产品原材料（燃料、动力等）使用量是指同地区、同行业单位产品原材料（燃料、动力等）使用量的平均值。对投入产出指标进行分析，测算出企业实际产量。根据测算的实际产量与实际库存进行对比，确定实际销量，从而进一步推算出企业销售收入，如测算的销售收入大于其申报的销售收入，则企业可能有隐瞒销售收入的问题。通过其他相关纳税评估指标与评估方法，并与税收管理员根据掌握税负变化的实际情况进行比较，对评估对象的申报真实性进行评估。

（二）企业所得税评估分析指标及使用方法

1. 分析指标

（1）所得税税收负担率（简称税负率）。税负率 = 应纳所得税额 ÷ 利润总额 ×100%。

与当地同行业同期和本企业基期所得税负担率相比，低于标准值可能存在不计或少计销售（营业）收入、多列成本费用、扩大税前扣除范围等问题，运用其他相关指标深入评估分析。

（2）主营业务利润税收负担率（简称利润税负率）。利润税负率 =（本期应纳税额 ÷ 本期主营业务利润）×100%。

上述指标设定预警值并与预警值对照，与当地同行业同期和本企业基期所得税负担率相比，如果低于预定值，企业可能存在销售未计收入、多列成本费用、扩大税前扣除范围等问题，应作进一步分析。

（3）应纳税所得额变动率。应纳税所得额变动率 =（评估期累计应纳税所得额 - 基期累计应纳税所得额）÷基期累计应纳税所得额×100%。

关注企业处于税收优惠期前后，该指标如果发生较大变化，可能存在少计收入、多列成本，人为调节利润问题；也可能存在费用配比不合理等问题。

（4）所得税贡献率。所得税贡献率=应纳所得税额÷主营业务收入×100%。

将当地同行业同期与本企业基期所得税贡献率相比，低于标准值视为异常，可能存在不计或少计销售（营业）收入、多列成本费用、扩大税前扣除范围等问题，应运用所得税变动率等相关指标作进一步评估分析。

（5）所得税贡献变动率。所得税贡献变动率=（评估期所得税贡献率－基期所得税贡献率）÷基期所得税贡献率×100%。

与企业基期指标和当地同行业同期指标相比，低于标准值可能存在不计或少计销售（营业）收入、多列成本费用、扩大税前扣除范围等问题。

运用其他相关指标深入详细评估，并结合上述指标评估结果，进一步分析企业销售（营业）收入、成本、费用的变化和异常情况及其原因。

（6）所得税负担变动率。所得税负担变动率=（评估期所得税负担率－基期所得税负担率）÷基期所得税负担率×100%。

与企业基期和当地同行业同期指标相比，低于标准值可能存在不计或少计销售（营业）收入、多列成本费用、扩大税前扣除范围等问题。

运用其他相关指标深入详细评估，并结合上述指标评估结果，进一步分析企业销售（营业）收入、成本、费用的变化和异常情况及其原因。

2. 评估分析指标的分类与综合运用

（1）企业所得税纳税评估指标的分类。对企业所得税进行评估时，为便于操作，可将通用指标中涉及所得税评估的指标进行分类并综合运用。

一类指标：主营业务收入变动率、所得税税收负担率、所得税贡献率、主营业务利润税收负担率。

二类指标：主营业务成本变动率、主营业务费用变动率、营业（管理、财务）费用变动率、主营业务利润变动率、成本费用率、成本费用利润率、所得税负担变动率、所得税贡献变动率、应纳税所得额变动率及通用指标中的收入、成本、费用、利润配比指标。

三类指标：存货周转率、固定资产综合折旧率、营业外收支增减额、税前弥补亏损扣除限额及税前列支费用评估指标。

（2）企业所得税评估指标的综合运用。各类指标出现异常，应对可能影响异常的收入、成本、费用、利润及各类资产的相关指标进行审核分析：

①一类指标出现异常，要运用二类指标中相关指标进行审核分析，并结合原材料、燃料、动力等情况进一步分析异常情况及其原因。

②二类指标出现异常，要运用三类指标中影响的相关项目和指标进行深入审核分

析，并结合原材料、燃料、动力等情况进一步分析异常情况及其原因。

③在运用上述三类指标的同时，对影响企业所得税的其他指标，也应进行审核分析。

3. 关联交易类配比分析

（1）关联销售变动率与销售收入变动率配比分析。重点分析关联销售商品金额占总销售商品金额比例较大的企业，如关联销售变动率小于销售收入变动率，则说明企业关联销售商品金额的变化没有带来相应的关联销售收入的变化，销售同样数量商品，关联销售收入小于非关联销售收入，可能存在关联交易定价低于非关联交易定价的问题，存在转让定价避税嫌疑。

（2）关联销售变动率与销售利润变动率配比分析。重点分析关联销售商品金额占总销售商品金额比例较大的企业，如关联销售变动率大于销售利润变动率，则说明企业关联销售商品金额的变化没有带来相应的销售利润的变化，销售同样数量商品，关联销售利润小于非关联销售利润，可能存在关联交易定价低于非关联交易定价的问题，存在转让定价避税嫌疑。

（3）关联采购变动率与销售成本变动率配比分析。重点分析关联购进原材料金额占总购进原材料金额比例较大的企业，如关联采购变动率大于销售成本变动率，则说明企业关联购进原材料金额的变化导致过大的关联销售成本的变化，采购同样数量原材料，关联采购成本大于非关联采购成本，可能存在关联交易定价高于非关联交易定价的问题，存在转让定价避税嫌疑。

（4）关联采购变动率与销售利润变动率配比分析。重点分析关联购进原材料金额占总购进原材料金额比例较大的企业，如关联采购变动率大于销售利润变动率，则说明企业关联购进原材料金额的变化导致过大的关联销售成本的变化，影响了销售利润，采购同样数量原材料，关联采购成本大于非关联采购成本，可能存在关联交易定价高于非关联交易定价的问题，存在转让定价避税嫌疑。

（5）无形资产关联购买变动率与销售利润变动率配比分析。重点分析存在无形资产关联交易的企业支付特许权使用费等，如无形资产关联购买变动率大于销售利润变动率，则说明企业购买的无形资产没有带来相应的收益增长，可能支付了过高的无形资产购买价格或通过购买无形资产的形式转移利润，存在转让定价避税嫌疑。

（三）印花税评估分析指标及使用方法

1. 印花税税负变动系数

印花税税负变动系数 = 本期印花税负担率 ÷ 上年同期印花税负担率。其中：印花税负担率 =（应纳税额 ÷ 计税收入）×100%。

本指标用于分析可比口径下印花税额占计税收入的比例及其变化情况。本期印花税负担率与上年同期对比，正常情况下二者的比值应接近1。当比值小于1，可能存在未足额申报印花税问题，进入下一工作环节处理（下同）。

2. 印花税同步增长系数

印花税同步增长系数＝应纳税额增长率÷主营业务收入增长率，其中：应纳税额增长率＝[（本期累计应纳税额－上年同期累计应纳税额）÷上年同期累计应纳税额]×100%。

主营业务收入增长率＝[（本期累计主营业务收入额－上年同期累计主营业务收入额）÷上年同期累计主营业务收入额]×100%。

本指标用于分析印花税应纳税额增长率与主营业务收入增长率，评估纳税人申报（贴花）纳税情况真实性。适用于工商、建筑安装等行业应纳税额增长率与主营业务收入增长率对比分析。正常情况下二者应基本同步增长，比值应接近1。当比值小于1，可能存在未足额申报印花税问题。分析中发现高于或低于预警值的，要借助其他指标深入分析并按照总局纳税评估管理办法规定处理。

3. 综合审核分析

（1）审核纳税申报表中本期各税目应纳税额与上期应纳税额、上年同期应纳税额相比有无重大差异，能否合理解释。

（2）是否连续零申报，能否合理解释。

（3）适用税目税率等是否正确；是否有错用税目以适用低税率；有无将按比例税率和按定额税率计征的凭证相互混淆；有无将载有多项不同性质经济业务的经济合同误用税目税率，应税合同计税依据是否正确。

（4）申报单位所属行业所对应的应税凭证是否申报纳税（如工商企业的购销合同是否申报）。

（5）参考同行业的合同签订情况以及其他影响印花税纳税的情况进行调查，评估纳税人印花税的纳税状况。

（6）对于签订时无法确定金额的应税凭证，在最终结算实际金额时是否按规定补贴了印花。

（7）审核《增值税纳税申报表》中申报项目是否有租赁、建筑安装、货物运输、销售不动产、转让无形资产等应税收入，是否申报缴纳了印花税。

（8）实行印花税汇总缴纳的纳税人，其“利润表”中的“主营业务收入”与申报的“购销合同”计税金额或“加工承揽合同”的计税金额是否合理，有无异常现象，能否合理解释。

（9）根据“利润表”中“财务费用”以及“资产负债表”中的“短期借款”和“长期借款”项目的变动情况，确定申报“借款合同”的计税金额是否合理。

（10）“资产负债表”中“实收资本”项目和“资本公积”项本期数与上期数相比是否增加，增加数是否申报缴纳印花税。

（11）“管理费用”等科目中体现的保险支出与已申报情况进行对比是否有出入。

（12）审核《资产负债表》中的“固定资产”科目中“不动产”项目增加或减少情况，据此检查纳税人书立领受的“产权转移书据”是否缴纳了印花税。

（13）审核《资产负债表》中的“在建工程”科目是否有建筑、设备安装等项目，“委托加工物资”科目是否发生委托加工业务，是否申报缴纳了印花税。

（14）审核其他业务收入和营业外收入项目是否有应税收入。

（15）审核有无查补收入。

（16）其他需要审核、分析的内容。

（四）资源税评估分析指标及使用方法

1. 资源税税负变动系数

分析纳税人申报缴纳的资源税占应税产品销售收入的比例及其变化情况，评估纳税人申报的真实性。

资源税税负变动系数 = 本期资源税税收负担率 ÷ 上年同期资源税税收负担率，其中：资源税税收负担率 = [应纳税额 ÷ 主营业务收入(产品销售收入)] ×100%。

本指标是本期资源税负担率与上年同期资源税负担率的对比分析。一般在产品售价相对稳定的情况下二者的比值应接近1。

当比值小于1，可能存在未足额申报资源税问题，进入下一工作环节处理。当比值大于1，无问题。

2. 资源税同步增长系数

分析资源税应纳税额增长率与主营业务收入（产品销售收入）增长率，评估纳税人申报情况的真实性。

资源税同步增长系数 = 应纳税额增长率 ÷ 主营业务收入（产品销售收入）增长率。

应纳税额增长率 = [（本期累计应纳税额 - 上年同期累计应纳税额）÷ 上年同期累计应纳税额] ×100%。

主营业务收入（产品销售收入）增长率 = {[本期累计主营业务收入（产品销售收入）- 上年同期累计主营业务收入（产品销售收入）] ÷ 上年同期累计主营业务收入（产品销售收入)} ×100%。

本指标是应纳税额增长率与主营业务收入（产品销售收入）增长率的对比分析。正常情况下二者应基本同步增长（在产品销售单价没有较大波动的情况下），比值应接近1。当比值小于1，可能存在未足额申报资源税问题。分析中发现高于或低于预警率指标的要借助其他指标深入分析并按照总局纳税评估管理办法规定处理。

3. 综合审核分析

（1）审核《资源税纳税申报表》中项目、数字填写是否完整，适用税目、单位税额、应纳税额及各项数字计算是否准确。

（2）审核《资源税纳税申报表》《代扣代缴代收代缴税款报告表》中申报项目是

否有收购未税矿产品。

（3）是否连续零申报，能否合理解释。

（4）是否以矿产品的原矿作为课税数量，折算比率是否合理。

（5）纳税人自产自用的产品是否纳税。

（6）纳税人开采或者生产不同税目的产品，是否分别核算纳税，未分别核算的，是否有从低选择税率的问题。

（7）纳税人本期各税目、税额与上期应纳税额、上年同期应纳税额相比有无较大差异，能否合理解释。

（8）减税、免税项目的课税数量是否单独核算，未单独核算或者不能准确提供课税数量的，是否按规定申报缴纳了资源税。

（9）与上期申报表进行比对，审核增减变化情况，并与同期矿产资源补偿费增减变化进行比对。

（10）审核扣缴义务人取得的《资源税管理证明》。

（11）审核《利润表》中的应税矿产品“销售（营业）收入”与企业产品产销存明细表中应税矿产品产量比率增减变化情况，同时与申报表中资源税申报额进行比对，审核增减变化情况。

（12）审核纳税人申报的课税数量与其利润表中的“主营业务收入”或者“其他业务收入”的比率是否合理，以期发现纳税人有无少申报课税数量的情况。

（13）是否有将销售收入直接计入“营业外收入”“盈余公积”等账户。

（14）是否有将已实现的销售收入挂“应付账款”账户，不结转销售收入。

（15）审核应税产品期初库存量加当期产量减当期销量减当期自用量是否与期末库存量一致。

（16）其他需要审核、分析的内容。

第四节　税务稽查

税务检查包括税务稽查，税务稽查是税务检查的一种。税务稽查专业性强，要求水平高，为规范税务稽查，国家税务总局制定了《税务稽查工作规程》，对税务稽查的程序作了严格规定。

一、税务稽查的基本任务和实施主体

税务稽查的基本任务，是依法查处税收违法行为，保障税收收入，维护税收秩序，促进依法纳税。

税务稽查由税务局稽查局依法实施。稽查局依法对纳税人、扣缴义务人和其他涉税当事人履行纳税义务、扣缴义务情况及涉税事项进行检查处理，以及围绕检查处理开展的其他相关工作。稽查局在所属税务局领导下开展税务稽查工作。上级稽查局对下级稽查局的稽查业务进行管理、指导、考核和监督，对执法办案进行指挥和协调。同时，税务稽查局离不开人民群众和有关部门、单位的联系和配合。

稽查局查处税收违法案件时，实行选案、检查、审理、执行分工制约原则。稽查局设立选案、检查、审理、执行部门，分别实施选案、检查、审理、执行工作。

税务稽查人员应当依法为纳税人、扣缴义务人的商业秘密、个人隐私保密。纳税人、扣缴义务人的税收违法行为不属于保密范围。

税务稽查人员有《税收征管法细则》规定回避情形的，应当回避。被查对象要求税务稽查人员回避的，或者税务稽查人员自己提出回避的，由稽查局局长依法决定是否回避。稽查局局长发现税务稽查人员有规定回避情形的，应当要求其回避。稽查局局长的回避，由所属税务局领导依法审查决定

二、对税务稽查人员的要求

税务稽查人员应当遵守工作纪律，恪守职业道德，不得有下列行为：

（1）违反法定程序、超越权限行使职权；

（2）利用职权为自己或者他人谋取利益；

（3）玩忽职守，不履行法定义务；

（4）泄露国家秘密、工作秘密，向被查对象通风报信、泄露案情；

（5）弄虚作假，故意夸大或者隐瞒案情；

（6）接受被查对象的请客送礼；

（7）未经批准私自会见被查对象；

（8）其他违法乱纪行为。

税务稽查人员在执法办案中滥用职权、玩忽职守、徇私舞弊的，依照有关规定严肃处理；涉嫌犯罪的，依法移送司法机关处理。

三、管辖范围的设定

稽查局应当在所属税务局的征收管理范围内实施税务稽查，税务稽查管辖有争议的，由争议各方本着有利于案件查处的原则逐级协商解决；不能协商一致的，报请共同的上级税务机关协调或者决定。

省、自治区、直辖市和计划单列市税务局稽查局可以充分利用税源管理和税收违法情况分析成果，结合本地实际，按照以下标准在管辖区域范围内实施分级分类稽查：

（1）纳税人生产经营规模、纳税规模；

（2）分地区、分行业、分税种的税负水平；

（3）税收违法行为发生频度及轻重程度；

（4）税收违法案件复杂程度；

（5）纳税人产权状况、组织体系构成；

（6）其他合理的分类标准。

分级分类稽查应当结合税收违法案件查处、税收专项检查、税收专项整治等相关工作统筹确定。

上级稽查局可以根据税收违法案件性质、复杂程度、查处难度以及社会影响等情况，组织查处或者直接查处管辖区域内发生的税收违法案件。下级稽查局查处有困难的重大税收违法案件，可以报请上级稽查局查处。

四、税务稽查的工作程序

税务稽查的工作程序包括选案、检查、审理、执行、案卷管理五个环节。

（一）选案

1. 案源信息的获取

稽查局应当通过多种渠道获取案源信息，集体研究，合理、准确地选择和确定稽查对象。选案部门负责稽查对象的选取，并对税收违法案件查处情况进行跟踪管理。

稽查局必须有计划地实施稽查，严格控制对纳税人、扣缴义务人的税务检查次数。稽查局应当在年度终了前制订下一年度的稽查工作计划，经所属税务局领导批准后实施，并报上一级稽查局备案。年度稽查工作计划中的税收专项检查内容，应当根据上级税务机关税收专项检查安排，结合工作实际确定。经所属税务局领导批准，年度稽查工作计划可以适当调整。

选案部门应当建立案源信息档案，对所获取的案源信息实行分类管理。案源信息主要包括：

（1）财务指标、税收征管资料、稽查资料、情报交换和协查线索；

（2）上级税务机关交办的税收违法案件；

（3）上级税务机关安排的税收专项检查；

（4）税务局相关部门移交的税收违法信息；

（5）检举的涉税违法信息；

（6）其他部门和单位转来的涉税违法信息；

（7）社会公共信息；

（8）其他相关信息。

国家税务总局和各级税务局在稽查局设立税收违法案件举报中心，负责受理单位和个人对税收违法行为的检举。对单位和个人实名检举税收违法行为并经查实，为国家挽回税收损失的，根据其贡献大小，依照国家税务总局有关规定给予相应奖励。

2. 案源信息的筛选和处理

税收违法案件举报中心应当对检举信息进行分析筛选，区分不同情形，经稽查局局长批准后分别处理：

（1）线索清楚，涉嫌偷税、逃避追缴欠税、骗税、虚开发票、制售假发票或者其他严重税收违法行为的，由选案部门列入案源信息；

（2）检举内容不详，无明确线索或者内容重复的，暂存待办；

（3）属于税务局其他部门工作职责范围的，转交相关部门处理；

（4）不属于自己受理范围的检举，将检举材料转送有处理权的单位。

选案部门对案源信息采取计算机分析、人工分析、人机结合分析等方法进行筛选，发现有税收违法嫌疑的，应当确定为待查对象。待查对象确定后，选案部门填制《税务稽查立案审批表》，附有关资料，经稽查局局长批准后立案检查。

税务局相关部门移交的税收违法信息，稽查局经筛选未立案检查的，应当及时告知移交信息的部门；移交信息的部门仍然认为需要立案检查的，经所属税务局领导批准后，由稽查局立案检查。对上级税务机关指定和税收专项检查安排的检查对象，应当立案检查。

经批准立案检查的，由选案部门制作《税务稽查任务通知书》，连同有关资料一并移交检查部门。

选案部门应当建立案件管理台账，跟踪案件查处进展情况，并及时报告稽查局局长。

（二）检查

检查部门接到《税务稽查任务通知书》后，应当及时安排人员实施检查。

1. 检查前的准备工作

检查人员实施检查前，应当查阅被查对象纳税档案，了解被查对象的生产经营情况、所属行业特点、财务会计制度、财务会计处理办法和会计核算软件，熟悉相关税收政策，确定相应的检查方法。

检查前，应当告知被查对象检查时间、需要准备的资料等，但预先通知有碍检查的除外。

2. 检查的人员和时间要求

检查应当由两名以上检查人员共同实施，并向被查对象出示税务检查证和《税务检查通知书》。

检查应当自实施检查之日起60日内完成；确需延长检查时间的，应当经稽查局局长批准。

3. 检查的实施

实施检查时，依照法定权限和程序，可以采取实地检查、调取账簿资料、询问、查询存款账户或者储蓄存款、异地协查等方法。

对采用电子信息系统进行管理和核算的被查对象，可以要求其打开该电子信息系统，或者提供与原始电子数据、电子信息系统技术资料一致的复制件。被查对象拒不打开或者拒不提供的，经稽查局局长批准，可以采用适当的技术手段对该电子信息系统进行直接检查，或者提取、复制电子数据进行检查，但所采用的技术手段不得破坏该电子信息系统原始电子数据，或者影响该电子信息系统正常运行。

实施检查时，应当依照法定权限和程序，收集能够证明案件事实的证据材料。收集的证据材料应当真实，并与所证明的事项相关联。

调查取证时，不得违反法定程序搜集证据材料；不得以偷拍、偷录、窃听等手段获取侵害他人合法权益的证据材料；不得以利诱、欺诈、胁迫、暴力等不正当手段获取证据材料。

调取账簿、记账凭证、报表和其他有关资料时，应当向被查对象出具《调取账簿资料通知书》，并填写《调取账簿资料清单》交其核对后签章确认。

调取纳税人、扣缴义务人以前会计年度的账簿、记账凭证、报表和其他有关资料的，应当经所属税务局局长批准，并在3个月内完整退还；调取纳税人、扣缴义务人当年的账簿、记账凭证、报表和其他有关资料的，应当经所属设区的市、自治州以上税务局局长批准，并在30日内退还。

需要提取证据材料原件的，应当向当事人出具《提取证据专用收据》，由当事人核对后签章确认。对需要归还的证据材料原件，检查结束后应当及时归还，并履行相关签收手续。需要将已开具的发票调出查验时，应当向被查验的单位或者个人开具《发票换票证》；需要将空白发票调出查验时，应当向被查验的单位或者个人开具《调验空白发票收据》，经查无问题的，应当及时退还。

提取证据材料复制件的，应当由原件保存单位或者个人在复制件上注明“与原件核对无误，原件存于我处”，并由提供人签章。

询问应当由两名以上检查人员实施。除在被查对象生产、经营场所询问外，应当向被询问人送达《询问通知书》。询问时应当告知被询问人如实回答问题。询问笔录应当交被询问人核对或者向其宣读；询问笔录有修改的，应当由被询问人在改动处捺指印；核对无误后，由被询问人在尾页结束处写明“以上笔录我看过（或者向我宣读过），与我说的相符”，并逐页签章、捺指印。被询问人拒绝在询问笔录上签章、捺指印的，检查人员应当在笔录上注明。

当事人、证人可以采取书面或者口头方式陈述或者提供证言。当事人、证人口头陈述或者提供证言的，检查人员可以笔录、录音、录像。笔录应当使用能够长期保持字迹的书写工具书写，也可使用计算机记录并打印，陈述或者证言应当由陈述人或者证人逐页签章、捺指印。

当事人、证人口头提出变更陈述或者证言的，检查人员应当就变更部分重新制作笔录，注明原因，由当事人、证人逐页签章、捺指印。当事人、证人变更书面陈述或者证言的，不退回原件。

制作录音、录像等视听资料的，应当注明制作方法、制作时间、制作人和证明对象等内容。

调取视听资料时，应当调取有关资料的原始载体；难以调取原始载体的，可以调取复制件，但应当说明复制方法、人员、时间和原件存放处等事项。

对声音资料，应当附有该声音内容的文字记录；对图像资料，应当附有必要的文字说明。

以电子数据的内容证明案件事实的，应当要求当事人将电子数据打印成纸质资料，在纸质资料上注明数据出处、打印场所，注明“与电子数据核对无误”，并由当事人签章。

需要以有形载体形式固定电子数据的，应当与提供电子数据的个人、单位的法定代表人或者财务负责人一起将电子数据复制到存储介质上并封存，同时在封存包装物上注明制作方法、制作时间、制作人、文件格式及长度等，注明“与原始载体记载的电子数据核对无误”，并由电子数据提供人签章。

检查人员实地调查取证时，可以制作现场笔录、勘验笔录，对实地检查情况予以记录或者说明。制作现场笔录、勘验笔录，应当载明时间、地点和事件等内容，并由检查人员签名和当事人签章。当事人拒绝在现场笔录、勘验笔录上签章的，检查人员应当在笔录上注明原因；如有其他人员在场，可以由其签章证明。

需要异地调查取证的，可以发函委托相关稽查局调查取证；必要时可以派人参与受托地稽查局的调查取证。受托地稽查局应当根据协查请求，依照法定权限和程序调查；对取得的证据材料，应当连同相关文书一并作为协查案卷立卷存档；同时根据委托地稽查局协查函委托的事项，将相关证据材料及文书复制，注明“与原件核对无误”，注明原件存放处，并加盖本单位印章后一并移交委托地稽查局。

需要取得境外资料的，稽查局可以提请国际税收管理部门依照税收协定情报交换程序获取，或者通过我国驻外机构收集有关信息。

查询从事生产、经营的纳税人、扣缴义务人存款账户的，应当经所属税务局局长批准，凭《检查存款账户许可证明》向相关银行或者其他金融机构查询。

查询案件涉嫌人员储蓄存款的，应当经所属设区的市、自治州以上税务局局长批准，凭《检查存款账户许可证明》向相关银行或者其他金融机构查询。

检查从事生产、经营的纳税人以前纳税期的纳税情况时，发现纳税人有逃避纳税义务行为，并有明显的转移、隐匿其应纳税的商品、货物以及其他财产或者应纳税收入迹象的，经所属税务局局长批准，可以依法采取税收保全措施。

稽查局采取税收保全措施时，应当向纳税人送达《税收保全措施决定书》，告知其采取税收保全措施的内容、理由及依据，并依法告知其申请行政复议和提起行政诉讼的权利。

采取冻结纳税人在开户银行或者其他金融机构的存款措施时，应当向纳税人开户银行或者其他金融机构送达《冻结存款通知书》，冻结其相当于应纳税款的存款。

采取查封商品、货物或者其他财产措施时，应当填写《查封商品、货物或者其他财产清单》，由纳税人核对后签章；采取扣押纳税人商品、货物或者其他财产措施时，应当出具《扣押商品、货物或者其他财产专用收据》，由纳税人核对后签章。

采取查封、扣押有产权证件的动产或者不动产措施时，应当依法向有关单位送达《税务协助执行通知书》，通知其在查封、扣押期间不再办理该动产或者不动产的过户手续。

有下列情形之一的，稽查局应当依法及时解除税收保全措施：

（1）纳税人已按履行期限缴纳税款的；

（2）税收保全措施被复议机关决定撤销的；

（3）税收保全措施被人民法院裁决撤销的；

（4）其他法定应当解除税收保全措施的。

解除税收保全措施时，应当向纳税人送达《解除税收保全措施通知书》，告知其解除税收保全措施的时间、内容和依据，并通知其在限定时间内办理解除税收保全措施的有关事宜：

（1）采取冻结存款措施的，应当向冻结存款的纳税人开户银行或者其他金融机构送达《解除冻结存款通知书》，解除冻结。

（2）采取查封商品、货物或者其他财产措施的，应当解除查封并收回《查封商品、货物或者其他财产清单》。

（3）采取扣押商品、货物或者其他财产的，应当予以返还并收回《扣押商品、货物或者其他财产专用收据》。

税收保全措施涉及协助执行单位的，应当向协助执行单位送达《税务协助执行通知书》，通知解除税收保全措施相关事项。

采取税收保全措施的期限一般不得超过 6 个月；查处重大税收违法案件中，有下列情形之一，需要延长税收保全期限的，应当逐级报请国家税务总局批准：

（1）案情复杂，在税收保全期限内确实难以查明案件事实的；

（2）被查对象转移、隐匿、销毁账簿、记账凭证或者其他证据材料的；

（3）被查对象拒不提供相关情况或者以其他方式拒绝、阻挠检查的；

（4）解除税收保全措施可能使纳税人转移、隐匿、损毁或者违法处置财产，从而导致税款无法追缴的。

被查对象有下列情形之一的，依照《税收征管法》和《税收征管法细则》有关逃避、拒绝或者以其他方式阻挠税务检查的规定处理：

（1）提供虚假资料，不如实反映情况，或者拒绝提供有关资料的；

（2）拒绝或者阻止检查人员记录、录音、录像、照相、复制与税收违法案件有关资料的；

（3）在检查期间转移、隐匿、损毁、丢弃有关资料的；

（4）其他不依法接受税务检查行为的。

检查过程中，检查人员应当制作《税务稽查工作底稿》，记录案件事实，归集相关证据材料，并签字、注明日期。

检查结束前，检查人员可以将发现的税收违法事实和依据告知被查对象；必要时，可以向被查对象发出《税务事项通知书》，要求其在限期内书面说明，并提供有关资料；被查对象口头说明的，检查人员应当制作笔录，由当事人签章。

4. 制作《税务稽查报告》

检查结束时，应当根据《税务稽查工作底稿》及有关资料，制作《税务稽查报告》，由检查部门负责人审核。经检查发现有税收违法事实的，《税务稽查报告》应当包括以下主要内容：

（1）案件来源；

（2）被查对象基本情况；

（3）检查时间和检查所属期间；

（4）检查方式、方法以及检查过程中采取的措施；

（5）查明的税收违法事实及性质、手段；

（6）被查对象是否有拒绝、阻挠检查的情形；

（7）被查对象对调查事实的意见；

（8）税务处理、处罚建议及依据；

（9）其他应当说明的事项；

（10）检查人员签名和报告时间。

经检查没有发现税收违法事实的，应当在《税务稽查报告》中说明检查内容、过程、事实情况。

检查完毕，检查部门应当将《税务稽查报告》《税务稽查工作底稿》及相关证据材料，在5个工作日内移交审理部门审理，并办理交接手续。

5. 检查的中止和终结

有下列情形之一，致使检查暂时无法进行的，检查部门可以填制《税收违法案件中止检查审批表》，附相关证据材料，经稽查局局长批准后，中止检查：

（1）当事人被有关机关依法限制人身自由的；

（2）账簿、记账凭证及有关资料被其他国家机关依法调取且尚未归还的；

（3）法律、行政法规或者国家税务总局规定的其他可以中止检查的。

中止检查的情形消失后，应当及时填制《税收违法案件解除中止检查审批表》，经稽查局局长批准后，恢复检查。

有下列情形之一，致使检查确实无法进行的，检查部门可以填制《税收违法案件终结检查审批表》，附相关证据材料，移交审理部门审核，经稽查局局长批准后，终结检查：

（1）被查对象死亡或者被依法宣告死亡或者依法注销，且无财产可抵缴税款或者无法定税收义务承担主体的；

（2）被查对象税收违法行为均已超过法定追究期限的；

（3）法律、行政法规或者国家税务总局规定的其他可以终结检查的。

（三）审理

审理部门接到检查部门移交的《税务稽查报告》及有关资料后，应当及时安排人员进行审理。

1. 受理审核《税务稽查报告》

审理人员应当依据法律、行政法规、规章及其他规范性文件，对检查部门移交的《税务稽查报告》及相关材料进行逐项审核，提出书面审理意见，由审理部门负责人审核。

案情复杂的，稽查局应当集体审理；案情重大的，稽查局应当依照国家税务总局有关规定报请所属税务局集体审理。

对《税务稽查报告》及有关资料，审理人员应当着重审核以下内容：

（1）被查对象是否准确；

（2）税收违法事实是否清楚、证据是否充分、数据是否准确、资料是否齐全；

（3）适用法律、行政法规、规章及其他规范性文件是否适当，定性是否正确；

（4）是否符合法定程序；

（5）是否超越或者滥用职权；

（6）税务处理、处罚建议是否适当；

（7）其他应当审核确认的事项或者问题。

2. 补充调查

有下列情形之一的，审理部门可以将《税务稽查报告》及有关资料退回检查部门补正或者补充调查：

（1）被查对象认定错误的；

（2）税收违法事实不清、证据不足的；

（3）不符合法定程序的；

（4）税务文书不规范、不完整的；

（5）其他需要退回补正或者补充调查的。

3. 提出处理意见

《税务稽查报告》认定的税收违法事实清楚、证据充分，但适用法律、行政法规、规章及其他规范性文件错误，或者提出的税务处理、处罚建议错误或者不当的，审理部门应当另行提出税务处理、处罚意见。

审理部门接到检查部门移交的《税务稽查报告》及有关资料后，应当在15日内提出审理意见。但下列时间不计算在内：

（1）检查人员补充调查的时间；

（2）向上级机关请示或者向相关部门征询政策问题的时间。

案情复杂确需延长审理时限的，经稽查局局长批准，可以适当延长。

拟对被查对象或者其他涉税当事人作出税务行政处罚的，向其送达《税务行政处罚事项告知书》，告知其依法享有陈述、申辩及要求听证的权利。《税务行政处罚事项告知书》应当包括以下内容：

（1）认定的税收违法事实和性质；

（2）适用的法律、行政法规、规章及其他规范性文件；

（3）拟作出的税务行政处罚；

（4）当事人依法享有的权利；

（5）告知书的文号、制作日期、税务机关名称及印章；

（6）其他相关事项。

对被查对象或者其他涉税当事人的陈述、申辩意见，审理人员应当认真对待，提出判断意见。对当事人口头陈述、申辩意见，审理人员应当制作《陈述申辩笔录》，如实记录，由陈述人、申辩人签章。

被查对象或者其他涉税当事人要求听证的，应当依法组织听证。听证主持人由审理人员担任。听证依照国家税务总局有关规定执行。

4. 制作《税务稽查审理报告》

审理完毕，审理人员应当制作《税务稽查审理报告》，由审理部门负责人审核。《税务稽查审理报告》应当包括以下主要内容：

（1）审理基本情况；

（2）检查人员查明的事实及相关证据；

（3）被查对象或者其他涉税当事人的陈述、申辩情况；

（4）经审理认定的事实及相关证据；

（5）税务处理、处罚意见及依据；

（6）审理人员、审理日期。

审理部门区分下列情形分别作出处理：

（1）认为有税收违法行为，应当进行税务处理的，拟制《税务处理决定书》；

（2）认为有税收违法行为，应当进行税务行政处罚的，拟制《税务行政处罚决定书》；

（3）认为税收违法行为轻微，依法可以不予税务行政处罚的，拟制《不予税务行政处罚决定书》；

（4）认为没有税收违法行为的，拟制《税务稽查结论》。

《税务处理决定书》《税务行政处罚决定书》《不予税务行政处罚决定书》《税务稽查结论》引用的法律、行政法规、规章及其他规范性文件，应当注明文件全称、文号和有关条款。

《税务处理决定书》《税务行政处罚决定书》《不予税务行政处罚决定书》《税务稽查结论》经稽查局局长或者所属税务局领导批准后由执行部门送达执行。

《税务处理决定书》应当包括以下主要内容：

（1）被查对象姓名或者名称及地址；

（2）检查范围和内容；

（3）税收违法事实及所属期间；

（4）处理决定及依据；

（5）税款金额、缴纳期限及地点；

（6）税款滞纳时间、滞纳金计算方法、缴纳期限及地点；

（7）告知被查对象不按期履行处理决定应当承担的责任；

（8）申请行政复议或者提起行政诉讼的途径和期限；

（9）处理决定的文号、制作日期、税务机关名称及印章。

《税务行政处罚决定书》应当包括以下主要内容：

（1）被查对象或者其他涉税当事人姓名或者名称及地址；

（2）检查范围和内容；

（3）税收违法事实及所属期间；

（4）行政处罚种类和依据；

（5）行政处罚履行方式、期限和地点；

（6）告知当事人不按期履行行政处罚决定应当承担的责任；

（7）申请行政复议或者提起行政诉讼的途径和期限；

（8）行政处罚决定的文号、制作日期、税务机关名称及印章。

《不予税务行政处罚决定书》应当包括以下主要内容：

（1）被查对象或者其他涉税当事人姓名或者名称及地址；

（2）检查范围和内容；

（3）税收违法事实及所属期间；

（4）不予税务行政处罚的理由及依据；

（5）申请行政复议或者提起行政诉讼的途径和期限；

(6) 不予行政处罚决定的文号、制作日期、税务机关名称及印章。

《税务稽查结论》应当包括以下主要内容：

(1) 被查对象姓名或者名称及地址；

(2) 检查范围和内容；

(3) 检查时间和检查所属期间；

(4) 检查结论；

(5) 结论的文号、制作日期、税务机关名称及印章。

税收违法行为涉嫌犯罪的，填制《涉嫌犯罪案件移送书》，经所属税务局局长批准后，依法移送公安机关，并附送以下资料：

(1)《涉嫌犯罪案件情况的调查报告》；

(2)《税务处理决定书》《税务行政处罚决定书》的复制件；

(3) 涉嫌犯罪的主要证据材料复制件；

(4) 补缴应纳税款、缴纳滞纳金、已受行政处罚情况明细表及凭据复制件。

(四) 执行

1. 送达税务文书

执行部门接到《税务处理决定书》《税务行政处罚决定书》《不予税务行政处罚决定书》《税务稽查结论》等税务文书后，应当依法及时将税务文书送达被执行人。

执行部门在送达相关税务文书时，应当及时通过税收征管信息系统将税收违法案件查处情况通报税源管理部门。

2. 对不履行纳税义务的被检查人采取税收强制执行措施

被执行人未按照《税务处理决定书》确定的期限缴纳或者解缴税款的，稽查局经所属税务局局长批准，可以依法采取强制执行措施，或者依法申请人民法院强制执行。

经稽查局确认的纳税担保人未按照确定的期限缴纳所担保的税款、滞纳金的，责令其限期缴纳；逾期仍未缴纳的，经所属税务局局长批准，可以依法采取强制执行措施。

被执行人对《税务行政处罚决定书》确定的行政处罚事项，逾期不申请行政复议也不向人民法院起诉、又不履行的，稽查局经所属税务局局长批准，可以依法采取强制执行措施，或者依法申请人民法院强制执行。

稽查局对被执行人采取强制执行措施时，应当向被执行人送达《税收强制执行决定书》，告知其采取强制执行措施的内容、理由及依据，并告知其依法申请行政复议或者提出行政诉讼的权利。

稽查局采取从被执行人开户银行或者其他金融机构的存款中扣缴税款、滞纳金、罚款措施时，应当向被执行人开户银行或者其他金融机构送达《扣缴税收款项通知书》，依法扣缴税款、滞纳金、罚款，并及时将有关完税凭证送交被执行人。

拍卖、变卖被执行人商品、货物或者其他财产，以拍卖、变卖所得抵缴税款、滞纳金、罚款的，在拍卖、变卖前应当依法进行查封、扣押。稽查局拍卖、变卖被执行人商品、货物或者其他财产前，应当拟制《拍卖/变卖抵税财物决定书》，经所属税务局局长批准后送达被执行人，予以拍卖或者变卖。

拍卖或者变卖实现后，应当在结算并收取价款后3个工作日内，办理税款、滞纳金、罚款的入库手续，并拟制《拍卖/变卖结果通知书》，附《拍卖/变卖扣押、查封的商品、货物或者其他财产清单》，经稽查局局长审核后，送达被执行人。

以拍卖或者变卖所得抵缴税款、滞纳金、罚款和拍卖、变卖费用后，尚有剩余的财产或者无法进行拍卖、变卖的财产的，应当拟制《返还商品、货物或者其他财产通知书》，附《返还商品、货物或者其他财产清单》，送达被执行人，并自办理税款、滞纳金、罚款入库手续之日起3个工作日内退还被执行人。

3. 制作《税务稽查执行报告》

被执行人在限期内缴清税款、滞纳金、罚款或者稽查局依法采取强制执行措施追缴税款、滞纳金、罚款后，执行部门应当制作《税务稽查执行报告》，记明执行过程、结果、采取的执行措施以及使用的税务文书等内容，由执行人员签名并注明日期，连同执行环节的其他税务文书、资料一并移交审理部门整理归档。

4. 移送、中止和终结

执行过程中发现涉嫌犯罪的，执行部门应当及时将执行情况通知审理部门，并提出向公安机关移送的建议。对执行部门的移送建议，审理部门填制《涉嫌犯罪案件移送书》，经所属税务局局长批准后，依法移送公安机关。

执行过程中发现有下列情形之一的，由执行部门填制《税收违法案件中止执行审批表》，附有关证据材料，经稽查局局长批准后，中止执行：

（1）被执行人死亡或者被依法宣告死亡，尚未确定可执行财产的；

（2）被执行人进入破产清算程序尚未终结的；

（3）可执行财产被司法机关或者其他国家机关依法查封、扣押、冻结，致使执行暂时无法进行的；

（4）法律、行政法规和国家税务总局规定其他可以中止执行的。

中止执行情形消失后，应当及时填制《税收违法案件解除中止执行审批表》，经稽查局局长批准后，恢复执行。

被执行人确实没有财产抵缴税款或者依照破产清算程序确实无法清缴税款，或者有其他法定终结执行情形的，稽查局可以填制《税收违法案件终结执行审批表》，依照国家税务总局规定权限和程序，经税务局相关部门审核并报所属税务局局长批准后，终结执行。

（五）案卷管理

《税务处理决定书》《税务行政处罚决定书》《不予行政处罚决定书》《税务稽查

结论》执行完毕，或者依照有关终结的规定终结检查或者终结执行的，审理部门应当在60日内收集稽查各环节与案件有关的全部资料，整理成税务稽查案卷，归档保管。

1. 案卷资料的整理和排列

税务稽查案卷应当按照被查对象分别立卷，统一编号，做到一案一卷、目录清晰、资料齐全、分类规范、装订整齐。

税务稽查案卷分别立为正卷和副卷。正卷主要列入各类证据材料、税务文书等可以对外公开的稽查材料；副卷主要列入检举及奖励材料、案件讨论记录、法定秘密材料等不宜对外公开的稽查材料。如无不宜公开的内容，可以不立副卷。副卷作为密卷管理。

税务稽查案卷材料应当按照以下规则组合排列：

（1）案卷内材料原则上按照实际稽查程序依次排列；

（2）证据材料可以按照材料所反映的问题等特征分类，每类证据主要证据材料排列在前，旁证材料排列在后；

（3）其他材料按照材料形成的时间顺序，并结合材料的重要程度进行排列。

税务稽查案卷内每份或者每组材料的排列规则是：正件在前，附件在后；重要材料在前，其他材料在后；汇总性材料在前，基础性材料在后。

2. 案卷资料的保管期限

税务稽查案卷按照以下情况确定保管期限：

（1）偷税、逃避追缴欠税、骗税、抗税案件，以及涉嫌犯罪案件，案卷保管期限为永久；

（2）一般行政处罚的税收违法案件，案卷保管期限为30年；

（3）前两项规定以外的其他税收违法案件，案卷保管期限为10年。

税务稽查案卷应当在立卷次年6月30日前移交所属税务局档案管理部门保管；稽查局与所属税务局异址办公的，可以适当延迟移交，但延迟时间最多不超过2年。

3. 案卷资料的使用

查阅或者借阅税务稽查案卷，应当按照档案管理规定办理手续。

税务机关人员需要查阅或者借阅税务稽查案卷的，应当经稽查局局长批准；税务机关以外人员需要查阅的，应当经稽查局所属税务局领导批准。查阅税务稽查案卷应当在档案室进行。借阅税务稽查案卷，应当按照规定的时限完整归还。

未经稽查局局长或者所属税务局领导批准，查阅或者借阅税务稽查案卷的单位和个人，不得摘抄、复制案卷内容和材料。

第五节　税务检查权限和相关要求

一、税务检查权限

税务机关应当在所属税务局的征收管理范围内实施税务检查。税务机关只有在对被查当事人或案件具有管辖权时才能实施检查，不能超越管辖范围实施检查。

税务检查权限是指法律法规赋予税务机关实施税务监督检查的权力及限制。税务检查的实施，要在《税收征管法》规定的职权范围内进行。依据《税收征管法》关于税务检查等法律法规的规定，税务机关在实施税务检查时享有下列权利：

（1）查账权：税务机关有权检查纳税人的账簿、记账凭证、报表和有关资料，检查扣缴义务人代扣代缴、代收代缴税款账簿、记账凭证和有关资料。税务查账是税务检查实施时普遍采用的一种方法。它不仅包括各种纸质账簿资料的检查，也包括对于被查对象与纳税有关的电子信息的检查。税务机关行使查账权时，可以在纳税人、扣缴义务人的业务场所进行。

（2）场地检查权：税务机关有权到纳税人的生产、经营场所和货物存放地，检查纳税人应纳税的商品、货物或者其他财产，检查扣缴义务人与代扣代缴、代收代缴税款有关的经营情况。

（3）责成提供资料权：税务机关有权责成纳税人、扣缴义务人提供与纳税或者代扣代缴、代收代缴税款有关的文件、证明材料和有关资料。由于检查工作需要调取账簿、记账凭证、报表和其他有关资料时，应当向被查对象出具《调取账簿资料通知书》，并填写《调取账簿资料清单》交其核对后签章确认。

（4）询问权：询问权是指税务机关在税务稽查实施过程中，向纳税人、扣缴义务人或有关当事人询问与纳税或者代扣代缴、代收代缴税款有关的问题和情况的权力。

（5）查证权：税务机关有权到车站、码头、机场、邮政企业及其分支机构检查纳税人托运、邮寄应纳税商品、货物或者其他财产的有关单据、凭证和有关资料。

（6）存款账户核查权：是指税务机关对纳税人、扣缴义务人在银行或者其他金融机构的存款账户进行检查的权力。经县以上税务局（分局）局长批准，凭全国统一格式的检查存款账户许可证明，查询从事生产、经营的纳税人、扣缴义务人在银行或者其他金融机构的存款账户。税务机关在调查税收违法案件时，经设区的市、自治州以上税务局（分局）局长批准，可以查询案件涉嫌人员的储蓄存款。

（7）调查取证权：税务机关在税务稽查实施时，可以依法采用记录、录音、录像、照相和复制等方法，调取与案件有关的情况和资料。

（8）税收保全措施和税收强制执行措施：税收保全措施权是指税务机关对可能由于纳税人的行为或者某种客观原因，致使以后税款的征收不能保证或难以保证而采取的限制纳税人处理或转移商品、货物或其他财产措施的权力。

（9）行政处罚权：《税收征管法》规定了对于特定违法案件，税务机关有相应的行政处罚权。例如，当纳税人、扣缴义务人逃避、拒绝或者以其他方式阻挠税务机关检查的，由税务机关责令改正，可以处 1 万元以下的罚款；情节严重的，处 1 万元以上 5 万元以下的罚款。

二、对检查相对人的基本要求

纳税人、扣缴义务人必须接受税务机关依法进行的税务检查，如实反映情况，提供有关资料，不得拒绝、隐瞒。

税务机关依照税收征管法的规定，到车站、码头、机场、邮政企业及其分支机构检查纳税人有关情况时，有关单位拒绝的，由税务机关责令改正，可以处 1 万元以下的罚款；情节严重的，处 1 万元以上 5 万元以下的罚款。

纳税人、扣缴义务人有下列情形之一的，由税务机关责令改正，可以处 1 万元以下的罚款；情节严重的，处 1 万元以上 5 万元以下的罚款：

（1）提供虚假资料，不如实反映情况，或者拒绝提供有关资料的；

（2）拒绝或者阻止税务机关记录、录音、录像、照相和复制与案件有关的情况和资料的；

（3）在检查期间，纳税人、扣缴义务人转移、隐匿、销毁有关资料的；

（4）有不依法接受税务检查的其他情形的。

税务机关依法进行税务检查时，有权向有关单位和个人调查纳税人、扣缴义务人和其他当事人与纳税或者代扣代缴、代收代缴税款有关的情况，有关单位和个人有义务向税务机关如实提供有关资料及证明材料。

税务机关调查税务违法案件时，对与案件有关的情况和资料，可以记录、录音、录像、照相和复制。

纳税人、扣缴义务人对税务机关的检查结果产生异议时，在依照法律的规定解缴税款、滞纳金、罚金后，有权依照法律程序并在既定的法律时效内，提起税务行政复议或行政诉讼。

三、对税务机关的基本要求

税务人员进行税务检查时，应当出示税务检查证和税务检查通知书；无税务检查证和税务检查通知书的，纳税人、扣缴义务人及其他当事人有权拒绝检查。

税务机关行使税务检查职权时，可以在纳税人、扣缴义务人的业务场所进行；必要时，经县以上税务局（分局）局长批准，可以将纳税人、扣缴义务人以前会计年度的账簿、记账凭证、报表和其他有关资料调回税务机关检查，但是税务机关必须向纳税人、扣缴义务人开付清单，并在3个月内完整退还；有特殊情况的，经设区的市、自治州以上税务局局长批准，税务机关可以将纳税人、扣缴义务人当年的账簿、记账凭证、报表和其他有关资料调回检查，但是税务机关必须在30日内退还。

四、税务检查方面的法律责任

纳税人、扣缴义务人逃避、拒绝或者以其他方式阻挠税务机关检查（包括提供虚假资料，不如实反映情况，或者拒绝提供有关资料的；拒绝或者阻止税务机关记录、录音、录像、照相和复制与案件有关的情况和资料的；在检查期间，纳税人、扣缴义务人转移、隐匿、销毁有关资料的；有不依法接受税务检查的其他情形）的，由税务机关责令改正，可以处1万元以下的罚款；情节严重的，处1万元以上5万元以下的罚款。

思考与练习

1. 简述税务检查与会计检查的区别。
2. 简述税务检查与税务稽查的区别。
3. 简述税务检查的方法。
4. 简述税务检查的分析指标。
5. 简述税务稽查的工作程序。
6. 简述税务机关在实施税务检查时享有的权利。
7. 案例题：××省×广告有限公司，成立于2003年7月18日，注册资金50万元，主要从事设计、制作、代理国内各类广告。企业所得税属于国税局征收。

根据该局的《纳税评估数据信息采集表》显示，该公司2017年账面广告收入393791元，广告发布费393791元，2017年成本为393794元，增值税为零申报；2018年广告收入710225.64元，广告发布费703253元，2018年主营业务成本为703253元，增值税缴纳348.63元。该公司共10人，有4名人员从2016年工作至今，而2017～2018年账簿上竟没体现工资。同时了解到该公司主要业务是承揽某报社的专栏广告，有固定的版面，固定的客户群体，固定的收费标准，同时报社规定此专栏是不允许空版。该公司的客户主要是饭店、洗浴、娱乐场所等个体经济。试分析本案中的纳税疑点。

第七章

会计资料的检查方法

第一节 会计凭证的检查

一、会计凭证的种类及用途

会计凭证包括原始凭证和记账凭证。

原始凭证是纳税人进行财务会计核算的第一凭证，对纳税人的纳税行为起决定作用，是在经济业务发生或完成时取得或填制的，用以记录或证明经济业务的发生或完成情况的文字凭据。它不仅能用来记录经济业务发生或完成情况，还可以明确经济责任，是进行会计核算工作的原始资料和重要依据，是会计资料中最具有法律效力的一种文件。

记账凭证是会计人员根据审核无误的原始凭证按照经济业务事项的内容加以分类，并据以确定会计分录后所填制的会计凭证。它是登记账簿的直接依据。记账凭证分为收款凭证、付款凭证和转账凭证。为了便于会计核算工作，实践中纳税人经常普遍使用的记账凭证是通用记账凭证。通用记账凭证可以广泛地应用于所有的会计核算事件中，是税务检查的必查对象。

二、原始凭证的检查

原始凭证是在经济业务发生时取得或填制的，是用来记录和证明经济业务发生或完成情况的原始证据，按其取得的不同来源又分为外来原始凭证（如进货发票、进账单、汇款回单、运费收据等）和自制原始凭证（如销货发票副联、实物收据、支票存根、收料单、领料单等）两种。从原始凭证的基本内容来看，任何原始凭证都应具有凭证的名称、填制凭证的日期、接受凭证的单位、经济业务的内容、财产物资的数量及其金额、填制单位和填制人员的签名盖章等，外来原始凭证还应有其他单位的发票专用章或财务章。因此，原始凭证的检查分析主要包括：

（1）凭证的名称和格式是否符合要求，有无用白纸条单据代替正式凭证的情况；

（2）凭证的经济内容是否真实，指标是否完整，计量单位、单价和数量及金额是否正确，有无伪造、涂改和弄虚作假等现象；

（3）凭证手续是否完备，各项内容是否已全部逐项填入，有无经手、验收、批准和填制单位的签章；

（4）凭证编号是否顺序相连，有无重号、漏号现象；是否有将单据副本替代正本重复列支及发货票存根联空白等情况；

（5）凭证所记录的经济业务是否与纳税人的生产、经营有关或已超出纳税人的生产经营范围，是否符合国家的政策、法令和规章制度的规定。

我国税收管理采用的是以票管税的技术路径，因此在对原始凭证的检查中，主要是对发票的检查。重点检查：发票的真实性，甄别发票，确定发票内容和发票填开单位的真实性，剔除伪造发票；核实检查发票的合法性，检查发票填列是否合法有效，以及检查使用区域有效性以及自制原始凭证的使用情况。

当前查验增值税发票最快捷有效的办法是通过国家税务总局全国增值税发票查验平台（https：//inv－veri. chinatax. gov. cn/），可查验最近1年内增值税发票管理新系统开具的发票，包括：

（1）增值税专用发票；

（2）增值税普通发票（含电子普通发票、卷式发票）；

（3）机动车销售统一发票；

（4）货物运输业增值税专用发票。

当日开具的发票最快可以次日进行查验。

查验结果有三种情况：

（1）纳税人输入的发票校验信息与税务机关电子信息一致，则显示相关的发票详细信息（如发票已被开具方作废，则在查验结果中显示“作废”标识）。

（2）纳税人输入的发票校验信息与税务机关电子信息至少有一项不一致，则显示查验不一致的结果信息。

（3）纳税人输入的发票校验信息无法在税务机关的电子信息中查到，则显示查无此票的结果信息。

实施税务检查时，在检查纳税人的账簿等会计资料的同时，还要检查纳税人的发票管理和结存情况。避免使用非经营性结算发票入经营结算账和跨地区使用发票。

检查纳税人的发票管理和结存情况，可以根据纳税人的发票领购手册，查点纳税人结存的发票数量和编号，如果纳税人结存发票的编号不连续、结存发票与已经入账的发票不衔接都说明纳税人的发票管理、结存乃至于使用都存在严重问题。检察机关可以根据具体情况，采取相应办法进一步深入检查，直至查清问题。

纳税人自制的原始凭证品种不一，常用的有入库单、出库单、内部结算收据等。按照规定，一般情况下，纳税人自制的原始凭证不能成为纳税人最终结算的唯一原始凭证。

在税务检查中如果发现纳税人将自制的发票作为唯一的原始凭证进行最终的财务核算，要深入检查，必要时可以通过实物点库等检查手段辅助检查，以防止纳税人任意利用自制的原始凭证转账、记账以逃避税收。

三、记账凭证的检查

记账凭证是根据原始凭证提供的经济业务内容加以归类整理，按复式记账原理列示会计分录并据以登记账簿的会计凭证，它也是税务检查的重要依据。检查时一般从以下几个方面进行。

（一）检查会计凭证所涉及的会计科目及其对应关系是否正确，账务处理是否完整

凡经济业务发生后，其会计事项的账务处理及其会计科目运用的对应关系，在财务会计制度中都有明确规定，不得乱用会计科目，混淆账户间的对应关系，掩盖经济业务的真实性。例如，纳税人用生产的产品换取原材料，就应分别作购销业务处理，借记“原材料”“应交税费——应交增值税（进项税额）”“应收账款”“银行存款”等会计科目，贷记“主营业务收入”“应交税费应交增值税（销项税额）”“应付账款”“银行存款”等会计科目。如果纳税人直接借记“原材料”等会计科目，贷记“库存商品”等会计科目，借、贷方不反映“应交税费——应交增值税（进、销项税额）”，就可能隐瞒增值税；如果贷方不反映“主营业务收入”，就可能隐瞒利润，从而影响企业所得税的缴纳。

（二）检查会计凭证核算或填列的经济内容是否与原始凭证相符

按照会计制度的规定，每个会计科目都有其一定的核算范围和明确的经济内容。因此，记账凭证上列示的会计科目必须与原始凭证的经济内容相符。在检查时，应特别注意纳税人是否在成本类（生产成本、制造费用）记账凭证中附上了一些属于资本性支出（如在建工程支出等）的相关凭证，从而扩大产品的生产成本，减少了纳税人的经营利润和应纳税所得额。

（三）检查记账凭证所反映的金额是否与后附原始凭证的金额相等

在检查时，应将所附的原始统证的数量、金额进行复算加总，再与记账凭证核对，核实数据是否相等。数据是否相等表现为两个方面：一是所附原始单据的数量有无短缺，防止纳税人弄虚作假；二是原始凭证记录的金额之和是否等于记账凭证上填列的金额，有无多计成本费用、少计收入等情况。

另外，税务检查中还需注意以下几种记账凭证：

1. 不附外来凭证的记账凭证

纳税人自行调账的记账凭证，几乎都没有原始凭证作为附件。这部分记账凭证是税务检查的重点。有些纳税人为了隐蔽自己的偷税行为，通过多次调账来达到自己的目的，检查中要格外注意。

例如，某纳税人在某会计年度内的记账凭证中有以下几张：

第一张　借：其他应收款650万元　　贷：银行存款650万元

第二张　借：预付账款650万元　　贷：其他应收款650万元

第三张　借：材料650万元（附自制材料入库单）

贷：预付账款650万元

第四张　借：开发成本650万元　　贷：材料650万元（附自制材料出库单）

可见，纳税人在“不知不觉”中将“其他应收款”分几次调整转入生产成本中，影响企业的利润和税收。

2. 附带自制原始凭证的记账凭证

纳税人附带自制原始凭证的记账凭证是税务检查的重点。纳税人自制的原始凭证其自制过程不受税务机关的监督和控制，其使用过程在一定的程度上也可以脱离纳税人经营链条的制约而满足纳税人的特殊需要。因而，对纳税人的此类财务资料要认真检查。检查要追根溯源，按照记账凭证的记录顺序，查找纳税人使用自制凭证的外部原因，通过确认外来凭证的真实性、合法性确定自制凭证的真实性、合法性。

例如，纳税人使用自制入库单或出库单按实际价格核算材料成本，是纳税人完全可以自行控制的财务核算过程。为了确认纳税人核算的正确性，检查时要寻找购买材料的原始发票，通过原始发票所列明的材料品种、数量、单价去确认纳税人自制入库单或出库单的正确性。

3. 附带企事业单位收款收据的记账凭证

按有关规定，无论是税务机关还是财政机关监制的收款收据都不能随意作为经营性发票。即使有些纳税人在经营过程中因为临时收款和付款行为使用此类收据，最终结算时也必须开具经营性发票。

如果检查中遇到附带企事业单位收款收据的记账凭证，首先要确定往来款项的性质，如果该项往来属于非经营性往来，纳税人可以用此类收据作为唯一的原始凭证；如果纳税人的往来属于经营性往来，此类收据只能成为期间收据，最终结算时必须附有由税务机关监制的经营性发票。其次，要确定经营性收入的税收待遇。如果纳税人的收入属于税法规定的免税项目，可以将该类收据作为唯一的原始凭证；如果纳税人的收入不属于税法规定的免税项目，要有正式的经营性发票作为最后结算发票。纳税人接受的企事业收款收据，除税法特殊规定外，不能作为进入成本的依据。检查时要注意此类问题。

4. 企业各银行存款账户互相转款的记账凭证

一般来说，纳税人的银行存款账户互相转款是正常的财务经营活动，税务检查中不过多涉及。然而，有些纳税人却利用银行存款账户搞资金体外循环，账外经营，偷逃税款。因此，税务检查时对纳税人填制的企业各银行账户互相转款的记账凭证要重点检查。

例如，对某纳税人进行税务检查时，发现有一笔高额存款从纳税人的一个银行转入另一银行，记账凭证所附的两张原始凭证之一——某银行转账支票存根没有填写日期，纳税人解释是工作疏忽，并根据另一原始凭证——银行进账单的日期补填了支票存根上的日期。为了查清事实，检查人员根据支票号码查询其相邻号码的支票存根，结果当年的会计资料中未能查到，却在上一年的会计资料中查到。据此推断该支票所列款项已经在账外循环 1 年。经查，该纳税人将该笔款项拆借他人使用 1 年，对方以现金支付利息且不索取正式发票，于是纳税人利用银行账和企业账之间的未达账项，隐匿收入，偷逃税款。

第二节 会计账簿的检查

会计账簿，是按照会计科目开设账户、账页，以会计凭证为依据，用来序时、分类地记录和反映纳税人经济业务事项的簿籍。会计账簿所记内容是检查、分析纳税人经济活动与财务收支的基本依据，检查各类账簿主要是为了核对账簿中记录的经济业务是否正确、真实，有无偷、欠、骗税及隐瞒收入利润等问题。在检查分析时，一般先从总分类账入手，了解总体情况；然后，有重点地检查和分析各类有关的明细账，以达到了解具体情况的目的。

一、总分类账的检查分析

总分类账是根据总分类科目开设账户，用来登记全部经济业务，进行总分类核算，提供总括核算资料的分类账簿，它是按会计制度一级科目设置的账簿，也称为总账。

总分类账可以提供纳税人在一定时期内资金的总括动态资料和生产经营的总体情况以及期末结出的各科目的当期发生额和余额，是编制资产负债表、利润表和现金流量表的依据。

主要检查各对应账户之间的联系和会计处理是否正常，看纳税人有无通过滥用会计科目等手法混淆账户的对应关系。例如，纳税人支付的各种违法性罚款，如果计入“生产成本”或各类期间费用账户，就会造成纳税人产品成本虚增或费用提高，直接或间接影响了纳税人的盈利水平，进而影响有关税种的正确计算与缴纳。

二、明细分类账的检查分析

明细分类账又称明细账，是根据总账科目所属的明细科目设置的，用于分类登记某一类经济业务事项，提供有关明细核算资料。明细账的基本结构既反映货币指标，又反映实物指标，通常用于记录各项财产、物资材料、产品等的收、发和结存情况。

在审查分析总分类账后，应根据发现的问题和线索，有重点、有目的地检查分析明细分类账，以补充说明总分类账无法反映的实际情况，又可以起到和总分类账相互核对、相互监督的作用。

具体检查方法有以下几种。

（一）检查每笔已入账的经济业务的真实性与合法性

按照会计核算的基本要求，记账必须以审核无误的会计凭证（包括原始凭证、汇总原始凭证或记账凭证）为依据，而会计凭证（主要是原始凭证）是用来记录和证明经济业务的发生或完成情况的证据。因此，我们可以通过检查明细账中的“凭证种类和编号”栏来核对其经营活动的真实性，再通过“摘要”栏所记录的经济业务内容的简要说明，分析其业务活动的合法性。

（二）检查各明细账户的本期发生额及期末余额是否正常、合理

在实地检查时，可以把有关账户的本期发生额（或期末余额）与上期发生额（或上期期末余额）进行比较，如果有异常变动情况，就应引起注意，并进一步审查其变动原因。

（三）检查各种存货明细账减少方的单价计算是否正确

一般而言，存货发出的计价可由纳税人根据不同情况，分别采用“先进先出法”“加权平均法”“个别计价法”等进行计算。但是，存货发出计价方式一经确定，在一个年度内不应随意改变，应保持相对稳定。因此，在检查时应注意纳税人所采用的计价方法是否经常变动，计算结果是否正确，减少栏和结余栏的单价是否一致等。

（四）审查与税收核算密切相关的明细账户

由于纳税人的明细账繁多，并且每个明细账的借、贷两方又分别记载着大量的经济业务内容，要在较短时间内全面检查某纳税人的所有明细账，既没有必要，也非常困难。因此，在检查明细账时，应该抓住税收核算有密切关系的明细账户进行重点检查。具体而言，在检查这些明细账户时，对不同的明细账，其侧重点也有所不同。

货币资金类账簿：检查货币资金账户的期末余额与实际余额是否一致，防止纳税人账外经营，偷逃税款。核实纳税人货币资金的余额，分析纳税人的生产能力和生产经营现状。查实货币资金的来源，防止纳税人转移计税收入。可以通过“银行存款”或“现金”账户的借方发生额所对应的贷方账户，确定纳税人货币资金的来源，尤其是当货币资金账户的借方对应“主营业务收入”账户的贷方时要格外注意。如果与纳税人存在商品交易关系的单位和个人同时又与纳税人存在经营性往来或非经营性往来关系，往往都是不正常的反映，税务检查时要重点检查。

应收款账户：核实各类往来关系的真实性。应收款账户是一个敏感账户，纳税人为了达到逃税的目的往往采用应收款账户隐藏收入，因而要重点检查。检查人员可以通过检查应收款账户的借方发生额所对应的贷方账户和单位，分析核实应收关系的真实性。还要核实应收金额的真实性。此类问题可以通过对原始凭证等相关会计资料的检查达到目的。分析应收款账户的变化和余额。纳税人应收款账户的期末余额如果是红字，或者纳税人应收款账户的发生额变化过大都是不正常的反映，检查时要结合其他会计凭证追查到底。

存货类账户：核实存货类账户是否账实相符。检查时可以通过查点实物或利用固定的数量控制关系分析纳税人的账实状况，查清问题。分析实物账户的金额变化。如果纳税人实物账户金额变化异常，而可参照的经济因素却没有变化，说明纳税人的账务失真，应该继续检查，直至查清问题。

“待摊费用”账户：“待摊费用”账户只能记载1年期以内的摊销费用，检查该账户时要注意区别该账户和长期待摊费用账户的核算范围，防止纳税人用该账户调节利润和成本。

“固定资产”账户：核实“固定资产”账户是否账实相符。检查人员可以通过盘点清库的方式核实纳税人的固定资产实物，如果纳税人“固定资产”账实不符，要查清原因，防止纳税人账外经营固定资产逃避税收。

检查纳税人经过评估增值的固定资产的财务核算。纳税人不按规定进行财务处理会人为扩大成本影响税收。检查增加固定资产的价格。按税法规定，固定资产原值从增加的第二个月起，即成为固定资产计提折旧的依据，直接计入成本。为了保证纳税人成本真实，要通过原始凭证检查核实固定资产的价格。

“累计折旧”和“固定资产清理”账户：这两个账户的核算内容影响纳税人的成本

和利润，检查的重点一是要核实纳税人计提固定资产折旧的准确性；二是要核实固定资产出售、报废、损毁时的财务处理结果。

“在建工程”账户：“在建工程”账户的使用有特殊要求，其账面的表现形式是一定的。如果在建工程以具体项目设列明细账，那么账面的表现形式要么为当期借方发生额逐渐增加，表明工程处于施工状态；要么为借方发生额静止不动，表明工程处于停工状态；要么为借方发生额贷方全部转出，即固定资产移交完毕。如果纳税人“在建工程”账户的账面表现形式违反了其账户本身的核算特点，说明纳税人的会计核算存在问题，可能是将在建工程的试运营收入直接冲减在建工程成本，逃避企业所得税。

“短期借款”账户：对“短期借款”账户的检查要与查阅纳税人的借款合同同时进行。没有借款合同或借款合同金额与“短期借款”账户账面金额不符都是不正常的现象，要防止纳税人将应税收入计入“短期借款”。可以结合纳税人的资产负债率分析判断其真实性。而“短期借款”账户和各类应付款账户的相互调整往往也是纳税人转移应税收入的手段，检查时不能忽视。

各类应付款账户：分析各类应付款账户贷方所对应的借方账户和具体单位，核实往来账款的真实性。检查时要注意核实各类应付账款类账户的贷方发生额所对应的借方科目，如果上述账户的贷方科目所对应的是“银行存款”账户借方，要进一步检查原始凭证，落实款项的真正来源。

“长期借款”账户：核实“长期借款”的真实性，防止纳税人将收入混入“长期借款”。实地检查时可以通过检查纳税人的借款合同，查清债权人单位等辅助检查手段进行检查。检查纳税人实际支付的长期借款利息，确保成本的真实性。

“盈余公积”账户：“盈余公积”账户有特殊的核算要求和表现形式，即在一个会计年度内，只有进行利润分配时才能有贷方发生额。如果纳税人在未进行利润分配时产生“盈余公积”贷方发生额，可能是纳税人转移收入或其他违法记账行为，要注意追查。

“资本公积”账户：“资本公积”账户主要核算纳税人接受投资人投资时产生的资本溢价和直接计入所有者权益的利得和损失。“资本公积”账户的贷方发生额是税务检查的重点，检查的目的是核实“资本公积”的来源，防止纳税人将经营收入混入“资本公积”账户。

生产成本类账户：检查贷方发生额，确定成本结转的去向，如果其账务处理关系违反记账原则，可能存在纳税人视同销售行为未入账情况，应该进一步检查。生产成本类账户的期末余额与纳税人的生产能力、生产规模有关，因此在不同的生产期间内具有规律性。如果没有特殊的原因，而纳税人的成本类账户期末余额变化较大，可能存在纳税人主观调账行为，检查时要注意。

收入类账户：账户的贷方红字发生额。这些账户的贷方红字发生额反映纳税人已经入账的收入被冲销出账，减少了纳税人的计税依据。如果纳税人发生销售退货情况或其他收入退回情况，收入类账户的红字贷方发生额是正常的反映，但检查时要与有关退回的原始凭证对照确认。如果纳税人不是上述情况而发生的贷方红字发生额，或相关的原始凭证不足，检查时要追查根源。通过收入类账户的贷方蓝字发生额，分析纳税人不同检查期的收入变化情况（这个问题要与纳税人的其他变化情况结合分析，比如生产规模的变化、市场的变化、资产的变化等），从变化中确定新的检查要点。

销售（营业）成本类账户：对该账户的检查要与反映库存实物的有关账户如“库存商品”等相对应，还要与反映销售商品成本形成的有关账户如“生产成本”“生产费用”账户的检查相对应。通过收回的销售收入和订货合同确定销售数量，在销售数量确定的前提下，根据相关账户提供的价格确定销售（营业）成本的真实性。

期间费用类账户：检查期间费用的重点是检查其借方发生额，要注意其借方发生额记录的内容有无不符合开支范围和标准的费用，有无不应属于期间费用的支出等同通过期间费用账户转入“本年利润”账户。

“营业外支出”和“其他业务成本”账户：首先要检查借方发生额，确定借方记录的每项支出的合理性；其次要检查贷方发生额，确定“营业外支出”“其他业务成本”的结转去向，防止纳税人用收入冲减费用。

另外，检查中要注意调整会计成本、会计利润和计税成本、计税利润的差别，保证纳税人依法纳税。

第三节 会计报表的检查

会计报表是企业财务报告的主要部分，是企业向外传递会计信息的主要手段，会计报表是根据日常会计核算资料定期编制的。综合反映企业某一特定日期财务状况和某一会计期间经营成果、现金流量的总结性书面文件。它是企业财务报告的主要部分，是企业向外传递会计信息的主要手段。会计报表及相关资料是税务部门进行税务检查的必要资料。利用会计报表，可以掌握和分析纳税单位的收入、成本、利润等指标的计划情况和实际完成情况；可以分析和检查纳税单位是否遵守财经纪律，是否及时、足额地上缴了税款；还可以通过了解纳税单位总的财务状况，预测税源的变化趋势。

一、资产负债表的检查

（一）检查资产负债表的基本方法

1. 数字对比法

数字对比法是指通过分析和比较纳税人在检查期内不同月份资产负债表的相同栏

目的数字变化，发现纳税人在检查期内的财务状况变动情况，进而发现其有关税收问题的一种方法。数字对比法是发现微观问题的有效方法，采用这种方法通常可以直接切入检查的要害，抓住问题的根本。

2. 指标对比法

指标对比法是指通过不同时期资产负债表所反映的各类经济指标的对比分析，发现和掌握纳税人检查期内有关税收问题的一种方法，指标对比法是发现综合问题的有效方法。其中资产负债率、资产流动比率、流动资产的速动比率等指标都是检查资产负债表的常用指标。另外资产负债表中各数字之间的钩稽关系也是利用指标对比法检查资产负债表时应该重点考虑的问题。

（二）重点分析的项目

1. 分析纳税人的总体经营情况

通过流动资产和固定资产的数量和比重判断纳税人的行业特点。如果纳税人提供的资产负债表所表现的资产形式特征与纳税人的行业特征不符，说明纳税人提供的资产负债表违反常规可能存在问题，检查人员应该顺藤摸瓜发现问题。

在遵从纳税人行业特征的基础上通过流动资产和固定资产的配比判断纳税人的生产经营情况。任何企业在其流动资产和固定资产构成比重一定的前提下，仍然存在流动资产和固定资产的合理配比问题，否则会影响企业的正常生产。

例如，某工业企业资产负债表反映固定资产净值2000万元，流动资产150万元（其中其他应收款130万元），显然报表所反映的企业资产配比极不合理，是我们通常所称的“大马拉小车”现象。该类企业如果尚能维持生产，员工尚能按期领取工资，则企业的报表可能失真，或者纳税人账外有账，检查时要格外留意，以免税收流失。

再如，某工业企业资产负债表反映其固定资产净值360万元，流动资产6000万元，这是我们通常所称的“小马拉大车”现象，也是企业资产配比不合理的表现。遇到这类情况，我们还必须深入分析流动资产的构成，如果流动资产中大量的构成是银行存款或现金，则可以通过银行对账单进一步查清问题；如果流动资产中大量的构成是存货，则可以通过点库发现问题；如果应收账款、预付账款构成了流动资产的主要部分，应该进一步查明其真实性，防止纳税人将销售收入长期挂账形成“流动资产”假象。

2. 重点分析的项目

（1）现金及银行存款。从理论上讲现金及银行存款不足，纳税人就无法启动生产。如果企业的实际情况不是这样，说明企业至少存在“账外账”情况，实地检查时要进一步查清。

（2）应收账款和坏账准备。这里最关键的是，应收账款的内容构成和坏账准备的计提比例。对于前一个问题的重点是防止其他应收款挤入应收账款，最终影响费用，对于后一个问题的重点是确认坏账准备的计提依据和比例。

（3）预付账款和其他应收款。如果纳税人提供的负债表反映出预付账款与其他应收款有相互调整的迹象，实地检查时一定要注意预付账款的构成和票据以及其他应收款的去向。除此以外，对于在报表上以红字表现的预付账款也要认真检查，防止纳税人将预收账款计入预付账款内，不及时交纳有关税金。

（4）存货。对存货的分析检查主要有两个方面：一是存货的构成问题；另一个是存货的变化问题，这是检查中尤其要注意的地方。如果纳税人报表所反映存货的变化违反生产常规，特别是第4季度所反映的变化异常，说明纳税人有可能人为调整当年的利润与成本，在实地检查时要注意这个问题。

（5）各类金融资产。各类金融资产的变化往往存在税收问题，检查时要留意。如果资产负债表反映股票或债券投资减少要追究其减少的原因，尤其注意纳税人在转让其不动产股份时是否缴纳有关税款。对于投资的增加要注意是否存在从联营单位分回的利润增加投资而未补税的情况。

（6）固定资产。固定资产原值、累计折旧及其他固定资产项目都是固定资产栏目的构成项目，从资产负债表分析固定资产有关项目最重要的是固定资产原值及折旧的变化。按有关规定纳税人固定资产的总量和计提的折旧在不同年份及不同月份之间都有延续性和必然联系，如果报表提供的数字有变化，实地检查时要注意。

（7）在建工程。如果纳税人提供的资产负债表反映其在建工程部分减少或为红字，可能存在纳税人将在建工程的试运行收入冲减在建工程支出行为（检查时一定要从在建工程明细账来具体确认落实，避免总账与明细账之间的误差），影响所得税收，实地检查时要注意追查。

（8）无形资产。无形资产的构成，尤其是土地使用权。按规定，土地使用权是无形资产的重要组成部分，但不动产开发企业除外。无形资产的价格组成。无形资产的来源决定其价格，这是税法确认的无形资产定价的原则。无形资产的摊销年限。税法对无形资产的摊销年限有严格的规定，这是检查时的唯一标准，如果纳税人违反规定必然存在税收问题，实地检查时要予以纠正。

（9）长期待摊费用。长期待摊费用的摊销影响纳税人税前费用，如果纳税人不同时期的长期待摊费用发生变化，检查时应该给予注意。其中长期待摊费用的内容和摊销年限是问题的关键。

（10）流动负债和长期负债。按我国税法规定，纳税人商品课税的纳税义务时间与销售货款、销售定金、预收货款的发生或实现时间息息相关。有些纳税人为了少缴、迟缴或不缴税款总是选择将有关经营销售类收入计入长期借款或短期借款栏内以期躲过税务检查，达到违法避税的目的。对于这类问题，检查中应该参考资产负债率等有关经济指标，实地检查时一定要重点检查有关会计资料，进一步核实问题，纠正纳税人的纳税行为。

（11）所有者权益。实收资本的构成。如果实收资本含有外方投资，应该确认外资的来源，防止纳税人假借外商名义享受税收优惠待遇规避税收。资本公积和盈余公积。二者是企业从利润中提取的，而且利润是盈余公积的唯一来源，这就揭示了一个规律，即没有利润分配就不会有资本盈余的增加，如果纳税人提供的非年末资产负债表盈余公积有增加，说明纳税人有违规操作或转移应税收入的行为，检查时应注意纠正。

二、损益表的检查

（一）检查损益表的基本方法

损益表的基本检查方法和资产负债表基本检查方法相同，即数字对比法和指标对比法。

常用的指标有：

1. 销售净利率

$$销售净利率 = 净利润 \div 销售收入 \times 100\%$$

2. 成本费用利润率

$$成本费用利润率 = 利润总额 \div 成本费用总额 \times 100\%$$

3. 资产净利率

$$资产净利率 = 净利润 \div 平均资产总额 \times 100\%$$

$$平均资产总额 = (期初资产总额 + 期末资产总额) \div 2$$

（二）重点分析的项目

分析检查损益表中收入和支出项目内容的真实性，纳税人财务成果形成的正确性。

根据损益表的项目填列方法，将表中所列示的数据与其他相关的财务资料相对照检查。

如果纳税人除了填列损益表外，还编制利润分配表、产品生产成本表、制造费用报表等配合损益表共同反映纳税人的利润分配情况，检查时要利用不同报表之间的钩稽关系分析纳税人的成本、费用、利润核算情况。

分析利润总额。利润总额是损益表的最后项目，反映了纳税人的经营结果。按规律，纳税人的利润总额不会表现为“0”或其他相应的整数。如果纳税人损益表的利润总额异常，可能是纳税人人为造表的表现，检查时要注意。

三、现金流量表的检查

现金流量表是反映纳税人在一定期间从事的各项业务活动（包括经营活动、投资活动和筹资活动等）所产生的现金流入、流出和现金净变动额的财务报表。现金流量表中的现金是指纳税人的库存现金、可以随时用于支付的存款、其他货币资金和现金等价物。现金流量表能够提供纳税人本期现金流量的实际数据，评价收益质量的信息和财务弹性，预测纳税人的未来现金流量。

（一）检查现金流量表的基本方法

检查现金流量表的基本方法也是数字对比法和指标对比法。这些指标体现了纳税人偿还到期债务或必须支付款项的实际能力，决定了纳税人是否存在不能及时缴纳税款的风险，可利用资产负债表和现金流量表中的有关数据进行计算。

常用的指标有：

1. 现金到期债务比

现金到期债务比 = 经营活动现金净流入 ÷ 本期到期的债务或必付款项 × 100%

2. 现金流动负债比

现金流动负债比 = 经营活动现金净流入 ÷ 流动负债 × 100%

3. 现金债务总额比

现金债务总额比 = 经营活动现金净流入 ÷ 债务总额 × 100%

（二）重点分析的项目

1. 经营活动产生的现金流量

在检查现金流入时，可根据“现金”“银行存款”“应收账款”“应收票据”“预收账款”“主营业务收入”“其他业务收入”等科目的记录进行比较分析，核定表中所列数据是否与前述项目一致，有无隐瞒应税收入的情况。

在检查现金流出时，可根据“现金”“银行存款”“应付账款”“应付票据”“主营业务成本”等科目的记录进行比较分析，核定现金支出有无扩大范围或虚增成本费用等现象。

2. 投资活动产生的现金流量

在检查现金流入时，可根据“现金”“银行存款”“投资收益”等科目的记录进行比较分析，核定纳税人是否将取得的投资收益全部按税法的规定缴纳了税款。

在检查现金流出时，可根据“现金”“银行存款”“固定资产”“无形资产”“在建工程”等科目的记录进行比较分析，查看纳税人有无缩小投资支出或将投资支出计入生产成本费用，以减少当期应纳税额。

思考与练习

1. 简述查验原始凭证的方法。
2. 简述检查记账凭证的方法。

3. 简述检查资产负债表的方法。

4. 简述检查利润表的方法。

5. 案例题：税务人员在进行税务检查时发现如下情况，请指出检查疑点：

（1）河南省的A建筑企业在开封承接了一个修筑工程。在对这家企业进行检查时，一张材料发票显示这样的信息：货物名称：块石，价税合计99800元，税率17%，购买方为该单位，销货单位为南宁某公司，该公司注册地在南宁市某区某写字楼一个写字间。

（2）检查人员在检查B公司“管理费用”账簿、凭证时，发现一张增值税普通发票，开票单位为“兴旺电子经营部”，货物或应税劳务、服务名称为“咨询费”，金额为29999元，无任何相关合同、协议。询问该单位财务人员，财务人员回答是：管理咨询费。

（3）对C公司进行检查时，检查人员在该单位生产成本科目中，发现列支有不少的材料费，查看其中较大金额的一个记账凭证，后面是一张名称为材料费的增值税专用发票，价税合计金额200000元。

第八章

税务检查实务

第一节　增值税税务检查及调整

一、增值税检查要点

（一）销项税额的检查

销项税额的计算取决于销售收入和税率，因此销项税的检查也是分别从销售额和税率入手。

1. 销售额的检查

对正常销售行为销售额实施检查，要注意纳税人随同销售收入收回的其他款项是否是纳税人正常销售活动中收取的价外费用。同时还要注意纳税人单独收回的款项是否是购货方在销售货物或劳务时另外收取的价外费用。在对价外费用的检查中，还要注意正确判断含税收入与不含税收入，保证计税依据准确。

在正常的销售活动中，纳税人采用的销售货款结算方式会影响纳税人的纳税义务发生时间。税收检查时要注意检查纳税人是否填开销售发票，原则上纳税人只要填开发票，无论货款是否入账，都要按章纳税。如果纳税人销售货物或劳务没有按规定开具发票，要严格遵照税法关于纳税义务发生时间的规定，确定纳税人的纳税时间。

根据税法规定，视同销售行为的计税依据都应该等同于正常销售价格，对于没有销售额的产品，要按下列顺序确定销售额：（1）按纳税人同期同类货物的平均销售价格确定；（2）按纳税人最近时期同类货物的平均销售价格确定；（3）按组成计税价格确定。

对于此类问题的检查重点是确定视同销售行为的存在和使用的计税价格，如果纳税人没有按税法的规定确定计税依据，要依法予以纠正。

纳税人以往的销售收入和销售数量是确定纳税人视同销售行为计税依据的直接参考资料，纳税人库存商品的生产成本也是纳税人组成计税价格的主要因素，可以用成本利润率法计算组成计税价格，作为计税依据。实施税务检查时，要充分利用这些资料，在保证原始资料准确的前提下，保证纳税人依法纳税。

2. 适用税率的检查

实施税务检查时，首先要正确确定纳税人的销售内容，准确划分不同货物或劳务适用的税率，尤其是对于一些特殊的行业，不仅要考虑整个行业的适用税率，更要注意个别产品的适用税率。

在实施税务检查中，确定纳税人的适用税率还必须与纳税人的会计核算情况相联系。如果纳税人在会计核算中没有根据不同的产品分别设立不同的主营业务收入明细账、库存商品明细账、生产成本明细账，纳税人的各项销售收入就只能根据最高的税率纳税。

“生产成本明细账”“库存商品明细账”“主营业务收入明细账”是检查、核实此类问题的必查账户。

（二）进项税额的检查

检查纳税人从销项税额中抵扣的进项税额要注意确认纳税人使用的抵扣凭证，不符合税法规定的凭证不能予以抵扣，防止纳税人利用可抵扣的凭证随意扩大抵扣的范围。因此既要注意检查抵扣的范围，还要检查纳税人是否取得了相关的抵扣凭证。纳税人购进的货物或应税劳务应该根据其用途确定能否进行增值税扣除；纳税人购进货物、应税服务或应税行为取得增值税发票并经过认证后即可进行税款扣除。

需要特别注意，纳税人购进的免税农产品要按财政部、国家税务总局发布的《农业产品征税范围注释》规定执行，实施检查时，要认真核实纳税人的原始凭证，确定纳税人收购的农产品内容和价格。

在实施进项税额转出的检查时，纳税人购买的与生产增值税应税产品无关的货物和劳务，即使取得扣税凭证也不能扣税。这些不能扣税的项目包括用于免税项目、集体福利或个人消费、非正常损失的购进项目、应税劳务或应税行为。

检查时注意纳税人购进项目的品种、用途，了解纳税人生产工艺和生产过程，防止纳税人将不能抵扣的进项税额从当期销项税额中抵扣。

当纳税人已经扣除税款的购进货物改变用途时，必须要将先期扣除的税款作进项税额转出，否则会造成纳税人少纳税的后果。检查时要注意纳税人已经扣除税款的购进货物的用途，及时监督纳税人调整进项税额，依法纳税。

“原材料”“包装物”“低值易耗品”“燃料”等账户的贷方及其所对应的借方是检查此类问题的关键财务资料。

二、增值税检查常见问题及调账处理

（一）不按税法规定的纳税义务发生时间确认收入

纳税人为了调整不同期间的应纳税额，通过改变入账时间来达到拖延税款的目的，常用的手段有：

（1）将实现的收入先记入“往来”账户中，等达到目的后再将其转入“收入”账户。

（2）拖延开发票的时间，将月末应该实现的收入拖延到次月，这种情况往往是由于购货方不及时索要发票或者销售对象是小规模纳税人或消费者个人而形成的。

（3）故意将开具的发票积压，不及时登记入账，这种情况通常出现在月末、季末或年末。

（4）延期申报收入。

根据相关的合同等资料判断该事项的纳税义务发生时间，税法规定，纳税人采取直接收款方式销售货物，不论货物是否发出，其纳税义务发生时间均为收到销售额或取得索取销售款凭据的当天；纳税人采取托收承付和委托银行收款方式销售货物，其纳税义务发生时间为发出货物并办妥托收手续的当天；纳税人采取赊销和分期收款方式销售货物，其纳税义务发生时间为合同约定的收款日期的当天；纳税人采取预收货款方式销售货物，其纳税义务发生时间为货物发出的当天；但生产销售生产工期超过12个月的大型机械设备、船舶、飞机等货物，为收到预收款或者书面合同约定的收款日期的当天；委托其他纳税人代销货物，为收到代销单位的代销清单或者收到全部或者部分货款的当天，未收到代销清单及货款的，为发出代销货物满180天的当天；销售应税劳务，为提供劳务同时收讫销售款或者取得索取销售款的凭据的当天；纳税人发生除将货物交付其他单位或者个人代销和销售代销货物以外的视同销售货物行为，为货物移送的当天；纳税人发生应税行为的，纳税义务发生时间为收讫销售款项或者取得索取销售款项凭据的当天，先开具发票的，为开具发票的当天。

将纳税人银行存款和应收账款的借方发生的销货收入与相关销售合同和其他相关的凭据进行核对。如果差距太大，则应进一步进行检查。

如果纳税人将实现的收入故意滞后，那么就应及时进行纠正，并按照《税收征管法》的规定追究相关责任和进行税务处理。

（二）将收入全部或部分记入“往来”账户

纳税人为了隐蔽收入，通常将取得的应税收入全领或部分直接记入“往来”账户，以达到逃税的目的。例如，将收入记入“应收账款”“应付账款”“其他应收款”“其他应付款”“预收账款”“预付账款”等账户，然后再将其转入自己的所有者权益类账户或其他相关账户。

主要检查“往来”账户的发生额，根据发生额的大小有针对性地追查其原始依据，查证往来金额的具体单位和往来金额是否属实，有无虚列、多列金额的情况。

例 8-1 税务机关检查中发现，某工业生产企业为增值税一般纳税人，增值税率为 16%，某月销售一批货物给消费者个人，取得含税销售额 23200 元，给购货方开具了普通发票，货款已收存银行，而企业的会计分录如下：

借：银行存款 23200
　　贷：其他应付款 23200

调整：如果当月发现：应当及时将错误的会计分录用红字冲销，并作出正确的会计分录：

借：银行存款 [23200]
　　贷：其他应付款 [23200]

借：银行存款 23200
　　贷：主营业务收入 20000
　　　　应交税费——应交增值税（销项税额） 3200

如果发现的时候错误的分录已经跨月但没有跨年，则要将相关的损益类科目金额计入“本年利润”：

借：其他应付款 23200
　　贷：应交税费——增值税检查调整 3200
　　　　本年利润——查增的利润 20000

如果发现的错误已经跨年，则要将相关的损益类科目金额计入“以前年度损益调整”，并按照准则和企业的相关规定，结转和分配利润：

借：其他应付款 23200
　　贷：应交税费——增值税检查调整 3200
　　　　以前年度损益调整 20000

（三）将取得的收入部分或者全额计入所有者权益类账户

纳税人为隐瞒收入，还可能将应税收入计入“资本公积”“盈余公积”“未分配利润”等账户。

可通过检查各所有者权益类账户的贷方发生额来发现。一般情况下，所有者权益类账户的资金来源都有可靠的依据和特定的项目，“盈余公积”是以税后利润为依据按照规定的比例计算提取的；“资本公积”账户主要用来记载投资超过实收资本时的溢价金额以及直接计入所有者权益的利得和损失；“未分配利润”是企业实现的净利润经过弥补亏损、提取盈余公积和向投资者分配利润后留存在企业的、历年结存的利润。而且“盈余公积”和“未分配利润”只在年末利润分配时才会出现发生额。在进行税务检查时，如果发现企业所有者权益类账户的金额有突增突减的现象，或者“盈余公积”和“未分配利润”账户在非利润分配时出现金额的增加，就应进一步深入检查。

例 8－2 某工业生产企业为增值税一般纳税人，增值税税率16%，某月销售货物一批给某商场，开具增值税专用发票，取得不含税销售额100000元，增值税16000元，另外开具普通发票，取得货物零售收入4640元，款项已收存银行，税务检查中发现企业的会计分录如下：

借：银行存款　　120640

　贷：主营业务收入　　100000

　　应交税费——应交增值税（销项税额）　　16000

　　资本公积　　4640

调整：如果当月发现，应及时冲销相关的所有者权益类账户，并转入正确的收入和“应交税费”账户：

借：资本公积　　4640

　贷：主营业务收入　　4000

　　应交税费——应交增值税（销项税额）　　640

如果发现的时间跨月不跨年，则要在冲销所有者权益类账户的同时，将损益类账户的金额计入“本年利润”：

借：资本公积　　4640

　贷：应交税费——增值税检查调整　　640

　　本年利润　　4000

如果发现的时间已经跨年，则要在冲销所有者权益类账户的同时，将损益类账户的金额计入“以前年度损益调整”：

借：资本公积　　4640

　贷：应交税费——增值税检查调整　　640

　　以前年度损益调整　　4000

（四）将取得的应税收入全额或部分直接冲减费用或计入“营业外收入”账户

企业逃避税的主要手段。企业为了隐瞒收入、逃避缴纳增值税，往往将取得的收入不记入“主营业务收入”或“其他业务收入”账户，而是将其直接冲减“制造费用”“管理费用”“销售费用”等账户或直接记入“营业外收入”账户，这样做的结果尽管没有减少企业所得税，但避开了增值税的缴纳，同时，由于将应计算的增值税销项税也冲减费用或计入“营业外收入”账户，事实上导致未来企业所得税的增加。

检查各费用类账户的贷方发生额。正常情况下，费用的转回极为少见，“制造费用”的贷方发生额通常发生在期末分配结转成本的时候才出现，“管理费用”“销售费用”账户的贷方发生额也只有在期末将其结转到“本年利润”账户时才发生，“营业外收入”的增加在企业很少发生。如果纳税人的费用类账户常有贷方发生额或红字借方发生额出现，或者发生频繁地增加“营业外收入”，则要进一步追查其原始凭证和业务发生的真实性。

例 8-3 某工业生产企业为增值税一般纳税人，税率16%，某月将生产应税产品的下脚料销售给某废品公司，开具普通发票，取得含税收入9280元，款项已收存银行，企业：

借：银行存款　　9280

　　贷：管理费用　　9280

调整：如果当月发现，则应调回相关的费用类科目，并在贷方确认正确的收入和“应交税费”科目：

借：管理费用　　9280

　　贷：其他业务收入　　8000

　　　　应交税费——应交增值税（销项税额）　　1280

如果发现的时候跨月未跨年，则需要按规定计算逃避的增值税，并计入相应的“应交税费”科目，同时将对损益的影响净额计入“本年利润”：

借：本年利润　　1280

　　贷：应交税费——增值税检查调整　　1280

如果发现的时间已经跨年，则需要按规定计算逃避的增值税，并计入相应的“应交税费”科目，同时将对损益的影响净额计入“以前年度损益调整”：

借：以前年度损益调整　　1280

　　贷：应交税费——增值税检查调整　　1280

在本例中，纳税人将应税收入和应纳增值税计入“管理费用”的行为尽管偷逃了1280元的增值税，但由于虚增了“管理费用”的贷方金额9280元，比应计收入还要多1280元，导致未来增加了1280×25%＝320元的企业所得税。

（五）特殊销售方式下的违规处理

特殊销售方式是指在销售活动在某些特殊销售方式下的应税行为，如折扣销售、以旧换新、以物易物等。在税务检查时主要检查其会计处理与核算是否符合税法的规范。

1. 折扣销售

按照税法规定，如果纳税人采取折扣销售方式销售货物，若是销售额和折扣额在同一张发票上分别注明且折扣额填在金额栏内，可按折扣后的销售额征收增值税；若是将折扣额另开发票或写在备注栏内，无论其在财务上如何核算、账务上如何处理，均不得从销售额中减除折扣的金额。

税务检查时应调出记账凭证，核实其所附的发票，看折扣额的处理是否符合规定。还要检查企业实行折扣方式销售货物的合同或协议等书面资料，看是否与执行的折扣标准相符。

2. 销售折扣

按照税法规定，销售折扣发生在销货之后，是一种为及早收回货款，而在给予购买方的一种折扣优待，本质上是一种融资行为。因此税法规定，销售折扣不得从销售额中扣除。检查中，应结合相应的销售合同和发票、记账凭证，如果发现纳税人将销售折扣的金额从其销售总额中作了扣除，就应将其扣除额按规定的税率计算补缴增值税。

3. 销售折让或退回

税法规定，对销售折让或退回的金额可以从应税销售额中扣除。检查中要结合对纳税人销售合同的检查，正确判断和鉴别销售折让或销售退回的存在。

4. 以旧换新

税法规定，采取以旧换新方式销售货物，应按新货物的同期销售价格确认应税销售额，不得将收回的旧货物的价值扣除。

税务检查时应重点检查货物的销售价格，防止企业按实际收取的价款计算销项税额。具体方法是检查纳税人的销售收入明细账，看是否存在销售价格明显低于正常销售价格的情况。

5. 以物易物

税法规定：按以物易物方式销售货物，购销双方都应作购销业务处理，以各自发出的货物确定销售额并计算销项税额，以各自收到的货物按规定核算购货额并计算进项税额。

例 8－4　税务检查中发现，甲、乙两公司均为增值税一般纳税人，适用增值税税率为 16%。甲公司以库存商品成本价 10 万元、公允价格及计税价格 12 万元，与乙公司原材料成本价 10 万元、公允价格及计税价格 12 万元进行交换，双方均开具了增值税专用发票。在不考虑其他税费的情况下，按照会计制度的规定，两个公司的会计处理如下：

甲公司的会计处理为：

借：原材料　　100000
　　应交税费——应交增值税（进项税额）　　19200
　　贷：库存商品　　100000
　　　　应交税费——应交增值税（销项税额）　　19200

乙公司的会计处理为：

借：库存商品　　100000

应交税费——应交增值税（进项税额） 19200

贷：原材料 100000

应交税费——应交增值税（销项税额） 19200

调整：以当月发现为例，换入的商品或材料应当以公允价值入账，同时按照换出商品的公允价值确认收入，并按照其账面价值结转成本：

甲公司的调整分录为：

借：原材料 20000

主营业务成本 100000

贷：主营业务收入 120000

乙公司的调整分录为：

借：库存商品 20000

其他业务成本 100000

贷：其他业务收入 120000

6. 没收包装物押金

税法规定，纳税人为销售货物而出租出借包装物收取的押金：单独记账核算的时间在1年以内又未过期的，不并入销售额征税，但对因逾期未收回包装物而没收的押金，应按所包装货物的适用税率计算销项税额。其中，"逾期"是指按合同约定实际逾期或以1年为期限，对收取1年以上的押金，除另有规定者外，无论是否退还，这应并入销售额征税。对销售除啤酒、黄酒以外的其他酒类产品而收取的包装物押金，无论是否返还以及会计上如何核算，均应并入当期销售额征税。

通过检查出租、出借包装物有关合同、协议，掌握各种包装物的回收期限，凡收取押年的包装物押金仍挂在"其他应收款"账户上的，应作转账处理，并按照税法规定计算补缴增值税。

例8-5 税务检查中发现，某彩电生产企业，为增值税一般纳税人，上年8月销售彩电一批，开具增值税专用发票，取得销售额30万元，增值税4.8万元，另外，开具收款收据，取得包装物押金收入1.16万元，按照合同约定，包装物退还时间为3个月，如逾期不退还即没收押金。发生时企业的会计处理如下：

借：银行存款 359600

贷：主营业务收入 300000

应交税费——应交增值税（销项税额） 48000

其他应付款——押金收入 11600

3个月后，该批包装物仍未退回，企业将押金没收，并做了如下会计处理：

借：其他应付款——押金收入 11600

贷：营业外收入 11600

调整：因为已跨年，所以需要在计算和补充确认增值税的同时，将相关的损益计入“以前年度损益调整”，调账分录为：

应补缴增值税：11600 ÷（1 + 16%）× 16% = 1600 元

借：以前年度损益调整 1600

贷：应交税费——增值税检查调整 1600

（六）视同销售行为

增值税的视同销售是因为增值税“抵扣进项并产生销项”的链条终止，例如：（1）将货物交付他人代销；（2）销售代销货物；（3）设有两个以上机构并实行统一核算的纳税人，将货物从一个机构移送至其他机构用于销售，但相关机构设在同一县（市）的除外；（4）将自产、委托加工或购买的货物作为投资，提供给其他单位或个体经营者；（5）将自产、委托加工或购买的货物用于分配给股东或投资者；（6）将自产、委托加工的货物用于集体福利或个人消费；（7）将自产、委托加工或购买的货物无偿赠送他人。

检查时要通过查验合同等原始凭证，注意纳税人对视同销售的会计处理，是否按照计税价格和相应的税率计算销项税。

例 8-6 某工业企业为增值税一般纳税人，税率 16%，某月将自产货物成本价 180000 元，公允价值及计税价值 200000 元，提供给外单位作为投资，其正确处理应为：

借：长期股权投资 232000

贷：主营业务收入 200000

应交税费——应交增值税（销项税额）

借：主营业务成本 180000

贷：库存商品 180000

全面实行营改增后，将自产货物用于营改增前的所谓“非应税项目”的一些行为，不再作为视同销售，不需再计算缴纳增值税。例如，某水泥生产企业为增值税一般纳税人，税率 17%，某月将自产的水泥成本价 200000 元用于本企业建办公楼，市场价 220000 元。在本例中，企业将资产的水泥用于本企业建办公楼，由于建筑业在营改增后已成为增值税应税项目，因此，该行为与企业连续生产的行为在本质上是相同的，不需再计算缴纳增值税。

（七）混合销售

混合销售是指一项销售行为如果既涉及货物又涉及服务。从事货物的生产批发或者零售的单位和个体工商户的混合销售，按照销售货物缴纳增值税。其他单位和个体工商户的混合销售，按照销售服务缴纳增值税。

在检查中，要严格区分一项业务是否存在混合销售。判断混合销售行为成立的行为标准有两点，一是其销售行为必须是一项；二是该项行为必须既涉及货物销售又涉及应税行为。

例8－7 税务机关在检查中发现，某家电销售公司为增值税一般纳税人，上年8月销售20台空调给某单位并负责安装，开具增值税专用发票，收取空调价款100000元，增值税16000元，同时开具普通发票收取安装费2640元，材料费2000元，材料成本价1500元，税率16%，企业：

借：银行存款　　120640
　贷：主营业务收入　　100000
　　应交税费——应交增值税（销项税额）　　16000
　　其他业务收入　　2640
　　原材料　　2000

调整：

该纳税人为货物的销售单位，因此应当对该项业务中的销售收入和安装收入都按照销售货物缴纳增值税。

正确的会计处理为：借：银行存款　　4640
　贷：其他业务收入　　4000
　　应交税费——应交增值税（销项税额）　　640

借：其他业务成本　　1500
　贷：原材料　　1500

即该项业务应计利润为2500元，但企业实际记作2640元，多计入140元，同时材料的成本多转出500元，少计增值税640元。由于发现的时间已经跨年，因此损益计入“以前年度损益调整”。

借：以前年度损益调整　　140
　原材料　　500
　贷：应交税费——增值税检查调整　　640

三、小规模纳税人的检查

小规模纳税人应纳税额涉及销售额和征收率两个因素，其中销售额是最主要的因素。小规模纳税人在经营过程中不使用增值税专用发票，也不需扣进项税额，与业务往来单位的链接关系并不明显，再加上部分纳税人的财务制度很不健全，因此隐瞒销售收入的行为时有发生。隐瞒收入可分为两种情况：一是收入不入账，要么不做账，局外人根本就不清楚，要么做两套账，假账对外，真账对内。对其进行检查往往很困难，需花费很大的人力和物力。二是做错账。不按财务会计制度和税法的规定进行核算，往往将应税收记入往来账户，不能按时、准确地确定收入，有时甚至将收入从往来账户直接转所有者权益类账户，或是将应税收入直接冲减费用。

税务检查需注意以下三方面：（1）账证是否齐全。在检查时，如果发现纳税人的账证不全，甚至未按会计核算的程序记账，就有可能存在问题。（2）检查纳税人核算的内容是否与实际相符。在检查时，应将原始凭证中记载的业务内容与会计凭证、明细账簿、总分类账簿中摘要栏的内容进行核对。注意有无人为替换内容逃避纳税的行为，同时。也要注意原始凭证记载的内容是否与开具凭证单位的经营范围相符。（3）检查数据、金额是否正确。核对纳税申报表中的填列数是否等于总分类账、明细分类账的相关数据，然后，核对账证之间的相关数据是否一致，原始凭证中记载的数据有无虚假的现象，也可将有关数据与银行存款的有关数据核对，必要时还可以与业务往来单位的相关数据进行核对。

第二节 消费税税务检查

一、消费税的征税范围

消费税的征税范围比较狭窄，目前消费税税目包括烟、酒、化妆品等 15 种商品，部分税目划分了若干子目。

（一）烟

凡是以烟叶为原料加工生产的产品。在“烟”税目下分“卷烟”子目，“卷烟”又分为“甲类卷烟”和“乙类卷烟”，甲类卷烟是指每标准条不含增值税调拨价在 70 元（含 70 元）以上的卷烟。乙类卷烟是指每标准条不含增值税调拨价在 70 元以下的卷烟。

（二）酒

酒是酒精度在 1 度以上的各种酒类饮料，包括粮食白酒、薯类白酒、黄酒、啤酒和其他酒。

（三）高档化妆品

自 2016 年 10 月 1 日起，本税目调整为包括高档美容、修饰类化妆品、高档护肤类化妆品和成套化妆品。

高档美容、修饰类化妆品和高档护肤类化妆品是指生产（进口）环节销售（完税）价格（不含增值税）在 10 元/毫升（克）或 15 元/片（张）及以上的美容、修饰类化妆品和护肤类化妆品。

（四）贵重首饰及珠宝玉石

包括以金、银、白金、宝石、珍珠、钻石、翡翠、珊瑚、玛瑙等高贵稀有物质以及其他金属、人造宝石等制作的各种纯金银首饰及镶嵌首饰和经采掘、打磨、加工的各种珠宝玉石。

（五）鞭炮、焰火

包括各种鞭炮、焰火。体育上用的发令纸、鞭炮药引线，不按本税目征收。

（六）成品油

本税目包括汽油、柴油、石脑油、溶剂油、航空煤油、润滑油、燃料油 7 个子目。

（七）小汽车

小汽车是指由动力驱动，具有四个或四个以上车轮的非轨道承载的车辆。

（八）摩托车

本税目包括轻便摩托车和摩托车两种。

（九）高尔夫球及球具

高尔夫球及球具是指从事高尔夫球运动所需的各种专用装备，包括高尔夫球、高尔夫球杆及高尔夫球包（袋）等。

（十）高档手表

高档手表是指销售价格（不含增值税）每只在 10000 元（含）以上的各类手表。

（十一）游艇

游艇是指长度大于 8 米小于 90 米，船体由玻璃钢、钢、铝合金、塑料等多种材料制作，可以在水上移动的水上浮载体。

（十二）木制一次性筷子

木制一次性筷子是指以木材为原料经过锯段、浸泡、旋切、刨切、烘干、筛选、打磨、倒角、包装等环节加工而成的各类供一次性使用的筷子。

（十三）实木地板

实木地板是指以木材为原料，经锯割、干燥、刨光、截断、开榫、涂漆等工序加工而成的块状或条状的地面装饰材料。

（十四）电池

自2015年2月1日起对电池（铅蓄电池除外）征收消费税；对无汞原电池、金属氢化物镍蓄电池（又称“氢镍蓄电池”或“镍氢蓄电池”）、锂原电池、锂离子蓄电池、太阳能电池、燃料电池、全钒液流电池免征消费税。2015年12月31日前对铅蓄电池缓征消费税；自2016年1月1日起，对铅蓄电池按4%税率征收消费税。

（十五）涂料

涂科是指涂于物体表面能形成具有保护、装饰或特殊性能的固态涂膜的一类液体或固体材料的总称。

二、消费税检查要点及调账处理

对于应税消费品消费税的检查，可以结合增值税的检查进行。特别是对于高档化妆品、鞭炮焰火、小汽车、摩托车、高尔夫球及球具、高档手表、游艇、木制一次性筷子、实木地板、电池和涂料等从价计税的应税消费品，其消费税的计税依据与其增值税完全相同，因此在检查其增值税的计税基础，可以同时进行消费税的检查。而消费税纳税人的逃税手段也与增值税相似，纳税人为了逃避税款，往往隐瞒计税依据，主要是隐瞒应税收入，将应税收入不列入收入账户核算，而是将收入长期挂在往来账户，或者将应税收入直接冲减费用，或者将应税收入直接转入本单位的所有者权益类账户。

如果纳税人在销售发票上做假，则还应审查“银行存款”“应收账款”“应收票据”“应付账款”等会计科目的对应科目，看是否有销售业务发生，如果上述科目的对应科目不是销售收入，就应审查应收、应付或银行存款的来源属于什么经营业务。如果对销售发票上的数据有疑问，就可将当次业务的销售发票与对应的“出库单”数据进行核对，或是将销售发票存根联与购买本次货物的对方的发票联进行核对。

检查纳税人“销售费用”“管理费用”“财务费用”“其他业务成本”等明细账，看有无将价外收费直接冲破了这些账户的情况。如果这些账户有借方红字发生额或贷方发生额，则应对照有关会计凭证逐笔进行核对，并与“应交税费——应交消费税”账户发生额进行对照，查看收取的相关价外费用是否按规定计算缴纳了消费税。

对于从量定额征收的消费税的税务检查重点，是确定纳税人销售或移送使用应税消费品行为存在的客观性以及纳税人实际销售和移送使用的消费品数量，尤其要注意纳税人自产自用的应税消费品数量，防止纳税人偷逃税款。

例8-8 税务检查中发现，某企业上年度对外销售高档化妆品一批，增值税率

16%，消费税率15%，含税销售额11600元，成本7500元，货款已存入银行，开出普通发票，企业：

借：银行存款　　11600

　　贷：库存商品　　11600

如果在当月发现，应当冲销错误的科目，同时确认收入和应纳税额，并结转成本：

借：库存商品　　11600

　　贷：主营业务收入　　10000

　　　　应交税费——应交增值税（销项税额）　　1600

借：主营业务成本　　7500

　　贷：库存商品　　7500

借：营业税金及附加　　1500

　　贷：应交税费——应交消费税　　1500

但本例中是在次年检查发现，则应当将损益类科目金额计入"以前年度损益调整"：

借：以前年度损益调整　　3100

　　贷：应交税费——增值税检查调整　　1600

　　　　　　　　——消费税检查调整　　1500

借：库存商品　　4100

　　贷：以前年度损益调整　　4100

（一）包装物押金

实行从价定率的应税消费品连同包装物销售的，无论包装物是否单独计价，也无论会计上如何核算，均应并入应税消费品的销售额中征收消费税。如果是以收取包装物押金的方式销售，则此项押金不应并入销售额中征税，但对逾期不再退还的押金或者已收取时间超过12个月的押金，应并入销售额征收消费税。

例8-9　某生产企业生产应税消费品，增值税率16%，消费税率20%，5月对其上年生产经营情况检查时发现：上年3月销售货物，开具增值税专用发票，取得不含税销售额500000元，增值税80000元，同时开具收据取得包装物押金5800元，包装物退还期限为1年，企业上年3月的会计处理如下：

借：银行存款　　585800

　　贷：主营业务收入　　500000

　　　　应交税费——应交增值税（销项税额）　　80000

　　　　其他应付款　　5800

借：营业税金及附加　　100000

　　贷：应交税费——应交消费税　　100000

之后企业对该项业务一直未再做账务处理。

本例中，企业在上年3月的账务处理并没有错误，但对逾期未收回的包装物押金应作出相应的账务处理，并确认应交的增值税和消费税。

应补缴增值税 $5800 \div (1+16\%) \times 16\% = 800$ 元

应补缴消费税 $5800 \div (1+16\%) \times 20\% = 1000$ 元

本例中的押金收入应当时本年3月的收入，企业应当在本年3月作出如下会计处理：

借：其他应付款 5800

　贷：其他业务收入 5000

　　应交税费——应交增值税 800

借：营业税金及附加 1000

　贷：应交税费——应交消费税 1000

由于本例中检查时间是本年5月，因此调整的会计分录为：

借：其他应收款 5800

　贷：应交税费——增值税检查调整 800

　　　　　——消费税检查调整 1000

　　本年利润 4000

（二）委托加工环节

消费税的一个比较特殊的处理体现在委托加工环节，在委托加工环节由受托方在向委托方交货时代收代缴消费税。对受托方已经代收代缴消费税的，委托方收回应税消费品，以不高于受托方的计税价格出售的，不再缴纳消费税；以高于受托方计税价格出售的，或者在收回后继续生产应税消费品的，需要补缴消费税，在计税时准予扣除已缴纳的消费税税款。

组成计税价格 =（材料成本 + 不含增值税的加工费）÷（1 − 消费税税率）

检查时可以通过检查反映存货类账户，特别是检查“委托加工物资”“原材料”账户时，要注意纳税人连续生产应税产品问题。“委托加工物资”账户的贷方发生额可以反映纳税人已税委托加工材料的去向，进而可以反映纳税人当期生产领用的已税委托加工材料数量和准予扣除的消费税税金。如果纳税人当期已扣税款和“委托加工物资”账户的反映不一致，肯定存在税收问题，要追查到底。

例 8－10 甲公司为增值税一般纳税人，本期委托乙企业加工高档化妆品，发出原材料成本为18500元，加工费7000元，增值税1120元，取得乙企业开具的专用发票，该化妆品无市场价格，乙企业代收代缴消费税，甲公司收回后直接对外销售，消费税率15%，委托方正确的账务处理如下：

发出材料：

借：委托加工物资　　18500
　　贷：原材料　　18500

支付加工费：

借：委托加工物资　　7000
　　应交税费——应交增值税（进项税额）　　1120
　　贷：银行存款　　8120

支付消费税：

借：委托加工物资　　4500
　　贷：银行存款　　4500

收回：借：库存商品　　30000
　　　　贷：委托加工物资　　30000

例 8-11　甲企业为增值税一般纳税人，本期委托乙企业加工实木地板一批，发出木料成本 30000 元，支付加工费 6000 元，增值税 960 元，取得专用发票，该实木地板无市场价格，乙企业代收代缴消费税，甲企业收回后，全部继续用于生产精品实木地板，销售成价款 50000 元，成本 40000 元，增值税 8000 元，已开具专用发票，消费税率 5%，在连续生产应税消费品的情况下，委托方甲企业应作出如下的会计处理：

发出材料：

借：委托加工物资　　30000
　　贷：原材料　　30000

支付加工费：

借：委托加工物资——实木地板　　6000
　　应交税费——应交增值税（进项税额）　　960
　　贷：银行存款　　6960

支付消费税：

借：应交税费——应交消费税　　1894.74
　　贷：银行存款　　1894.74

收回实木地板：

借：原材料　　36000
　　贷：委托加工物资——实木地板　　36000

销售精品实木地板：

借：银行存款　　58000
　　贷：主营业务收入　　50000
　　　　应交税费——应交增值税（销项税额）　　8000

借：营业税金及附加　　2500
　　贷：应交税费——应交消费税　　2500

借：主营业务成本　　40000
　　贷：库存商品　　40000

例 8－12 税务检查中发现，甲企业委托乙企业加工木制一次性筷子，原材料成本 50000 元，加工费 5000 元，甲乙企业均为增值税一般纳税人，乙企业为甲企业开具增值税专用发票，增值税 800 元，该一次性筷子无市场价格，甲企业收回后，60% 用于继续生产木制一次性筷子，40% 直接对外销售，不含税销售额 40000 元，消费税率 5%，增值税率 16%，甲乙企业的部分账务处理如下：

乙企业：

在代收代缴消费税时，消费税 $=(50000+5800)\times5\%=2790$ 元

借：应收账款　　2790
　　贷：应交税费——代收代缴消费税　　2790

收到加工费及增值税：

借：银行存款　　5800
　　贷：应交税费——应交增值税（销项税额）　　800
　　　　主营业务收入　　5000

甲企业：发出材料：

借：委托加工物资　　50000
　　贷：原材料　　50000

支付加工费：

借：委托加工物资　　5800
　　贷：银行存款　　5800

交付消费税：

借：应交税费——应交消费税　　2790
　　贷：应付账款　　2790

收回：借：库存商品　　55800
　　　　贷：委托加工物资　　55800

调整（假设当月检查发现）：

在本例中乙企业计算消费税的组成计税价格错误，应代收代缴的消费税为：

$$(50000+5000)\div(1-5\%)\times5\%=2894.74\text{ 元}$$

因此应补缴并向甲企业追补消费税：$2894.74-2790=104.74$ 元

乙企业调账：

借：应收账款　　104.74
　　贷：应交税费——代收代缴消费税　　104.74

甲企业调账：

甲企业在本例中计税错误比较复杂，首先在支付加工费时，没有抵扣进项税，因此

应计算抵扣进项税额：5800÷(1+16%)×16%=800元

借：应交税费——应交增值税（进项税额）　　800

　　贷：委托加工物资　　800

共计消费税2894.74元，其中由于连续生产木制一次性筷子，可抵扣60%，即：2894.74×60%=1736.84元，实际抵扣2790元，应转回2790-1736.84=1053.16元

其余2894.74×40%=1157.90元应计入委托加工物资的成本

借：委托加工物资　　1157.90

　　贷：应付账款　　104.74

　　　　应交税费——应交增值税（销项税额）　　1053.16

再将调整增加的“委托加工物资”转入库存商品账户：

借：库存商品　　357.90

　　贷：委托加工物资　　357.90

直接销售的产品成本：

$$(55800+357.90)\times 40\%=22463.16\text{元}$$

借：银行存款　　46400

　　贷：主营业务收入　　40000

　　　　应交税费——应交增值税（销项税额）　　6400

借：主营业务成本　　22463.16

　　贷：库存商品　　22463.16

第三节　企业所得税税务检查

对企业所得税的检查分别从收入和扣除两方面实施检查，以确保应纳税所得额的计算准确。

一、收入总额的检查重点和方法

各税种的检查不是割裂独立进行的，对销售收入、提供劳务的收入等销售营业收入的检查可以结合增值税的检查，因此本节只着重介绍一些特殊业务收入的检查确认。

（一）固定资产转让收入的检查重点和方法

实践中，纳税人人为扩大固定资产清理费用、分解固定资产变价收入、固定资产残值收入不入账等情况是检查的重点。

对纳税人固定资产转让收入的检查可以采用以下方法：

（1）通过会计报表特别是资产负债表固定资产栏目的变化，确定纳税人固定资产减少的事实，并同时通过“固定资产清理”账簿和相关的会计凭证明确固定资产减少的原因，区别纳税人固定资产销售和固定资产投资的不同行为。

（2）对照“固定资产清理”账户的借方和贷方发生额及所对应的会计账簿和原始凭证，核实纳税人是否存在分解转让收入、残值收入不入账行为。必要时，“银行存款”和各往来账簿也要一并检查。

（3）检查反映固定资产累计折旧的有关财务资料，包括“累计折旧”账户、“固定资产明细账”“累计折旧表”等。核实转让固定资产已累计提取的折旧额，保证纳税人正确核算固定资产净值。

（4）检查固定资产实物。对于处于改组、破产、合并、转产等特殊时期的企业，或者固定资产核算漏洞较多的纳税人，必要时可以进行固定资产实物的检查，通过清点实物，核实纳税人是否存在固定资产账实不符、账外经营或销售、转让的固定资产实物与销售的固定资产实物不符的行为。纳税人存在上述行为，对企业所得税有直接的影响。

（二）有价证券、股权及其他财产转让收入的检查重点和方法

实践中，纳税人转让财产收入不入账或部分入账、纳税人溢价转让有价证券或股权收入不入账、纳税人以实物投资获得股权，而转让实物时重新评估增值部分不入账、纳税人利用关联关系转移财产收入、纳税人人为扩大转让成本等情况是实施检查的重点。

对纳税人的上述行为，检查的基本方法如下：

（1）检查“长期投资”“短期投资”账户的贷方发生额及所对应的借方账户和相关凭证，确认纳税人存在转让有价证券、股权及其他财产的行为。

（2）通过检查与纳税人转让行为有关的财务资料，核实纳税人转让行为的账面收入，并通过相关账户判断纳税人是否存在分解收入或账外转让行为。例如，纳税人转让股权收入账务处理如下：借记“银行存款”，贷记“长期投资”“应收账款”。这种账务处理方法说明纳税人在转让股权收入活动中，通过将与股权转让有关的货币资金收入分解为两部分达到分解转让收入的目的。检查中只要发现类似的账务处理都要给予重视。

（3）检查纳税人的转让合同，结合纳税人的具体转让内容，判断纳税人是否存在溢价转让收入不入账行为。检查中通过核实纳税人转让财产的具体内容，可以判断纳税人实际收入与账面记载不符，进而通过“银行存款”账户借方发生额的检查核实纳税人实际收入。

（4）对纳税人转让以实物投资方式获得的股权或有价证券，要注意转让时账面价

值和市场价值的区别，防止纳税人少交税收。

（5）检查纳税人“长期投资”和“短期投资”的明细账，核实纳税人转让财产的明细种类，防止纳税人用高成本的股权、有价证券替换低成本的股权和有价证券，人为减少转让财产的净收入。

（三）利息收入的检查重点和方法

利息收入不入账或分解利息收入是此类问题检查的重点，其基本检查方法如下：

（1）检查纳税人“银行存款”账户的借方发生额及所对应的贷方账户，结合相关的原始凭证，核实货币资金的来源，如果是纳税人获得的各类利息收入要分别记入相关的账户，不能任意记入各类往来账。

（2）检查纳税人“长期借款”“短期借款”账户的借方红字发生额，防止纳税人用利息收入直接冲减借款。

（3）检查纳税人收回的挂账时间较长的往来账项，防止纳税人将收回的欠款利息直接冲减往来账项，减少收入。

（四）股息收入的检查重点和方法

对股息红利收入的检查重点是检查纳税人收到股息红利不入账或者分解股息红利收入。其检查方法如下：

（1）检查中首先要检查纳税人“长期投资”和“短期投资”账户的借方发生额，确认纳税人投资入股的事实。同时还要检查纳税人签订的投资入股合同，确定纳税人分红的方式（权益法或成本法），进而确定纳税人分红的事实。

（2）其次检查纳税人在分红期内的货币资金来源和实物来源，防止纳税人将货币形式或实物形式的股息和红利游离于收入账簿之外。

（五）财产租赁收入的检查重点和方法

对于租赁收入的检查要抓住纳税人分解租金收入、租金收入冲减费用、租金收入挂记往来账项等重点问题。实地检查时要重点检查以下会计资料和相关情况：

（1）检查“包装物”等实物账户的贷方发生额，确认纳税人出租包装物、固定资产、材料、低值易耗品的事实，同时检查相关合同，确认纳税人的租赁价格和租赁结算方式。

（2）检查纳税人“其他业务收入”账户，核实租赁对象和收入详细情况，对与纳税人租赁合同反映不一致的租赁行为和租赁收入要重点检查。

（3）通过检查“其他业务成本”等相关账户和相关的原始凭证，核实纳税人是否存在分解租赁收入的行为。

（4）对于纳税人逾期未用收回的包装物押金应该计入销售收入，检查时可以通过检查“其他应付款”等账簿，检查此类问题。

（5）清点纳税人的库存实物和固定资产实物有助于此类问题的检查。

（六）转让特许权使用费收入的检查重点和方法

对于特许权使用费收入的检查要抓住以下问题：

（1）通过相关的会计资料判断纳税人转让特许权的事实。

（2）通过相关的合同确定纳税人特许权使用费收入的金额和结算方式。

（3）检查“其他业务收入”账户，核实纳税人特许权使用费收入的入账情况。

（七）其他收入的检查重点和方法

其他收入包括：固定资产盘盈收入、罚款收入、因债权人缘故确实无法支付的应付款项、物资及现金的溢余收入、教育费附加返还款等。

按规定，此类收入应该通过“营业外收入”账户核算，而且部分收入还必须通过有关部门批准才能最后处理。

实施税务检查时可以将其他收入分为货币收入和实物收入两种。对于实物收入可以结合实物账如“固定资产”“包装物”“材料”等账户的借方发生额对照相关的会计凭证检查确认，对于货币收入可以通过“银行存款”“现金”账户的借方发生额所对应的贷方科目和相关的会计凭证检查确认。

二、准予扣除项目的检查重点和方法

（一）成本的检查重点和方法

1. 购入材料成本的检查

检查此问题时，要注意纳税人是否存在将非生产用材料的成本计入生产用材料成本，将购买材料支付的差旅费计入材料成本，将购买固定资产的费用计入材料成本，将购买礼品等业务招待费用计入材料成本和将临时支付的往来款项如材料押金等计入材料成本。

另外，购进材料入库时要保证入库数量、单价与账面记载一致，纳税人在运输途中发生的材料损毁要由责任单位负责赔偿，不能硬性记入材料账，以免引起账实不符。

纳税人由于运输问题暂时未到货的材料，不能作入库处理，其成本不能记入“材料”等相关账户。

检查方法是：首先检查纳税人“材料”“物资采购”等账户，并结合相关的原始凭证，核实入库材料的种类，确定纳税人是否将非生产用材料计入材料成本。

其次，通过查实原始凭证，核实纳税人材料成本的具体内容。

再次，通过“材料”账户和“物资采购”账户的比较，核实纳税人实际入库的材料成本。

最后，纳税人“工程物资”“固定资产”等账户的借方发生额，也为材料成本的检查提供间接依据，如果检查期内纳税人“工程物资”“固定资产”账户没有借方发生额，而“材料”账户借方发生额异常，可能存在人为扩大材料成本的情况，要注意追查。

2. 材料成本的检查

（1）发出材料成本的检查。检查中，首先要检查纳税人发出材料的品种及用途，对于生产用材料要严格核定数量和单价。

其次，要根据纳税人生产用材料的成本结算方式，确定纳税人材料成本的真实性。包括核实纳税人采用的材料结算方法在检查期内是否任意更改、是否与纳税人预先申报的不一致，纳税人生产中的退料、边角余料是否冲减投入材料的成本，使用计划价格核算材料成本的纳税人是否及时调整材料成本差异等多方面内容。

检查方法是：首先可以通过“材料”账户的贷方发生额和所对应的借方科目及相关原始凭证，查对纳税人发出材料的结算方法是否符合规定。纳税人不同单位成本的材料是否按不同结算方法的固定顺序计入生产成本，纳税人非生产使用的材料是否计入生产成本。

其次，可以通过“材料成本差异”账户和“材料成本差异计算分配表”“耗用材料汇总分配表”查对纳税人材料成本差异的分配是否合理。

最后，要根据纳税人的生产工艺和耗料定额核实纳税人检查期内材料的实际耗用量，结合“生产成本”账户的借方红字发生额或贷方发生额，判断纳税人已经退库的剩余材料是否冲减生产成本，纳税人生产的边角余料是否账外处理，是否人为扩大生产成本。

（2）结余材料成本的检查。检查纳税人的结余材料成本的重点是保证纳税人在发出材料成本和收入材料成本账实相符的前提下，结余材料成本也账实相符。

检查时，首先要通过“材料”账户的借方余额，确认纳税人账面结余的材料数量和金额。

其次，还要通过“材料明细账”核实纳税人账面结余材料的种类，并根据纳税人的生产工艺，确定纳税人账面的真实性。

最后，清点纳税人库存的材料实物，保证纳税人结余材料账实相符，防止纳税人通过人为调整结余材料的成本达到调整结算期成本和利润的目的。

3. 工资的检查

对于采取特殊工资分配方式结算工资成本的纳税人检查时还要核实其与有关部门签订的合同或相关文件，确认其计税工资成本。对于纳税人的各项工资附加费，要通过“应付福利费”“其他应付款”等相关账户核实检查。为了准确核实纳税人职工人数，也可以结合纳税人向有关部门报送的“社会保险费申报表”“失业保险费核定表”

等报表查实问题。

4. 制造费用的检查

制造费用中的许多项目在其他成本项目的检查中已经涉及。对于办公费、劳动保护费、季节性及修理期间的停工损失等项目的检查，要对照“制造费用”账户的借方发生额和相应的会计凭证，进一步核实原始凭证的合法性和费用内容的真实性。

尤其要注意纳税人各项费用的报销手续、开支标准、验收手续是否符合有关制度的要求，防止纳税人将免税项目的制造成本和非生产项目的制造成本计入制造费用。

另外，纳税人的制造费用只能列入当期的生产成本，检查时要注意。

5. 生产成本分配的检查

在实施对纳税人生产成本在不同产品之间分配情况的检查时，“生产成本——基本生产成本”“生产成本——辅助生产成本”“制造费用”等账户和“费用分配表”、各类生产车间的原始记录是检查核实该问题的基础财务资料。通过核实“费用分配表”与“生产成本”“制造费用”等相关账户和有关的会计凭证金额是否一致，审查纳税人是否将待摊入其他期限的费用计入当期成本，是否将非生产费用计入当期成本，是否将免税产品的费用计入当期成本。

在实施对纳税人生产成本在相同产品的在产品和产成品之间分配情况检查时，“生产成本”“库存商品”等账户和“产品成本计算单”“期末在产品盘存表”是核实该问题的基础财务资料。按成本核算规则，在一个结算期内纳税人应该使用统一的分配方法。检查中首先检查纳税人的“生产成本”“产成品”账户，核实纳税人当期的生产成本总额和账面分配情况；其次，根据纳税人使用的成本分配方法核实纳税人的分配结果是否准确，防止纳税人人为调整不同时期的计税成本。对于检查期内有特殊经营需要的纳税人、享受税收优惠待遇的纳税人、经济效益好的纳税人，检查中要格外注意此类问题。

（二）费用的检查重点和方法

1. 销售费用的检查

保证纳税人据实列支销售费用，保证纳税人检查期的计税成本准确是检查销售费用的根本宗旨。

检查时要通过“销售费用”账户的借方发生额，确认纳税人销售费用的账面金额，同时对照相应的会计凭证审查销售费用支出的合法性，防止纳税人将购买固定资产或非生产物资发生的费用计入销售费用。

在检查此问题时，会计成本和税收成本会有较大的区别，要注意用有关的税收规定及时调整纳税人的税收成本。

2. 管理费用的检查重点和方法

检查管理费用的基本方法是对照税法的原则规定，检查纳税人“管理费用”总账及明细账账户的借方发生额，确认纳税人检查期内的管理费用总额和具体内容。

同时还必须核对原始凭证，防止纳税人随意扩大管理费用。对于管理费用核算中涉及的其他账户，如“无形资产”“递延资产”等，也要作相应检查，保证纳税人按规定摊销无形资产和递延资产。

当然，在管理费用财务核算的方法上，会计成本和税收成本有较大区别，检查时要注意调整。

3. 财务费用的检查重点和方法

检查纳税人的财务费用，可以从检查“财务费用”账户的借方发生额入手，对照“财务费用”账户的借方发生额所对应的“预提费用”“银行存款”“长期借款”等账户，分析纳税人利息支出的真实性，并且通过核对相关的原始凭证，分析纳税人是否存在利息收入不冲抵利息支出、长期借款的利息随意提取、人为调整外汇汇兑损益行为。

另外，在检查中还要注意纳税人是否将经营收入计入“财务费用”逃避部分税收。

（三）固定资产折旧的检查重点和方法

纳税人固定资产的日常修理费用，可以计入成本，但对于已经预提固定资产修理费用的纳税人，只能从预提费用中列支修理费用，不能重复计入成本。纳税人没有用完的预提修理费用，期末应该按规定及时冲减成本。

检查上述问题时，可以通过“制造费用”“管理费用”账户的借方发生额和“待摊费用”“预提费用”的贷方发生额相对照，并结合相关的会计凭证核实纳税人修理费支出及归属，剔除纳税人跨年度和违反规定列入固定资产原值的修理费。

（四）税费的检查重点和方法

根据税法规定，纳税人缴纳的消费税、资源税、关税、城市维护建设税、教育费附加等产品销售税金及附加，以及发生的房产税、车船使用税、土地使用税、印花税等可以税前扣除。

检查时可以根据税法规定，对照“应交税金”账户和“管理费用”账户及各类完税凭证核实检查。

（五）损失的检查重点和方法

检查时，要重点检查“营业外支出”账户的借方发生额，并对照其所对应的贷方科目和原始凭证，认真核实纳税人计入“营业外支出”的每笔支出是否符合税法的有关规定，对非法列支项目、人为扩大税前成本的行为要及时制止。

当然，检查人员要允许纳税人会计成本和税收成本的客观差异，保证纳税人依法纳税。

思考与练习

1. 简述如何检查增值税的进项税。

2. 简述消费税的检查要点。

3. 简述如何检查企业所得税的扣除项目。

4. 案例题：某生产企业是增值税一般纳税人，税率16%，2019年1月25~28日，当地主管税务机关对其上年12月检查时发现如下情况，请做出相关的会计调整。

（1）12月5日12号凭证：购进原材料一批，已验收入库，取得增值税专用发票，价款200000元，税32000元，取得运费发票一张，运费10000元，装卸费6000元，款项均未支付，企业：

借：原材料　214414.41

　　应交税费——应交增值税（进项税额）　33585.59

　　贷：应付账款　248000

（2）12月12日42号凭证：销售产品一批，开出专用发票，价款100000元，税16000元，货已发出，开具普通发票，取得包装物销售收入34800元，款项已收存银行，企业：

借：银行存款　150800

　　贷：主营业务收入　100000

　　　　应交税费——应交增值税（销项税额）　16000

　　　　应付福利费　34800

（3）12月18日50号凭证：没收逾期的包装物押金9280元，企业：

借：其他应付款　9280

　　贷：营业外收入　9280

（4）12月21日60号凭证：本单位基建工程领用外购的材料一批，成本价（不含运费）60000元，企业：

借：在建工程　60000

　　贷：库存商品　60000

（5）12月24日96号凭证：收购免税农产品一批作原材料，支付收购价120000元，支付运费5000元，货物已验收入库，相关票据符合规定，企业：

借：原材料　125000

　　贷：库存现金　125000

（6）12月25日102号凭证：将自产应税货物成本价90000元捐赠给受灾地区，市场价100000元，企业：

借：营业外支出　90000

　　贷：库存商品　90000

(7) 12 月 26 日 133 号凭证：销售下脚料，开具普通发票，取得含税收入 11600 元，企业：

借：银行存款　　11600

　　贷：销售费用　　11600

第九章

纳税服务理念的建立与完善

第一节　纳税服务概述

一、纳税服务的定义

纳税服务是指税务机关以法律法规为依据，以纳税人合理需求为导向，以信息化为依托，以提高税法遵从度为目的，为纳税人提供便捷、经济、高效的各种服务措施的总称。纳税服务通过丰富服务内容，创新服务手段，完善服务机制，提升服务质效，积极构建和谐的税收征纳关系，有利于落实党中央、国务院关于建设服务型政府和构建社会主义和谐社会的要求，推进服务型税务机关建设，实现纳税服务工作的科学发展。

纳税服务与服务行业提供的劳务是有区别的。第一，服务的主体不同，纳税服务的主体严格限定为征税人。而提供劳务的服务行业是比较宽泛的，根据世界贸易组织统计和信息系统局（SISD）的国际服务贸易分类表，服务行业包括商业服务、通信服务、建筑及有关工程服务、销售服务、教育服务、环境服务、金融服务、健康与社会服务、与旅游有关的服务、娱乐、文化与体育服务和运输服务，能够提供这些服务的企业、单位和个人都是服务行业的主体。第二，服务的目的不同，纳税服务不以营利为目的。而上述服务行业的服务都是以追逐利润为目的。第三，服务的对象不同，纳税服务的对象严格限定为纳税人和扣缴义务人。而服务行业的服务对象更加宽泛，是任何接受服务的企事业单位和个人。

二、纳税服务的意义

纳税服务工作始于纳税人需求，基于纳税人满意，终于纳税人遵从。为纳税人提供优质、高效、便捷的服务，是税务部门的重要职责，也是时代发展的要求。在新的经济社会形势下，税务机关做好纳税服务工作具有重要意义。

首先，纳税服务有利于转变政府职能、建设服务型政府。税务部门的执法状况和服务水平，关系到党和政府的形象，改进和优化纳税服务工作，是税务部门践行全心全意为人民服务宗旨的具体体现，也是推动建设服务型政府的重要举措。

其次，纳税服务与税收征管是税务部门的核心业务。税务部门为纳税人提供服务的内容和质量直接关系到税法遵从，只有为纳税人提供优质高效的服务，才能更好地引导和促进纳税人自愿遵从税法、依法诚信纳税，纳税服务和税收征管相辅相成，服务工作贯穿于税收征管的全过程。

最后，纳税服务是服务科学发展、共建和谐税收的重要内容。只有不断改进和优化纳税服务，才能更好地发挥税收筹集财政收入和调控经济、调节分配、服务科学发展的职能作用，促进税收征纳关系更加和谐。

此外，纳税服务还是世界税收发展的时代主题。当今世界各国特别是发达国家税务机关都非常重视纳税服务工作，普遍视纳税人为“顾客”，大力创新纳税服务方式和手段，积极维护纳税人合法权益。优化纳税服务已经成为世界各国融洽征纳关系、完善税收管理的普遍选择和共同趋势。

三、纳税服务的基本原则

（一）树立平等理念

征纳双方法律地位平等是税收法律关系的基本准则，也是构建和谐征纳关系的必然要求。要切实尊重纳税人的平等主体地位，在依法向纳税人行使征税权利的同时，也要为纳税人提供优质服务。

（二）满足合理需求

以更好地帮助纳税人实现纳税义务和维护纳税人权利为出发点和落脚点，认真倾听纳税人呼声，准确把握纳税人合理需求，更多地从纳税人角度考虑工作思路和措施，及时解决纳税人最关心的问题。

（三）坚持统筹协调

综合考虑全国纳税服务工作的内外环境、基础条件和发展现状等因素，理顺纳税服务与税收执法、纳税服务与组织收入的关系，统筹长远与当前、整体与局部、创新与稳定、成本与效益等关系，做到科学筹划，合理布局，协调发展。

（四）实现经济效能

充分运用现代管理和信息技术手段，优化服务流程，降低征纳成本，提高服务效益，为纳税人提供操作简便、成本节省、程序简化的纳税服务。

四、纳税服务的主要内容

（一）税法宣传

通过丰富宣传内容，优化宣传方式，强化分类宣传，帮助纳税人更好地了解税收权利和义务。

1. 丰富税法宣传内容

根据纳税人对宣传内容的需求，以纳税知识、税收政策和征纳沟通渠道作为宣传重点，针对税收常识、办税流程、难点问题、典型案例等内容，制作丰富多样的税法宣传资料。

2. 优化税法宣传方式

根据纳税人对宣传方式的需求，明确内部服务平台和外部新闻传媒等各类宣传方式的适用范围。发挥互联网易于检索、信息量大的优势，加强互联网宣传；突出面对面税法培训辅导生动直观、易于沟通等特点，加强培训辅导宣传；推进税务部门与涉税中介机构、行业协会、社区、志愿者组织等社会组织的合作，加强社会化宣传。

3. 注重分类税法宣传

根据纳税人对税法宣传的不同需求，有针对性地提供分类宣传产品。通过税务网站、短信平台等途径，为纳税人提供个性化税法宣传订制服务。针对不同行业和不同经济类型，企业管理层、财务主管、办税人员等不同群体，涉税中介机构、行业协会、志愿者组织等不同组织，分别开展税法宣传。针对大、中、小学学生的不同接受能力，采取灵活多样的方式普及税法知识。针对纳税人对税法宣传的个性需求，积极发挥税收管理员、办税服务厅人员和税务稽查人员等直接接触纳税人的优势，有针对性地开展个性化分类宣传。

（二）纳税咨询

通过多种咨询渠道，为纳税人提供准确高效的咨询解答，帮助纳税人更准确地理解税收权利和义务。

1. 提供多种选择

税务机关应当通过电话、网站、短信、传真、信函和面对面等多种方式为纳税人提供纳税咨询，积极推行网络在线咨询。面对面咨询工作量较大的单位，可以设置咨询辅导室，为纳税人提供预约咨询和集中解答。

2. 做到准确解答

纳税咨询人员依托纳税指南库，为纳税人提供统一和权威的解答。提倡使用普通话，有条件的地区可以推行多语种服务。

3. 确保及时回复

推行纳税咨询限时回复公开承诺，对于能够明确解释的咨询问题，应当场答复；对于不能即时解答的，应当在规定时限内按约定方式回复；对于暂不能准确答复的，应当按照规定程序，及时转交有关部门限时办理后回复；对于涉及多部门的疑难咨询问题，应当说明原因，经提交咨询专家组研究后及时回复。

4. 完善纳税指南

按照内容完整、分类科学、准确实用的要求完善全国统一的纳税指南库，作为税务机关为纳税人提供纳税服务的重要依据。建立纳税指南库分级维护机制，成立由纳税服务部门和有关业务部门组成的编审委员会，负责纳税指南的编写和更新。

（三）办税服务

通过完善服务功能，拓展多元办税，优化办税流程，精简涉税资料，帮助纳税人更便捷高效地行使权利和履行义务。

1. 完善服务功能

按照“窗口受理、内部流转、限时办结、窗口出件”的要求全面实行“一站式”服务，积极推行全程服务、预约服务、提醒服务、延时服务、首问责任制等办税服务制度。有条件的地区可以加快推进自助办税，逐步扩大涉税事项“同城通办”的业务范围，同时为办税不便的纳税人提供流动服务和上门服务。

2. 拓展多元办税

建立以网上办税为主体，上门办税、电话办税、短信办税、邮寄办税等方式为补充的多元化办税体系，实现税务登记、发票管理、申报缴税、涉税审批、信息查询等涉税事项的多元化办理。完善现有网上办税功能，拓展网上办税业务范围，在纳税人自愿选择前提下，积极引导纳税人选择网上办税。适时开发全国统一的电子申报系统，公布电子申报软件业务、技术、接口等标准，规范各类商业化申报软件。大力推广使用支票、银行卡、电子结算等方式缴纳税款，加快推行以财税库银横向联网为依托的电子缴税方式。

3. 优化办税流程

在全国范围内收集优化整合办税流程的改进意见，清理办税流程中存在的重复环节，进一步下放审批权限，前移审批事项，合理调配工作资源和压缩工作时间，合并办理不同税收业务流程中的调查、检查等事项。完善办税流程内控机制，建立新增办税流程会签制度，避免增加纳税人不必要的税收负担。建立测算纳税成本的标准成本模型（SCM），运用标准成本模型测算每项业务流程所耗费的时间、人力和资金，根据纳税成本的测算数据定期分析评估办税流程的合理性，为持续优化办税流程提供依据。积极推行办税业务标准化作业，进一步规范办税行为，缩短办税时间。

4. 精简涉税资料

加强与政府部门和社会组织的涉税信息共享，充分利用现有信息资源，全面清理并取消纳税人办理涉税事项重复报送的各类资料。积极推进无纸化办税，延长纸质资料报送期限，在电子资料具备法律效力的前提下取消纸质资料报送。重点清理申报表无效数据栏目，整合附报资料，探索研究实行综合申报表。

（四）权益保护

通过切实保障纳税人税前、税中、税后权益和及时满足纳税人合理需求，保护纳税人权益，营造公平、公正、和谐的税收环境。

1. 充分保障纳税人税前权益

在税收规章和规范性文件制定和清理过程中，广泛征求纳税人、涉税中介机构和专家学者的意见，积极采纳合理内容，增进纳税人理解，易于纳税人遵从。通过政务公开和办税公开等形式，及时公布和更新涉及纳税人权益的环节和事项，自觉接受纳税人和社会监督。

2. 切实维护纳税人税中权益

在依法行政过程中，对于遵从的纳税人，税务机关应当及时提供优质服务，方便快捷地为纳税人办理涉税事项；对于不遵从的纳税人，依法采取管理和稽查措施，维护正常税收秩序。在依法处理税收违法行为过程中，税务机关应当避免纳税人的正常经营秩序受到影响；处理过程应当告知纳税人权利和义务，听取陈述和申辩，做好解释和说明；处理结果应当合理使用行政自由裁量权，做到公平、公正。税务机关应当采取有效措施，充分保障纳税人依法享有减免退税权和保密权等法定权利。

3. 着力保护纳税人税后权益

税务机关应当按照分工负责的原则，受理和处理纳税人的投诉、举报以及复议、诉讼和国家赔偿申请，对职权范围外的纳税人诉求，及时转交相关职能部门处理。快速响应纳税人反映的问题，严格按照程序启动调查，并将处理结果及时反馈纳税人。根据纳税人自愿原则，依法组织调解，化解税收争议。

4. 及时满足纳税人合理需求

充分利用与纳税人直接接触以及第三方调查等各种渠道，收集纳税人对纳税服务、税务管理、税收执法和税收政策等方面的意见，定时汇集和科学分析纳税人需求，结合税收工作中存在的突出问题，有针对性地提出改进措施，并通过有效渠道及时反馈或者公告，增强纳税人对税务机关的信任度和认同感。

（五）信用管理

通过加强纳税信用评定管理，强化纳税信用评定结果应用，提高税收管理和纳税服务的综合效能。

1. 加强信用评定管理

落实纳税信用等级评定管理试行办法，完善纳税信用评定指标体系和等级标准，以税收管理信息系统为基础开发纳税信用评级软件，建立纳税信用信息数据库，实现纳税信用的动态管理。

2. 强化信用结果应用

健全纳税信用分析制度，完善自愿遵从纳税人评价机制，根据不同的纳税信用等级，区分不同风险级别，合理调配资源，实施分类管理，促进纳税人税法遵从度的提高。将纳税信用评定结果纳入社会信用评价体系，促进全社会信用水平的提高。

（六）社会协作

通过规范涉税中介服务，加强与社会组织协作，发挥社会主体的服务优势和杠杆作用。

1. 发挥涉税中介作用

优化涉税中介机构执业环境，健全涉税中介行业制度，为涉税中介机构守法、中立、公正开展服务营造良好环境。加强涉税中介机构的监管，杜绝指定或强制税务代理现象，促进涉税中介机构健康发展。加强涉税中介执业质量评估监控和行业诚信体系建设，促进行业自律，提高服务质量。向涉税中介机构提供有针对性的培训和指导，提高涉税中介机构服务能力，发挥涉税中介机构在纳税服务工作中的积极作用。

2. 加强社会组织协作

加强与财政、公安、工商、银行以及社区组织、行业协会等部门和组织的合作，为纳税人提供更加便利的服务。支持纳税服务志愿者开展志愿服务，提供志愿者税收知识辅导培训，为志愿者和需求者之间的信息交流创造条件。与咨询、科研等机构合作，联合开展满意度测评、需求调查和纳税服务课题研究等工作。

五、纳税服务的保障措施

（一）健全组织机制

健全纳税服务机构，明确纳税服务职责，建立领导协调机制，为推进纳税服务工作开展提供组织保障。

1. 健全纳税服务机构

税务局系统应当按照国家税务总局关于系统机构改革相关文件的要求完善纳税服务组织机构。

2. 明确纳税服务职责

明确各级税务机关及其内部各部门的纳税服务职责，规范服务事项运转流程，形成内容完整、职责清晰、运行高效的纳税服务岗位职责和工作规程。

3. 建立领导协调机制

根据纳税服务工作蕴含于税收工作全过程的实际情况，在各级税务机关建立健全党组统一领导、纳税服务部门组织协调、其他部门各负其责的纳税服务工作领导协调机制，保障和促进纳税服务工作全面协调持续发展。

（二）推进制度建设

适时推动纳税服务相关立法，建立健全纳税服务工作制度，为推进纳税服务工作开展提供制度保障。

1. 推动完善相关法律

结合税收征收管理法的修订，确立尊重和保护纳税人权利的基本原则，规范纳税服务的主体和职责，明确纳税人的基本权利。适时推动纳税人权利保护法律法规的制定，规范纳税人权利保护行政程序，完善纳税人权利救济渠道。建立和完善税收信用法律制度。推动在政务活动中使用电子签名、数据电文具体办法的出台，确定纳税人涉税电子信息的法律效力。

2. 健全纳税服务制度

根据纳税服务工作需要，制订完善全国统一的纳税服务系列制度规范，明确税务机关各部门的纳税服务业务流程和考核办法，逐步形成较为完善的纳税服务制度体系。

3. 建立制度创新机制

建设全国性制度创新交流平台，鼓励各地结合实际创新服务手段和服务措施，定期总结和交流各地经验，不断优化纳税服务工作制度。

（三）优化平台建设

优化纳税服务平台建设，建设标准统一的办税服务厅、全国统一的税务网站群和纳税服务热线，为推进纳税服务工作开展提供渠道保障。

1. 建设标准统一的办税服务厅

规范办税服务厅建设标准，按照全国统一的管理办法持续优化办税服务厅功能。科学配置办税服务厅资源，按照税源分布状况科学设置办税服务厅，依据工作量合理调整窗口职能，提倡设立全职能窗口为纳税人提供综合性的办税服务，优先配备人员和设备，积极推进自助办税，引导纳税人选择网上办税等便捷服务渠道。

2. 建设全国统一的税务网站群

制定全国统一的税务网站建设标准，建成全国统一的以国家税务总局网站为龙头、省级税务网站为主体的税务网站群。在省级税务网站上搭建功能和界面统一的“网上税务局”，同步整合省以下税务网站。在实现宣传咨询、办税服务和权益保护等基本服务功能基础之上，逐步拓展网上互动功能，增强疑难问题在线咨询、意见建议在线收集、投诉举报在线受理等征纳互动功能。

3. 建设全国统一的纳税服务热线

健全省级集中的12366纳税服务热线，推进省级国税、地税局共同建设12366纳税服务热线。实现并完善宣传咨询、投诉举报等基本服务功能，逐步开通发票查询、待办事项查询、纳税人信息查询、电话申报、满意度随机调查等功能。依托12366纳税服务热线同步实现短信服务功能。在完善省级12366纳税服务热线的基础上，按照“全国统一、两级集中、远程坐席”的模式，建设国家级纳税服务热线。

4. 实现纳税服务信息共享

按照金税工程三期建设的要求，建立满足多种接口要求的全国统一的总局、省局两级纳税服务信息平台。建立全国统一的纳税指南库，推进纳税服务热线、税务网站、办税服务厅之间的服务功能整合和互动，逐步将各类纳税服务事项整合到统一的平台上管理，逐步实现纳税服务平台与税收征管、办公自动化等税收管理系统信息资源共享。

（四）强化队伍建设

加强纳税服务队伍建设，合理配置人力、提高服务能力、建立激励机制，打造高素质的纳税服务队伍，为推进纳税服务工作开展提供人力保障。

1. 合理配置人力

各级税务机关应当根据纳税服务工作实际情况，适度增配纳税服务岗位人员；优化人员结构，合理选配适合纳税服务工作要求的人员从事纳税咨询、纳税人权益保护等工作；定位长远发展，积极引进纳税服务工作急需的专业人才。

2. 提高服务能力

大力开展政治思想教育、职业道德教育和税收业务教育，提高服务意识和工作技能，将纳税服务人员纳入税务系统教育培训的整体计划，统筹安排，分层次、分类型逐年开展。培训内容包括纳税服务制度、工作规范、服务准则、服务技能、心理调适技巧等。重点加强纳税服务负责人理论培训、业务骨干师资培训、纳税咨询和权益保护人员专业培训。

3. 建立激励机制

加大对纳税服务工作岗位人员的关心与支持力度，强化纳税服务人员的责任心与使命感。建立健全纳税服务人才评价、培养、使用、激励机制，建立纳税服务人才库，加强对优秀人才的奖励和激励，激发人才的创造活力和工作热情。各级税务机关应当将纳税服务工作岗位视为培养锻炼干部、提升综合协调能力的重要岗位，逐步建立纳税服务岗位激励机制。

（五）加强经费管理

加大纳税服务经费投入，规范纳税服务经费管理，提高纳税服务经费使用效率，为推进纳税服务工作开展提供财力保障。

1. 保证经费投入

各级税务机关应当明确将纳税服务工作所需的经费列入年度经费预算并逐步加大其所占比例，确保纳税服务所需资金及时到位。

2. 规范经费管理

根据经济、社会发展和纳税人需求变化，动态管理纳税服务经费，适时优化投放结构，逐步规范经费构成，切实控制纳税服务成本。

3. 提高使用效率

在优先保障为大多数纳税人提供普遍服务的基础上，重点保障满足纳税人迫切需求的分类服务和个性化服务，持续保障“网上税务局”等基础工程建设，大力支持纳税服务工作创新，切实提高纳税服务资金使用效率。

（六）细化绩效考评

建立科学有效的纳税服务考评机制，全面开展纳税服务绩效考评，通过分析评估结果查找存在问题并加以完善，为推进纳税服务工作开展提供监督保障。

1. 建立指标体系

按照“科学合理、普遍适用”的原则，围绕服务效率和服务质量提升的工作要求，逐步建立纳税服务定性指标与定量指标相结合的纳税服务绩效考评指标体系。

2. 开展绩效考评

按照“内外结合、客观公正”的原则，通过内部服务绩效测算和服务质量回访、外部监督员评价、第三方调查等多种形式，充分利用信息化手段加强指标数据分析，客观评价纳税服务绩效。

3. 推行评比通报

按照“激励为主、均衡推进”的原则，建立纳税服务绩效评比通报制度，由下而上、逐级分步推行评比通报工作，形成纳税服务绩效评估长效机制。

4. 坚持持续改进

按照“协调发展、持续改进”的原则，加强对绩效评估结果的沟通反馈和综合分析，引导和督促各部门、各环节对制约纳税服务质效的制度和流程进行优化和改善，对税收管理和纳税服务中存在的突出问题提出具体解决措施，逐步建立纳税服务持续改进机制。

第二节　纳税服务投诉

一、纳税服务投诉的基本概念和要求

纳税服务投诉是指纳税人（含扣缴义务人和其他涉税当事人）认为税务机关及其工作人员在履行纳税服务职责过程中未提供规范、文明的纳税服务或者侵犯其合法权益，可以向税务机关进行投诉，税务机关应办理纳税人投诉事项。对通过税务行政复议、诉讼等法定途径解决的事项，应当依照有关法律、行政法规的规定办理。

由县级以上税务机关的纳税服务管理部门具体办理纳税服务投诉事项，负责受理、调查、处理纳税服务投诉。

纳税人进行纳税服务投诉应当客观真实，不得隐瞒、歪曲、捏造事实，不得诬告、陷害他人。

税务机关及其工作人员在办理纳税服务投诉事项中，必须坚持合法、公正、及时的原则，不得徇私、偏袒，不得打击、报复。

二、纳税服务投诉范围

纳税服务投诉的范围包括纳税人对税务机关工作人员服务态度不满意而进行的投诉、纳税人对税务机关及其工作人员服务质效不满意而进行的投诉以及纳税人认为税务机关及其工作人员在履行职责过程中侵害其合法权益而进行的投诉。

（一）纳税人对税务机关工作人员服务态度不满意而进行的投诉

对服务态度的投诉，是指纳税人认为税务机关工作人员在履行纳税服务职责过程中工作用语、行为举止不符合文明服务规范要求而进行的投诉。具体包括：

（1）税务机关工作人员使用服务忌语的；

（2）税务机关工作人员对待纳税人态度恶劣的；

（3）税务机关工作人员行为举止违背文明礼仪服务其他要求的。

（二）纳税人对税务机关及其工作人员服务质效不满意而进行的投诉

对服务质效的投诉，是指纳税人认为税务机关及其工作人员办理涉税业务时，未能提供规范、高效的服务而进行的投诉。具体包括：

（1）税务机关及其工作人员未按规定时限办理、回复涉税事项的；

（2）税务机关及其工作人员受理纳税人涉税事项或者接受纳税人涉税咨询，按规定应当一次性告知而未能一次性告知的；

（3）在涉税业务办理、纳税咨询、服务投诉和税收工作建议方面，税务机关工作人员未履行首问责任制的；

（4）税务机关未按照办税公开要求的范围、程序或者时限，公开相关税收事项和具体规定，未能为纳税人提供适当的查询服务的；

（5）税务机关及其工作人员违反纳税服务规范其他要求的。

（三）纳税人认为税务机关及其工作人员在履行职责过程中侵害其合法权益而进行的投诉

侵害纳税人合法权益的投诉，是指纳税人认为税务机关及其工作人员在履行纳税服务职责过程中未依法执行现行税收法律法规规定，侵害纳税人的合法权益而进行的投诉。具体包括：

（1）税务机关及其工作人员泄露纳税人商业秘密或者个人隐私的；

（2）税务机关及其工作人员擅自要求纳税人提供规定以外资料的；

（3）税务机关及其工作人员妨碍纳税人行使纳税申报方式选择权的；

（4）税务机关及其工作人员妨碍纳税人依法要求行政处罚听证、申请行政复议以及请求行政赔偿的；

（5）同一税务机关违反规定，在一个纳税年度内，对同一纳税人就同一事项实施超过 1 次纳税评估或者超过 2 次税务检查的；

（6）税务机关及其工作人员违反规定强制纳税人出具涉税鉴证报告，违背纳税人意愿强制代理、指定代理的；

（7）税务机关及其工作人员违反规定或者违背公开承诺，有侵害纳税人合法权益的其他行为的。

三、提交与受理

（一）提交投诉的要求

（1）纳税人对纳税服务的投诉应当采取实名投诉。投诉可以通过网络、电话、信函或者当面等方式提出。

纳税人进行实名投诉，应当列明下列事项：

①投诉人的姓名（名称）、有效联系方式；

②被投诉单位名称或者被投诉个人的相关信息及其所属单位；

③投诉请求、主要事实、理由。

纳税人通过电话或者当面方式提出投诉的，税务机关在告知纳税人的情况下可以对投诉内容进行录音或者录像。

（2）纳税人对税务机关及其工作人员的投诉，可以向本级税务机关提交，也可以向其上级税务机关提交。

（3）已就具体行政行为申请税务行政复议或者提起税务行政诉讼，且被依法受理的，不可同时进行纳税服务投诉。但具体行政行为同时涉及纳税服务态度问题的，可就纳税服务态度问题单独向税务机关进行投诉。

（二）受理

（1）纳税服务投诉符合规定的投诉范围且属于下列情形的，税务机关应当受理：

①纳税人进行实名投诉，且投诉材料列明所要求的事项；

②纳税人虽进行匿名投诉，但投诉的事实清楚、理由充分，有明确的被投诉人，投诉内容具有典型性。

（2）属于下列情形的，税务机关不予受理：

①违反法律、法规、规章有关规定的；

②针对出台的法律、法规、规章和规范性文件规定进行投诉的；

③投诉人就税务机关已处理完毕的相同事项进行投诉，经上级税务机关复核后维持原处理决定的；

④投诉事实不清，没有具体诉求或者有效联络方式，无法核实办理的；

⑤不属于投诉范围的其他情形。

（3）税务机关收到投诉后，应于2个工作日内进行审查，决定是否受理，并分别按下列方式处理：

①投诉事项符合规定受理范围，按照“属地管理、分级负责”的原则处理；

②规定范围以外的投诉事项应分别依照相关规定告知投诉人向有权处理的部门投诉或者转有权处理的部门处理；

③对于投诉要件不全的，应当及时与投诉人取得联系，补正后予以受理。

（4）对于不予受理的实名投诉，税务机关应当以适当形式告知投诉人，并说明理由。

（5）税务机关收到投诉后，未在2个工作日内审查作出不予受理决定，或者转相关部门处理的，自收到投诉之日起视为受理。

（6）上级税务机关认为下级税务机关应当受理投诉而不受理或者不予受理的理由不成立的，可以责令其受理。

上级税务机关认为有必要的，可以直接受理应由下级税务机关受理的纳税服务投诉。

（7）纳税人的同一投诉事项涉及两个（含）以上税务机关的，应当由首诉税务机关牵头协调处理。首诉税务机关协调不成功的，应当向上级税务机关申请协调处理。

（8）税务机关应当建立纳税服务投诉事项登记制度，将投诉时间、投诉人、被投诉人、联系方式、投诉内容、受理情况以及办理结果等有关内容录入《纳税服务投诉事项处理表》。

（9）各级税务机关应当向纳税人公布负责纳税服务投诉机构的通讯地址、投诉电话、电子邮箱、税务网站和其他便利投诉的事项。

四、调查与处理

（一）调查

（1）税务机关调查、处理投诉事项，应本着注重调解、化解争议的原则进行。调查处理纳税服务投诉事项，应当由两名以上工作人员参加。

（2）投诉人要求保密的，税务机关及其工作人员应当为投诉人保密；调查人员与投诉事项或者投诉人、被投诉人有利害关系的，应当回避。

（3）税务机关应当对纳税人投诉的具体事项进行调查、核实。调查过程中应当充分听取投诉人、被投诉人的意见，查阅相关文件资料，调取有关证据，必要时可实地核查。

（4）调查过程中发生下列情形之一的，应当终结调查：

①投诉事实经查不属于纳税服务投诉事项的；

②投诉内容不具体，无法联系投诉人或者投诉人拒不配合调查，导致无法调查核实的；

③投诉人自行撤销投诉，经核实，确实不需要进一步调查的。

（二）处理

（1）税务机关根据调查核实的情况，对纳税人投诉的事项分别作出如下处理，并将处理结果以适当形式告知实名投诉人：

①投诉情况属实的，责令被投诉人限期改正，并视情节轻重分别给予被投诉人相应的处理；

②投诉情况不属实的，向投诉人说明理由。

纳税人因服务态度不满进行的纳税服务投诉事项应当在10个工作日内办结。

纳税人因服务质效和侵犯权益进行的纳税服务投诉事项，应当在20个工作日内办结；情况复杂的，经受理税务机关纳税服务部门负责人批准，可以适当延长办理期限，但延长期限不得超过15个工作日，并以适当形式告知投诉人。

被投诉人应当按照责令改正要求的限期，对投诉事项予以改正，并自限期期满之日起3个工作日内将改正结果书面报告作出处理决定的税务机关。

(2) 纳税人当场提出投诉，事实简单、清楚，不需要进行调查的，税务机关可以即时进行处理，事后应当补填《纳税服务投诉事项处理表》进行备案。

纳税人当场投诉事实成立的，被投诉人应当立即停止或者改正被投诉的行为，并向纳税人赔礼道歉，税务机关应当视情节轻重给予被投诉人相应处理；投诉事实不成立的，处理投诉事项的税务机关工作人员应当向纳税人说明理由。

(3) 税务机关在投诉事项办理结束后，应当对留下有效联系方式的实名投诉人进行回访。投诉人对处理结果不满意的，税务机关应当分析原因，并决定是否开展补充调查。

五、指导与监督

(1) 上级税务机关应当加强对下级税务机关纳税服务投诉工作的指导与监督。

各级税务机关应当及时对纳税服务投诉情况进行统计、分析、整理和归档，并定期向上一级税务机关提交情况报告。

对于办理纳税服务投诉过程中发现的有关税收制度或者行政执法中存在的普遍性问题，应当向有关部门提出合理化建议。

(2) 建立上级对下级税务机关纳税服务投诉办理情况通报制度，定期将投诉及处理情况进行通报。

(3) 各级税务机关应当积极依托信息化手段，规范流程、强化监督，不断提高纳税服务投诉处理质效。

思考与练习

1. 简述纳税服务的含义。
2. 简述纳税服务包括的内容。
3. 简述纳税服务投诉适用的范围。
4. 简述纳税服务调查的要求。
5. 案例题：张某于2003年3月进入某市集贸市场经营水果，未办理税务登记，市国税局城区分局集贸税务所核定张某每月应纳税额1000元，并下达核定书，同时书面通知张某于每月1～10日到税务所缴纳上月税款，但至4月11日，张某一直未缴纳3月税款，税务所派税务人员王某和协税员陈某去催缴，但张某拒不缴纳。于是王某和陈某在未留下字据的情况下，扣留张某价值1000元的水果10箱，存放在某厂仓库。4月20日，张某仍未缴纳税款，经税务所长批准，税务所将水果委托市场经营水果的黄某代卖。因部分水果腐烂，卖得600元，支付代卖费用100元，500元抵缴税款。王某再次找张某，发现张某已于4月16日离开该市场，所有商品和货物已带走。但得知，该市场纳税人刘某曾向张某借800元，王某要求刘某代张某缴纳税款500元，刘某被迫同意。请指出本案中不符合相关法律规定的处理。

第十章

税收计划、税收会计与税收统计

第一节　税收计划

一、税收计划概述

（一）税收计划与税收计划管理

税收计划是税务机关在现行的税收制度条件下，根据国民经济计划及其发展变化的趋势，结合国家宏观经济政策及财政税收政策的调整变化情况，对未来一定时期内的税收收入进行测算而编制的收入计划。

税收计划是国家预算的重要组成部分，是全体税务人员在一定时期内的工作奋斗目标，也是检查和考核税收工作的重要依据。

税收计划管理就是税务机关根据国家经济政策、税收法律及国民经济和社会发展计划，结合客观经济实际编制税收计划，用以指导、组织和监督税收分配活动的一项管理工作。税收计划管理是税收管理的重要内容，也是税收征收管理的重要工具。税收计划管理贯穿于税收管理的全过程。

（二）税收计划的分类

（1）按照税收计划期限的不同，可以将税收计划分为长期税收计划、中期税收计划和短期税收计划。

长期税收计划是指计划期在10年以上的税收计划。长期税收计划是一个比较粗略的远景规划，必须通过中期税收计划和短期税收计划加以具体化，才能得以组织实施。

中期税收计划是指计划期在5年左右的税收计划。中期税收计划是长期税收计划的具体化，避免了长期税收计划的粗略性，同时也避免了短期税收计划的局限性，是制定短期税收计划的依据。

短期税收计划是指计划期在 1 年之内（包括 1 年）的税收计划。相对于长期税收计划和中期税收计划而言，短期税收计划的指标更为具体，内容更为全面和细致。按照不同的计划周期，短期税收计划还可以进一步细分为年度计划和季度计划。其中年度计划是税收计划的最主要形式，是考核税收工作的重要依据，也是计划期内全体税务人员的奋斗目标。

（2）按照预算管理范围的不同，可以将税收计划分为中央税收计划和地方税收计划。

中央税收计划是指按照财政管理体制的要求，列入中央财政预算范围的税收收入计划。中央税收计划的编制主体是国家税务总局。

地方税收计划是指按照财政管理体制的要求，列入地方财政预算范围的税收收入计划。地方税收计划的编制主体是省以下各级税务局。

（3）按照目的和作用的不同，可以将税收计划分为收入计划与工作计划。

收入计划是指以组织税收收入为主要目标的税收计划。一般而言，大部分税收计划都是为了顺利地组织税收收入而制定的，因此收入计划是税收计划的主要形式。

工作计划是指为了实现组织税收收入之外的其他目标而制定的税收计划。如国家税务总局下达的个体税收、涉外税收等计划，就属于工作计划，其主要目的是进一步加大对上述税种（类）的征收管理和执法力度，而不在于组织收入。

（三）税收计划管理的作用

税收计划对整个管理活动的成效影响很大。税收计划为征收机关的行动提供了方向，同时又是协调征收机关内部各职能部门行动的重要手段，还是控制和衡量税收管理效果的标准。具体来说，税收计划管理有以下几方面的作用。

1. 有利于调动各方面进行税收管理的积极性

各项税收分配目标的实现，必须依靠各有关部门和全体征收人员的共同努力。通过税收计划管理，就是要使各有关部门和征收人员明确自己在完成税收目标过程中的位置和责任，克服税收管理工作的盲目性和被动性，调动各方面的积极性，使大家围绕同一目标协调地开展税收管理工作。

2. 有利于筹集资金，保证国家建设资金的需要

税收收入是我国目前财政收入的主要来源。税收收入计划包含在税收计划之中，它不仅关系到财政计划，而且关系到整个国民经济计划和事业发展规划。因此，加强税收计划管理，可以使税收计划的编制建立在积极、稳妥、可靠的基础上，可以把税款及时、足额地缴入国库，保证国家财政收入计划的完成，以满足国家政治经济发展的资金需要。

3. 有利于检查和考核税收管理水平

税收计划的指定和完成情况，在一定程度上反映了税收管理水平，通过对税收计划的编制和执行情况的检查，可以及时发现税收管理工作中存在的问题，为提高税收管理水平提供依据和参考。

二、税收计划的编制

（一）税收计划编制的原则

1. 客观原则

编制税收计划要尊重客观规律，对计划期内经济税源情况，认真进行调查研究和全面分析，反复平衡计算。客观原则要求税收计划的编制要坚持从一切实际出发、实事求是的指导思想，不能随心所欲，严重脱离实际。

2. 适度原则

要把主观能动性同客观可能性结合起来，充分发挥人的积极因素和增产增收潜力，计划指标既要订得积极稳妥，又要适当留有余地，起到指导和推动组织收入的作用。税收计划指标的设定既不能过高，也不能过低，应当是积极并通过努力可以达到的目标，以促进征收管理的积极性。

3. 合理原则

要以国民经济和社会发展计划为基础，结合社会经济的发展变化情况，按照税收政策法规、价格，并考虑计划期内的各项收入增减变化因素，综合进行研究预测。对税收计划指标的设定，要按照科学、合理的方法来进行，尽量避免主观性的臆断。

（二）税收计划的编制主体

根据财政管理体制所确定的预算管理范围的不同，税收计划由国家各级税务机关分级编制。

国家税务总局作为全国税收计划的主管部门，负责全国税收总计划的编制。在全盘制订全国税收计划的基础上，重点做好属于中央财政固定收入和中央与地方共享收入税种的计划编制。负责下达税收指令性计划。对于属于地方固定收入税种提出建议计划，按征管范围下达各级税务系统。监督检查下级税务机关计划执行情况。

省级税务机关编制税收计划。一方面主要根据国家税务总局下达的计划指标，结合考虑本地区国民经济发展计划和财政预算安排，参照各地上报的计划建议数编制税收计划，体现了以垂直管理为主、以中央税收为主的计划特点；另一方面依据本地区财政预算的安排，结合考虑国家税务总局指导计划的要求，适当参照各地上报的计划建议数，体现了以地方为主导的特点。并按照编制的计划下达下一级税务部门，监督检查下级税务机关的计划执行情况。

地、市、州级税务机关税收计划的编制方式与省级税务机关基本相同。地市以下税务系统要按照上级税务局下达的任务数进行编制税收计划，并如数向下分配，检查下级税务机关的计划执行情况。

县级税务机关是税收计划的基层编制单位，一般只编制分税种、分级次计划，不再编制基层征收单位计划。

（三）税收计划的编制程序

随着经济体制改革的深入，我国从1994年开始实行了分税制，因此税收收入计划是中央与地方分别编制的。

税收收入计划主要分为年度计划和季度执行计划。我国采取上下结合的编制和分配计划程序，先自下而上提出计划建议和意见，逐级上报，由国家税务局编制，然后再自上而下核定分配计划指标。年度税收计划由国家税务局核定下达各省、自治区、直辖市税务局执行。季度执行计划由市、县税务机关根据年度计划的要求进行安排，下达基层征收单位落实执行。

税收收入计划的编制，一般要经过编制前的准备、计划的正式编制、撰写编制说明、正式上报等过程。

1. 编制前的准备

税收计划正式编制之前，首先要做好编制前的准备工作。编制部门要充分了解国民经济的发展状况，要到综合经济部门了解国民经济发展的有关数据，搜集计划期内国民经济计划指标与发展目标；向行业主管部门搜集主要行业、重点企业计划期主要产品产量、销售量、价格、利润等生产经营指标。同时，要整理与计算单位税额、平均税率、平均收益率、计税价格、预算级次等有关资料、指标；还要搜集历年的税收资料、上年计划执行情况以及现行税制和税收政策，并对重点税源进行必要的调查。

经济税源调查是税收计划管理的一项基础性工作，是税收计划管理过程中的重要环节。它贯穿于税收计划管理的全过程，是预测税收收入、编制税收计划，分析、检查和考核税收计划完成情况的基础。研究分析影响经济税源发展变化的各种因素，不仅可以增强税收管理工作的预见性，挖掘税源潜力，为编制税收收入计划提供依据，而且可以为改革和完善税制以及征收管理提供客观依据。调查的内容包括：国家经济政策对税收的影响；税制改革对税收的影响；国民经济各部门的税源情况对税收的影响；经济生活中以及社会生活中出现的新情况、新问题对税收的影响。

2. 计划的正式编制

准备工作做好以后，就开始进入税收计划的正式编制阶段。在这一阶段，一般要根据实际情况采取定率法、定额法、推算法、比例法和技术测定法等测算方法，对计划指标进行（分税类或分税种）测算与汇总。

目前我国主要采用的是定率法中的“税收负担率法”，税收负担率法主要以平均

“税收负担率”和计划期的国内生产总值（GDP）为依据，计算计划期的税收收入计划数。它由平均“税收负担率”、计划期的国内生产总值、国内生产总值偏差系数、应分摊差额和特殊因素构成。用公式表示为：

某地区计划期税收计划 = 该地区计划期国内生产总值 × 近年 GDP 计划偏差系数 × 近年平均税收负担率 + 应分摊差额

3. 撰写编制说明

一份完整的税收计划，除了数字以外，还要有文字说明。其主要目的是使上级管理机关在审查计划时，能够了解税收计划编制的基本情况、计划口径、指标之间的逻辑关系等。编制说明一般包括计划建议数编制原则、编制依据、编制方法、主要增减因素分析以及其他需要说明的问题。

4. 审核和确定

税收计划草案编制完成后，首先要进行审核。税收计划在报送和分配前，审核是一个十分重要的环节。加强对各级税收计划编制后的审核，对提高计划质量有重要意义。审核税收计划的目的，不仅在于检查其编制口径、计算方法和内容有无错误，更重要的是了解经济税源变化情况和编制的税收计划是否合理。经过认真审核修改后，最后要提交计划编制机关的领导审定，经审定后，计划编制工作即告完成。

5. 正式上报

税收计划编制部门在编制计划报表和编制说明的基础上，将计划上报。一般是由下级税务机关以正式文件的形式向上级主管税务机关报送。

三、税收计划的调整和执行

（一）税收计划的调整

税收收入计划特别是年度计划上报并被批准之后，就纳入了国家预算，一般不做调整，必须保持计划的严肃性和相对稳定性。

但是在计划执行过程中，确实由于有重大经济、财政、税收政策措施变动而引起税收变化，或遇有严重自然灾害，以及行政区划变动，涉及税源转移，影响税收计划完成时，可提出调整计划的意见，由上级税务机关作出必要的调整。也可以根据实际情况，允许剔除这些变化因素，考核计划执行情况。

（二）税收计划的执行

税收计划的执行过程，就是反映经济发展变化过程和税收管理过程，包括税收计划的分配、检查和分析。

税收计划编制后，需要具体分配到各个省市区，落实到基层的具体征收工作中，税收计划分配的合理与否直接影响着税收收入计划的完成情况，计划编制的再科学再精确，如果分配不合理，计划落不到实处，也无法保证其顺利完成，因此税收计划编制后，必须将计划合理分配。

税收计划经上级核定，层层分解落实后，各级征收机关就必须积极地组织计划的实现，促进收入任务的完成。同时，还要经常对税收计划进行系统地考核、检查和分析，及时了解情况，发现问题，从而采取有力措施，加强管理，以保证税收收入计划按时完成。

税收计划执行情况的检查分析是实现计划管理中一个必不可少的环节，是一项经常性的工作。税收计划要按旬掌握进度，按月、季、年分析检查计划执行情况。检查是对税收计划执行情况和执行结果进行有组织、有步骤、有目的的检查，以便发现计划执行过程中出现的薄弱环节和存在的问题，从而采取有效措施解决问题，挖掘新的潜力。分析是对计划执行情况和结果进行综合的分析，它要借助于一定的分析方法，研究影响税收完成情况的主客观因素，并确定各种因素对税收计划变动的影响程度，进而总结经验与教训，逐步掌握和认识税收计划完成的规律，不断采取措施，组织新的平衡。

第二节　税收会计

一、税收会计概述

税收会计是以税收法规为依据，以货币为计量单位，运用一般会计方法，反映和监督税收分配活动过程及其结果。税收会计的核算对象是税收资金及其运动，即税务部门组织征收的各项收入的应征、征收、减免、欠缴、上解、入库和提退等运动的全过程。

各核算单位对所有实际发生的并引起税收资金运动的税收业务，都必须如实、及时地进行会计核算。不得伪造、变造会计凭证、会计账簿、报送虚假的会计报表。任何部门、单位和个人不得指使、强令税收会计篡改会计资料和提供虚假的会计资料。

所涉及的税收业务，都必须在税收业务发生时填制或取得合法的会计原始凭证，并由核算单位各凭证受理部门于填制或收到凭证的次日送交会计机构或会计人员。

会计年度自公历 1 月 1 日至 12 月 31 日止。会计核算以人民币“元”为记账单位，元以下记至分。

二、税收会计的核算单位

税收会计核算单位，按其对税收资金管理任务的不同，分为直接管理税收资金上解的单位（简称上解单位）、直接管理税收资金入库的单位（简称入库单位）、管理税收资金上解和入库双重业务的单位（简称双重业务单位）及管理部分税款上解和部分税款入库的混合业务单位（简称混合业务单位）四种。

上解单位，指直接负责税款的征收、上解业务，而不负责与金库核对入库税款和从金库办理税款退库业务的税务机关。它是入库单位的基层核算单位，核算税收资金从应征到上解的过程，为了满足上解单位考核税收收入任务的需要，它还必须将税款的提退也纳入其核算范围，以便提供税款上解净额指标。

入库单位，指直接负责与金库核对入库税款和从金库办理税款退库业务，而不直接负责税款的征收和上解业务的税务机关。它是上解单位和混合业务单位的上级核算单位，它核算税收资金从应征到入库（提退）的全过程。

双重业务单位，指既直接负责税款的征收、上解业务，又直接负责与金库核对入库税款和从金库办理税款退库业务的税务机关。它核算税收资金从应征到入库（提退）的全过程。

混合业务单位，指与乡（镇）金库的设置及其职责相对应，对规定在乡（镇）金库入库的税款，除负责征收业务外，还负责办理在乡（镇）金库的入库和退库业务；对规定在支金库入库的税款，只负责征收和上解业务，而不负责入库和退库业务的税务机关。它是入库单位的基层核算单位，核算税收资金从应征到上解过程及部分税收资金的入库和提退过程。

设置乡金库的地区，可以按混合业务单位组织会计核算，也可以按上解单位组织会计核算，具体按哪种单位组织核算，由各地税务机关自定。

入库单位和双重业务单位以上各级税务机关均为会计核算汇总单位。

各核算单位和汇总单位都必须在有关机构中设置税收会计人员并指定会计主管人员。担任会计机构负责人和会计主管人员必须具有国家规定的相应会计任职资格。会计机构负责人和会计主管人员调动工作或离职，必须事先征得上级税务机关会计机构负责人的同意，并且必须与接管人员办清交接手续。

各核算单位和汇总单位向上级税务机关或对外报送的会计核算资料，应有核算单位或汇总单位负责人、会计机构负责人、会计主管人员的签章。签章人员对会计资料的合法性、真实性承担法律责任。

三、税收会计的记账方法

税收会计采用“借贷记账法”。税收会计“借贷记账法”，以税务机关为会计实体，以税收资金活动为记账主体，采用“借”“贷”为记账符号，运用复式记账原理，反映税收资金的运动变化情况。其会计科目划分为资金来源和资金占用两大类。它的所有账户分为“借方”和“贷方”，左“借”右“贷”，“借方”记录资金占用的增加和资金来源的减少，“贷方”记录资金占用的减少和资金来源的增加。它的记账规则是，对每项税收业务，都必须按照相等的金额同时记入一个账户的借方和另一账户的贷方，或一个账户的借方（或贷方）和几个账户的贷方（或借方），即“有借必有贷，借贷必相等”。

借贷记账法的平衡公式是：

所有账户的借方余额（或发生额）合计＝
所有账户的贷方余额（或发生额）合计

或：

所有资金占用账户余额合计＝所有资金来源账户余额合计

四、税收会计科目

税收会计科目是对税收会计核算对象的具体内容，按照税收资金运动过程和税收管理需要，进行科学分类的项目。它是设置账户、组织会计核算的依据。

国家税务总局统一规定的总账科目名称、编号、核算内容及其使用方法，各地不得自行变更。如有特殊情况，需要在国家税务总局统一规定的总账科目之外增设其他总账科目，可由省级税务机关统一作出规定。

各地必须按照国家税务总局统一规定的明细科目内容进行明细核算；需要在国家税务总局统一规定的明细科目之外增设其他明细科目，及二级、三级等各层明细科目的具体名称、编号和使用方法由各省级税务机关自行制定。

省级以下各级税务机关必须严格按照国家税务总局和省级税务机关的规定设置和使用会计科目，不需要的会计科目可以不用，不得随意增减会计科目或改变科目名称、编号、核算内容和使用方法。

根据现行税收制度和税收管理需要，以及国家预算收入科目和国家金库制度，税收会计科目按四种核算单位的业务情况综合设置如表 10－1 所示。

表 10－1　　税收会计科目

顺序号	编号	总账科目	明细科目
一、		来源类科目	
1	101	应征税收	按税种设。
2	109	应征其他收入	按收入种类设。

续表

顺序号	编号	总账科目	明细科目
3	121	多缴税金	
4	191	暂收款	按暂收款性质设二级明细，按户设三级明细。
二、		占用类科目	
5	201	待征税收	上解单位、双重业务单位和混合业务单位按户、按税种设；入库单位按上解单位和混合业务单位、按税种设。
6	209	待征其他收入	上解单位、双重业务单位和混合业务单位按户、按收入种类设；入库单位按上解单位和混合业务单位、按收入种类设。
7	211	减免税金	上解单位和混合业务单位按税种和其他收入种类设；双重业务单位和入库单位按税种和其他收入种类、按减免性质设。
8	221	上解税收	按税种设。
9	229	上解其他收入	按收入种类设。
10	231	待解税金	入库单位按各上解单位和混合业务单位设；其他核算单位不设。
11	241	在途税金	入库单位按上解单位和混合业务单位、按税收和其他收入大类设；双重业务单位和混合业务单位按税收和其他收入大类设。
12	251	入库税收	按预算收入科目有关类款项和级次设。
13	259	入库其他收入	按收入种类和级次设。
14	261	提退税金	上解单位和混合业务单位按税种和其他收入种类设；双重业务单位和入库单位按税种和其他收入种类、按提退性质设。
15	271	待清理呆账税金	上解单位、双重业务单位和混合业务单位按户、按税种和其他收入种类设；入库单位按上解单位和混合业务单位、按税种和其他收入种类设。
16	279	待处理损失税金	按税种和其他收入种类设。
17	281	损失税金核销	按税种和其他收入种类设。
18	291	保管款	

会计科目核算内容和使用方法包括以下几方面。

1. “应征税收”“应征其他收入”，是上解单位、入库单位、双重业务单位和混合业务单位的共用科目

本类科目核算纳税人发生纳税义务后，税务机关应征的税金。包括：（1）纳税人和扣缴义务人及代征代售单位（人）向税务机关申报、预缴或由税务机关直接核定的应纳税金；（2）按定期定额方式征收的应纳税金；（3）不须缴纳，但须向税务机关申请的已发生的征前减免税金；（4）查补的各种税金、滞纳金和罚款；（5）税务机关征

收的临时性零散税金等。当增值税纳税申报进项税额大于销项税额，应征税金为零时，不作账务处理，但以留抵税额抵顶欠税时，应作账务处理。

本类科目“贷方”记实际发生的应征税金数和申报无误缴款有误的应退多缴税金数，“借方”记应退还的多缴税金数和抵减应征税金数。即实际发生各项应征税金时，借记“待征”类科目，贷记本类科目；发生应退还的多缴税金时，借记本类科目，贷记“多缴税金”科目；若应退多缴税金属于申报无误缴款有误的多缴税金，还应借记“待征”类科目，贷记本科目；以留抵税额抵顶欠税、定期定额户停业抵减当期定额税款、调低定额抵减当期原定额税款及申报发生错误而多报税款需要抵减原申报数（税款未缴）时，借记本类科目，贷记“待征”类科目。平时余额在“贷方”，表示累计实现的应征税金总量。年终与“上解”类科目、“入库”类科目、“减免税金”“提退税金”和“损失税金核销”科目的“借方”余额进行对冲，冲账后的余额与“多缴税金”科目余额之和，表示年终欠缴税金、在途税金、待解税金、待处理损失税金和待清理呆账税金的来源合计数。年终余额应结转下年度继续处理。

2. “多缴税金”，是上解单位、入库单位、双重业务单位和混合业务单位的共用科目

本科目是“应征”类科目的抵减科目，核算应退还纳税人、扣缴义务人及代征代售单位（人）的多缴税金。(1) 纳税人、扣缴义务人及代征代售单位（人）自行申报或申请并经税务机关核定应退还的多缴税金；(2) 税务机关、审计机关和财政监督机关在税务检查中发现的多缴税金；(3) 税务机关在行政复议中确定的多缴税金；(4) 法院在审理税务案件中判定的多缴税金。本科目不核算减免退税、出口退税。

本科目“贷方”记多缴税金发生数，“借方”记实际抵缴或退还的多缴税金数。即发生应退还的多缴税金时，借记“应征”类科目，贷记本科目；以多缴税金抵减欠税或抵减本期应纳税款时，借记本科目，贷记“待征”类科目；以现金或退库方式退还多缴税金时，借记本科目，贷记“提退税金”科目。余额在“贷方”，表示未抵缴或未退还的多缴税金数。年终余额应结转下年度继续处理。

3. “暂收款”，是上解单位、双重业务单位和混合业务单位的共用科目

本科目核算按照规定向纳税人收取的预缴纳税保证金、发票保证金和拍卖款。

本科目“贷方”记实际收到的保证金和拍卖款，“借方”记保证金和拍卖款抵缴应纳税款数和退还数。即实际收到保证金和拍卖款时，借记“保管款”科目，贷记本科目；以保证金和拍卖款抵缴应缴税款、退还保证金时，借记本科目，贷记“保管款”科目。余额在“贷方”，表示暂收款未处理数。年终余额应结转下年度继续处理。

4. “待征税收”“待征其他收入”，是上解单位、入库单位、双重业务单位和混合业务单位的共用科目

本类科目核算应征而未征的税金。

本类科目“借方”记所有应征税金发生数和申报无误缴款有误的应退多缴税金数及呆账税金收回数，“贷方”记实征税款数和征前减免税金数、实际抵缴的多缴税金数和各种抵减待征税金数以及结转到“待处理损失税金”科目的损失税金数和结转到“待清理呆账税金”科目的欠税数。即发生应征税金时，借记本类科目，贷记“应征”类科目；发生申报无误缴款有误的应退税金时，借记本类科目，贷记“应征”类科目；纳税人、扣缴义务人和代征代售单位（人）直接向银行缴纳税款及税务征收人员自行将自收税款汇缴银行时，借记“上解”类科目（入库单位和双重业务单位借记“在途税金”科目；混合业务单位属于在乡金库入库的税款，也借记“在途税金”科目），贷记本类科目；扣缴义务人、代征代售单位（人）和税务征收人员向会计结报现金税款或以纳税保证金、发票保证金和拍卖款抵缴税款时，借记“待解税金”科目，贷记本类科目；发生征前减免时，借记“减免税金”科目，贷记本类科目；以多缴税金抵减欠税或抵减本期应纳税款时，借记“多缴税金”科目，贷记本类科目；以留抵税额抵顶欠税、定期定额户停业抵减当期定额税款、调低定额抵减当期原定额税款及申报发生错误而多报税款需要抵减原申报数（税款未缴）时，借记“应征”类科目，贷记本类科目；结报前发生损失税金时，借记“待处理损失税金”科目，贷记本类科目；呆账欠税结转时，借记“待清理呆账税金”科目，贷记本类科目；呆账税金收回时，借记本类科目，贷记“待清理呆账税金”科目。余额在“借方”，表示实际欠缴数。年终余额应结转下年度继续处理。

5.“减免税金”，是上解单位、入库单位、双重业务单位和混合业务单位的共用科目

本科目核算应纳税金发生后减征和免征（包括通过退库方式实施减征和免征）的税金，即实际发生的减免税金。已批准但未发生的减免税金不核算；出口退税不作为减免税金核算；非生产、经营性单位（个人）的征前免征税金不核算；纳税人解散、破产、撤销，经过法定清算仍未收回而依法注销的欠税和按国家规定经批准依法注销的欠税不在本科目核算。

本科目“借方”记实际发生的各种减免税金数（包括各种退库减免），“贷方”平时无发生额。即发生征前减免和以欠税抵顶减免时，借记本科目，贷记“待征”类科目；通过退库减免时，借记本科目，贷记“提退税金”科目。平时余额在“借方”，表示累计减免数。年终按税收和其他收入分类，与相应的“应征”类科目的“贷方”余额结转冲销后无余额。

6.“上解税收”“上解其他收入”，是上解单位和混合业务单位的共用科目

本类科目核算纳税人、扣缴义务人、代征代售单位（人）直接缴入和税务机关自行征收后汇总缴入银行的税金。混合业务单位属于在乡金库入库的税款缴入银行时，不在本类科目核算，应在“在途税金”科目核算。

本类科目“借方”记已经缴入银行的税金，“贷方”记接到入库单位提退清单的退

库税金数。即纳税人、扣缴义务人和代征代售单位（人）直接向银行缴纳税款及税务征收人员自行将自收税款汇银行时，借记本类科目，贷记“待征”类科目；税收会计将结报的税款现金或存款汇缴银行时，借记本类科目，贷记“待解税金”科目；收到入库单位转来的提退清单时，借记“提退税金”科目，贷记本类科目。平时余额在“借方”，表示扣除退库数后的累计净上解税金数。年终与相应的“应征”类科目的“贷方”余额进行冲销后无余额。

7. “待解税金”，是上解单位、入库单位、双重业务单位和混合业务单位的共用科目

本科目核算扣缴义务人、代征代售单位（人）和税务征收人员向会计结报的税款现金或存款。小额退税和损失税款追回及赔偿一律经过本科目进行核算，即小额退税必须由税收会计办理，从库存税款现金中退付；损失税款追回及赔偿也都必须交给税收会计，由税收会计汇总缴库。

本科目“借方”记税款现金和存款增加数，“贷方”记减少数。即会计收到扣缴义务人、代征代售单位（人）和税务征收人员结报现金税款或以纳税保证金、发票保证金和拍卖款抵缴税款时，借记本科目，贷记“待征”类科目；责任人赔偿损失税款和追回损失税款时，借记本科目，贷记“待处理损失税金”科目；税收会计将库存现金或存款汇缴银行时，借记“上解”类科目（入库单位和双重业务单位借记“在途税金”科目；混合业务单位属于在乡金库入库的税款，也借记“在途税金”科目），贷记本科目；从库存现金中办理小额退税时，借记“提退税金”科目，贷记本科目；库存税款现金或存款发生损失时，借记“待处理损失税金”科目，贷记本科目。余额在“借方”，表示税款现金和存款实有数。年终余额应结转下年度继续处理。

8. “在途税金”，是入库单位、双重业务单位和混合业务单位的共用科目

本科目核算已经缴入银行上解，但尚未到达国库的税金。对于混合业务单位，不管对应多少个乡金库或多少个银行，凡是在乡金库入库的税款，只要税款缴入银行，都要通过“在途税金”科目核算；凡是在支金库入库的税款，缴入银行上解时，不在本科目核算，应在“上解”类科目核算。

本科目“借方”记缴入银行的税款数，“贷方”记已到达国库的税款数。即纳税人、扣缴义务人和代征代售单位（人）直接向银行缴纳税款及税务征收人员自行将自收税款汇缴银行时，借记本科目，贷记“待征”类科目；将库存税款现金或存款汇缴银行时，借记本科目，贷记“待解税金”科目；税款到达国库时，借记“入库”类科目，贷记本科目。平时余额在“借方”，表示在途税金实有数，如果出现“贷方”余额，则表示已入库但尚未收到缴款书报查联或上解凭证汇总单和待解凭证汇总单等征解凭证的税款数。年终决算前，在年度清理期内，应将其余额处理完毕，决算一般无余额，如有余额应结转下年度继续处理。

9. “入库税收”“入库其他收入”，是入库单位、双重业务单位和混合业务单位的共用科目

本类科目核算已入库的税金。

本类科目“借方”记已入库的税金数，“贷方”记从国库办理的提退税金数。即税款入库时，借记本类科目，贷记“在途税金”科目；从国库提退税款时，借记“提退税金”科目，贷记本类科目。平时余额在“借方”，表示累计入库数。年终与相应的“应征”类科目的“贷方”余额冲销后无余额。

10. “提退税金”，是上解单位、入库单位、双重业务单位和混合业务单位的共用科目

本科目核算在自收税款中支付的小额退税和通过退库方式提退的各项税金。包括：(1) 汇算清缴和申报结算的多缴税款退税（含税收政策调整结算退税）；(2) 出口退税；(3) 因误收、误缴而多缴税款的小额退税和退库退税；(4) 减免退税；(5) 提退代扣代收手续费和代征手续费。

本科目“借方”记实际退库和小额退税数，“贷方”记退库减免结转到“减免税金”科目数和多缴税款退税冲转“多缴税金”科目数。即发生退库退税时，借记本科目，贷记“入库”类科目（上解单位及混合业务单位在支金库入库的税款贷记“上解”类科目）；若退库税金属于减免退税，还应借记“减免税金”科目，贷记本科目；若退库税金属于多缴退税，还应借记“多缴税金”科目，贷记本科目。发生小额退税时，先借记本科目，贷记“待解税金”科目；然后借记“多缴税金”科目，贷记本科目。平时余额在“借方”，表示累计出口退税数、手续费提退数和其他退税数。年终按税收和其他收入分类，与相应的“应征”类科目“贷方”余额结转冲销后无余额。

11. “待清理呆账税金”，是上解单位、入库单位、双重业务单位和混合业务单位的共用科目

本科目核算超过 3 年仍然没有收回的欠税，以及纳税人发生解散、破产、撤销经法定清算后仍未收回准备核销的欠税。其中欠税按日历日期计算，从滞纳之日起，超过 3 年仍然没有收回时，经基层税务机关核实，并报地（市）级税务机关审批确认为呆账后，根据呆账审批确认书将欠税由“待征”类科目转入本科目核算。

本科目“借方”记批准确认的呆账税金数和纳税人发生解散、破产、撤销经法定清算后仍未收回准备核销的欠税数。“贷方”记纳税人发生解散、破产、撤销并经法定清算后仍未收回而依法注销的欠税数和按国家规定经批准依法注销的欠税数及确认呆账税金后又清理收回的欠税数。即批准确认呆账税金或经法定清算后仍未收回欠税时，借记本科目，贷记“待征”类科目；依法注销欠税时，借记“损失税金核销”科目，贷记本科目；确认的呆账税金以后清理收回时，借记“待征”类科目，贷记本科目。余额在“借方”，表示尚未清理的呆账税金数。年终余额应结转下年度继续处理。

12. "待处理损失税金"，是上解单位、入库单位、双重业务单位和混合业务单位的共用科目

本科目核算税款征收后，由于各种原因造成损失，需要上报审批等待处理的损失税金。

本科目"借方"记上报审批等待处理的损失税金数，"贷方"记经批准予以核销或追回的损失税金及责任人赔偿的税金数。即税款在结报前发生损失时，借记本科目，贷记"待征"类科目；库存税款现金或存款发生损失时，借记本科目，贷记"待解税金"科目；批准核销损失税金时，借记"损失税金核销"科目，贷记本科目；损失税金追回或赔偿时，借记"待解税金"科目，贷记本科目。余额在"借方"，表示尚未处理的损失税金数。年终余额应结转下年度继续处理。

13. "损失税金核销"，是上解单位、入库单位、双重业务单位和混合业务单位的共用科目

本科目核算按规定审批权限报经批准同意核销的损失税金和纳税人发生解散、破产、撤销经法定清算仍未收回而依法注销的欠税及按国家规定经批准依法注销的欠税。

本科目"借方"记损失税金批准核销数和欠税依法注销数，"贷方"平时无发生额。即批准核销损失税金时，借记本科目，贷记"待处理损失税金"科目；依法注销欠税时，借记本科目，贷记"待清理呆账税金"科目。平时余额在"借方"，表示累计批准税款核销数和依法注销欠税数。年终按税收和其他收入分类，与相应的"应征"类科目"贷方"余额结转冲销后无余额。

14. "保管款"，是上解单位、双重业务单位和混合业务单位的共用科目

本科目核算存放在税务机关或金融单位的纳税保证金、发票保证金和拍卖款现金和存款。

本科目"借方"记保管款现金和存款增加数，"贷方"记减少数。即收到保证金和拍卖款时，借记本科目，贷记"暂收款"科目；以保证金和拍卖款抵缴应缴税款、退还保证金时，借记"暂收款"科目，贷记本科目。余额在"借方"，表示保管款现金和存款实有数。年终余额应结转下年度继续处理。

五、会计凭证

税收会计凭证是说明税收业务发生情况，明确经济责任，具有法律效力，并据以登记账簿的书面证明文件。各项税收业务的会计处理，都必须有原始凭证，并据审核无误的原始凭证归类整理填制记账凭证，然后才能根据原始凭证和记账凭证记账。税收会计凭证按其填制程序和用途分为原始凭证和记账凭证两种。

（一）税收会计原始凭证

税收会计原始凭证是记录税收业务发生的最初书面证明，它是进行会计核算的原

始资料，是填制记账凭证和登记明细账的依据。原始凭证必须是证明税收业务已经发生或已经完成的文件，凡是不能证明税收业务已经实际发生或完成的文件，都不能单独作为会计的原始凭证。

税收会计原始凭证按其反映的税收业务内容的不同，分为应征凭证、减免凭证、征解凭证、入库凭证、提退凭证和其他凭证六大类，除此以外，各上解单位和混合业务单位还可制作各类原始凭证的汇总单作为会计核算的原始凭证。各类凭证的具体内容如下。

1. 应征凭证

应征凭证是指税务机关用以确定纳税人、扣缴义务人及代征代售单位（人）应缴税金发生情况的证明，是核算应征税金的原始凭证。具体有以下几种：

（1）纳税申报表（当纳税申报表中有减免税款时，该纳税申报表同时也是一种减免凭证）；

（2）代扣代收税款报告；

（3）预缴税款通知单；

（4）企业纳税定额申请核定表或应纳税款核定书；

（5）年（季度）纳税营业额申报核定表或定税清册；

（6）调整定额税款通知书；

（7）核准停业通知书；

（8）申报（缴款）错误更正通知书；

（9）税务处理决定书；

（10）税务行政处罚决定书；

（11）税务行政复议决定书；

（12）审计决定书；

（13）财政监督检查处理（处罚）决定书；

（14）法院判决书；

（15）海关（代征税款）专用缴款书；

（16）各种临时征收凭证（指税务机关在纳税人发生纳税义务的当时，就当即确定其应纳税额，并当即予以征收而填开的各种税收票证，包括临时征收的税收缴款书，税收完税证和印花税票销售结报单等）。

为便于会计记账和票证保管，对此类凭证可要求征收人员或代征单位（人）在结报税款时汇总填制一份“票款结报单”，附上述原始凭证一起报送会计，会计以“票款结报单”作为应征凭证。

2. 减免凭证

减免凭证指按税法规定享受减税、免税的纳税人，在减税、免税期间发生纳税义务后，按税务机关确定的纳税申报期限向税务机关填报的，用以确定其实际享受的减征、免征税额的一种凭证。它是记录减免税金实际发生情况的证明，是减免税金核算的依据。具体种类如下：

（1）征前减免的，其减免凭证即为纳税申报表。凡是某个税种全部免征的纳税人，都应按期单独填报纳税申报表；同一税种部分项目免征，部分项目应纳税款的，可以分别单独填报纳税申报表，也可以合填一份纳税申报表，全额申报应纳税款，应当减免的税款填列在纳税申报表的有关专栏中，作为应纳税款的抵减数；属于减征税款的纳税人，必须全额填报纳税申报表，减征税款部分填列在有关专栏中，作为应纳税款的抵减数。所有减免税款都必须在纳税申报表中注明减免性质。

（2）退库减免的，其减免凭证为办理退库的收入退还书。签发收入退还书时，必须在收入退还书的备注栏注明减免性质。

3. 征解凭证

征解凭证是纳税人、扣缴义务人和代征代售单位（人）缴纳税款或办理税款结报和上解时使用的一种凭证。它是核算上解税金、在途税金和待解税金的依据。征解凭证种类如下：

（1）各种税收缴款书报查联及汇总专用缴款书收据联；

（2）各种税收完税证存根联；

（3）税收转账专用完税证存根联或汇总划解税款清单；

（4）罚款收据存根联；

（5）代扣代收税款凭证报查联；

（6）票款结报单；

（7）印花税票销售结报单；

（8）邮寄汇款收款凭证。

上述八种征解凭证中，票款结报单、印花税票销售结报单和用于征收临时税款的各种税收缴款书、税收完税证同时也是核算应征税金的原始凭证。对于征收呆账税金的，应在上述各种征解凭证的备注栏注明“征收呆账税金”字样。

4. 入库凭证

入库凭证是证明税款已经缴入国库的一种凭证。它是核算入库税金的原始凭证。具体有三种：

（1）各种税收缴款书回执联；

（2）预算收入日报表；

（3）更正通知书。

5. 提退凭证

提退凭证是税务机关从已征收或已入库的税款中，办理退税和提成或证明退税和提成时使用的一种凭证。它是记录提退税金发生情况的证明，是核算提退税金的原始凭证。具体有三种：

（1）收入退还书报查联和付账通知联；

（2）小额税款退税凭证存根联；

（3）提退清单。入库单位办理退库后，应及时向上解单位和混合业务单位填发“提退清单”，通知提退情况。

上述提退凭证中，如果所退税款属于减免退税，则该凭证同时也是减免税金核算的原始凭证。

6. 其他凭证

其他凭证是指除以上各种凭证外，可以证明税收业务发生或完成的其他各种凭证。主要有纳税保证金收据、发票保证金收据、票款损失报告单、票款损失处理批准文件、损失税金追回及赔偿收据、扣押商品货物财产专用收据、退税（抵税）申请审批确认书、呆账税金审批确认书、法定清算报告、注销欠税批准文件、注销税务登记通知书、拍卖品收购发票、拍卖款汇款收款凭证、拍卖款转账退款凭证、拍卖款现金退款凭证、异地完税凭证、核准延期纳税通知书、催缴税款通知书以及其他各种可以证明税收业务发生的凭证。

上述各种原始凭证，如联数不够，可以用复印件或自制凭证作为会计原始凭证。

7. 税收会计原始凭证汇总单

为满足入库单位会计核算需要，各上解单位和混合业务单位必须将原始凭证归类整理、按期（最长不得超过 10 天）编制以下各种原始凭证汇总单一式两份，一份留存；一份及时上报入库单位作为会计核算的原始凭证。

（1）应征凭证汇总单。是上解单位和混合业务单位根据应征凭证等原始凭证汇总编制的，向入库单位上报应征税金等发生情况的一种原始凭证汇总单，它是入库单位核算应征税金等有关税金的原始凭证。

（2）征前减免凭证汇总单。是上解单位和混合业务单位根据征前减免凭证汇总编制的，向入库单位上报征前减免税金情况的一种原始凭证汇总单。它是入库单位核算减免税金的原始凭证。

（3）上解凭证汇总单。是上解单位和混合业务单位根据纳税人、扣缴义务人、代征代售单位（人）和自收现金税款的税务征收人员自行向银行缴纳税款的税收缴款书报查联及汇总专用缴款书收据联等原始凭证汇总编制的，向入库单位上报税款上解等情况的一种原始凭证汇总单。是入库单位核算在途税金等有关税金的原始凭证。

（4）待解凭证汇总单。是上解单位和混合业务单位根据反映待解税金变化情况的所有原始凭证汇总填制的，用以向入库单位上报待解税金变化情况的一种原始凭证汇总单。它是入库单位核算待解税金的原始凭证。

（5）入库凭证汇总单。是混合业务单位根据乡（镇）金库直接办理税款入库的各种税收缴款书回执联汇总编制的，向入库单位上报其入库税款情况的一种原始凭证汇总单。是入库单位核算入库税金的一种原始凭证。

（6）退库凭证汇总单。是混合业务单位根据从乡（镇）金库办理税款退库的收入退还书报查联汇总编制的，向入库单位上报其税款退库情况的一种原始凭证汇总单。它是入库单位核算提退税金的一种原始凭证，如有减免退税，它还是核算减免税金的一种原始凭证。

（二）税收会计记账凭证

税收会计记账凭证是根据审核无误的原始凭证或原始凭证汇总单加以归类整理编制，确定会计分录作为登记会计总账及其明细账的依据（其式样见附件）。记账凭证的编制要求如下：

（1）必须以审核无误的原始凭证或原始凭证汇总单为依据，按每一项税收业务或同类税收业务汇总填制，不得把不同类型的税收业务合并填在一张记账凭证上。

（2）编制要及时，要按税收业务发生日期及时填制，不得无顺序地编制。

（3）总账科目和二级明细科目必须填写全称，不得只填代码不填名称或简化科目名称。

（4）科目对应关系要清楚，会计分录只能一借一贷或一借多贷、一贷多借，不得编制多借多贷的会计分录。

（5）记账凭证应按业务发生日期的顺序按月连续编号。

（6）每份记账凭证要注明所附原始凭证的张数，并连同原始凭证及时整理，装订整齐。如果原始凭证需要另外保管或几种不同业务共用一张原始凭证的，必须在摘要栏加注说明，以备查找。

会计凭证于记账后，应按会计档案要求及时装订，加具封面，并注明年度、月份、编号和签章，于年度终了后归档保管。

六、税收会计账簿

会计账簿是以会计凭证为依据，按照会计科目，运用会计账户形式，全面、系统和连续地记录税收资金活动情况的簿籍。它是编制会计报表的主要依据。

（一）税收会计账簿的分类

税收会计设置以下几种账簿：

（1）总分类账。又称总账，它是按总账科目设置，考核税金活动总括情况，平衡账务，控制和核对各明细账的簿籍。

（2）明细分类账。又称明细账，它是按明细科目设置，具体核算总账科目有关明细项目的簿籍。

（3）日记账。它是按照税收业务发生时间的先后顺序逐笔进行登记的簿籍。

（4）辅助账。又称备查账簿，它是对在总账、明细账和日记账中未能记载的事项或记载不够详细的税收业务进行补充登记的簿籍。

（二）税收会计账簿的设置和登记

1. 总分类账的设置和登记

税收会计各核算单位对其所用的总账科目都必须分别设置账页，开设账户。总分类账簿必须将账页固定在一起装订成册，其账页格式采用“借、贷、余”三栏式。可以按记账凭证直接登记，也可以将记账凭证按相同科目加以汇总，编制科目汇总表，然后根据科目汇总表登记。

2. 明细分类账的设置和登记

税收会计各核算单位都必须按照会计科目中规定的明细核算内容设置明细账。明细账必须根据记账凭证并参考原始凭证或原始凭证汇总单进行登记。它一般使用活页式账簿，其账页格式可采用三栏式和多栏式（可以是发生额分析多栏、借方发生额多栏、贷方发生额多栏）两种。三栏式明细账结构同总分类账相同。多栏式明细账是将某明细科目所属的一级明细科目或二级明细科目，作为该明细科目的发生额，合并在一张账页上进行登记的一种账页。

发生额分析多栏的登记方法是：资金来源类科目的贷方发生额用蓝字登记，借方发生额用红字登记；资金占用类科目的借方发生额用蓝字登记，贷方发生额用红字登记。期末结账时，各栏红蓝数字相抵后的差额即为该栏目的余额。

会计科目中规定的分户明细科目，原则上应按每个纳税人、扣缴义务人和代征代售单位（人）设置账户，对每户纳税情况进行序时、逐笔登记，以反映每个纳税人、扣缴义务人和代征代售单位（人）的纳税全貌。但对临时性税收和代征代售、代扣税收可以集中设置账户。其账页格式一般采用三栏式或多栏式。

3. 日记账的设置和登记

为了加强对税款和保管款库存现金、存款的监督管理，各上解单位、双重业务单位和混合业务单位都必须在“待解税金”“保管款”总账科目下设置现金、存款日记账，以便序时、逐笔记录库存现金和存款的收入、付出和结存。日记账必须使用订本式账簿，由负责现金出纳的税收会计人员根据记账凭证按日逐笔登记，其账页格式采用三栏式。

4. 辅助账的设置和登记

（1）各入库单位和双重业务单位必须设置“应征和入库查补税金登记簿”。登记方法为：根据税务处理决定书、税务行政处罚决定书、税务行政复议决定书、法院判决书、审计决定书、财政监督检查处理（处罚）决定书或应征凭证汇总单的应征查补税金记“应征查补税金”增加数，根据查补税金的税收缴款书回执联和入库凭证汇总单的入库查补税金记“入库查补税金”增加数。

（2）为便于税收收入分析和组织收入工作，各上解单位、双重业务单位和混合业务单位必须在“待征”类科目下设置“欠缴税金登记簿”，分设“缓征”和“往年陈欠”两类，每类按税种设明细，反映欠缴税金构成情况。分上述类别核算时，凡是属于经批准缓征的税款，不管是上年批准缓征，还是当年批准缓征，都记入“缓征”中；除缓征税款外，凡是本年以前各年度的欠税都记入“往年陈欠”中。

其账簿格式可采用“借、贷、余发生额分析”多栏式，按欠缴税金类别设账页，按税种设多栏。登记方法为：批准缓征时，根据批准文件将缓征税款记入“缓征”借方，缓征税款到期或征收时，根据到期或征收的缓征税款记入“缓征”的贷方；发生往年欠税时，将往年欠税记入“往年陈欠”的借方，往年欠税征收或转为呆账税金时，将征收或确认呆账的往年欠税记入“往年陈欠”的贷方。

（3）为满足税收收入分析需要，各上解单位、双重业务单位和混合业务单位必须设置“留抵税额登记簿”，用以核算反映增值税留抵税额情况。

使用计算机核算的单位，其账簿格式可采用“借、贷、余”三栏式，“贷方”登记本期进项抵扣税额和本期动用期初进项抵扣税额，“借方”登记本期实际抵扣税额和本期留抵税额抵顶欠税数，余额在“贷方”，反映期末尚未抵扣完的留抵税额；采用手工核算的单位，其账簿格式由各地根据当地核算条件自定。该登记簿的登记依据是一般纳税人报送的增值税纳税申报表中的相关数据。

（4）其他辅助账应根据各核算单位的具体情况设置，主要有查封（扣押）物品登记簿、入库税金明细登记簿、出口产品退税明细登记簿和提取手续费登记簿等。一般根据原始凭证和有关的征管资料进行登记。

辅助账的具体格式由各核算单位自定。

（三）税收会计账簿的使用和登记要求

（1）使用账簿时，应在“账簿启用表”上将各栏内容填写清楚，经办人员更换交接时，应填明交接日期，互相签章。年度终了，必须将活页账簿装订成册归档保存。

（2）各种账簿的记录，必须做到登记及时、内容完整、数字正确、摘要清楚，不得乱擦乱补、涂改或用退色药水消除字迹。

（3）账簿记录发生错误，应根据错误性质和具体情况，采用画线更正法、红字冲销法和补充登记法加以更正。

（4）税收会计以月为结算期，以年度为决算期。“入库”类账户应按旬小结。月份、年度终了时，各种账户必须办理结账。“提退税金”账户每月结账时，应结出本月借方发生额合计和本年借方累计发生额。每次结账时，应先进行试算平衡，总账与明细账必须核对无误，有关账户必须办理年度结转冲销工作。

七、税收会计核算程序

税收会计可采用记账凭证和科目汇总表两种核算程序。但一个核算单位在一个会计年度内，只能采用其中的一种程序，而不能交叉使用两种程序。

1. 记账凭证核算程序

（1）根据原始凭证或原始凭证汇总单填制记账凭证；

（2）根据记账凭证登记日记账；

（3）根据原始凭证或原始凭证汇总单和记账凭证，登记明细账和有关的辅助账；

（4）根据记账凭证登记总账；

（5）总账和有关的明细账、日记账核对，明细账与有关的辅助账核对；

（6）根据总账、明细账和有关的辅助账编制会计报表。

其程序如图 10－1 所示。

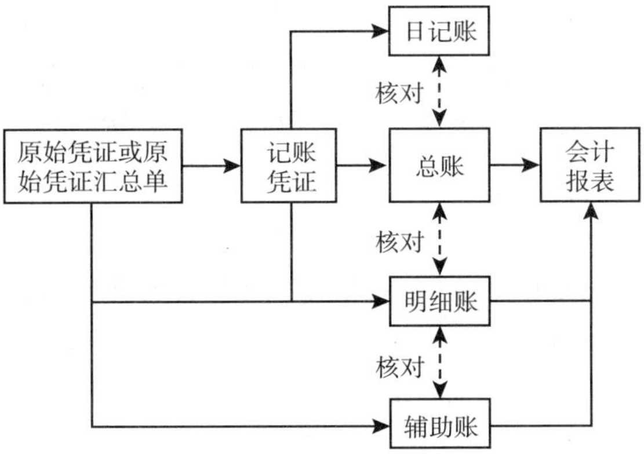

图 10－1　税收会计记账凭证核算程序

2. 科目汇总表核算程序

（1）根据原始凭证或原始凭证汇总单填制记账凭证；

（2）根据记账凭证登记日记账；

（3）根据原始凭证或原始凭证汇总单和记账凭证，登记明细账和有关的辅助账；

（4）根据记账凭证定期按科目借方和贷方发生额汇总编制科目汇总表；

（5）根据科目汇总表登记总账；

（6）总账和有关的明细账、日记账核对，明细账与有关的辅助账核对；

（7）根据总账、明细账和有关的辅助账编制会计报表。

其程序如图 10－2 所示。

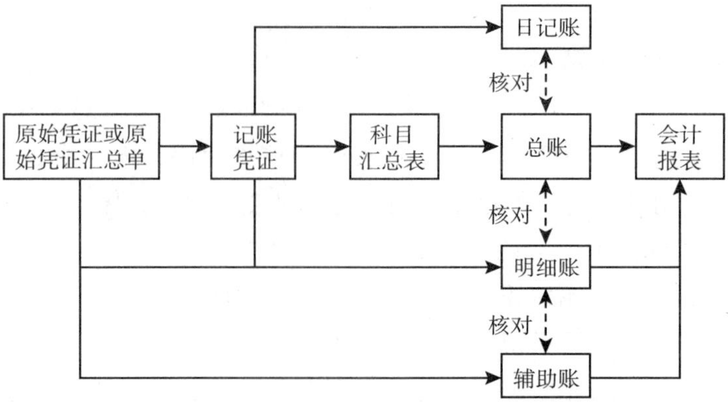

图 10－2　税收会计科目汇总表核算程序

八、税收会计报表

税收会计报表是用特定的表式，以会计账簿资料为主要依据，以货币为计量单位，通过一系列的税收指标，集中反映会计报告期内税收资金运动情况的书面报告。

各核算单位必须严格按照规定的时间向其上级税务机关编报各种会计报表。汇总单位应及时对下属核算单位上报的报表进行审核，并将同类报表加以汇总，编报汇总报表。

各核算单位和汇总单位应按期向上级税务机关编报如下报表：

（1）税收电旬报。它是以旬为报告期，向其上级税务机关报告本旬内税务机关组织各项税金入库情况的报表。

（2）税收电月报。它是以月为报告期，向其上级税务机关报告各税种、其他收入种类和有关重点品目税款入库和欠税情况的报表。

（3）税收资金平衡表。它是以月、年为报告期，总括反映税收资金运动情况的报表。其中入库单位税收资金平衡表中的“暂收款”和“保管款”科目的余额，按各下属上解单位和混合业务单位编报的税收资金平衡表所列数据汇总填列。

（4）应征税金明细报表。它是以月、年为报告期，按税种及其他收入种类反映本月和期末累计应征税金情况的报表。其中“查补税金”按“应征和入库查补税金登记簿”中的“应征查补税金”累计余额填列。

（5）入库税金明细报表。它是以月、年为报告期，按预算收入科目有关类款项和预算级次详细反映本月和期末入库税金情况的报表。其中“查补税金”按“应征和入库查补税金登记簿”中的“入库查补税金”累计余额填列。

（6）在途税金余额明细报表。它是以月、年为报告期，按税收和其他收入大类反映期末实有在途税金的报表。

（7）欠缴税金明细报表。它是以月、年为报告期，按税种、其他收入种类和欠缴税金类别反映期末实有欠缴税金情况的报表。其中“缓征”“往年陈欠”根据“欠缴税金登记簿”相应类别的余额填列；“本年新欠”按“待征”类各税种明细账余额减相应税种的缓征、往年陈欠后的差额填列；入库单位的各类欠缴税金数根据下属上解单位和混合业务单位上报的各类欠缴税金数汇总填列。“增值税留抵税额”按“留抵税额登记簿”的余额填列，入库单位按下属上解单位和混合业务单位上报的增值税留抵税额数汇总填列。

（8）减免税金明细报表。它是以月、年为报告期，按税种及其他收入种类和减免性质反映本月和期末累计减免税金情况的报表。

（9）提退税金明细报表。它是以月、年为报告期，按税种及其他收入种类和提退性质反映本月和期末累计提退税金情况的报表。根据“提退税金”总账和明细账的本月“借方”发生额及本年“借方”累计发生额填列。

（10）呆账税金余额明细报表。它是以月、年为报告期，按税种和其他收入种类反映期末实有呆账税金情况的报表。

各核算单位内部管理所需要的会计报表，由各地自行制定。

第三节 税收统计

一、税收统计概述

（一）税收统计的定义

税收统计是一种专业统计，属于社会经济统计范畴。是在税务机关内部进行的，在社会经济制度指导下，以税收政策为依据，对税收收入、税政税源变化情况等有关征收业务和管理工作的税收现象所进行的一种专业统计的活动。

（二）税收统计的特点

税收统计作为社会经济统计的一个分支，与社会经济统计相比既有共性，又有特性。

它具有社会经济统计的数量性、总体性、具体性和社会性等一般性特征，都遵循着从定性分析到定量分析，再从定量分析到定性分析的过程。

（1）数量性。税收统计首先反映的是税收活动的数量方面，其目的是通过统计反映税收活动的数量关系。

（2）总体性。税收统计反映税收活动的数量方面从个体到总体，通过个体认识总体的过程。但是，总体又指导个体。

（3）具体性。税收统计研究的是在一定时间、时点或空间条件下的税收活动的数量关系，它虽然可以用数学模型等高等数学方法进行统计分析，但仍然是非常具体的。

（4）社会性。税收活动的数量方面总是体现在社会产品或国民收入的分配过程中，是国家的集中性分配，也就是说这种分配是通过国家在全社会范围内集中实现的，所以税收统计也具有社会性。

由于税收统计是适应税收领域的一种专门统计，因而还有着区别于其他专业统计的特点：

（1）统计结果具有法律效力。税收统计依据的是国家的税收法律、法规，因而税收统计结果具有法律效力。是国家公布社会经济成果的主要资料来源。

（2）统计对象是税收现象。即反映税收资金运动状况的各种经济现象，涉及税收收入、税源变化、税收管理等方面的资料。

（3）统计内容具有广泛性。因为税收收入来源于国民经济的各个部门、各个行业、各种经济类型，涉及生产、分配、交换和消费的各个领域，因而内容上具有广泛性。同时通过各经济指标的不同的数值，动态地反映了经济结构、产品种类及经济税源的变化。

（4）统计资料来源规范。税收统计是税务机关内部的税收资金核算过程，统计资料来源于基层税务机关，因而具有统一、规范、准确的特点。

（5）统计重视价值指标，将实物量的核算置于辅助地位。

（三）税收统计的作用

1. 为税收计划服务

税收统计为税收计划提供资料。税收统计反映税收来源。税源结构、税源分布、税源的增减变化和税收收入情况所提供的绝对数、相对数、平均数等，是编制税收计划和检查计划执行情况的主要依据。

2. 监督税收计划的执行情况

税收统计资料的内容与国民经济各部门息息相关，是税收计划在国民经济各部门执行情况的一个反映，既可以为各部门研究社会经济的发展动向、规律提供有价值的资料，也可以监督税收计划的具体执行情况。

3. 为税收政策服务的作用

税收统计能够为制定税收政策提供资料，税收统计资料反映了税收政策的实施效果，它是制定和检验政策的重要依据，并且能监督税收政策的实施情况。

4. 为税收管理服务的作用

通过对税法执行情况和征管工作组织情况的统计，可以反映税收征管水平的高低，以便及时采取有效措施，加强薄弱环节，改进征收管理。

（四）税收统计工作的要求

税收统计工作要做到资料完整、数字准确、口径统一、报送及时，保证税务统计报表及时真实地反映客观情况，使税务统计发挥应有的作用。

1. 资料完整

要求按照各种统计报表规定的指标范围和项目，做到不缺、不漏、全面、完整地编报，不得漏填项目。

2. 数字准确

要求统计反映的数字必须依据原始资料，按规定方法准确地计算，如实填报，要真实可靠，不能弄虚作假，不能估算。

3. 口径统一

要按照全国统一规定的统计指标和计算方法进行统计和编报，不得随意更改，否则就不具有可比性和不利于汇总。

4. 报送及时

要求税收统计具有较强的时间要求，各编报单位必须按规定的报送时间向上级单位报送报表，以便上级单位统一汇总，发挥税收统计及时性的特点。

二、税收统计的方法和步骤

（一）税收统计的方法

税收统计的方法是指统计的手段或途径，它一般分为统计的技术方法和统计的工作方法。

税收统计的技术方法同其他统计方法一样，因此这里不再赘述。

而税收统计工作，往往需要建立完整的搜集、整理、分析资料的制度，统计人员要进行深入的调查研究并掌握税收分配活动的基本情况，按照统一口径计算，运用税收统计报表和资料进行统计分析。

（二）税收统计的步骤

1. 资料搜集阶段

资料搜集是税收统计的第一个阶段，也称为统计调查，是其他阶段的基础。税收统计调查是指根据税收统计的预定目的和要求，有组织、有计划地搜集各种统计资料的过程。它是税收统计的第一步，如果没有资料，税收统计将无法进行。税收统计的有关资料，一方面来自征收机关的月、季、年统计报表；另一方面来自税收统计人员的搜集。统计调查所搜集的资料，必须准确、及时、全面。

2. 资料整理汇总阶段

统计调查中搜集的原始资料，往往是零星、分散的，是不完整、不全面的，是不系统、不条理的。因此，必须对统计调查中搜集的税收资料进行整理汇总，使之条理化、系统化、科学化。税收统计资料的整理汇总是税收统计的重要阶段，进行资料整理与汇总就要进行科学的统计分组和分类。各级税务局根据工作的需要，分期、分类、系统地积累和整理统计资料，它是税收、税源和税政情况的客观记录。对重要的资料要及时提供上级机关和有关部门研究参考。国家税务局和省、自治区、直辖市税务局，按年汇编税务统计资料，作为历史档案保存，为分析研究税收历史变化规律提供依据。

3. 研究分析阶段

税收统计分析是统计工作的最后阶段，是体现统计成果的阶段，也是统计工作最重要的阶段。对税务统计资料进行综合分析，揭示经济税源发展趋向，反映和评价税收政策执行情况和存在的问题，提出加强组织税收工作的建议，这是运用税务统计资料的重要环节。税务统计分析的重要内容包括，各个时期各项税收收入的发展变化；税收收入与工农业生产、商品流通变化的比例关系；各种经济类型、城乡经济结构变化与税收的关系；重点税源、重点企业的发展变化；重大经济政策实施及税收政策变动对税收的影响；征收管理工作措施的效果以及根据不同时期、不同工作要求提出的专题统计分析。通过综合分析，提出有数据、有分析、有观点的统计分析报告。

三、税收统计报表

（一）税收统计报表的定义

税收统计报表是各级征收管理机构，按照国家统一规定的统计表式、统一的指标和内容、统一的报送时间和报送程序，定期逐级上报执行税收计划、税收政策以及税收管理等情况的统计报告制度。它对于反映税收分配活动的基本情况、税收计划的编制和检查、提供税收信息、搞好税收管理等都有重要意义。

（二）税收统计报表的分类

税收统计报表按照不同的标准划分，有不同的形式。

按报送周期长短不同，可分为旬报、月报、季报、半年报和年报。除年报外，其他报表统称为定期报表。年报的作用在于总结年度计划的完成情况，为编制长期规划和调整年度计划，为全面检查税收计划执行情况，分析研究历年税收增减变动趋势和平稳关系，以及为各级领导机关制定方针、政策提供依据。统计年报具有统计范围广、要求全面、表格和指标多、分组详细等特点。

按填报单位划分为基层统计报表和综合汇总统计报表。基层统计报表是指由基层征收单位根据原始记录汇总、整理、填报的统计报表。它提供关于基层征收单位税务管理情况的资料，是税收基本统计资料的基础。综合统计报表是指由各级税务机关的主管部门根据所属单位报送的基层报表逐级汇总，综合填报的统计报表。它反映一个部门、一个地区的基本情况。填报综合报表的单位称为综合单位。

除此之外，按照报送方式划分，分为电信报表、书面报表、电子报表；按照内容和范围划分，有税收收入统计表、税源统计表和税政统计表。

（三）税收统计报表的资料来源

税收统计报表的资料来源于基层单位的原始记录，从原始记录到统计报表，中间还要经过统计台账。因此，原始记录和统计台账是统计报表的两项重要基础工作。

原始记录是基层征收单位根据原始记录加工整理的各种表册，如汇总表、计算表、台账、内部报表等。原始记录是税务机关各项税收管理活动的客观反映，是未加工整理的第一手资料，是对税收实际情况的最直接的调查。原始记录可以分为三类：来源于税收会计核算的原始记录、来源于纳税单位的原始记录、来源于有关职能部门和基层征收单位提供的原始记录。

税收统计台账是根据基层单位税收管理、填报报表以及核算工作的需要，用一定的表格形式将散乱的原始记录依时间顺序，经常进行登记，系统地积累资料，并定期进行总结的账册。税收统计台账根据设置的形式和内容不同，可分为六大类：工商税收统计台账、所得税征收统计台账、农村税收统计台账、减免滞纳金统计台账、纳税单位统计台账和查补偷欠税统计台账。

（四）税收统计报表的审核

税收统计报表编制出来后，必须进行审核，这是保证税收统计报表正确无误所不可缺少的一项工作。在对税收统计报表进行审核时，应突出重点，并采取目测初审、技术审核和逻辑审核等方法对报表的完整性和准确性进行严格的审核，发现错误，应按照工作程序认真进行登记、处理和纠正。

（1）目测初审法，是用眼睛观察有无明显错误的审核方法。这是审核报表的第一步，主要做法是看报中各栏目是否按要求填报，数据是否齐全，有无遗漏某项情况。有的问题，只要审核人业务比较熟悉，目测审核便可发现。

（2）技术审核法，是运用计算公式和计算方法来检查报表各项指标有无计算技术性错误的一种审核方法，其特点是就表审表、计算审表。审核中要注意报表数字与原始资料相核对，总表与各个分表数字相核对，整、散数字相核对，纵横数字相核对，上、下期数字相核对。

（3）逻辑审核法，是根据统计指标自身存在的各种联系及规律审核报表、发现问题的一种审核方法。

一般来说，统计数字前后是连贯的，指标之间也有一定关联，如税收与政策之间，税收与价格之间，课税数量与税源之间，销售收入与所得额、税额之间等都有联系。具体的审核方法有：

①历史比较。用不同时期同一项目的数字作对比分析，如无特殊原因而发生突出的增减变化，应考虑是否计量单位计算有错。

②定额分析。用平均数测算单位税额、平均纯益率、平均税率、平均单价等，看有无超过正常的情况，如发现过高过低，都要查明是哪个地区原始报表所带来的问题。

③分项观察。分项对比观察征收数和入库数是否大体适应，如果发现两者相差过大，要检查一下项目间的数字是否有错。

④复核把关。对打印或复写后的统计报表，要认真负责地逐项进行核对，把细数总数再复核一遍，力争在上报之前消灭差错，使数字全面、真实、准确、可靠。

四、税收统计分析

（一）税收统计分析

税收统计分析是运用收集、占有和整理的税收统计资料，采取一定的统计分析方法，对资料反映的税收经济现象的特点和规律性进行概括总结，加以判断和推理，以利于税收计划的制订和检查以及整个税收管理工作的正常运转的管理活动。税收统计分析是通过统计资料发现问题、揭示矛盾、总结原因并提出建议措施的过程。

（二）税收统计分析的内容

税收统计分析的内容比较广泛，其日常分析的主要内容是对税收政策实施的效果分析，对税收计划完成情况的分析，对税收计划执行过程中各影响因素及其影响程度的分析，以及对税源情况、税政情况的分析等。

（1）分析税收收入进度和收入变化情况及发展趋势。

（2）分析税收政策的执行情况和实施效果及存在的问题。

（3）分析税收征管工作的深度、广度和工作质量以及纳税人的纳税态度和依法程度。

（4）分析税源增减变化情况和发展趋势。

（三）税收统计分析的方法

税收统计分析属于统计分析的一种，会运用常规的统计分析方法，例如对比分析法、平均分析法、状态分析法、因素分析法、动态分析法、统计指数分析法、相关分析法等，有时还要运用数学模型来进行分析。

（1）对比分析法。将相互联系的各个指标进行对比，计算相对数，如同期对比。

（2）平均分析法。将同一性质的某类指标数据综合平均，计算平均数，分析其总体情况，如计算平均申报率，以了解纳税户的总体申报情况。

（3）状态分析法。将某类指标按照时间序列进行分析，研究税收现象在不同时间上的发展水平。

（4）因素分析法。计算某类指标的各个分项数据对指标总量的影响程度，以观察各个分项指标对总量指标的作用方向和作用大小，便于抓住主要问题。

（5）动态分析法要求税收统计分析不仅从相对静止状态研究税收分配活动的数量关系，而且要从发展变化的角度进行分析，以掌握税收分配活动中数量关系的规律性。动态分析的方法就是利用动态数列来进行的。

（6）统计指数分析法是指利用指数来分析税收活动发展动态的相对数的一种方法。

（7）相关分析法是指运用现象与现象之间或者现象的标志与标志之间的相互制约、相互依存的关系对税收分配活动进行分析的一种方法。计算性质不同但又相互联系的两类指标的相对值，了解其相互关系，如税收与物价的关系。

（四）税收统计分析报告

税收统计分析报告是运用税收统计资料和统计方法来研究和反映税收分配活动的以文字和数据相结合的较为详细的应用文体或文件，是统计分析的最终成果。

编写税收统计分析报告，首先要针对研究、分析的情况和问题，确定报告的题目；其次是根据需要来收集和分析统计资料；再次是拟定报告撰写提纲；最后形成报告初稿并进行修改定稿。

思考与练习

1. 简述税收计划的分类。
2. 简述税收计划编制应遵循的原则。
3. 简述税收会计的科目。
4. 简述税收统计工作的特点。
5. 简述税收统计分析的方法。
6. 案例题：某省地方税务局关于2017年前三季度全省地方税收完成情况：

2017年前三季度，全省地税系统全口径地方税收累计完成919.1亿元，可比口径增长13%，增收105.8亿元，其中，组织的公共财政预算收入累计完成680亿元，可比口径增长12.8%，增收77.2亿元。（1）地方税收保持稳定增长。地方税收稳中有升。前三季度，地方税收连续9个月保持10%左右增长，可比口径累计增幅分别为10.2%、10.6%、9.6%、10.2%、11.4%、12.3%、12.7%、12.9%和12.8%。（2）地方税收大部分税种实现增长。地税部门组织征收的17个税种有15个税种实现增长，只有营业税和耕地占用税同比下降。其中个人所得税同比增长18.5%、企业所得税同比增长11.8%、资源税同比增长63.5%。(3) 中央级和地方级均可比增长。前三季度，中央级税收完成189.5亿元，增长17.7%，地方级税收完成729.6亿元，增长11.8%。(4) 三次产业可比口径全部实现增收。三次产业分别完成2.8亿元、363.4亿元和552.9亿元，可比口径分别增收1.1亿元、25.9亿元和78.9亿元，增长60.6%、7.7%和16.6%。(5) 重点行业完成情况。五大重点行业合计完成633.7亿元，可比口径增收81.9亿元，增长14.8%。其中，采矿业增长44.9%、制造业增长11.6%、金融业增长19.4%、房地产业增长26.3%，建筑业下降23.9%。

从以上税收统计资料中，你获得了哪些信息?

第十一章

税务行政管理

第一节　税收管理机构

税收管理机构是指为实现税收职能行使国家征税权力而设立的专门职能机构，是国家机关的组成部分，是进行税收管理的组织保证。

一、税收管理机构设置的原则和目标

一是坚持以职能转变为核心，加快推进服务型税务机关建设；二是坚持促进职能的有机统一，实行机构的综合设置、探索专业化设置；三是坚持机构数量相对稳定，重点通过结构调整来优化组织架构；四是坚持机关与事业单位改革同时推进，从整体上理顺职责关系；五是坚持分类指导，因地制宜设置机构，不要求上下对口。

目标为理顺职责关系，明确和强化责任，规范机构设置，完善体制机制，从整体上优化税务机构设置，促进税务机关职能向服务型转变，促进组织机构及人员编制向科学化、规范化、法制化转变，促进管理机制向规范有序、公开透明、专业精细转变，建设符合我国国情、体现国际先进管理理念的税务组织机构。

二、我国税收管理机构的设置

一个国家的税收管理机构如何设置，取决于多方面的因素。一般来说，税收管理机构应按照国家行政管理机构、财政管理机构、税制体系和税收收入归属来设置。

税务管理机构是主管我国税收征收管理工作的部门。1994 年，为了进一步理顺中央与地方的财政分配关系，更好地发挥国家财政的职能作用，增强中央的宏观调控能力，促进社会主义市场经济体制的建立和国民经济持续、快速、健康的发展，我国开

始实行分税制财政管理体制。同时，为了适应分税制财政管理体制的需要，我国对税收管理机构也进行了相应的配套改革。中央政府设立国家税务总局，是国务院主管税收工作的直属机构。省及省以下税务机构分设为国家税务局和地方税务局两个系统。

2018年3月，十三届全国人民代表大会一次会议在人民大会堂举行第四次全体会议公布机构改革方案，宣布省级和省级以下国税地税机构合并。具体承担所辖区域内的各项税收、非税收入征管等职责。国税地税机构合并后，实行以国家税务总局为主与省（区、市）人民政府双重领导管理体制。

2018年6月15日，全国各省（自治区、直辖市）级以及计划单列市国税局、地税局合并且统一挂牌。2018年7月5日，全国各市级国税局、地税局合并，535个市级新税务局集中统一挂牌并对外履行职责。2018年7月20日，全国县乡国税地税机构正式合并，所有县级和乡镇新税务机构统一挂牌，标志着全国省市县乡四级税务机构分步合并和相应挂牌工作至此全部完成。下一步机构改革将向逐级制定和落实“三定”规定、逐级接收社会保险费和非税收入征管职责划转等领域纵深推进。

三、国家税务总局的主要职责和机构设置

（一）主要职责

（1）具体起草税收法律法规草案及实施细则并提出税收政策建议，与财政部共同上报和下发，制订贯彻落实的措施。负责对税收法律法规执行过程中的征管和一般性税政问题进行解释，事后向财政部备案。

（2）承担组织实施中央税、共享税及法律法规规定的基金（费）的征收管理责任，力争税款应收尽收。

（3）参与研究宏观经济政策、中央与地方的税权划分并提出完善分税制的建议，研究税负总水平并提出运用税收手段进行宏观调控的建议。

（4）负责组织实施税收征收管理体制改革，起草税收征收管理法律法规草案并制定实施细则，制定和监督执行税收业务、征收管理的规章制度，监督检查税收法律法规、政策的贯彻执行，指导和监督地方税务工作。

（5）负责规划和组织实施纳税服务体系建设，制定纳税服务管理制度，规范纳税服务行为，制定和监督执行纳税人权益保障制度，保护纳税人合法权益，履行提供便捷、优质、高效纳税服务的义务，组织实施税收宣传，拟订税务师管理政策并监督实施。

（6）组织实施对纳税人进行分类管理和专业化服务，组织实施对大型企业的纳税服务和税源管理。

（7）负责编报税收收入中长期规划和年度计划，开展税源调查，加强税收收入的

分析预测，组织办理税收减免等具体事项。

（8）负责制定税收管理信息化制度，拟订税收管理信息化建设中长期规划，组织实施金税工程建设。

（9）开展税收领域的国际交流与合作，参加国家（地区）间税收关系谈判，草签和执行有关的协议、协定。

（10）办理进出口商品的税收及出口退税业务。

（11）承办国务院交办的其他事项。

（二）机构设置

1. 办公厅

办公厅是国家税务总局主管日常公务、文秘和局机关行政管理事务的综合职能部门。主要职责是：负责机关文电、机要、会务、档案、信访、保密和保卫等工作；承担税收宣传、政务公开和新闻发布工作；管理机关财务和其他行政事务。

2. 政策法规司

政策法规司是国家税务总局主管税收政策和税收法制工作的综合职能部门。主要职责是：起草税收法律法规草案、部门规章及规范性文件；研究提出税制改革建议；拟订税收业务的规章制度；研究、承办涉及世贸组织有关税收事项；承办重大税收案件的审理和行政处罚工作；承担机关有关规范性文件的合法性审核工作；承办税务行政复议、行政应诉工作。

3. 货物和劳务税司

货物和劳务税司是国家税务总局主管增值税、消费税、车辆购置税（以下简称货物和劳务税）、进出口税收和文化事业建设费政策和征收管理的职能部门。主要职责是：组织实施增值税、消费税、车辆购置税等（不含海关代征的）征收管理工作，拟订具体征收管理政策和办法；对有关法律法规在执行中的一般性问题进行解释和处理；组织实施出口退税管理工作。

4. 所得税司

所得税司是国家税务总局主管企业所得税、个人所得税（以下简称所得税）和法律法规规定的基金（费）政策和征收管理的职能部门。主要职责是：组织实施企业所得税、个人所得税和法律法规规定的基金（费）等征收管理工作，拟订具体征收管理政策和办法；对有关法律法规在执行中的一般性问题进行解释和处理。

5. 财产和行为税司

财产和行为税司是国家税务总局主管财产和行为各税政策、指导和监督财产和行为各税征收管理工作的职能部门。主要职责是：组织实施房产税、城市房地产税、城镇土地使用税、城市维护建设税、印花税、资源税、土地增值税、固定资产投资方向调节税、车船税、烟叶税、契税、耕地占用税等（以下简称财产和行为各税）及教育费附加的税收业务管理，拟订具体征收管理政策和办法；对有关法律法规在执行中的一般性问题进行解释和处理；指导财产和行为各税种及教育费附加的征管业务。

6. 国际税务司

国际税务司是国家税务总局主管国际税收、国际税务合作交流和外事工作的职能部门。主要职责是：研究拟订国家（地区）间反避税措施，组织实施反避税调查；参加国家（地区）间税收协议、协定谈判，承办草签和执行有关协议、协定等工作；承办与国际机构、国家（地区）间税务机关的合作与交流业务；管理总局机关和国税系统外事工作。

7. 收入规划核算司

收入规划核算司是国家税务总局主管组织税收收入、税款缴纳入库、税收分析预测、重点税源监控、税收会计统计核算和税收数据管理应用工作的综合职能部门。主要职责是：编制税收收入中长期规划，编制年度税收任务、出口退税指标；参与起草税款征缴退库制度，监督检查税款缴、退库情况；承办税收收入的分析、预测和重点税源监控管理工作；拟订税收收入规划和税收会计、统计等相关制度；管理税收数据；组织实施税收统计工作。

8. 纳税服务司

纳税服务司是国家税务总局主管纳税服务工作的综合职能部门。主要职责是：组织实施纳税服务体系建设；拟订纳税服务工作规范和操作规程；组织协调、实施纳税辅导、咨询服务、税收法律救济等工作，受理纳税人投诉；组织实施税收信用体系建设；指导税收争议的调解；起草税务师管理政策，并监督实施。

9. 征管和科技发展司

征管和科技发展司是国家税务总局主管税收征收管理和税收管理信息化建设的综合职能部门。主要职责是：起草综合性税收征管规范性文件；拟订税收征收管理的长期规划和综合性方案；管理税收发票和票证；拟订和组织实施税收管理信息化的总体规划和实施方案，承办税收管理信息化建设中业务需求整合和流程优化的综合管理工作。

10. 大企业税收管理司

大企业税收管理司是国家税务总局主管大企业税收服务和管理的职能部门。主要职责是：承担大企业税收风险分析、税收经济分析和税源监控工作职责；指导税务系统大企业税收风险分析应对工作；组织开展大企业个性化纳税服务；指导海洋石油税收管理业务。

11. 稽查局

稽查局是国家税务总局主管税务稽查工作的职能部门。主要职责是：起草税务稽查法律法规草案、部门规章及规范性文件；办理重大税收案件的立案和调查的有关事项并提出处理意见；指导、协调税务系统的稽查工作。

12. 财务管理司

财务管理司是国家税务总局主管税务系统经费、装备、固定资产、基本建设的职能部门。主要职责是：拟订税务系统财务、基建管理办法；管理税务系统的经费、财务、装备、固定资产；审核汇编税务系统的财务预决算；办理各项经费的领拨。

13. 督察内审司

督察内审司是国家税务总局主管税收执法监督检查、内部财务审计和领导干部经济责任审计的职能部门。主要职责是：组织实施税收法律法规、部门规章及规范性文件执行情况的监督检查；承办税务系统财务、基建、大宗物品采购审计和领导干部经济责任审计工作。

14. 人事司

人事司是国家税务总局主管人事、机构编制工作的职能部门。主要职责是：拟订税务系统人事制度并组织实施；管理税务系统的人事、机构编制工作，对省级税务局局长的任免提出意见；组织实施税务系统思想政治工作和精神文明建设。

此外，还设有巡视工作办公室、机关党委和离退休干部办公室等职能部门。

四、省、自治区、直辖市税收机构主要职责

（1）贯彻执行税收法律法规、部门规章及规范性文件，并结合本地实际情况，研究制定具体的实施办法。

（2）贯彻执行税收征收管理法律法规、部门规章及规范性文件，研究制定具体的实施办法，组织实施本系统税收征收管理改革。

（3）根据本地区经济发展规划，研究制定本系统税收发展规划和年度工作计划并组织实施。

（4）负责本地区中央税、共享税及法律法规规定的基金（费）的征收管理、税源管理、纳税评估、反避税和稽查工作，力争税款应收尽收；负责增值税专用发票、普通发票和其他税收票证的管理工作。

（5）监督检查本系统的税收执法活动和内部行政管理活动；负责税务行政处罚听证、行政复议和行政应讼工作。

（6）负责规划和组织实施本系统纳税服务体系建设；制定和监督执行本系统纳税服务管理制度；贯彻执行纳税人权益保障规章制度，研究制定具体的实施办法；监督实施税务师管理制度。

（7）组织实施对纳税人进行分类管理和专业化服务，组织实施对大型企业的纳税服务和税源管理。

（8）编制、分配和下达本系统税收收入计划并组织实施；负责本系统的税收会计、统计核算工作。

（9）负责规划和组织实施本系统税收管理信息化建设；制定本系统税收管理信息化制度；承担本系统金税工程的推广和应用工作。

（10）负责本地区进出口税收和国际税收管理工作。

（11）组织开展本系统党风廉政建设、反腐败工作及行风建设。

（12）垂直管理本系统的机构、编制、人员和经费等工作。

（13）承办国家税务总局和省（自治区、直辖市）党委、政府交办的其他工作。

第二节　税务人员管理

一、税务人员素质

（一）思想素质

税务人员的思想素质是指税务人员为完成税收管理活动所应具备的爱祖国、爱税收和遵守职业道德等方面的条件。思想工作的对象是人，加强税务人员的思想素质是税收管理机关的一项十分重要的任务。要对税务人员严格要求、严格教育、严格管理、严格监督，使其廉洁自律意识不断增强，开展反腐倡廉教育，认真落实“一岗双责”“一案双查”等制度，加大违法违纪案件查办力度，提高税务人员的思想素质。

（二）业务素质

税务人员的业务素质是税务人员为完成税收管理活动所应具备的有关财政税收方面的理论知识和业务操作技能等条件。税务人员的业务水平是做好税收管理活动的基本保证。因此，加强税务人员的业务素质是税收管理机关的又一项重要任务。税务人员素质的高低，在很大程度上取决于税务人员的业务水平，而其业务水平又取决于税务人员的学历层次和实践经验。分级分类开展大规模业务培训，要积极搭建共同学习、团队学习的平台，有针对性地开展差别化培训，帮助各级干部补好自身素质“短板”，按照行业税收管理的要求，对稽查人员、税收分析人员、反避税人员、出口退税管理人员根据岗位职责要求进行深化和提升培训。推行专业化、信息化的管理方式，积极与 OECD 等国际组织开展合作，举办税收协定、转让定价、纳税服务、大企业管理等专题培训。

二、税务人员的岗位责任制

税务人员的岗位责任制是税收行政管理中的一项管理制度，是实现对税务人员日常管理的有效手段，它是对税务人员按其不同的工作岗位、不同的职责要求，提出完成任务的指导思想、工作目标、工作内容、执行原则等方面行为规范的一种制度。

实行岗位责任制，不仅有利于提高税收管理机关的办事效率，而且可以保证税收工作的质量；不仅有利于转变工作作风，克服官僚主义、自由主义，而且有利于调动税务人员的工作积极性。

三、税务公务员制度

税务公务员制度主要是对税务人员的录用、考核、任用、奖惩等方面的管理制度。一般包括考试录用制度、考核与职务升降制度、奖惩制度、交流与回避制度等。

（一）考试录用制度

下列人员不得录用为公务员：（1）曾因犯罪受过刑事处罚的；（2）曾被开除公职的；（3）有法律规定不得录用为公务员的其他情形的。

录用税务公务员，必须在规定的编制限额内，并有相应的职位空缺。录用公务员，应当发布招考公告。招考公告应当载明招考的职位、名额、报考资格条件、报考需要提交的申请材料以及其他报考须知事项。招录机关根据报考资格条件对报考申请进行审查。报考者提交的申请材料应当真实、准确。税务公务员录用考试采取笔试和面试的方式进行，考试内容根据税务公务员应当具备的基本能力和不同职位类别分别设置。招录机关根据考试成绩确定考察人选，并对其进行报考资格复审、考察和体检。招录机关根据考试成绩、考察情况和体检结果，提出拟录用人员名单，并予以公示。新录用的税务公务员试用期为1年。试用期满合格的，予以任职；不合格的，取消录用。

（二）考核制度

对税务公务员的考核，按照管理权限，全面考核税务公务员的德、能、勤、绩、廉，重点考核工作实绩。税务公务员的考核分为平时考核和定期考核。定期考核以平时考核为基础。对非领导成员的税务公务员的定期考核采取年度考核的方式，先由个人按照职位职责和有关要求进行总结，主管领导在听取群众意见后，提出考核等次建议，由本机关负责人或者授权的考核委员会确定考核等次。对领导成员的定期考核，由主管机关按照有关规定办理。定期考核的结果分为优秀、称职、基本称职和不称职四个等次。定期考核的结果应当以书面形式通知税务公务员本人。定期考核的结果作为调整税务公务员职务、级别、工资以及公务员奖励、培训、辞退的依据。

（三）职务升降制度

税务公务员晋升职务，应当逐级晋升。特别优秀的或者工作特殊需要的，可以按照规定破格或者越一级晋升职务。税务机关内设机构厅局级正职以下领导职务出现空缺时，可以在本机关或者本系统内通过竞争上岗的方式，产生任职人选。厅局级正职以下领导职务或者副调研员以上及其他相当职务层次的非领导职务出现空缺，可以面向社会公开选拔，产生任职人选。税务公务员晋升领导职务的，应当按照有关规定实行任职前公示制度和任职试用期制度。税务公务员在定期考核中被确定为不称职的，按照规定程序降低一个职务层次任职。

（四）奖励制度

对工作表现突出，有显著成绩和贡献，或者有其他突出事迹的税务公务员或者税务公务员集体，给予奖励。奖励坚持精神奖励与物质奖励相结合、以精神奖励为主的原则。奖励分为：嘉奖、记三等功、记二等功、记一等功、授予荣誉称号。税务公务员或者税务公务员集体有下列情形之一的，撤销奖励：（1）弄虚作假，骗取奖励的；（2）申报奖励时隐瞒严重错误或者严重违反规定程序的；（3）有法律、法规规定应当撤销奖励的其他情形的。

（五）惩戒制度

税务公务员作为公务员必须遵守纪律，不得有下列行为：（1）散布有损国家声誉的言论，组织或者参加旨在反对国家的集会、游行、示威等活动；（2）组织或者参加非法组织，组织或者参加罢工；（3）玩忽职守，贻误工作；（4）拒绝执行上级依法作出的决定和命令；（5）压制批评，打击报复；（6）弄虚作假，误导、欺骗领导和公众；（7）贪污、行贿、受贿，利用职务之便为自己或者他人谋取私利；（8）违反财经纪律，浪费国家资财；（9）滥用职权，侵害公民、法人或者其他组织的合法权益；（10）泄露国家秘密或者工作秘密；（11）在对外交往中损害国家荣誉和利益；（12）参与或者支持色情、吸毒、赌博、迷信等活动；（13）违反职业道德、社会公德；（14）从事或者参与营利性活动，在企业或者其他营利性组织中兼任职务；（15）旷工或者因公外出、请假期满无正当理由逾期不归；（16）违反纪律的其他行为。

税务公务员因违法违纪应当承担纪律责任的，应当给予处分；违纪行为情节轻微，经批评教育后改正的，可以免予处分。处分分为：警告、记过、记大过、降级、撤职、开除。公务员在受处分期间不得晋升职务和级别，其中受记过、记大过、降级、撤职处分的，不得晋升工资档次。受处分的期间为：警告，六个月；记过，十二个月；记大过，十八个月；降级、撤职，二十四个月。受撤职处分的，按照规定降低级别。

税务人员属于国家工作人员，以国家工作人员为犯罪主体的职务犯罪，诸如贪污、受贿、挪用公款、滥用职权、玩忽职守、徇私舞弊等，税务人员均可构成。但刑法规定的只能由税务人员构成的职务犯罪只有两个罪名，即徇私舞弊不征、少征税款罪和徇私舞弊发售发票、抵扣税款、出口退税罪。徇私舞弊不征、少征税款罪，是指税务人员徇私舞弊，不征、少征应征税款，致使国家税收遭受重大损失的行为。徇私舞弊发售发票、抵扣税款、出口退税罪，是指税务人员违反法律、行政法规的规定，在办理发售发票、抵扣税款、出口退税工作中徇私舞弊，致使国家利益遭受重大损失的行为。犯此两罪的，依法应处有期徒刑或者拘役。

（六）交流与回避制度

税务公务员可以在公务员队伍内部交流，也可以与国有企业事业单位、人民团体和群众团体中从事公务的人员交流。交流的方式包括调任、转任和挂职锻炼。税务公务员应当服从机关的交流决定。税务公务员之间有夫妻关系、直系血亲关系、三代以内旁系血亲关系以及近姻亲关系的，不得在同一机关担任双方直接隶属于同一领导人员的职务或者有直接上下级领导关系的职务，也不得在其中一方担任领导职务的机关从事组织、人事、纪检、监察、审计和财务工作。

税务公务员执行公务时，有下列情形之一的，应当回避：（1）涉及本人利害关系的；（2）涉及与本人有亲属关系人员的利害关系的；（3）其他可能影响公正执行公务的。公务员有应当回避情形的，本人应当申请回避；利害关系人有权申请公务员回避。其他人员可以向机关提供公务员需要回避的情况。税务机关根据税务公务员本人或者利害关系人的申请，经审查后作出是否回避的决定，也可以不经申请直接作出回避决定。

第三节　税收文书管理

一、税收文书

税收文书是由国家税务总局制定的统一格式的文书，包括：（1）税务事项通知书；（2）责令限期改正通知书；（3）税收保全措施决定书；（4）税收强制执行决定书；（5）税务检查通知书；（6）税务处理决定书；（7）税务行政处罚决定书；（8）行政复议决定书；（9）其他税务文书。

税收文书的名称中统一对外文书的税务机关名称，除法律、行政法规特别规定和部门之间对等原则外，均采用“××税务局”，与现行文书发文文头保持一致，税务局和稽查局都使用的文书，文头采用“××税务局（稽查局）”。

二、税收文书的受理和审批

文书的受理和审批栏，统一使用经办人、负责人，税务机关签章。在使用中应按照《税收征管法》及其实施细则规定的权限和程序使用，例如《税收征管法》明确为税务局局长批准的，签字的负责人应为局长。

三、税收文书式样

（1）文书尺寸。除有个别要求的文书外，统一使用 A4 幅面纸张（210mm × 297mm）印制。

（2）字体字号。税务机关名称使用 2 号宋体；文书名称使用 1 号宋体；文书字轨文号、字号和正文使用 3 号仿宋；表格内文字使用小 4 号仿宋。使用说明使用 3 号仿宋。

（3）文书一般每页 22 行，每行 28 个字。

（4）文书页数在 2 页或 2 页以上的，需在页码处标注“共 × 页第 × 页”。

（5）取消一式两栏或多栏文书，统一采用一式多份文书。

具体的各类税收文书式样详见附件 1。

四、税收文书的送达

税收文书送达是指税收执法机关将税收文书采取一定的送达方式送给有关的纳税人、扣缴义务人和其他当事人的一种管理行为。

（一）税收文书送达的签收

税收文书送达的签收，一般应由送达人完成。主要有四种情况：

一是受送达人是公民的，应由本人直接签收，本人不在时，交其同住成年家属签收。

二是受送达人是法人的，应由法人单位的法定代表人签收，或者由法人单位负责收发件人签收。

三是受送达人是其他经济组织的，应当由组织的主要负责人签收，或者由组织的负责收发件人签收。

四是受送达人有代理人的，由其代理人签收。

（二）税收文书送达的方式

税收文书送达的方式，原则上是以直接送达方式为主，但是由于送达过程中情况比较复杂，因此在直接送达有困难的情况下，还可以采取委托方式、邮寄方式和公告方式送达。就一份税收文书来讲，只能选择一种方式送达，而不能同时运用两种或两种以上的方式送达。

1. 直接送达

直接送达是由征收机关将税收文书直接送达给纳税人、扣缴义务人和其他当事人的送达方式。这是税收文书送达的最基本方式，也是文书送达原则上均采用的直接送达方式。

2. 委托送达

在文书送达过程中，如果遇到距离过远、交通不便等情况，直接送达确有困难时，可以采用委托送达方式。委托送达方式是指征收机关委托有关机关或其他单位，将税收文书以代理方式送达给受送达人手中的一种送达方式。

3. 邮寄送达

邮寄送达方式是指征收机关利用邮件、电报等形式将税收文书邮寄给受送达人的一种送达方式。其具体送达形式可采用平信、挂号信、航空信、邮政快件、特快专递、电报，等等，但必须有函件回执。

4. 公告送达

公告送达方式是指征收机关采取向社会公告税收文书方式，以向受送达人传递征收机关的决定的送达方式。公告送达方式送达税收文书必须具备两个条件：一是税收文书中同一送达事项的受送达人众多又无法一一送达时；二是采用直接送达、委托送达和邮寄送达方式无法送达给送达人时。

（三）税收文书送达的确认

送达税收文书必须有送达回证，并由受送达人或者《税收征管法实施细则》中规定的其他签收人在送达回证上记录收到日期，签名或者盖章，只有完成这些手续，才能确认税收文书送达。

确认税收文书送达往往采用如下一些标准：一是由受送达人或者《税收征管法实施细则》中规定的其他签收人，在税收文书送达回证上写明收到日期，签署收件人姓名或者盖章，即为送达；二是由受送达人或者其他签证人拒绝签证税收文书，送达人应该在税收文书送达回证上写明受送达人拒绝的理由和日期，并由送达人和见证人签名或者盖章，将送达的税收文书留在受送达人处，即为送达；三是采取直接送达或委托送达方式送达的税收文书，以签收人或者见证人在送达回证上的签收日期或者见证日期为送达日期，并视为送达；四是采取邮寄函件回执上注明的收件日期为送达日期，并视为送达；五是采取公告方式送达的税收文书，应自征税机关公告税收文书之日起满 30 日，即视为送达。

第四节　税务监察

一、税务监察概述

税务监察是行政监察重要的组成部分，是税务监察机构依法对税务机关及其工作人员违反国家税收法律、法规、政策、规章制度及其他违法违纪行为进行的监察。

税务监察工作坚持实事求是、重证据、重调查研究，在适用法律和政纪上人人平等。税务监察工作坚持专门监察和群众监督相结合，监督检查与改进工作相结合，惩处和教育相结合的原则。

二、税务监察机构和人员

税务监察机构是税务机关行使监察职能的专门机构，依照国家有关法律、法规和政策，独立行使职权，不受税务机关其他职能机构及个人的干预。

税务监察机构对本级税务机关和上级税务监察机构负责，在局长领导下开展工作，监察业务受上一级税务监察机构的领导。各级国家税务局和地方税务局均设监察室。税务所、稽查队配备相当于本级领导副职的专职或兼职监察员。各省、自治区、直辖市、计划单列市国家税务局和地方税务局专职税务监察干部人数，不低于本地区税务干部总数的2%。各级税务监察机构正、副职的任免、调动、奖惩，须事先征得上一级税务监察机构的同意。

各级税务监察机构设置相当于本级机构行政领导干部级别的监察专、监察员、助理监察员。同时，税务监察干部参与专业技术职称评定。税务监察干部实行岗位轮换制度，一般期限为3~5年。税务监察人员必须坚持四项基本原则，熟悉监察业务和税收业务，忠于职守，秉公执法，清正廉明，保守秘密。

三、税务监察的管辖和职责

各级税务监察机构，原则上按“分级管理，下管一级”的干部管理体制进行管辖。必要时，上级税务监察机构可以直接管辖下级税务监察机构管辖范围内的监察事项。

税务监察机构的主要职责是：

(1) 监督检查税务机关及其工作人员贯彻执行国家税收法律、法规、规章制度和税收政策的情况；

（2）受理对税务机关及其工作人员违法违纪的行为；

（3）调查处理税务机关及其工作人员违法违纪的行为；

（4）参与和配合搞好廉政制度建设，并监督实施；

（5）制定有关税务监察工作规章、制度，推动工作开展。

四、税务监察的权力

（一）在检查、调查中的权力

税务监察机构在检查、调查中有权采取下列措施。

（1）对税务机关及其工作人员贯彻执行国家税收法律、法规、规章制度和税收政策的情况进行监督检查；

（2）对违法违纪行为进行立案调查处理；

（3）如集、参加有关会议，列席管辖范围内的有关会议；

（4）查阅、复制与监察事项有关的文件、资料，清点实物，了解其他情况；

（5）暂予扣留、封存可以证明违法违纪行为的文件、资料、物品和非法所行；

（6）必要时可按有关规定提请地方监察机关协助对与查处案件有直接关系的人员在金融机构或其他融资机构的存款进行查核；

（7）责令被监察单位和人员在规定的时间、地点，就监察事项涉及的问题作出解释和说明；

（8）要求被监察单位和人员报送与监察事项有关的文件、资料及其他必要的情况；

（9）责令被监察单位和人员停止正在或者可能损害国家利益和公民合法权益的行为；

（10）建议主管部门暂停有严重违法违纪嫌疑人员的公务活动或者职务。

（二）提出监察建议的权力

税务监察机构根据检查、调查结果，遇有下列情况，可以提出监察建议。

（1）不执行、不正确执行或者拖延执行国家税收法律、法规、规章制度和税收政策应予纠正的；

（2）发布的规定、通知不适当，应予纠正或撤销的；

（3）录用、任免、奖惩决定明显不适当的；

（4）违法违纪应当给予行政处分的；

（5）按照有关法律、法规、规章制度需要予以行政处罚的；

（6）对于模范执行国家税收法律、法规、规章制度和税收政策，忠于职守，清正廉洁，政绩突出的税务工作人员应予奖励的；

(7) 其他需要提出监察建议的。

(三) 作出监察决定的权力

税务监察机构根据检查、调查结果，遇有下列情况，可以作出监察决定。

(1) 违法违纪应当给予行政处分的；

(2) 对于控告、检举重大违法违纪行为有功的人员应予奖励的；

(3) 违法违纪取得的非法收入，依法应由税务监察机构没收、追缴或者责令退赔的；

(4) 已经给国家利益和纳税义务人的合法权益造成损害，需要采取补救措施的。

(四) 其他权力

税务监察机构按照管辖权限对不服行政处分的申诉，经复审认为原决定不适当的，可以建议原决定机关或税务监察机构变更或撤销，也可以直接作出变更或者撤销的决定。

税务监察机构作出的监察决定，被监察单位和人员应当执行；税务监察机构提出的监察建议，被监察单位和人员如无正当理由，应当采纳。

税务监察机构的正确意见未被采纳时，可向上一级税务监察机构申告。

五、税务监察的工作程序

(一) 受理

各级税务监察机构应当根据国家税收法律、法规、本部门的各项规章制度和税收政策，按照本级税务机关和上级税务监察机构的要求，制定税务监察计划及实施方案并报上级备案。

税务监察机构确定进行检查的，应当在检查前通知被检查单位和有关人员。

税务监察机构按照其管辖范围，对需要查处的问题，应当进行初步审查，认为有违法违纪行为，需要给予政纪处分的，予以立案。

(二) 立案

税务监察机构确定进行立案调查的，应当通知被调查单位的上级或者被调查人员的所在单位。重大案件的立案，报上级税务监察机构备案。

凡税务监察机构查处的案件，都要履行立案、调查、审理、定性处理、批复、呈报、材料归档案等程序和制度。

（三）调查

各级税务监察机构调查、审理、处理违法违纪案件，要严格遵循“事实清楚、证据确凿、定性准确、处理恰当、程序合法”的方针。

各级税务监察机构在案件调查中，根据需要，可聘请有关部门或专门技术人员参加检查、调查工作。

税务监察人员办理的案件与本人及其近亲属有利害关系，或者有其他关系可能影响公正处理案件的，应当回避。

（四）作出决定

税务监察机构立案调查的案件，应当在立案后 6 个月以内结案，因特殊原因需延长办案期限的，最迟不得超过 1 年。上级税务监察机构交办的案件，不能如期结案的，应当向交办机构说明理由。

税务监察机构对于立案调查的案件，经调查认定违法违纪事实不存在，或者不需要追究行政责任的，应依立案批准程序予以销案，并告知被调查单位的上级或被调查人所在单位。重要案件的销案，应报上一级税务监察机构备案。

税务监察机构作出的监察决定，或者监察建议以书面形式送达被监察单位或人员。

（五）执行

被监察单位或人员在收到监察决定或监察建议次日起 15 日内应当将执行、采纳情况，向作出决定或建议的税务监察机构报告。

对监察决定不服的，可以在收到监察决定次日起 15 日内向作出决定的税务监察机构申请复审，对复审决定仍不服的，可以向上一级税务监察机构申请复核。对复核仍不服的，可申诉。

对监察建议有异议的，应在收到监察建议次日起 15 日内向作出建议的税务监察机构提出，税务监察机构应当在受理次日起 15 日内给以回复。对回复仍有异议的，由税务监察机构提请上一级税务监察机构处理。

（六）复审

对监察决定的复审申请，税务监察机构应当在受理 1 个月内作出复审决定。因特殊原因需延长复审期限的，最迟不得超过 3 个月。上级机构交办的复审案件，不能如期办结的，应向交办机构说明理由。

对监察决定不服提复审、复核、申诉的，在复审、复核、申诉期间，原监察决定仍执行。

六、税务监察的法律责任

（一）被监察单位或人员的责任

被监察单位或人员违反本规定有下列行为之一的，对责任人或部门负责人，视情节给予相应的行政处分。

（1）隐瞒事实真相，出具伪证或者隐匿、毁灭证据的；

（2）利用职权包庇违法违纪行为的；

（3）拒绝提供有关文件、资料和证明材料的；

（4）拒绝在规定时间和地点就税务监察机构所提问题作出解释和说明的；

（5）拒不执行监察决定，或者无正当理由拒不采纳监察建议的；

（6）阻挠、抗拒监察人员依法行使职权的；

（7）打击报复揭发人、检举人、证人和税务监察人员的。

前款所列行为构成犯罪的，移送司法机关依法处理。

（二）税务监察人员的责任

税务监察人员违反本规定，有下列行为之一的，由主管机关依据情节给予相应的政纪处分。

（1）利用职权包庇或者陷害他人的；

（2）利用职权谋取私利的；

（3）玩忽职守、造成损失的；

（4）滥用职权侵犯他人民主权利、人身权利、财产权利的；

（5）泄露所查案件情况的。

前款所列行为构成犯罪的，移送司法机关依法处理。

思考与练习

1. 简述我国税收管理机构的设置。

2. 简述省级税收机构的职责。

3. 简述税收公务员制度。

4. 简述税收文书送达的方式。

5. 简述税务监察的职责。

6. 案例题：2010 年 12 月 12 日，某市国税局作出税务处理决定书，决定追缴 G 公司企业所得税 2752671 元（其中：2008 年度 2558972 元、2008 年度 193699 元），并决定对该企业少缴企业所得税从滞纳之日起依法计算加收滞纳金。G 公司不服提起行政诉讼，2011 年 4 月 3 日，区人民法院作出行政判决书，判决驳回 G 公司的诉讼请求。G 公司仍不服提起上诉，市中级人民法院判决驳回上诉。后 G 公司申请再审，市中级人民法院裁定驳回了 G 公司的再审申请。税务处理决定书进入执行程序。2011 年 9 月 24 日，国税局作出税务事项通知书，通知 G 公司于 2011 年 10 月 4 日前缴纳（解缴）2008 年 1 月 1 日到 2008 年 12 月 31 日期间应纳企业所得税税款 2558972 元，同时按规定缴纳自滞纳之日至缴款之日的滞纳金。逾期不缴纳，按《税收征收管理法》的规定处理。该通知中一并告知 G 公司，如对本通知不服，可自收到本通知之日起 60 日内依法向国税局申请行政复议，或者自收到本通知之日起 3 个月内依法向人民法院起诉。

G 公司不服，向法院起诉请求法院撤销税务事项通知书。

请指出本案中关于税收文书的不当之处。

第十二章

税务行政处罚

第一节　税务行政处罚概述

一、税务行政处罚的概念和种类

税务机关根据法律、法规和规章的规定，对违反税收法规规范尚未构成犯罪的税务行政管理相对人（纳税人、扣缴义务人和其他当事人），综合考虑税收违法行为的事实、性质、情节及社会危害程度，选择处罚种类和幅度并作出处罚决定的行政行为。

税务行政处罚的种类包括：

（1）罚款；

（2）没收违法所得、没收非法财物；

（3）停止出口退税权；

（4）法律、法规和规章规定的其他行政处罚。

二、税务行政处罚的特征

（一）实施税务行政处罚的主体是税务机关

税务行政处罚是一种法定职权，只有税收法律、行政法规规定享有处罚权的税务机关才能进行税务行政处罚。

（二）实施税务行政处罚的前提是纳税人和其他税务当事人有违法行为但尚不构成犯罪

违法行为是指纳税人和其他税务当事人违反税务行政管理法律、法规的行为。只有此类违法行为确实存在，才能给予税务行政处罚。纳税人和其他税务当事人未违反税务行政管理法律、法规的，即使违反了其他法律、法规，也不能给予“税务”行政处罚。纳税人和其他税务当事人有税务违法行为但已构成犯罪的，应依法给予刑事制裁，一般不再给予税务行政处罚。因此，只有在纳税人和其他税务当事人有违法行为但尚不构成犯罪时，才给予税务行政处罚。

（三）税务行政处罚是对纳税人和其他税务当事人的处罚

从处罚的对象看，税务行政处罚所适用的对象是纳税人和其他税务当事人，这一点使它与税务行政处分相区别。税务行政处分是在税务机关内部对其工作人员的处分。纳税人和其他税务当事人是指税收征收管理权作用的对象，包括纳税人、扣缴义务人、税务代理人和其他税务违法行为人。他们与税务机关之间存在着管理与被管理的关系，有义务遵守税收法律、税务行政法规所确定的各种规范，否则，税务机关就可以给予处罚，以示惩戒。

（四）税务行政处罚是一种行政制裁

对违法行为的法律制裁有刑事制裁、民事制裁和行政制裁。税务行政处罚虽然是针对税务行政违法行为，但并不是针对所有税务行政违法行为。税务行政违法行为构成犯罪的，应给予的是刑事制裁。因此，税务行政处罚只能是行政制裁，而不能是刑事制裁或民事制裁。

（五）税务行政处罚是一种具体税务行政行为

税务机关所作的处罚，总是针对特定纳税人和其他税务当事人的。它以特定的违法事实为基础，以特定的税务行政法规范为依据。这样，税务行政处罚也就具有具体税务行政行为的一般特征。

三、税务行政处罚的原则

行使税务行政处罚裁量权，应当遵循以下原则：

（1）合法原则。在法律、法规、规章规定的种类和幅度内，依照法定权限，遵守法定程序，保障当事人合法权益。

（2）合理原则。符合立法目的，考虑相关事实因素和法律因素，作出的行政处罚决定与违法行为的事实、性质、情节、社会危害程度相当，与本地的经济社会发展水平相适应。

（3）公平公正原则。对事实、性质、情节及社会危害程度等因素基本相同的税收违法行为，所适用的行政处罚种类和幅度应当基本相同。

（4）公开原则。按规定公开行政处罚依据和行政处罚信息。

（5）程序正当原则。依法保障当事人的知情权、参与权和救济权等各项法定权利。

（6）信赖保护原则。非因法定事由并经法定程序，不得随意改变已经生效的行政行为。

（7）处罚与教育相结合原则。预防和纠正涉税违法行为，引导当事人自觉守法。

四、税务行政处罚与其他相关行为的区别

（一）税务行政处罚与税务行政强制的区别

1. 性质不同

税务行政强制本质上属于执行行为，是对有违法趋势或违法轻微者的控制手段和措施，税务行政强制相对人履行税法义务时，强制措施即停止或解除。税务行政处罚是对税务违法行为的制裁，采取对税务行政处罚相对人设定新的义务或剥夺其权益的手段。处罚决定不因相对人停止违法而解除。

2. 目的不同

税务行政强制的目的在于敦促或强迫税务行政强制当事人履行税法义务，而税务行政处罚目的在于制裁税务处罚相对人，以维护税法严肃性。

（二）税务行政处罚与税务刑事处罚的区别

1. 处罚的对象不同

税务行政处罚对象是违反有关税收法规，但一般情节和后果较轻，未构成犯罪的当事人；税务刑事处罚的对象是违法行为具有社会危害性，情节和后果比较严重，构成犯罪的当事人。

2. 处罚的依据不同

税务行政处罚的法律依据是《行政处罚法》《税收征管法》和其他有关法规；税务刑事处罚的法律依据主要是《刑法》。

3. 处罚的决定机关不同

税务行政处罚决定是由税务机关为行政主体作出；税务刑事处罚是由人民法院作出判决。

4. 处罚的手段不同

税务行政处罚的处罚手段包括财产罚（罚款、没收非法所得）和行为罚（停止出口退税权、提请工商部门吊销营业执照等）；税务刑事处罚有五种主刑（死刑、无期徒刑、有期徒刑、拘役、管制）和三种附加刑（罚金、剥夺政治权利、没收财产）。

五、税务行政处罚的程序

税务行政处罚的程序，分为简易程序和一般程序两种。

（一）税务行政处罚的简易程序

税务行政处罚的简易程序是指税务机关及其执法人员对于公民、法人或者其他组织违反税收征收管理秩序的行为，当场作出税务行政处罚决定的行政处罚程序。

简易程序的适用条件包括：一是案情简单、事实清楚、违法后果比较轻微且有法定依据应当给予处罚的违法行为；二是给予的处罚较轻，仅适用于对公民处以50元以下和对法人或者其他组织处以1000元以下罚款的违法案件。

符合上述条件，税务行政执法人员当场作出税务行政处罚决定应当按照下列程序进行：（1）向当事人出示税务检查证或者其他税务行政执法身份证件；（2）告知当事人受到税务行政处罚的违法事实、依据，并告知当事人依法享有的权利；（3）应当场听取当事人的陈述、申辩意见，对当事人提出的事实、理由和证据，应当进行复核，当事人提出的事实、理由或者证据成立的，应当采纳；（4）填写具有预定格式、编有号码的税务行政处罚决定书，并当场交付当事人。税务行政处罚决定应当载明当事人的违法行为、行政处罚依据、罚款数额、时间、地点以及税务机关名称，并由执法人员签名或者盖章。

当事人应当自收到税务行政处罚决定之日起按照税务机关规定的期限到指定的银行缴纳罚款。

有下列情形之一的，执法人员可以当场收缴罚款：（1）依法给予20元以下的罚款的；（2）不当场收缴事后难以执行的；（3）在边远、水上、交通不便的地区，当事人向指定的银行缴纳罚款有困难，经当事人提出当场缴纳的。

执法人员当场收缴罚款的，必须向当事人出具省、自治区、直辖市财政部门统一制发的罚款收据；不出具财政部门统一制发的罚款收据的，当事人有权拒绝缴纳罚款。

税务行政执法人员当场制作的税务行政处罚决定书，应当报所属税务机关备案。

（二）税务行政处罚的一般程序

对不符合简易处罚条件的案件处罚适用一般程序。在一般程序的告知环节，对于符合法定听证条件的（对公民处以2000元以上罚款、对法人或者其他组织处以10000元以上罚款），应当告知当事人有要求听证的权利。具体内容详见第二节税务行政处罚的一般程序。

第一批税务行政处罚权力清单如表12－1所示。

表 12－1　第一批税务行政处罚权力清单

类型	违法行为		处罚依据	处罚内容	处罚主体	备注
一、账簿凭证管理类	1. 未按规定设置、保管账簿资料，报送财务、会计制度办法核算软件，安装使用税控装置。	纳税人未按照规定设置、保管账簿或者保管记账凭证和有关资料。	《中华人民共和国税收征收管理法》第六十条	责令限期改正，可以处 2000 元以下的罚款；情节严重的，处 2000 元以上 1 万元以下的罚款。	税务机关	
		纳税人未按照规定将财务、会计制度或者财务、会计处理办法和会计核算软件报送税务机关备查。		责令限期改正，可以处 2000 元以下的罚款；情节严重的，处 2000 元以上 1 万元以下的罚款。	税务机关	
		纳税人未按照规定安装、使用税控装置，或者损毁或者擅自改动税控装置。		责令限期改正，可以处 2000 元以下的罚款；情节严重的，处 2000 元以上 1 万元以下的罚款。	税务机关	
	2. 扣缴义务人未按照规定设置、保管代扣代缴、代收代缴税款账簿或者保管代扣代缴、代收代缴税款记账凭证及有关资料。		《中华人民共和国税收征收管理法》第六十一条	责令限期改正，可以处 2000 元以下的罚款；情节严重的，处 2000 元以上 5000 元以下的罚款。	税务机关	
	3. 非法印制、转借、倒卖、变造或者伪造完税凭证。		《中华人民共和国税收征收管理法实施细则》第九十一条	责令改正，处 2000 元以上 1 万元以下的罚款；情节严重的，处 1 万元以上 5 万元以下的罚款。	税务机关	构成犯罪的，依法追究刑事责任。
二、纳税申报类	4. 未按规定期限办理纳税申报和报送纳税资料。	纳税人未按照规定的期限办理纳税申报和报送纳税资料。	《中华人民共和国税收征收管理法》第六十二条	责令限期改正，可以处 2000 元以下的罚款；情节严重的，可以处 2000 元以上 1 万元以下的罚款。	税务机关	
		扣缴义务人未按照规定的期限向税务机关报送代扣代缴、代收代缴税款报告表和有关资料。		责令限期改正，可以处 2000 元以下的罚款；情节严重的，可以处 2000 元以上 1 万元以下的罚款。	税务机关	
	5. 纳税人、扣缴义务人编造虚假计税依据。		《中华人民共和国税收征收管理法》第六十四条	责令限期改正，并处 5 万元以下的罚款。	税务机关	

续表

类型	违法行为	处罚依据	处罚内容	处罚主体	备注
三、税务检查类	6. 纳税人、扣缴义务人逃避、拒绝或者以其他方式阻挠税务机关检查（包括提供虚假资料，不如实反映情况，或者拒绝提供有关资料的；拒绝或者阻止税务机关记录、录音、录像、照相和复制与案件有关的情况和资料的；在检查期间，纳税人、扣缴义务人转移、隐匿、销毁有关资料的；有不依法接受税务检查的其他情形的）。	《中华人民共和国税收征收管理法》第七十条、《中华人民共和国税收征收管理法实施细则》第九十六条	责令改正，可以处1万元以下的罚款；情节严重的，处1万元以上5万元以下的罚款。	税务机关	
	7. 纳税人、扣缴义务人的开户银行或者其他金融机构拒绝接受税务机关依法检查纳税人、扣缴义务人存款账户，或者拒绝执行税务机关作出的冻结存款或者扣缴税款的决定，或者在接到税务机关的书面通知后帮助纳税人、扣缴义务人转移存款，造成税款流失。	《中华人民共和国税收征收管理法》第七十三条	处10万元以上50万元以下的罚款，对直接负责的主管人员和其他直接责任人员处1000元以上1万元以下的罚款。	税务机关	
	8. 税务机关依照税收征管法第五十四条第（五）项的规定到车站、码头、机场、邮政企业及其分支机构检查纳税人有关情况时，有关单位拒绝的。	《中华人民共和国税收征收管理法实施细则》第九十五条	责令改正，可以处1万元以下的罚款；情节严重的，处1万元以上5万元以下的罚款。	税务机关	

注：根据《中华人民共和国行政处罚法》第二十条的规定，税务行政处罚由违法行为发生地具有行政处罚权的主管税务机关管辖。法律、行政法规另有规定的除外。

第二节　税务行政处罚的一般程序

一、立案与调查

（一）立案

立案是指税务行政机关通过行政管理或者社会公众的举报发现税务行政违法行为线索，再经过计算机或者人工归类对采集的案源进行选案，确定具体的调查对象。立案是进行调查取证的前提，是查处违法行为的开端。查处税务行政违法行为，必须首先经过立案。税务机关查处税务行政违法行为，必须经过选案、立案，准确确定调查对象。

（二）调查

对各类税务案件的调查取证由税务机关的有关调查机构负责。税务机关的调查机构对税务案件进行调查取证后，对依法应当给予行政处罚的，应及时提出处罚建议，制作《税务行政处罚事项告知书》并送达当事人，告知当事人作出处罚建议的事实、理由和依据，以及当事人依法享有的陈述、申辩或要求听证权利。税务机关的调查机构应当充分听取当事人的陈述、申辩意见，并对陈述、申辩情况进行记录或制作《陈述申辩笔录》。调查终结，调查机构应当制作调查报告，并及时将调查报告连同所有案卷材料移交审查机构。

移交的调查报告主要包括下列内容：

（1）当事人的基本情况；

（2）当事人的违法事实及证据；

（3）告知情况；

（4）当事人的陈述申辩情况；

（5）处罚建议；

（6）其他。

二、告知与听证

（一）告知

《行政处罚法》第 31 条规定：“行政机关在作出行政处罚决定之前，应当告知当事人作出行政处罚决定的事实、理由及依据，并告知当事人依法享有的权利。”告知内容主要包括：（1）经调查取证获取的当事人违法行为的事实证据；（2）当事人行为所触犯的法律规范；（3）当事人违法行为应当受到行政处罚的法律规范；（4）拟给当事人行政处罚的种类、幅度范围、标准；（5）当事人应当享有的各项权利，如陈述申辩权、符合听证条件的听证权等。

税务机关在查处税务违法行为时，于调查终结之后作出处罚决定之前，向当事人先行告知有关事项是税务机关的一项法定义务。没有履行告知程序的，税务机关作出的税务行政处罚决定无效。税务机关对公民作出 2000 元以上罚款或者对法人或者其他组织作出 1 万元以上罚款的行政处罚之前，应当向当事人送达《税务行政处罚事项告知书》，告知当事人已经查明的违法事实、证据、行政处罚的法律依据和拟将给予的行政处罚，并告知有要求举行听证的权利。

（二）听证

1. 受理

要求听证的当事人，应当在《税务行政处罚事项告知书》送达后 3 日内向税务机关书面提出听证；逾期不提出的、视为放弃听证权利。当事人要求听证的，税务机关应当组织听证。

税务机关应当在收到当事人听证要求后 15 日内举行听证，并在举行听证的 7 日前将《税务行政处罚听证通知书》送达当事人，通知当事人举行听证的时间、地点、听证主持人的姓名及有关事项。当事人由于不可抗力或者其他特殊情况而耽误提出听证期限的，在障碍消除后 5 日以内，可以申请延长期限。申请是否准许，由组织听证的税务机关决定。

当事人提出听证后，税务机关发现自己拟作的行政处罚决定对事实认定有错误或者偏差，应当予以改变，并及时向当事人说明。

2. 参加人员

税务行政处罚的听证，由税务机关负责人指定的非本案调查机构的人员主持，当事人、本案调查人员及其他有关人员参加。听证主持人应当依法行使职权，不受任何组织和个人的干涉。

当事人可以亲自参加听证，也可以委托 1 ~ 2 人代理。当事人委托代理人参加听证的，应当向其代理人出具代理委托书。代理委托书应当注明有关事项，并经税务机关或者听证主持人审核确认。

当事人认为听证主持人与本案有直接利害关系的，有权申请回避。回避申请，应当在举行听证的 3 日前向税务机关提出，并说明理由。听证主持人是本案当事人的近亲属，或者认为自己与本案有直接利害关系或其他关系可能影响公正听证的，应当自行提出回避。听证主持人的回避，由组织听证的税务机关负责人决定。对驳回申请回避的决定，当事人可以申请复核一次。

税务行政处罚听证应当公开进行。但是涉及国家秘密、商业秘密或者个人隐私的，听证不公开进行。对公开听证的案件，应当先期公告当事人和本案调查人员的姓名、案由和听证的时间、地点。公开进行的听证，应当允许群众旁听。经听证主持人许可，旁听群众可以发表意见。对不公开听证的案件，应当宣布不公开听证的理由。

当事人或者其代理人应当按照税务机关的通知参加听证，无正当理由不参加的，视为放弃听证权利。听证应当予以终止。

3. 听证

听证开始时，听证主持人应当首先声明并出示税务机关负责人授权主持听证的决定，然后查明当事人或者其代理人、本案调查人员、证人及其他有关人员是否到场，宣布案由；宣布听证会的组成人员名单；告知当事人有关的权利义务。记录员宣读听证会场纪律。

听证过程中，由本案调查人员就当事人的违法行为予以指控，并出示事实证据材料，提出行政处罚建议。当事人或者其代理人可以就所指控的事实及相关问题进行申辩和质证。

听证主持人可以对本案所及事实进行询问，保障控辩双方充分陈述事实，发表意见，并就各自出示的证据的合法性、真实性进行辩论。辩论先由本案调查人员发言，再由当事人或者其代理人答辩，然后双方相互辩论。

辩论终结，听证主持人可以再就本案的事实、证据及有关问题向当事人或者其代理人、本案调查人员征求意见。当事人或者其代理人有最后陈述的权利。

听证主持人认为证据有疑问无法听证辨明，可能影响税务行政处罚的准确公正的，可以宣布中止听证，由本案调查人员对证据进行调查核实后再行听证。

当事人或者其代理人可以申请对有关证据进行重新核实，或者提出延期听证；是否准许，由听证主持人或者税务机关作出决定。

听证过程中，当事人或者其代理人放弃申辩和质证权利，声明退出听证会；或者不经听证主持人许可擅自退出听证会的，听证主持人可以宣布听证终止。

听证过程中，当事人或者其代理人、本案调查人员、证人及其他人员违反听证秩序，听证主持人应当警告制止；对不听制止的，可以责令其退出听证会场。

当事人或者其代理人有上述规定严重行为致使听证无法进行的，听证主持人或者税务机关可以终止听证。

听证的全部活动，应当由记录员写成笔录，经听证主持人审阅并由听证主持人和记录员签名后，封卷上交税务机关负责人审阅。

听证笔录应交当事人或者其代理人、本案调查人员、证人及其他有关人员阅读或者向他们宣读，他们认为有遗漏或者有差错的，可以请求补充或者改正。他们在承认没有错误后，应当签字或者盖章。拒绝签名或者盖章的，记明情况附卷。

听证结束后，听证主持人应当将听证情况和处理意见报告税务机关负责人。

对应当进行听证的案件，税务机关不组织听证，行政处罚决定不能成立；当事人放弃听证权利或者被正当取消听证权利的除外。

听证费用由组织听证的税务机关支付，不得由要求听证的当事人承担或者变相承担。

三、审查与处罚决定

（一）审查

对案件调查结果的审查由税务机关负责人指定的比较超脱的机构（以下简称审查机构）负责。

1. 审查登记

审查机构收到调查机构移交的案卷后，应对案卷材料进行登记，填写《税务案件审查登记簿》。案卷登记应主要包括下列内容：

（1）调查案件来源资料；

（2）事实证据材料；

（3）告知材料；

（4）陈述、申辩意见记录或《陈述申辩笔录》；

（5）调查报告；

（6）其他有关资料。

案卷材料不全的，可以通知调查机构增补。

2. 审查的事项

审查机构应对案件下列事项进行审查：

（1）调查机构认定的事实、证据和处罚建议适用的处罚种类、依据是否正确；

（2）调查取证是否符合法定程序；

（3）当事人陈述、申辩的事实、证据是否成立；

（4）经听证的，当事人听证申辩的事实、证据是否成立。

3. 制作审查报告

审查机构应在自收到调查机构移交案卷之日起10日内审查终结，制作审查报告，并连同案卷材料报送本级税务机关负责人审批。

审查报告主要包括下列内容：

（1）基本案情；

（2）调查机构调查认定的事实、证据和处理建议；

（3）陈述、申辩情况；

（4）听证情况；

（5）审查机构审查认定的事实、证据，适用法律及处理建议；

（6）其他。

听证期间不计算在审查期限内。

税务机关负责人认为调查报告或审查报告有重大错误的，可以将案卷材料退回调查机构或审查机构重新处理。

（二）处罚决定

审查机构应自收到本级税务机关负责人审批意见之日起 3 日内，根据不同情况分别制作以下处理，决定书报送本级税务机关负责人签发：

（1）有应受行政处罚的违法行为的，根据情节轻重及具体情况予以处罚，制作决定书；

（2）违法行为轻微，依法可以不予行政处罚的，不予行政处罚，制作《不予行政处罚决定书》；

（3）违法事实不能成立的，不得予以行政处罚，制作决定书；

（4）违法行为已构成犯罪的，移送司法机关，制作决定书。

调查机构或其他执行机构应在处理决定书送达和执行以后将处理决定书和执行报告抄送审查机构备查。

重大复杂的税务行政处罚案件，应自作出处理决定之日起 5 日内报上一级税务机关备案。

第三节　税务行政处罚裁量权的行使

一、税务行政处罚裁量权的定义

税务行政处罚裁量权，是指税务机关根据法律、法规和规章的规定，综合考虑税收违法行为的事实、性质、情节及社会危害程度，选择处罚种类和幅度并作出处罚决定的权力。

二、遵循的原则

行使税务行政处罚裁量权，应当遵循以下原则：

（1）合法原则。在法律、法规、规章规定的种类和幅度内，依照法定权限，遵守法定程序，保障当事人合法权益。

（2）合理原则。符合立法目的，考虑相关事实因素和法律因素，作出的行政处罚决定与违法行为的事实、性质、情节、社会危害程度相当，与本地的经济社会发展水平相适应。

（3）公平公正原则。对事实、性质、情节及社会危害程度等因素基本相同的税收违法行为，所适用的行政处罚种类和幅度应当基本相同。

（4）公开原则。按规定公开行政处罚依据和行政处罚信息。

（5）程序正当原则。依法保障当事人的知情权、参与权和救济权等各项法定权利。

（6）信赖保护原则。非因法定事由并经法定程序，不得随意改变已经生效的行政行为。

（7）处罚与教育相结合原则。预防和纠正涉税违法行为，引导当事人自觉守法。

三、行政处罚裁量基准的制定

税务行政处罚裁量基准，是税务机关为规范行使行政处罚裁量权而制定的细化量化标准。

税务行政处罚裁量基准，应当包括违法行为、处罚依据、裁量阶次、适用条件和具体标准等内容。

（一）要求

税务行政处罚裁量基准应当在法定范围内制定，并符合以下要求：

（1）法律、法规、规章规定可予以行政处罚的，应当明确是否予以行政处罚的适用条件和具体标准；

（2）法律、法规、规章规定可以选择行政处罚种类的，应当明确不同种类行政处罚的适用条件和具体标准；

（3）法律、法规、规章规定行政处罚幅度的，应当根据违法事实、性质、情节、社会危害程度等因素确定适用条件和具体标准；

（4）法律、法规、规章规定可以单处也可以并处行政处罚的，应当明确单处或者并处行政处罚的适用条件和具体标准。

（二）程序

制定税务行政处罚裁量基准，参照下列程序进行：

（1）确认行政处罚裁量依据；

（2）整理、分析行政处罚典型案例，为细化量化税务行政处罚裁量权提供参考；

（3）细化量化税务行政处罚裁量权，拟定税务行政处罚裁量基准。

税务行政处罚裁量基准应当以规范性文件形式发布，并结合税收行政执法实际及时修订。

税务机关在实施行政处罚时，应当以法律、法规、规章为依据，并在裁量基准范围内作出相应的行政处罚决定，不得单独引用税务行政处罚裁量基准作为依据。

四、行政处罚裁量规则适用

（一）裁量规定

法律、法规、规章规定可以给予行政处罚，当事人首次违反且情节轻微，并在税务机关发现前主动改正的或者在税务机关责令限期改正的期限内改正的，不予行政处罚。

税务机关应当责令当事人改正或者限期改正违法行为的，除法律、法规、规章另有规定外，责令限期改正的期限一般不超过 30 日。

对当事人的同一个税收违法行为不得给予两次以上罚款的行政处罚。

当事人同一个税收违法行为违反不同行政处罚规定且均应处以罚款的，应当选择适用处罚较重的条款。

（二）不予行政处罚的情形

当事人有下列情形之一的，不予行政处罚：

（1）违法行为轻微并及时纠正，没有造成危害后果的；

（2）不满十四周岁的人有违法行为的；

（3）精神病人在不能辨认或者不能控制自己行为时有违法行为的；

（4）其他法律规定不予行政处罚的。

（三）从轻或减轻行政处罚的情形

当事人有下列情形之一的，应当依法从轻或者减轻行政处罚：

（1）主动消除或者减轻违法行为危害后果的；

（2）受他人胁迫有违法行为的；

（3）配合税务机关查处违法行为有立功表现的；

（4）其他依法应当从轻或者减轻行政处罚的。

（四）其他规定

税务行政处罚，罚款额在 2000 元以下的，可以由税务所决定。

当事人对税务机关的处罚决定、强制执行措施或者税收保全措施不服的，可以依法申请行政复议，也可以依法向人民法院起诉。

违反税收法律、行政法规应当给予行政处罚的行为在5年内未被发现的，不再给予行政处罚。

对情节复杂、争议较大、处罚较重、影响较广或者拟减轻处罚等税务行政处罚案件，应当经过集体审议决定。

税务机关按照一般程序实施行政处罚，应当在执法文书中对事实认定、法律适用、基准适用等说明理由。

省税务机关应当积极探索建立案例指导制度，通过案例指导规范税务行政处罚裁量权。

思考与练习

1. 简述税务行政处罚及其特征。
2. 简述税务行政处罚与税务行政强制的区别。
3. 简述税务行政处罚的简易程序。
4. 简述税务行政处罚的一般程序。
5. 简述行政处罚裁量规则适用。
6. 案例题：A公司成立于2008年4月，经营范围为：棉纺织品生产、销售；服装加工、销售及进出口业务等。2015年5月18日，县国家税务局稽查局对A公司2011年1月1日至2011年7月31日增值税及发票使用情况进行检查，认定A公司存在虚开增值税专用发票行为，于5月23日作出《税务行政处罚事项告知书》，并于2015年6月24日送达。A公司申请听证后，县稽查局于同年7月30日作出《税务行政处罚决定书》。后认为该案已涉嫌触犯《刑法》虚开增值税专用发票罪，于2015年8月13日将案件移送，附调查报告及上述处罚决定书，并于8月27日将处罚决定书送达A公司。县公安局与2015年9月22日向税务局送达立案告知书。A公司对处罚决定书不服，于2015年9月28日提起诉讼，要求撤销行政处罚决定书。

试分析A公司要求撤销行政处罚决定书的要求是否符合法律规定？

第十三章

反避税管理

第一节　反避税管理

一、反避税管理的定义

反避税管理是指对企业实施的不具有合理商业目的而获取税收利益的避税安排，实施的特别纳税调整。

避税安排具有以下特征：

（1）以获取税收利益为唯一目的或主要目的；

（2）以形式符合税法规定、但与其经济实质不符的方式获取税收利益。

税务机关应当以具有合理商业目的和经济实质的类似安排为基准，按照实质重于形式的原则实施特别纳税调整。调整方法包括：

（1）对安排的全部或者部分交易重新定性；

（2）在税收上否定交易方的存在，或者将该交易方与其他交易方视为同一实体；

（3）对相关所得、扣除、税收优惠、境外税收抵免等重新定性或在交易各方间重新分配；

二、反避税管理的程序

（一）立案

各级税务机关应当结合工作实际，应用各种数据资源，如企业所得税汇算清缴、纳税评估、同期资料管理、对外支付税务管理、股权转让交易管理、税收协定执行等，及时发现一般反避税案源。

主管税务机关发现企业存在避税嫌疑的，层报省、自治区、直辖市和计划单列市（以下简称省）税务机关复核同意后，报税务总局申请立案。

省税务机关应当将税务总局形成的立案申请审核意见转发主管税务机关。税务总局同意立案的，主管税务机关实施一般反避税调查。

（二）调查

主管税务机关实施一般反避税调查时，应当向被调查企业送达《税务检查通知书》。被调查企业认为其安排不属于避税安排的，应当自收到《税务检查通知书》之日起60日内提供下列资料。

（1）安排的背景资料；

（2）安排的商业目的等说明文件；

（3）安排的内部决策和管理资料，如董事会决议、备忘录、电子邮件等；

（4）安排涉及的详细交易资料，如合同、补充协议、收付款凭证等；

（5）与其他交易方的沟通信息；

（6）可以证明其安排不属于避税安排的其他资料；

（7）税务机关认为有必要提供的其他资料。

企业因特殊情况不能按期提供的，可以向主管税务机关提交书面延期申请，经批准可以延期提供，但是最长不得超过30日。主管税务机关应当自收到企业延期申请之日起15日内书面回复。逾期未回复的，视同税务机关同意企业的延期申请。

企业拒绝提供资料的，主管税务机关有权核定其应纳税额。

主管税务机关实施一般反避税调查时，可以要求为企业筹划安排的单位或者个人（以下简称筹划方）提供有关资料及证明材料。

一般反避税调查涉及向筹划方、关联方以及与关联业务调查有关的其他企业调查取证的，主管税务机关应当送达《税务事项通知书》。

主管税务机关审核企业、筹划方、关联方以及与关联业务调查有关的其他企业提供的资料，可以采用现场调查、发函协查和查阅公开信息等方式核实。需取得境外有关资料的，可以按有关规定启动税收情报交换程序，或者通过我驻外机构调查收集有关信息。涉及境外关联方相关资料的，主管税务机关也可以要求企业提供公证机构的证明。

（三）结案

1. 审核并初步处理

主管税务机关根据调查过程中获得的相关资料，自税务总局同意立案之日起9个月内进行审核，综合判断企业是否存在避税安排，形成案件不予调整或者初步调整方案的意见和理由，层报省税务机关复核同意后，报税务总局申请结案。

主管税务机关应当根据税务总局形成的结案申请审核意见，分别以下情况进行处理：

（1）同意不予调整的，向被调查企业下发《特别纳税调查结论通知书》；

（2）同意初步调整方案的，向被调查企业下发《特别纳税调查初步调整通知书》；

（3）税务总局有不同意见的，按照税务总局的意见修改后再次层报审核。

被调查企业在收到《特别纳税调查初步调整通知书》之日起7日内未提出异议的，主管税务机关应当下发《特别纳税调查调整通知书》。

被调查企业在收到《特别纳税调查初步调整通知书》之日起7日内提出异议，但是主管税务机关经审核后认为不应采纳的，应将被调查企业的异议及不应采纳的意见和理由层报省税务机关复核同意后，报税务总局再次申请结案。

被调查企业在收到《特别纳税调查初步调整通知书》之日起7日内提出异议，主管税务机关经审核后认为确需对调整方案进行修改的，应当将被调查企业的异议及修改后的调整方案层报省税务机关复核同意后，报税务总局再次申请结案。

2. 二次处理

主管税务机关应当根据税务总局考虑企业异议形成的结案申请审核意见，分别以下情况进行处理：

（1）同意不应采纳企业所提异议的，向被调查企业下发《特别纳税调查调整通知书》；

（2）同意修改后调整方案的，向被调查企业下发《特别纳税调查调整通知书》；

（3）税务总局有不同意见的，按照税务总局的意见修改后再次层报审核。

（四）争议处理

被调查企业对主管税务机关作出的一般反避税调整决定不服的，可以按照有关法律法规的规定申请法律救济。

主管税务机关作出的一般反避税调整方案导致国内双重征税的，由税务总局统一组织协调解决。

被调查企业认为我国税务机关作出的一般反避税调整，导致国际双重征税或者不符合税收协定规定征税的，可以按照税收协定及其相关规定申请启动相互协商程序。

第二节　特别纳税调整

一、特别纳税调整的定义

特别纳税调整是指税务机关对企业的转让定价、预约定价安排、成本分摊协议、受控外国企业、资本弱化以及一般反避税等特别纳税调整事项的管理。

二、对关联关系和关联交易的界定

（一）关联关系

关联关系，主要是指企业与其他企业、组织或个人具有下列之一关系：

（1）一方直接或间接持有另一方的股份总和达到25%以上，或者双方直接或间接同为第三方所持有的股份达到25%以上。若一方通过中间方对另一方间接持有股份，只要一方对中间方持股比例达到25%以上，则一方对另一方的持股比例按照中间方对另一方的持股比例计算。

（2）一方与另一方（独立金融机构除外）之间借贷资金占一方实收资本50%以上，或者一方借贷资金总额的10%以上是由另一方（独立金融机构除外）担保。

（3）一方半数以上的高级管理人员（包括董事会成员和经理）或至少一名可以控制董事会的董事会高级成员是由另一方委派，或者双方半数以上的高级管理人员（包括董事会成员和经理）或至少一名可以控制董事会的董事会高级成员同为第三方委派。

（4）一方半数以上的高级管理人员（包括董事会成员和经理）同时担任另一方的高级管理人员（包括董事会成员和经理），或者一方至少一名可以控制董事会的董事会高级成员同时担任另一方的董事会高级成员。

（5）一方的生产经营活动必须由另一方提供的工业产权、专有技术等特许权才能正常进行。

（6）一方的购买或销售活动主要由另一方控制。

（7）一方接受或提供劳务主要由另一方控制。

（8）一方对另一方的生产经营、交易具有实质控制，或者双方在利益上具有相关联的其他关系，包括虽未达到第（1）项持股比例，但一方与另一方的主要持股方享受基本相同的经济利益，以及家族、亲属关系等。

（二）关联交易

关联交易主要包括以下类型：

（1）有形资产的购销、转让和使用，包括房屋建筑物、交通工具、机器设备、工具、商品、产品等有形资产的购销、转让和租赁业务；

（2）无形资产的转让和使用，包括土地使用权、版权（著作权）、专利、商标、客户名单、营销渠道、牌号、商业秘密和专有技术等特许权，以及工业品外观设计或实用新型等工业产权的所有权转让和使用权的提供业务；

（3）融通资金，包括各类长短期资金拆借和担保以及各类计息预付款和延期付款等业务；

（4）提供劳务，包括市场调查、行销、管理、行政事务、技术服务、维修、设计、咨询、代理、科研、法律、会计事务等服务的提供。

三、同期资料管理

（一）提供同期资料

企业应按纳税年度准备、保存、并按税务机关要求提供其关联交易的同期资料。

同期资料主要包括以下内容。

1. 组织结构

（1）企业所属的企业集团相关组织结构及股权结构；

（2）企业关联关系的年度变化情况；

（3）与企业发生交易的关联方信息，包括关联企业的名称、法定代表人、董事和经理等高级管理人员构成情况、注册地址及实际经营地址，以及关联个人的名称、国籍、居住地、家庭成员构成等情况，并注明对企业关联交易定价具有直接影响的关联方；

（4）各关联方适用的具有所得税性质的税种、税率及相应可享受的税收优惠。

2. 生产经营情况

（1）企业的业务概况，包括企业发展变化概况、所处的行业及发展概况、经营策略、产业政策、行业限制等影响企业和行业的主要经济和法律问题，集团产业链以及企业所处地位；

（2）企业的主营业务构成，主营业务收入及其占收入总额的比重，主营业务利润及其占利润总额的比重；

（3）企业所处的行业地位及相关市场竞争环境的分析；

（4）企业内部组织结构，企业及其关联方在关联交易中执行的功能、承担的风险以及使用的资产等相关信息，并参照填写《企业功能风险分析表》；

（5）企业集团合并财务报表，可视企业集团会计年度情况延期准备，但最迟不得超过关联交易发生年度的次年12月31日。

3. 关联交易情况

（1）关联交易类型、参与方、时间、金额、结算货币、交易条件等；

（2）关联交易所采用的贸易方式、年度变化情况及其理由；

（3）关联交易的业务流程，包括各个环节的信息流、物流和资金流，与非关联交易业务流程的异同；

（4）关联交易所涉及的无形资产及其对定价的影响；

（5）与关联交易相关的合同或协议副本及其履行情况的说明；

（6）对影响关联交易定价的主要经济和法律因素的分析；

（7）关联交易和非关联交易的收入、成本、费用和利润的划分情况，不能直接划分的，按照合理比例划分，说明确定该划分比例的理由，并参照填写《企业年度关联交易财务状况分析表》。

4. 可比性分析

（1）可比性分析所考虑的因素，包括交易资产或劳务特性、交易各方功能和风险、合同条款、经济环境、经营策略等；

（2）可比企业执行的功能、承担的风险以及使用的资产等相关信息；

（3）可比交易的说明，如有形资产的物理特性、质量及其效用；融资业务的正常利率水平、金额、币种、期限、担保、融资人的资信、还款方式、计息方法等；劳务的性质与程度；无形资产的类型及交易形式，通过交易获得的使用无形资产的权利，使用无形资产获得的收益；

（4）可比信息来源、选择条件及理由；

（5）可比数据的差异调整及理由。

5. 转让定价方法的选择和使用

（1）转让定价方法的选用及理由，企业选择利润法时，须说明对企业集团整体利润或剩余利润水平所做的贡献；

（2）可比信息如何支持所选用的转让定价方法；

（3）确定可比非关联交易价格或利润的过程中所做的假设和判断；

（4）运用合理的转让定价方法和可比性分析结果，确定可比非关联交易价格或利润，以及遵循独立交易原则的说明；

（5）其他支持所选用转让定价方法的资料。

（二）免于准备同期资料的情形

属于下列情形之一的企业，可免于准备同期资料：

（1）年度发生的关联购销金额（来料加工业务按年度进出口报关价格计算）在2亿元人民币以下且其他关联交易金额（关联融通资金按利息收付金额计算）在4000万元人民币以下，上述金额不包括企业在年度内执行成本分摊协议或预约定价安排所涉及的关联交易金额；

（2）关联交易属于执行预约定价安排所涉及的范围；

（3）外资股份低于50%且仅与境内关联方发生关联交易。

（三）准备同期资料的相关要求

企业应在关联交易发生年度的次年5月31日之前准备完毕该年度同期资料，并自税务机关要求之日起20日内提供。

企业因不可抗力无法按期提供同期资料的，应在不可抗力消除后20日内提供同期资料。

企业按照税务机关要求提供的同期资料，须加盖公章，并由法定代表人或法定代表人授权的代表签字或盖章。同期资料涉及引用的信息资料，应标明出处来源。

企业因合并、分立等原因变更或注销税务登记的，应由合并、分立后的企业保存同期资料。

同期资料应使用中文。如原始资料为外文的，应附送中文副本。

同期资料应自企业关联交易发生年度的次年6月1日起保存10年。

四、法律责任

税务机关根据所得税法及其实施条例的规定，对企业做出特别纳税调整的，应对2008年1月1日以后发生交易补征的企业所得税税款，按日加收利息。

（1）计息期间自税款所属纳税年度的次年6月1日起至补缴（预缴）税款入库之日止。

（2）利息率按照税款所属纳税年度12月31日实行的与补税期间同期的中国人民银行人民币贷款基准利率（以下简称“基准利率”）加5个百分点计算，并按一年365天折算日利息率。

（3）企业按照规定提供同期资料和其他相关资料的，或者企业符合规定免于准备同期资料但根据税务机关要求提供其他相关资料的，可以只按基准利率计算加收利息。

（4）按照本条规定加收的利息，不得在计算应纳税所得额时扣除。

企业在税务机关做出特别纳税调整决定前预缴税款的，收到调整补税通知书后补缴税款时，按照应补缴税款所属年度的先后顺序确定已预缴税款的所属年度，以预缴入库日为截止日，分别计算应加收的利息额。

第三节　转让定价管理

一、转让定价管理概述

转让定价管理是指税务机关按照有关规定，对企业与其关联方之间的业务往来（以下简称“关联交易”）是否符合独立交易原则进行审核评估和调查调整等工作的总称。

企业发生关联交易以及税务机关审核、评估关联交易均应遵循独立交易原则，选用合理的转让定价方法。

二、可比性分析

选用合理的转让定价方法应进行可比性分析。可比性分析因素主要包括以下五个方面。

（1）交易资产或劳务特性，主要包括：有形资产的物理特性、质量、数量等，劳务的性质和范围，无形资产的类型、交易形式、期限、范围、预期收益等；

（2）交易各方功能和风险，功能主要包括：研发、设计，采购，加工、装配、制造，存货管理、分销、售后服务、广告，运输、仓储，融资，财务、会计、法律及人力资源管理等，在比较功能时，应关注企业为发挥功能所使用资产的相似程度；风险主要包括：研发风险，采购风险，生产风险，分销风险，市场推广风险，管理及财务风险等；

（3）合同条款，主要包括：交易标的，交易数量、价格，收付款方式和条件，交货条件，售后服务范围和条件，提供附加劳务的约定，变更、修改合同内容的权利，合同有效期，终止或续签合同的权利；

（4）经济环境，主要包括：行业概况，地理区域，市场规模，市场层级，市场占有率，市场竞争程度，消费者购买力，商品或劳务可替代性，生产要素价格，运输成本，政府管制等；

（5）经营策略，主要包括：创新和开发策略，多元化经营策略，风险规避策略，市场占有策略等。

三、转让定价方法

转让定价方法包括可比非受控价格法、再销售价格法、成本加成法、交易净利润法、利润分割法和其他符合独立交易原则的方法。

（一）可比非受控价格法

可比非受控价格法以非关联方之间进行的与关联交易相同或类似业务活动所收取的价格作为关联交易的公平成交价格。

可比性分析应特别考察关联交易与非关联交易在交易资产或劳务的特性、合同条款及经济环境上的差异，按照不同交易类型具体包括如下内容。

（1）有形资产的购销或转让。

①购销或转让过程，包括交易的时间与地点、交货条件、交货手续、支付条件、

交易数量、售后服务的时间和地点等；

②购销或转让环节，包括出厂环节、批发环节、零售环节、出口环节等；

③购销或转让货物，包括品名、品牌、规格、型号、性能、结构、外型、包装等；

④购销或转让环境，包括民族风俗、消费者偏好、政局稳定程度以及财政、税收、外汇政策等。

（2）有形资产的使用。

①资产的性能、规格、型号、结构、类型、折旧方法；

②提供使用权的时间、期限、地点；

③资产所有者对资产的投资支出、维修费用等。

（3）无形资产的转让和使用。

①无形资产类别、用途、适用行业、预期收益；

②无形资产的开发投资、转让条件、独占程度、受有关国家法律保护的程度及期限、受让成本和费用、功能风险情况、可替代性等。

（4）融通资金：融资的金额、币种、期限、担保、融资人的资信、还款方式、计息方法等。

（5）提供劳务：业务性质、技术要求、专业水准、承担责任、付款条件和方式、直接和间接成本等。

关联交易与非关联交易之间在以上方面存在重大差异的，应就该差异对价格的影响进行合理调整，无法合理调整的，应根据本章规定选择其他合理的转让定价方法。

可比非受控价格法可以适用于所有类型的关联交易。

（二）再销售价格法

再销售价格法以关联方购进商品再销售给非关联方的价格减去可比非关联交易毛利后的金额作为关联方购进商品的公平成交价格。其计算公式如下：

公平成交价格＝再销售给非关联方的价格×(1－可比非关联交易毛利率)

可比非关联交易毛利率＝可比非关联交易毛利/可比非关联交易收入净额×100%

可比性分析应特别考察关联交易与非关联交易在功能风险及合同条款上的差异以及影响毛利率的其他因素，具体包括销售、广告及服务功能，存货风险，机器、设备的价值及使用年限，无形资产的使用及价值，批发或零售环节，商业经验，会计处理及管理效率等。

关联交易与非关联交易之间在以上方面存在重大差异的，应就该差异对毛利率的影响进行合理调整，无法合理调整的，应根据本章规定选择其他合理的转让定价方法。

再销售价格法通常适用于再销售者未对商品进行改变外形、性能、结构或更换商标等实质性增值加工的简单加工或单纯购销业务。

（三）成本加成法

成本加成法以关联交易发生的合理成本加上可比非关联交易毛利作为关联交易的公平成交价格。其计算公式如下：

$$公平成交价格=关联交易的合理成本\times(1+可比非关联交易成本加成率)$$

$$可比非关联交易成本加成率=可比非关联交易毛利/可比非关联交易成本\times100\%$$

可比性分析应特别考察关联交易与非关联交易在功能风险及合同条款上的差异以及影响成本加成率的其他因素，具体包括制造、加工、安装及测试功能，市场及汇兑风险，机器、设备的价值及使用年限，无形资产的使用及价值，商业经验，会计处理及管理效率等。

关联交易与非关联交易之间在以上方面存在重大差异的，应就该差异对成本加成率的影响进行合理调整，无法合理调整的，应根据本章规定选择其他合理的转让定价方法。

成本加成法通常适用于有形资产的购销、转让和使用，劳务提供或资金融通的关联交易。

（四）交易净利润法

交易净利润法以可比非关联交易的利润率指标确定关联交易的净利润。利润率指标包括资产收益率、销售利润率、完全成本加成率、贝里比率等。

可比性分析应特别考察关联交易与非关联交易之间在功能风险及经济环境上的差异以及影响营业利润的其他因素，具体包括执行功能、承担风险和使用资产，行业和市场情况，经营规模，经济周期和产品生命周期，成本、费用、所得和资产在各交易间的分摊，会计处理及经营管理效率等。

关联交易与非关联交易之间在以上方面存在重大差异的，应就该差异对营业利润的影响进行合理调整，无法合理调整的，应根据本章规定选择其他合理的转让定价方法。

交易净利润法通常适用于有形资产的购销、转让和使用，无形资产的转让和使用以及劳务提供等关联交易。

（五）利润分割法

利润分割法根据企业与其关联方对关联交易合并利润的贡献计算各自应该分配的利润额。利润分割法分为一般利润分割法和剩余利润分割法。

一般利润分割法根据关联交易各参与方所执行的功能、承担的风险以及使用的资产，确定各自应取得的利润。

剩余利润分割法将关联交易各参与方的合并利润减去分配给各方的常规利润的余额作为剩余利润，再根据各方对剩余利润的贡献程度进行分配。

可比性分析应特别考察交易各方执行的功能、承担的风险和使用的资产，成本、费用、所得和资产在各交易方之间的分摊，会计处理，确定交易各方对剩余利润贡献所使用信息和假设条件的可靠性等。

利润分割法通常适用于各参与方关联交易高度整合且难以单独评估各方交易结果的情况。

四、转让定价调查及调整

税务机关有权依据税收征管法及其实施细则有关税务检查的规定，确定调查企业，进行转让定价调查、调整。被调查企业必须据实报告其关联交易情况，并提供相关资料，不得拒绝或隐瞒。

（一）调查的重点

转让定价调查应重点选择以下企业：

（1）关联交易数额较大或类型较多的企业；

（2）长期亏损、微利或跳跃性盈利的企业；

（3）低于同行业利润水平的企业；

（4）利润水平与其所承担的功能风险明显不相匹配的企业；

（5）与避税港关联方发生业务往来的企业；

（6）未按规定进行关联申报或准备同期资料的企业；

（7）其他明显违背独立交易原则的企业。

实际税负相同的境内关联方之间的交易，只要该交易没有直接或间接导致国家总体税收收入的减少，原则上不做转让定价调查、调整。

税务机关应结合日常征管工作，开展案头审核，确定调查企业。案头审核应主要根据被调查企业历年报送的年度所得税申报资料及关联业务往来报告表等纳税资料，对企业的生产经营状况、关联交易等情况进行综合评估分析。

企业可以在案头审核阶段向税务机关提供同期资料。

（二）实施调查

税务机关对已确定的调查对象，应根据有关规定，实施现场调查。

（1）现场调查人员须2名以上。

（2）现场调查时调查人员应出示《税务检查证》，并送达《税务检查通知书》。

（3）现场调查可根据需要依照法定程序采取询问、调取账簿资料和实地核查等方式。

(4) 询问当事人应有专人记录《询问（调查）笔录》，并告知当事人不如实提供情况应当承担的法律责任。《询问（调查）笔录》应交当事人核对确认。

(5) 需调取账簿及有关资料的，应按照征管法实施细则第八十六条的规定，填制《调取账簿资料通知书》《调取账簿资料清单》，办理有关法定手续，调取的账簿、记账凭证等资料，应妥善保管，并按法定时限如数退还。

(6) 实地核查过程中发现的问题和情况，由调查人员填写《询问（调查）笔录》。《询问（调查）笔录》应由 2 名以上调查人员签字，并根据需要由被调查企业核对确认，若被调查企业拒绝，可由 2 名以上调查人员签认备案。

(7) 可以以记录、录音、录像、照相和复制的方式索取与案件有关的资料，但必须注明原件的保存方及出处，由原件保存或提供方核对签注“与原件核对无误”字样，并盖章或押印。

(8) 需要证人作证的，应事先告知证人不如实提供情况应当承担的法律责任。证人的证言材料应由本人签字或押印。

（三）调查中其他要求

(1) 根据规定，税务机关在实施转让定价调查时，有权要求企业及其关联方，以及与关联业务调查有关的其他企业（以下简称“可比企业”）提供相关资料，并送达《税务事项通知书》。

①企业应在《税务事项通知书》规定的期限内提供相关资料，因特殊情况不能按期提供的，应向税务机关提交书面延期申请，经批准，可以延期提供，但最长不得超过 30 日。税务机关应自收到企业延期申请之日起 15 日内函复，逾期未函复的，视同税务机关已同意企业的延期申请。

②企业的关联方以及可比企业应在与税务机关约定的期限内提供相关资料，约定期限一般不应超过 60 日。

企业、关联方及可比企业应按税务机关要求提供真实、完整的相关资料。

(2) 税务机关应按有关规定，核实企业申报信息，并要求企业填制《企业可比性因素分析表》。

税务机关在企业关联申报和提供资料的基础上，填制《企业关联关系认定表》《企业关联交易认定表》《企业可比性因素分析认定表》，并由被调查企业核对确认。

(3) 转让定价调查涉及向关联方和可比企业调查取证的，税务机关向企业送达《税务检查通知书》，进行调查取证。

(4) 税务机关审核企业、关联方及可比企业提供的相关资料，可采用现场调查、发函协查和查阅公开信息等方式核实。需取得境外有关资料的，可按有关规定启动税收协定的情报交换程序，或通过我驻外机构调查收集有关信息。涉及境外关联方的相关资料，税务机关也可要求企业提供公证机构的证明。

（四）分析评估

税务机关应选用规定的转让定价方法分析、评估企业关联交易是否符合独立交易原则，分析评估时可以使用公开信息资料，也可以使用非公开信息资料。

税务机关分析、评估企业关联交易时，因企业与可比企业营运资本占用不同而对营业利润产生的差异原则上不做调整。确需调整的，须层报国家税务总局批准。

按照关联方订单从事加工制造，不承担经营决策、产品研发、销售等功能的企业，不应承担由于决策失误、开工不足、产品滞销等原因带来的风险和损失，通常应保持一定的利润率水平。对出现亏损的企业，税务机关应在经济分析的基础上，选择适当的可比价格或可比企业，确定企业的利润水平。

企业与关联方之间收取价款与支付价款的交易相互抵消的，税务机关在可比性分析和纳税调整时，原则上应还原抵消交易。

税务机关采用四分位法分析、评估企业利润水平时，企业利润水平低于可比企业利润率区间中位值的，原则上应按照不低于中位值进行调整。

（五）调整

（1）经调查，企业关联交易符合独立交易原则的，税务机关应做出转让定价调查结论，并向企业送达《特别纳税调查结论通知书》。

（2）经调查，企业关联交易不符合独立交易原则而减少其应纳税收入或者所得额的，税务机关应按以下程序实施转让定价纳税调整：

①在测算、论证和可比性分析的基础上，拟定特别纳税调查初步调整方案；

②根据初步调整方案与企业协商谈判，税企双方均应指定主谈人，调查人员应做好《协商内容记录》，并由双方主谈人签字确认，若企业拒签，可由2名以上调查人员签认备案；

③企业对初步调整方案有异议的，应在税务机关规定的期限内进一步提供相关资料，税务机关收到资料后，应认真审核，并及时做出审议决定；

④根据审议决定，向企业送达《特别纳税调查初步调整通知书》，企业对初步调整意见有异议的，应自收到通知书之日起7日内书面提出，税务机关收到企业意见后，应再次协商审议；企业逾期未提出异议的，视为同意初步调整意见；

⑤确定最终调整方案，向企业送达《特别纳税调查调整通知书》。

（3）企业收到《特别纳税调查调整通知书》后，应按规定期限缴纳税款及利息。

（六）跟踪管理

税务机关对企业实施转让定价纳税调整后，应自企业被调整的最后年度的下一年度起5年内实施跟踪管理。在跟踪管理期内，企业应在跟踪年度的次年6月20日之前向税务机关提供跟踪年度的同期资料，税务机关根据同期资料和纳税申报资料重点分析、评估以下内容：

（1）企业投资、经营状况及其变化情况；

（2）企业纳税申报额变化情况；

（3）企业经营成果变化情况；

（4）关联交易变化情况等。

税务机关在跟踪管理期内发现企业转让定价异常等情况，应及时与企业沟通，要求企业自行调整，或按照有关规定开展转让定价调查调整。

五、相应调整及国际磋商

关联交易一方被实施转让定价调查调整的，应允许另一方做相应调整，以消除双重征税。相应调整涉及税收协定国家（地区）关联方的，经企业申请，国家税务总局与税收协定缔约对方税务主管当局根据税收协定有关相互协商程序的规定开展磋商谈判。

涉及税收协定国家（地区）关联方的转让定价相应调整，企业应同时向国家税务总局和主管税务机关提出书面申请，报送《启动相互协商程序申请书》，并提供企业或其关联方被转让定价调整的通知书复印件等有关资料。

企业应自企业或其关联方收到转让定价调整通知书之日起3年内提出相应调整的申请，超过3年的，税务机关不予受理。

税务机关对企业实施转让定价调整，涉及企业向境外关联方支付利息、租金、特许权使用费等已扣缴的税款，不再做相应调整。

国家税务总局接受企业谈签双边或多边预约定价安排申请的，应与税收协定缔约对方税务主管当局根据税收协定相互协商程序的有关规定开展磋商谈判。

相应调整或相互磋商的结果，由国家税务总局以书面形式经主管税务机关送达企业。

第四节 预约定价安排管理

一、预约定价安排管理概述

预约定价安排管理是指税务机关按照有关规定，对企业提出的未来年度关联交易的定价原则和计算方法进行审核评估，并与企业协商达成预约定价安排等工作的总称。

预约定价安排包括单边、双边和多边3种类型。

预约定价安排应由设区的市、自治州以上的税务机关受理。

二、预约定价安排适用的企业

预约定价安排一般适用于同时满足以下条件的企业：

（1）年度发生的关联交易金额在4000万元人民币以上；

（2）依法履行关联申报义务；

（3）按规定准备、保存和提供同期资料。

预约定价安排适用于自企业提交正式书面申请年度的次年起3～5个连续年度的关联交易。

预约定价安排的谈签不影响税务机关对企业提交预约定价安排正式书面申请当年或以前年度关联交易的转让定价调查调整。

如果企业申请当年或以前年度的关联交易与预约定价安排适用年度相同或类似，经企业申请，税务机关批准，可将预约定价安排确定的定价原则和计算方法适用于申请当年或以前年度关联交易的评估和调整。

三、预约定价安排谈签的程序

企业可以依据有关规定，与税务机关就企业未来年度关联交易的定价原则和计算方法达成预约定价安排。预约定价安排的谈签与执行通常经过预备会谈、正式申请、审核评估、磋商、签订安排和监控执行6个阶段。

（一）预备会谈

企业正式申请谈签预约定价安排前，应向税务机关书面提出谈签意向，税务机关可以根据企业的书面要求，与企业就预约定价安排的相关内容及达成预约定价安排的可行性开展预备会谈，并填制《预约定价安排会谈记录》。预备会谈可以采用匿名的方式。

（1）企业申请单边预约定价安排的，应向税务机关书面提出谈签意向。在预备会谈期间，企业应就以下内容提供资料，并与税务机关进行讨论：

①安排的适用年度；

②安排涉及的关联方及关联交易；

③企业以前年度生产经营情况；

④安排涉及各关联方功能和风险的说明；

⑤是否应用安排确定的方法解决以前年度的转让定价问题；

⑥其他需要说明的情况。

（2）企业申请双边或多边预约定价安排的，应同时向国家税务总局和主管税务机关书面提出谈签意向，国家税务总局组织与企业开展预备会谈，预备会谈的内容除上述各项外，还应特别包括：

①向税收协定缔约对方税务主管当局提出预备会谈申请的情况；

②安排涉及的关联方以前年度生产经营情况及关联交易情况；

③向税收协定缔约对方税务主管当局提出的预约定价安排拟采用的定价原则和计算方法。

（3）预备会谈达成一致意见的，税务机关应自达成一致意见之日起15日内书面通知企业，可以就预约定价安排相关事宜进行正式谈判，并向企业送达《预约定价安排正式会谈通知书》；预备会谈不能达成一致意见的，税务机关应自最后一次预备会谈结束之日起15日内书面通知企业，向企业送达《拒绝企业申请预约定价安排通知书》，拒绝企业申请预约定价安排，并说明理由。

（二）正式申请

企业应在接到税务机关正式会谈通知之日起3个月内，向税务机关提出预约定价安排书面申请报告，并报送《预约定价安排正式申请书》。企业申请双边或多边预约定价安排的，应将《预约定价安排正式申请书》和《启动相互协商程序申请书》同时报送国家税务总局和主管税务机关。

（1）预约定价安排书面申请报告应包括如下内容：

①相关的集团组织架构、公司内部结构、关联关系、关联交易情况；

②企业近3年财务、会计报表资料，产品功能和资产（包括无形资产和有形资产）的资料；

③安排所涉及的关联交易类别和纳税年度；

④关联方之间功能和风险划分，包括划分所依据的机构、人员、费用、资产等；

⑤安排适用的转让定价原则和计算方法，以及支持这一原则和方法的功能风险分析、可比性分析和假设条件等；

⑥市场情况的说明，包括行业发展趋势和竞争环境；

⑦安排预约期间的年度经营规模、经营效益预测以及经营规划等；

⑧与安排有关的关联交易、经营安排及利润水平等财务方面的信息；

⑨是否涉及双重征税等问题；

⑩涉及境内、外有关法律、税收协定等相关问题。

（2）企业因下列特殊原因无法按期提交书面申请报告的，可向税务机关提出书面延期申请，并报送《预约定价安排正式申请延期报送申请书》：

①需要特别准备某些方面的资料；

②需要对资料做技术上的处理，如文字翻译等；

③其他非主观原因。

税务机关应自收到企业书面延期申请后15日内，对其延期事项做出书面答复，并向企业送达《预约定价安排正式申请延期报送答复书》。逾期未做出答复的，视同税务机关已同意企业的延期申请。

（3）上述申请内容所涉及的文件资料和情况说明，包括能够支持拟选用的定价原则、计算方法和能证实符合预约定价安排条件的所有文件资料，企业和税务机关均应妥善保存。

（三）审核评估

（1）税务机关应自收到企业提交的预约定价安排正式书面申请及所需文件、资料之日起5个月内，进行审核和评估。根据审核和评估的具体情况可要求企业补充提供有关资料，形成审核评估结论。

因特殊情况，需要延长审核评估时间的，税务机关应及时书面通知企业，并向企业送达《预约定价安排审核评估延期通知书》，延长期限不得超过3个月。

（2）税务机关应主要审核和评估以下内容：

①历史经营状况，分析、评估企业的经营规划、发展趋势、经营范围等文件资料，重点审核可行性研究报告、投资预（决）算、董事会决议等，综合分析反映经营业绩的有关信息和资料，如财务、会计报表、审计报告等。

②功能和风险状况，分析、评估企业与其关联方之间在供货、生产、运输、销售等各环节以及在研究、开发无形资产等方面各自所拥有的份额，执行的功能以及在存货、信贷、外汇、市场等方面所承担的风险。

③可比信息，分析、评估企业提供的境内、外可比价格信息，说明可比企业和申请企业之间的实质性差异，并进行调整。若不能确认可比交易或经营活动的合理性，应明确企业须进一步提供的有关文件、资料，以证明其所选用的转让定价原则和计算方法公平地反映了被审核的关联交易和经营现状，并得到相关财务、经营等资料的证实。

④假设条件，分析、评估对行业盈利能力和对企业生产经营的影响因素及其影响程度，合理确定预约定价安排适用的假设条件。

⑤转让定价原则和计算方法，分析、评估企业在预约定价安排中选用的转让定价原则和计算方法是否以及如何真实地运用于以前、现在和未来年度的关联交易以及相关财务、经营资料之中，是否符合法律、法规的规定。

⑥预期的公平交易价格或利润区间，通过对确定的可比价格、利润率、可比企业交易等情况的进一步审核和评估，测算出税务机关和企业均可接受的价格或利润区间。

（四）磋商

税务机关应自单边预约定价安排形成审核评估结论之日起30日内，与企业进行预约定价安排磋商，磋商达成一致的，应将预约定价安排草案和审核评估报告一并层报国家税务总局审定。

（五）签订安排

国家税务总局与税收协定缔约对方税务主管当局开展双边或多边预约定价安排的磋商，磋商达成一致的，根据磋商备忘录拟定预约定价安排草案。

（1）预约定价安排草案应包括如下内容：

①关联方名称、地址等基本信息；

②安排涉及的关联交易及适用年度；

③安排选定的可比价格或交易、转让定价原则和计算方法、预期经营结果等；

④与转让定价方法运用和计算基础相关的术语定义；

⑤假设条件；

⑥企业年度报告、记录保存、假设条件变动通知等义务；

⑦安排的法律效力，文件资料等信息的保密性；

⑧相互责任条款；

⑨安排的修订；

⑩解决争议的方法和途径；

⑪生效日期；

⑫附则。

（2）税务机关与企业就单边预约定价安排草案内容达成一致后，双方的法定代表人或法定代表人授权的代表正式签订单边预约定价安排。国家税务总局与税收协定缔约对方税务主管当局就双边或多边预约定价安排草案内容达成一致后，双方或多方税务主管当局授权的代表正式签订双边或多边预约定价安排。主管税务机关根据双边或多边预约定价安排与企业签订《双边（多边）预约定价安排执行协议书》。

（3）在预约定价安排正式谈判后和预约定价安排签订前，税务机关和企业均可暂停、终止谈判。涉及双边或多边预约定价安排的，经缔约各方税务主管当局协商，可暂停、终止谈判。终止谈判的，双方应将谈判中相互提供的全部资料退还给对方。

（六）监控执行

税务机关应建立监控管理制度，监控预约定价安排的执行情况。

（1）在预约定价安排执行期内，企业应完整保存与安排有关的文件和资料（包括账簿和有关记录等），不得丢失、销毁和转移；并在纳税年度终了后5个月内，向税务机关报送执行预约定价安排情况的年度报告。

年度报告应说明报告期内经营情况以及企业遵守预约定价安排的情况，包括预约定价安排要求的所有事项，以及是否有修订或实质上终止该预约定价安排的要求。如有未决问题或将要发生的问题，企业应在年度报告中予以说明，以便与税务机关协商是否修订或终止安排。

（2）在预约定价安排执行期内，税务机关应定期（一般为半年）检查企业履行安排的情况。检查内容主要包括：企业是否遵守了安排条款及要求；为谈签安排而提供的资料和年度报告是否反映了企业的实际经营情况；转让定价方法所依据的资料和计算方法是否正确；安排所描述的假设条件是否仍然有效；企业对转让定价方法的运用是否与假设条件相一致等。

税务机关如发现企业有违反安排的一般情况，可视情况进行处理，直至终止安排；如发现企业存在隐瞒或拒不执行安排的情况，税务机关应认定预约定价安排自始无效。

（3）在预约定价安排执行期内，如果企业发生实际经营结果不在安排所预期的价格或利润区间之内的情况，税务机关应在报经上一级税务机关核准后，将实际经营结果调整到安排所确定的价格或利润区间内。涉及双边或多边预约定价安排的，应当层报国家税务总局核准。

（4）在预约定价安排执行期内，企业发生影响预约定价安排的实质性变化，应在发生变化后30日内向税务机关书面报告，详细说明该变化对预约定价安排执行的影响，并附相关资料。由于非主观原因而无法按期报告的，可以延期报告，但延长期不得超过30日。

税务机关应在收到企业书面报告之日起60日内，予以审核和处理，包括审查企业变化情况、与企业协商修订预约定价安排条款和相关条件，或根据实质性变化对预约定价安排的影响程度采取修订或终止安排等措施。原预约定价安排终止执行后，税务机关可以和企业按照本章规定的程序和要求，重新谈签新的预约定价安排。

四、预约定价安排的其他规定

（1）预约定价安排期满后自动失效。如企业需要续签的，应在预约定价安排执行期满前90日内向税务机关提出续签申请，报送《预约定价安排续签申请书》，并提供可靠的证明材料，说明现行预约定价安排所述事实和相关环境没有发生实质性变化，并且一直遵守该预约定价安排中的各项条款和约定。税务机关应自收到企业续签申请之日起15日内做出是否受理的书面答复，向企业送达《预约定价安排申请续签答复书》。税务机关应审核、评估企业的续签申请资料，与企业协商拟定预约定价安排草案，并按双方商定的续签时间、地点等相关事宜，与企业完成续签工作。

（2）预约定价安排的谈签或执行同时涉及两个以上省、自治区、直辖市和计划单列市税务机关，由国家税务总局统一组织协调。企业可以直接向国家税务总局书面提出谈签意向。

（3）税务机关与企业达成的预约定价安排，只要企业遵守了安排的全部条款及其要求，各地税务局均应执行。

（4）税务机关与企业在预约定价安排预备会谈、正式谈签、审核、分析等全过程中所获取或得到的所有信息资料，双方均负有保密义务。税务机关和企业每次会谈，均应对会谈内容进行书面记录，同时载明每次会谈时相互提供资料的份数和内容，并由双方主谈人员签字或盖章。

（5）税务机关与企业不能达成预约定价安排的，税务机关在会谈、协商过程中所获取的有关企业的提议、推理、观念和判断等非事实性信息，不得用于以后对该预约定价安排涉及交易行为的税务调查。

（6）在预约定价安排执行期间，如果税务机关与企业发生分歧，双方应进行协商。协商不能解决的，可报上一级税务机关协调；涉及双边或多边预约定价安排的，须层报国家税务总局协调。对上一级税务机关或国家税务总局的协调结果或决定，下一级税务机关应当予以执行。但企业仍不能接受的，应当终止安排的执行。

（7）税务机关应在与企业正式签订单边预约定价安排或双边或多边预约定价安排执行协议书后10日内，以及预约定价安排执行中发生修订、终止等情况后20日内，将单边预约定价安排正式文本、双边或多边预约定价安排执行协议书以及安排变动情况的说明层报国家税务总局备案。

第五节 成本分摊协议管理

一、成本分摊协议管理概述

成本分摊协议管理是指税务机关按照规定，对企业与其关联方签署的成本分摊协议是否符合独立交易原则进行审核评估和调查调整等工作的总称。

成本分摊协议的参与方对开发、受让的无形资产或参与的劳务活动享有受益权，并承担相应的活动成本。关联方承担的成本应与非关联方在可比条件下为获得上述受益权而支付的成本相一致。参与方使用成本分摊协议所开发或受让的无形资产不需另支付特许权使用费。

企业对成本分摊协议所涉及无形资产或劳务的受益权应有合理的、可计量的预期收益，且以合理商业假设和营业常规为基础。

涉及劳务的成本分摊协议一般适用于集团采购和集团营销策划。

二、成本分摊协议的内容

成本分摊协议主要包括以下内容：

（1）参与方的名称、所在国家（地区）、关联关系、在协议中的权利和义务；

（2）成本分摊协议所涉及的无形资产或劳务的内容、范围，协议涉及研发或劳务活动的具体承担者及其职责、任务；

（3）协议期限；

（4）参与方预期收益的计算方法和假设；

（5）参与方初始投入和后续成本支付的金额、形式、价值确认的方法以及符合独立交易原则的说明；

（6）参与方会计方法的运用及变更说明；

（7）参与方加入或退出协议的程序及处理规定；

（8）参与方之间补偿支付的条件及处理规定；

（9）协议变更或终止的条件及处理规定；

（10）非参与方使用协议成果的规定。

企业应自成本分摊协议达成之日起30日内，层报国家税务总局备案。税务机关判定成本分摊协议是否符合独立交易原则须层报国家税务总局审核。

三、参与方发生变更或协议终止执行的处理

已经执行并形成一定资产的成本分摊协议，参与方发生变更或协议终止执行，应根据独立交易原则做如下处理：

（1）加入支付，即新参与方为获得已有协议成果的受益权应做出合理的支付；

（2）退出补偿，即原参与方退出协议安排，将已有协议成果的受益权转让给其他参与方应获得合理的补偿；

（3）参与方变更后，应对各方受益和成本分摊情况做出相应调整；

（4）协议终止时，各参与方应对已有协议成果做出合理分配。

企业不按独立交易原则对上述情况做出处理而减少其应纳税所得额的，税务机关有权做出调整。

四、符合独立交易原则的成本分摊协议的税务处理

对于符合独立交易原则的成本分摊协议，有关税务处理如下：

（1）企业按照协议分摊的成本，应在协议规定的各年度税前扣除；

（2）涉及补偿调整的，应在补偿调整的年度计入应纳税所得额；

（3）涉及无形资产的成本分摊协议，加入支付、退出补偿或终止协议时对协议成果分配的，应按资产购置或处置的有关规定处理。

五、企业需要准备和保存的同期资料

企业执行成本分摊协议期间，还应准备和保存以下成本分摊协议的同期资料：

（1）成本分摊协议副本；

（2）成本分摊协议各参与方之间达成的为实施该协议的其他协议；

（3）非参与方使用协议成果的情况、支付的金额及形式；

（4）本年度成本分摊协议的参与方加入或退出的情况，包括加入或退出的参与方名称、所在国家（地区）、关联关系，加入支付或退出补偿的金额及形式；

（5）成本分摊协议的变更或终止情况，包括变更或终止的原因、对已形成协议成果的处理或分配；

（6）本年度按照成本分摊协议发生的成本总额及构成情况；

（7）本年度各参与方成本分摊的情况，包括成本支付的金额、形式、对象，做出或接受补偿支付的金额、形式、对象；

（8）本年度协议预期收益与实际结果的比较及由此做出的调整。

企业执行成本分摊协议期间，无论成本分摊协议是否采取预约定价安排的方式，均应在本年度的次年 6 月 20 日之前向税务机关提供成本分摊协议的同期资料。

六、自行分摊的成本不得税前扣除的情形

企业与其关联方签署成本分摊协议，有下列情形之一的，其自行分摊的成本不得税前扣除：

（1）不具有合理商业目的和经济实质；

（2）不符合独立交易原则；

（3）没有遵循成本与收益配比原则；

（4）未按本办法有关规定备案或准备、保存和提供有关成本分摊协议的同期资料；

（5）自签署成本分摊协议之日起经营期限少于 20 年。

第六节　受控外国企业管理

一、受控外国企业管理概述

受控外国企业管理是指税务机关按照规定，对受控外国企业不作利润分配或减少分配进行审核评估和调查，并对归属于中国居民企业所得进行调整等工作的总称。

受控外国企业是指规定，由居民企业，或者由居民企业和居民个人（以下统称中国居民股东，包括中国居民企业股东和中国居民个人股东）控制的设立在实际税负低于所得税法第四条第一款规定税率水平50%的国家（地区），并非出于合理经营需要对利润不作分配或减少分配的外国企业。

控制，是指在股份、资金、经营、购销等方面构成实质控制。其中，股份控制是指由中国居民股东在纳税年度任何一天单层直接或多层间接单一持有外国企业10%以上有表决权股份，且共同持有该外国企业50%以上股份。中国居民股东多层间接持有股份按各层持股比例相乘计算，中间层持有股份超过50%的，按100%计算。

中国居民企业股东应在年度企业所得税纳税申报时提供对外投资信息，附送《对外投资情况表》。

税务机关应汇总、审核中国居民企业股东申报的对外投资信息，向受控外国企业的中国居民企业股东送达《受控外国企业中国居民股东确认通知书》。中国居民企业股东符合所得税法规定征税条件的，按照有关规定征税。

二、计入中国居民企业股东当期的视同受控外国企业股息分配的所得的计算

计入中国居民企业股东当期的视同受控外国企业股息分配的所得，应按以下公式计算：

中国居民企业股东当期所得＝视同股息分配额×实际持股天数÷受控外国企业纳税年度天数×股东持股比例

中国居民股东多层间接持有股份的，股东持股比例按各层持股比例相乘计算。

受控外国企业与中国居民企业股东纳税年度存在差异的，应将视同股息分配所得计入受控外国企业纳税年度终止日所属的中国居民企业股东的纳税年度。

计入中国居民企业股东当期所得已在境外缴纳的企业所得税税款，可按照所得税法或税收协定的有关规定抵免。

受控外国企业实际分配的利润已根据所得税法规定征税的，不再计入中国居民企业股东的当期所得。

三、免于将不作分配或减少分配的利润计入当期所得的条件

中国居民企业股东能够提供资料证明其控制的外国企业满足以下条件之一的，可免于将外国企业不作分配或减少分配的利润视同股息分配额，计入中国居民企业股东的当期所得：

（1）设立在国家税务总局指定的非低税率国家（地区）；

（2）主要取得积极经营活动所得；

（3）年度利润总额低于500万元人民币。

第七节　资本弱化管理

一、资本弱化管理概述

资本弱化管理是指税务机关按照所得税法第四十六条的规定，对企业接受关联方债权性投资与企业接受的权益性投资的比例是否符合规定比例或独立交易原则进行审核评估和调查调整等工作的总称。

二、不得在计算应纳税所得额时扣除的利息支出的计算

不得在计算应纳税所得额时扣除的利息支出应按以下公式计算：

$$不得扣除利息支出=年度实际支付的全部关联方利息\times(1-标准比例/关联债资比例)$$

其中：

标准比例是指《财政部国家税务总局关于企业关联方利息支出税前扣除标准有关税收政策问题的通知》规定的比例。

关联债资比例是指根据规定，企业从其全部关联方接受的债权性投资（以下简称关联债权投资）占企业接受的权益性投资（以下简称权益投资）的比例，关联债权投资包括关联方以各种形式提供担保的债权性投资。

三、关联债资比例的计算

关联债资比例的具体计算方法如下：

关联债资比例＝年度各月平均关联债权投资之和/年度各月平均权益投资之和

其中：

各月平均关联债权投资＝(关联债权投资月初账面余额＋月末账面余额)/2

各月平均权益投资＝(权益投资月初账面余额＋月末账面余额)/2

权益投资为企业资产负债表所列示的所有者权益金额。如果所有者权益小于实收资本（股本）与资本公积之和，则权益投资为实收资本（股本）与资本公积之和；如果实收资本（股本）与资本公积之和小于实收资本（股本）金额，则权益投资为实收资本（股本）金额。

所称的利息支出包括直接或间接关联债权投资实际支付的利息、担保费、抵押费和其他具有利息性质的费用。

所得税法规定不得在计算应纳税所得额时扣除的利息支出，不得结转到以后纳税年度；应按照实际支付给各关联方利息占关联方利息总额的比例，在各关联方之间进行分配，其中，分配给实际税负高于企业的境内关联方的利息准予扣除；直接或间接实际支付给境外关联方的利息应视同分配的股息，按照股息和利息分别适用的所得税税率差补征企业所得税，如已扣缴的所得税税款多于按股息计算应征所得税税款，多出的部分不予退税。

四、需要提供的同期资料

企业关联债资比例超过标准比例的利息支出，如要在计算应纳税所得额时扣除，还应准备、保存、并按税务机关要求提供以下同期资料，证明关联债权投资金额、利率、期限、融资条件以及债资比例等均符合独立交易原则：

（1）企业偿债能力和举债能力分析；

（2）企业集团举债能力及融资结构情况分析；

（3）企业注册资本等权益投资的变动情况说明；

（4）关联债权投资的性质、目的及取得时的市场状况；

（5）关联债权投资的货币种类、金额、利率、期限及融资条件；

（6）企业提供的抵押品情况及条件；

（7）担保人状况及担保条件；

（8）同类同期贷款的利率情况及融资条件；

（9）可转换公司债券的转换条件；

（10）其他能够证明符合独立交易原则的资料。

企业未按规定准备、保存和提供同期资料证明关联债权投资金额、利率、期限、融资条件以及债资比例等符合独立交易原则的，其超过标准比例的关联方利息支出，不得在计算应纳税所得额时扣除。

所称“实际支付利息”是指企业按照权责发生制原则计入相关成本、费用的利息。

企业实际支付关联方利息存在转让定价问题的，税务机关应首先按照有关规定实施转让定价调查调整。

思考与练习

1. 简述反避税管理的程序。
2. 简述转让定价方法。
3. 简述预约定价安排管理。
4. 简述成本分摊协议管理。
5. 简述受控外国企业管理。
6. 简述资本弱化管理。
7. 案例题：某房地产企业土地增值税反避税案。

A公司与B公司为关联企业，其中B公司为建筑企业，A公司主要从事房地产开发业务，2007年10月A公司成立分公司，从事X小区的开发，小区主体土建、安装工程由B公司施工。B公司与A公司的股权结构同为孙某投资占比90%。王某投资占比10%。A公司申报的X项目土地增值税清算情况显示：其他类型住宅增值率极低，仅为-21.91%，出现了负数情况；整体土地增值税税负为1.88%，税负明显偏低于相同行业的其他企业，也低于当地土地增值税的预征率即其他类型住宅2%、非住宅类房产3%。该项目清算申报房地产开发总成本8431万元，其中关联企业B公司发生的土建、前期工程、公共配套设施工程成本为7109.27万元，截至2014年6月，实际付工程款4000多万元，还有3000多万元未支付。X小区实际施工时间为2007～2013年，小区的房屋结构为一期、二期、三期住宅砖混结构、四期住宅框架结构（企业自行分期）。通过计算该小区的单位建安成本发现，该小区账面记载建安工程费6592.23万元，建筑面积47407.77平方米，单位建安成本1390.54元，相较于同期、同类小区的开发成本看，该单位建安成本畸高。

A公司在2011年为某镇政府代建房地产项目Y小区，代建的Y小区为三幢五层住宅楼。政府在与A公司签订的“安置房建设合同”协议中明确，建安工程成本按照施工图套用2004版建筑安装定额，依据当地2010年第5期造价信息指导价进行预算后下浮6%确定，建安回购成本为919元/平方米。我们对比后发现，X小区与Y小区在施工时间、施工地点、房屋建造类型等方面具有极强的可比性，Y 小区的单位建安成本由于经过政府部门的审核具有公允性，X 小区的建安成本应当比照 Y 小区建安成本进行确定。根据工程造价信息网上公布的“标准工程造价指数”数据，2012 年下半年多层框架商品住宅每平方米造价为 1195.20 元。X 小区四期三幢住宅楼为框架结构。工程造价信息网上公布的该“标准工程造价指数”具有参照价值。

试对以上案例进行分析。

第十四章

税务行政救济

第一节　税务行政复议

一、税务行政复议概述

税务行政复议是我国行政复议制度的一个重要组成部分，是指纳税人、扣缴义务人、纳税担保人及其他税务当事人在征纳税过程中与税务机关发生争议或者分歧时，依法向上一级税务机关（复议机关）提出申请，复议机关依法受理行政复议申请、对具体行政行为进行审查并作出行政复议决定的活动。

行政复议应当遵循合法、公正、公开、及时和便民的原则。行政复议机关应当树立依法行政观念，强化责任意识和服务意识，认真履行行政复议职责，坚持有错必纠，确保法律正确实施。

行政复议机关在申请人的行政复议请求范围内，不得作出对申请人更为不利的行政复议决定。申请人对行政复议决定不服的，可以依法向人民法院提起行政诉讼。

行政复议机关受理行政复议申请，不得向申请人收取任何费用。

行政复议机关应当为申请人、第三人查阅案卷资料、接受询问、调解、听证等提供专门场所和其他必要条件。

二、税务行政复议机构和人员

各级行政复议机关负责法制工作的机构（以下简称“行政复议机构”）依法办理行政复议事项，履行下列职责。

（1）受理行政复议申请。

（2）向有关组织和人员调查取证，查阅文件和资料。

（3）审查申请行政复议的具体行政行为是否合法和适当，起草行政复议决定。

（4）处理或者转送对有关规定的审查申请。

（5）对被申请人违反行政复议法及其实施条例和本规则规定的行为，依照规定的权限和程序向相关部门提出处理建议。

（6）研究行政复议工作中发现的问题，及时向有关机关或者部门提出改进建议，重大问题及时向行政复议机关报告。

（7）指导和监督下级税务机关的行政复议工作。

（8）办理或者组织办理行政诉讼案件应诉事项。

（9）办理行政复议案件的赔偿事项。

（10）办理行政复议、诉讼、赔偿等案件的统计、报告、归档工作和重大行政复议决定备案事项。

（11）其他与行政复议工作有关的事项。

各级行政复议机关可以成立行政复议委员会，研究重大、疑难案件，提出处理建议。

行政复议委员会可以邀请本机关以外的具有相关专业知识的人员参加。

行政复议工作人员应当具备与履行行政复议职责相适应的品行、专业知识和业务能力，并取得行政复议法实施条例规定的资格。

三、税务行政复议的范围

（一）具体行政行为

行政复议机关受理申请人对税务机关下列具体行政行为不服提出的行政复议申请。

（1）征税行为，包括确认纳税主体、征税对象、征税范围、减税、免税、退税、抵扣税款、适用税率、计税依据、纳税环节、纳税期限、纳税地点和税款征收方式等具体行政行为，征收税款、加收滞纳金，扣缴义务人、受税务机关委托的单位和个人作出的代扣代缴、代收代缴、代征行为等。

（2）行政许可、行政审批行为。

（3）发票管理行为，包括发售、收缴、代开发票等。

（4）税收保全措施、强制执行措施。

（5）行政处罚行为：包括罚款、没收财物和违法所得和停止出口退税权。

（6）不依法履行下列职责的行为：

①颁发税务登记；

②开具、出具完税凭证、外出经营活动税收管理证明；

③行政赔偿；

④行政奖励；
⑤其他不依法履行职责的行为。
（7）资格认定行为。
（8）不依法确认纳税担保行为。
（9）政府信息公开工作中的具体行政行为。
（10）纳税信用等级评定行为。
（11）通知出入境管理机关阻止出境行为。
（12）其他具体行政行为。

（二）抽象行政行为

申请人认为税务机关的具体行政行为所依据的下列规定不合法，对具体行政行为申请行政复议时，可以一并向行政复议机关提出对有关规定的审查申请；申请人对具体行政行为提出行政复议申请时不知道该具体行政行为所依据的规定的，可以在行政复议机关作出行政复议决定以前提出对该规定的审查申请。
（1）国家税务总局和国务院其他部门的规定。
（2）其他各级税务机关的规定。
（3）地方各级人民政府的规定。
（4）地方人民政府工作部门的规定。

（三）复议的范围决定复议方式

税务行政复议采取必经复议（或复议前置）和选择复议（或自由选择）两种程序方式。
复议的受案范围决定了税务行政复议的方式：
申请人对具体行政行为中的征税行为不服的，应当先向行政复议机关申请行政复议；对行政复议决定不服的，可以向人民法院提起行政诉讼。
申请人对征税行为以外的其他具体行政行为不服，可以申请行政复议，也可以直接向人民法院提起行政诉讼。
申请人向行政复议机关申请行政复议，行政复议机关已经受理的，在法定行政复议期限内申请人不得向人民法院提起行政诉讼；申请人向人民法院提起行政诉讼，人民法院已经依法受理的，不得申请行政复议。

四、税务行政复议管辖

（一）一般管辖

对各级税务局的具体行政行为不服的，向其上一级税务局申请行政复议。对计划单列市税务局的具体行政行为不服的，向国家税务总局申请行政复议。

对税务所（分局）、各级税务局的稽查局的具体行政行为不服的，向其所属税务局申请行政复议。

对国家税务总局的具体行政行为不服的，向国家税务总局申请行政复议。对行政复议决定不服，申请人可以向人民法院提起行政诉讼，也可以向国务院申请裁决。国务院的裁决为最终裁决。

（二）特殊管辖

对下列税务机关的具体行政行为不服的，按照下列规定申请行政复议。

（1）对两个以上税务机关共同作出的具体行政行为不服的，向共同上一级税务机关申请行政复议；对税务机关与其他行政机关共同作出的具体行政行为不服的，向其共同上一级行政机关申请行政复议。

（2）对被撤销的税务机关在撤销以前所作出的具体行政行为不服的，向继续行使其职权的税务机关的上一级税务机关申请行政复议。

（3）对税务机关作出逾期不缴纳罚款加处罚款的决定不服的，向作出行政处罚决定的税务机关申请行政复议。但是对已处罚款和加处罚款都不服的，一并向作出行政处罚决定的税务机关的上一级税务机关申请行政复议。

申请人向具体行政行为发生地的县级地方人民政府提交行政复议申请，由接受申请的县级地方人民政府依法转送。

五、申请人和被申请人

（一）申请人

合伙企业申请行政复议的，应当以核准登记的企业为申请人，由执行合伙事务的合伙人代表该企业参加行政复议；其他合伙组织申请行政复议的，由合伙人共同申请行政复议。规定以外的不具备法人资格的其他组织申请行政复议的，由该组织的主要负责人代表该组织参加行政复议；没有主要负责人的，由共同推选的其他成员代表该组织参加行政复议。

股份制企业的股东大会、股东代表大会、董事会认为税务具体行政行为侵犯企业合法权益的，可以以企业的名义申请行政复议。

有权申请行政复议的公民死亡的，其近亲属可以申请行政复议；有权申请行政复议的公民为无行为能力人或者限制行为能力人，其法定代理人可以代理申请行政复议。有权申请行政复议的法人或者其他组织发生合并、分立或终止的，承受其权利义务的法人或者其他组织可以申请行政复议。

行政复议期间，行政复议机关认为申请人以外的公民、法人或者其他组织与被审查的具体行政行为有利害关系的，可以通知其作为第三人参加行政复议。行政复议期间，申请人以外的公民、法人或者其他组织与被审查的税务具体行政行为有利害关系的，可以向行政复议机关申请作为第三人参加行政复议。第三人不参加行政复议，不影响行政复议案件的审理。

非具体行政行为的行政管理相对人，但其权利直接被该具体行政行为所剥夺、限制或者被赋予义务的公民、法人或其他组织，在行政管理相对人没有申请行政复议时，可以单独申请行政复议。

同一行政复议案件申请人超过5人的，应当推选1~5名代表参加行政复议。

（二）被申请人

申请人对具体行政行为不服申请行政复议的，作出该具体行政行为的税务机关为被申请人。

申请人对扣缴义务人的扣缴税款行为不服的，主管该扣缴义务人的税务机关为被申请人；对税务机关委托的单位和个人的代征行为不服的，委托税务机关为被申请人。

税务机关与法律、法规授权的组织以共同的名义作出具体行政行为的，税务机关和法律、法规授权的组织为共同被申请人。税务机关与其他组织以共同名义作出具体行政行为的，税务机关为被申请人。

税务机关依照法律、法规和规章规定，经上级税务机关批准作出具体行政行为的，批准机关为被申请人。申请人对经重大税务案件审理程序作出的决定不服的，审理委员会所在税务机关为被申请人。

税务机关设立的派出机构、内设机构或者其他组织，未经法律、法规授权，以自己名义对外作出具体行政行为的，税务机关为被申请人。

申请人、第三人可以委托1~2名代理人参加行政复议。申请人、第三人委托代理人的，应当向行政复议机构提交授权委托书。授权委托书应当载明委托事项、权限和期限。公民在特殊情况下无法书面委托的，可以口头委托。口头委托的，行政复议机构应当核实并记录在卷。申请人、第三人解除或者变更委托的，应当书面告知行政复议机构。

被申请人不得委托本机关以外人员参加行政复议。

六、税务行政复议的程序

（一）申请

1. 申请期限

申请人可以在知道税务机关作出具体行政行为之日起60日内提出行政复议申请。

因不可抗力或者被申请人设置障碍等原因耽误法定申请期限的，申请期限的计算应当扣除被耽误时间。

行政复议申请期限的计算，依照下列规定办理：

（1）当场作出具体行政行为的，自具体行政行为作出之日起计算。

（2）载明具体行政行为的法律文书直接送达的，自受送达人签收之日起计算。

（3）载明具体行政行为的法律文书邮寄送达的，自受送达人在邮件签收单上签收之日起计算；没有邮件签收单的，自受送达人在送达回执上签名之日起计算。

（4）具体行政行为依法通过公告形式告知受送达人的，自公告规定的期限届满之日起计算。

（5）税务机关作出具体行政行为时未告知申请人，事后补充告知的，自该申请人收到税务机关补充告知的通知之日起计算。

（6）被申请人能够证明申请人知道具体行政行为的，自证据材料证明其知道具体行政行为之日起计算。

税务机关作出具体行政行为，依法应当向申请人送达法律文书而未送达的，视为该申请人不知道该具体行政行为。

申请人依照规定申请税务机关履行法定职责，税务机关未履行的，行政复议申请期限依照下列规定计算：

（1）有履行期限规定的，自履行期限届满之日起计算。

（2）没有履行期限规定的，自税务机关收到申请满60日起计算。

税务机关作出的具体行政行为对申请人的权利、义务可能产生不利影响的，应当告知其申请行政复议的权利、行政复议机关和行政复议申请期限。

2. 解缴税款、滞纳金或提供担保

申请人按照规定申请行政复议的，必须依照税务机关根据法律、法规确定的税额、期限，先行缴纳或者解缴税款和滞纳金，或者提供相应的担保，才可以在缴清税款和滞纳金以后或者所提供的担保得到作出具体行政行为的税务机关确认之日起60日内提出行政复议申请。

申请人提供担保的方式包括保证、抵押和质押。作出具体行政行为的税务机关应当对保证人的资格、资信进行审查，对不具备法律规定资格或者没有能力保证的，有权拒绝。作出具体行政行为的税务机关应当对抵押人、出质人提供的抵押担保、质押担保进行审查，对不符合法律规定的抵押担保、质押担保，不予确认。

申请人对税务机关作出逾期不缴纳罚款加处罚款的决定不服的，应当先缴纳罚款和加处罚款，再申请行政复议。

3. 申请方式

申请人书面申请行政复议的，可以采取当面递交、邮寄或者传真等方式提出行政复议申请。有条件的行政复议机关可以接受以电子邮件形式提出的行政复议申请。对以传真、电子邮件形式提出行政复议申请的，行政复议机关应当审核确认申请人的身份、复议事项。

申请人书面申请行政复议的，应当在行政复议申请书中载明下列事项：

（1）申请人的基本情况，包括公民的姓名、性别、出生年月、身份证件号码、工作单位、住所、邮政编码、联系电话；法人或者其他组织的名称、住所、邮政编码、联系电话和法定代表人或者主要负责人的姓名、职务。

（2）被申请人的名称。

（3）行政复议请求、申请行政复议的主要事实和理由。

（4）申请人的签名或者盖章。

（5）申请行政复议的日期。

申请人口头申请行政复议的，行政复议机构应当依照规定，当场制作行政复议申请笔录，交申请人核对或者向申请人宣读，并由申请人确认。

有下列情形之一的，申请人应当提供证明材料：

（1）认为被申请人不履行法定职责的，提供要求被申请人履行法定职责而被申请人未履行的证明材料。

（2）申请行政复议时一并提出行政赔偿请求的，提供受具体行政行为侵害而造成损害的证明材料。

（3）法律、法规规定需要申请人提供证据材料的其他情形。

申请人提出行政复议申请时错列被申请人的，行政复议机关应当告知申请人变更被申请人。申请人不变更被申请人的，行政复议机关不予受理，或者驳回行政复议申请。

（二）受理

1. 审查

行政复议机关收到行政复议申请以后，应当在 5 日内审查，决定是否受理。对不符合本规则规定的行政复议申请，决定不予受理，并书面告知申请人。

对不属于本机关受理的行政复议申请，应当告知申请人向有关行政复议机关提出。

行政复议机关收到行政复议申请以后未按照规定期限审查并作出不予受理决定的，视为受理。

对符合规定的行政复议申请，自行政复议机构收到之日起即为受理；受理行政复议申请，应当书面告知申请人。

2. 受理范围

行政复议申请符合下列规定的，行政复议机关应当受理：

（1）属于本规则规定的行政复议范围。

（2）在法定申请期限内提出。

（3）有明确的申请人和符合规定的被申请人。

（4）申请人与具体行政行为有利害关系。

（5）有具体的行政复议请求和理由。

（6）符合必经复议和选择复议规定的条件。

（7）属于收到行政复议申请的行政复议机关的职责范围。

（8）其他行政复议机关尚未受理同一行政复议申请，人民法院尚未受理同一主体就同一事实提起的行政诉讼。

3. 补正材料

行政复议申请材料不齐全、表述不清楚的，行政复议机构可以自收到该行政复议申请之日起5日内书面通知申请人补正。补正通知应当载明需要补正的事项和合理的补正期限。无正当理由逾期不补正的，视为申请人放弃行政复议申请。

补正申请材料所用时间不计入行政复议审理期限。

4. 上级税务机关的监督

上级税务机关认为行政复议机关不予受理行政复议申请的理由不成立的，可以督促其受理；经督促仍然不受理的，责令其限期受理。

上级税务机关认为行政复议申请不符合法定受理条件的，应当告知申请人。

上级税务机关认为有必要的，可以直接受理或者提审由下级税务机关管辖的行政复议案件。

5. 与税务行政诉讼的衔接

对应当先向行政复议机关申请行政复议，对行政复议决定不服再向人民法院提起行政诉讼的具体行政行为，行政复议机关决定不予受理或者受理以后超过行政复议期限不作答复的，申请人可以自收到不予受理决定书之日起或者行政复议期满之日起15日内，依法向人民法院提起行政诉讼。

依照规定延长行政复议期限的，以延长以后的时间为行政复议期满时间。

6. 行政复议期间特殊行政行为的停止执行

行政复议期间具体行政行为不停止执行；但是有下列情形之一的，可以停止执行：

（1）被申请人认为需要停止执行的。

（2）行政复议机关认为需要停止执行的。

（3）申请人申请停止执行，行政复议机关认为其要求合理，决定停止执行的。

（4）法律规定停止执行的。

（三）举证

1. 证据的要求

在行政复议中，被申请人对其作出的具体行政行为负有举证责任。行政复议证据包括以下类别：

（1）书证；

（2）物证；

（3）视听资料；

（4）电子数据；

（5）证人证言；

（6）当事人的陈述；

（7）鉴定意见；

（8）勘验笔录、现场笔录。

下列证据材料不得作为定案依据：

（1）违反法定程序收集的证据材料。

（2）以偷拍、偷录和窃听等手段获取侵害他人合法权益的证据材料。

（3）以利诱、欺诈、胁迫和暴力等不正当手段获取的证据材料。

（4）无正当事由超出举证期限提供的证据材料。

（5）无正当理由拒不提供原件、原物，又无其他证据印证，且对方不予认可的证据的复制件、复制品。

（6）无法辨明真伪的证据材料。

（7）不能正确表达意志的证人提供的证言。

（8）不具备合法性、真实性的其他证据材料。

行政复议机构依据规定的职责所取得的有关材料，不得作为支持被申请人具体行政行为的证据。

2. 审查证据的合法性、真实性和关联性

行政复议机关应当依法全面审查相关证据。行政复议机关审查行政复议案件，应当以证据证明的案件事实为依据。定案证据应当具有合法性、真实性和关联性。

行政复议机关应当根据案件的具体情况，从以下方面审查证据的合法性：

（1）证据是否符合法定形式。

（2）证据的取得是否符合法律、法规、规章和司法解释的规定。

（3）是否有影响证据效力的其他违法情形。

行政复议机关应当根据案件的具体情况，从以下方面审查证据的真实性：

（1）证据形成的原因。

（2）发现证据时的环境。

（3）证据是否为原件、原物，复制件、复制品与原件、原物是否相符。

（4）提供证据的人或者证人与行政复议参加人是否具有利害关系。

（5）影响证据真实性的其他因素。

行政复议机关应当根据案件的具体情况，从以下方面审查证据的关联性：

（1）证据与待证事实是否具有证明关系。

（2）证据与待证事实的关联程度。

（3）影响证据关联性的其他因素。

3. 其他相关规定

在行政复议过程中，被申请人不得自行向申请人和其他有关组织或者个人搜集证据。

行政复议机构认为必要时，可以调查取证。行政复议工作人员向有关组织和人员调查取证时，可以查阅、复制和调取有关文件和资料，向有关人员询问。调查取证时，行政复议工作人员不得少于 2 人，并应当向当事人和有关人员出示证件。被调查单位和人员应当配合行政复议工作人员的工作，不得拒绝、阻挠。

需要现场勘验的，现场勘验所用时间不计入行政复议审理期限。

申请人和第三人可以查阅被申请人提出的书面答复、作出具体行政行为的证据、依据和其他有关材料，除涉及国家秘密、商业秘密或者个人隐私外，行政复议机关不得拒绝。

（四）审查

1. 被申请人书面答复

行政复议机构应当自受理行政复议申请之日起 7 日内，将行政复议申请书副本或者行政复议申请笔录复印件发送被申请人。被申请人应当自收到申请书副本或者申请笔录复印件之日起 10 日内提出书面答复，并提交当初作出具体行政行为的证据、依据和其他有关材料。

对国家税务总局的具体行政行为不服申请行政复议的案件，由原承办具体行政行为的相关机构向行政复议机构提出书面答复，并提交当初作出具体行政行为的证据、依据和其他有关材料。

2. 审理的人员要求和方式

行政复议机构审理行政复议案件，应当由 2 名以上行政复议工作人员参加。

行政复议原则上采用书面审查的办法，但是申请人提出要求或者行政复议机构认为有必要时，应当听取申请人、被申请人和第三人的意见，并可以向有关组织和人员调查了解情况。

对重大、复杂的案件，申请人提出要求或者行政复议机构认为必要时，可以采取听证的方式审理。

3. 听证

行政复议机构决定举行听证的，应当将举行听证的时间、地点和具体要求等事项通知申请人、被申请人和第三人。第三人不参加听证的，不影响听证的举行。

听证应当公开举行，但是涉及国家秘密、商业秘密或者个人隐私的除外。

行政复议听证人员不得少于 2 人，听证主持人由行政复议机构指定。

听证应当制作笔录。申请人、被申请人和第三人应当确认听证笔录内容。

行政复议听证笔录应当附卷，作为行政复议机构审理案件的依据之一。

4. 审查的内容

行政复议机关应当全面审查被申请人的具体行政行为所依据的事实证据、法律程序、法律依据和设定的权利义务内容的合法性、适当性。

5. 复议申请的撤回

申请人在行政复议决定做出以前撤回行政复议申请的，经行政复议机构同意，可以撤回。

申请人撤回行政复议申请的，不得再以同一事实和理由提出行政复议申请。但是，申请人能够证明撤回行政复议申请违背其真实意思表示的除外。

行政复议期间被申请人改变原具体行政行为的，不影响行政复议案件的审理。但是，申请人依法撤回行政复议申请的除外。

（五）决定

1. 判断是否有权处理

申请人在申请行政复议时，依据规定一并提出对有关规定的审查申请的，行政复议机关对该规定有权处理的，应当在30日内依法处理；无权处理的，应当在7日内按照法定程序逐级转送有权处理的行政机关依法处理，有权处理的行政机关应当在60日内依法处理。处理期间，中止对具体行政行为的审查。

行政复议机关审查被申请人的具体行政行为时，认为其依据不合法，本机关有权处理的，应当在30日内依法处理；无权处理的，应当在7日内按照法定程序逐级转送有权处理的国家机关依法处理。处理期间，中止对具体行政行为的审查。

2. 税务行政复议决定的类型

行政复议机构应当对被申请人的具体行政行为提出审查意见，经行政复议机关负责人批准，按照下列规定作出行政复议决定：

（1）具体行政行为认定事实清楚，证据确凿，适用依据正确，程序合法，内容适当的，决定维持。

（2）被申请人不履行法定职责的，决定其在一定期限内履行。

（3）具体行政行为有下列情形之一的，决定撤销、变更或者确认该具体行政行为违法；决定撤销或者确认该具体行政行为违法的，可以责令被申请人在一定期限内重新作出具体行政行为：①主要事实不清、证据不足的；②适用依据错误的；③违反法定程序的；④超越职权或者滥用职权的；⑤具体行政行为明显不当的。

（4）被申请人不按照规定提出书面答复，提交当初作出具体行政行为的证据、依据和其他有关材料的，视为该具体行政行为没有证据、依据，决定撤销该具体行政行为。

行政复议机关责令被申请人重新作出具体行政行为的，被申请人不得以同一事实和理由作出与原具体行政行为相同或者基本相同的具体行政行为；但是行政复议机关以原具体行政行为违反法定程序决定撤销的，被申请人重新作出具体行政行为的除外。

行政复议机关责令被申请人重新作出具体行政行为的，被申请人不得作出对申请人更为不利的决定；但是行政复议机关以原具体行政行为主要事实不清、证据不足或适用依据错误决定撤销的，被申请人重新作出具体行政行为的除外。

行政复议机关责令被申请人重新作出具体行政行为的，被申请人应当在60日内重新作出具体行政行为；情况复杂，不能在规定期限内重新作出具体行政行为的，经行政复议机关批准，可以适当延期，但是延期不得超过30日。

公民、法人或者其他组织对被申请人重新作出的具体行政行为不服，可以依法申请行政复议，或者提起行政诉讼。

有下列情形之一的，行政复议机关可以决定变更：

（1）认定事实清楚，证据确凿，程序合法，但是明显不当或者适用依据错误的。

（2）认定事实不清，证据不足，但是经行政复议机关审理查明事实清楚，证据确凿的。

3. 驳回税务行政复议申请的情形

有下列情形之一的，行政复议机关应当决定驳回行政复议申请：

（1）申请人认为税务机关不履行法定职责申请行政复议，行政复议机关受理以后发现该税务机关没有相应法定职责或者在受理以前已经履行法定职责的。

（2）受理行政复议申请后，发现该行政复议申请不符合行政复议法及其实施条例和本规则规定的受理条件的。

上级税务机关认为行政复议机关驳回行政复议申请的理由不成立的，应当责令限期恢复受理。行政复议机关审理行政复议申请期限的计算应当扣除因驳回耽误的时间。

4. 中止税务行政复议的情形

行政复议期间，有下列情形之一的，行政复议中止：

（1）作为申请人的公民死亡，其近亲属尚未确定是否参加行政复议的。

（2）作为申请人的公民丧失参加行政复议的能力，尚未确定法定代理人参加行政复议的。

（3）作为申请人的法人或者其他组织终止，尚未确定权利义务承受人的。

（4）作为申请人的公民下落不明或者被宣告失踪的。

（5）申请人、被申请人因不可抗力，不能参加行政复议的。

（6）行政复议机关因不可抗力原因暂时不能履行工作职责的。

（7）案件涉及法律适用问题，需要有权机关作出解释或者确认的。

（8）案件审理需要以其他案件的审理结果为依据，而其他案件尚未审结的。

（9）其他需要中止行政复议的情形。

行政复议中止的原因消除以后，应当及时恢复行政复议案件的审理。

行政复议机构中止、恢复行政复议案件的审理，应当告知申请人、被申请人、第三人。

5. 终止税务行政复议的情形

行政复议期间，有下列情形之一的，行政复议终止：

（1）申请人要求撤回行政复议申请，行政复议机构准予撤回的。

（2）作为申请人的公民死亡，没有近亲属，或者其近亲属放弃行政复议权利的。

（3）作为申请人的法人或者其他组织终止，其权利义务的承受人放弃行政复议权利的。

（4）申请人与被申请人依照本规则第八十七条的规定，经行政复议机构准许达成和解的。

（5）行政复议申请受理以后，发现其他行政复议机关已经先于本机关受理，或者人民法院已经受理的。

依照中止情形的前三项规定中止行政复议，满 60 日行政复议中止的原因未消除的，行政复议终止。

6. 附带赔偿的决定

申请人在申请行政复议时可以一并提出行政赔偿请求，行政复议机关对符合国家赔偿法的规定应当赔偿的，在决定撤销、变更具体行政行为或者确认具体行政行为违法时，应当同时决定被申请人依法赔偿。

申请人在申请行政复议时没有提出行政赔偿请求的，行政复议机关在依法决定撤销、变更原具体行政行为确定的税款、滞纳金、罚款和对财产的扣押、查封等强制措施时，应当同时责令被申请人退还税款、滞纳金和罚款，解除对财产的扣押、查封等强制措施，或者赔偿相应的价款。

7. 税务行政复议决定的期限

行政复议机关应当自受理申请之日起 60 日内作出行政复议决定。情况复杂，不能在规定期限内作出行政复议决定的，经行政复议机关负责人批准，可以适当延期，并告知申请人和被申请人；但是延期不得超过 30 日。

行政复议机关作出行政复议决定，应当制作行政复议决定书，并加盖行政复议机关印章。

行政复议决定书一经送达，即发生法律效力。

8. 税务行政复议决定的履行

被申请人应当履行行政复议决定。被申请人不履行、无正当理由拖延履行行政复议决定的，行政复议机关或者有关上级税务机关应当责令其限期履行。

申请人、第三人逾期不起诉又不履行行政复议决定的，或者不履行最终裁决的行政复议决定的，按照下列规定分别处理：

（1）维持具体行政行为的行政复议决定，由作出具体行政行为的税务机关依法强制执行，或者申请人民法院强制执行。

（2）变更具体行政行为的行政复议决定，由行政复议机关依法强制执行，或者申请人民法院强制执行。

（六）和解与调解

1. 和解与调解的范围

对下列行政复议事项，按照自愿、合法的原则，申请人和被申请人在行政复议机关作出行政复议决定以前可以达成和解，行政复议机关也可以调解：

（1）行使自由裁量权作出的具体行政行为，如行政处罚、核定税额、确定应税所得率等。

（2）行政赔偿。

（3）行政奖励。

（4）存在其他合理性问题的具体行政行为。

行政复议审理期限在和解、调解期间中止计算。

2. 提交和解协议

申请人和被申请人达成和解的，应当向行政复议机构提交书面和解协议。和解内容不损害社会公共利益和他人合法权益的，行政复议机构应当准许。

经行政复议机构准许和解终止行政复议的，申请人不得以同一事实和理由再次申请行政复议。

3. 调解的要求

调解应当符合下列要求：

（1）尊重申请人和被申请人的意愿。

（2）在查明案件事实的基础上进行。

（3）遵循客观、公正和合理原则。

（4）不得损害社会公共利益和他人合法权益。

4. 调解的程序

行政复议机关按照下列程序调解：

（1）征得申请人和被申请人同意。

（2）听取申请人和被申请人的意见。

（3）提出调解方案。

（4）达成调解协议。

（5）制作行政复议调解书。

5. 税务行政复议调解书的要求

行政复议调解书应当载明行政复议请求、事实、理由和调解结果，并加盖行政复议机关印章。行政复议调解书经双方当事人签字，即具有法律效力。

调解未达成协议，或者行政复议调解书不生效的，行政复议机关应当及时作出行政复议决定。

申请人不履行行政复议调解书的，由被申请人依法强制执行，或者申请人民法院强制执行。

（七）指导和监督

各级税务复议机关应当加强对履行行政复议职责的监督。行政复议机构负责对行政复议工作进行系统督促、指导。

各级税务机关应当建立健全行政复议工作责任制，将行政复议工作纳入本单位目标责任制。

各级税务机关应当按照职责权限，通过定期组织检查、抽查等方式，检查下级税务机关的行政复议工作，并及时向有关方面反馈检查结果。

行政复议期间行政复议机关发现被申请人和其他下级税务机关的相关行政行为违法或者需要做好善后工作的，可以制作行政复议意见书。有关机关应当自收到行政复议意见书之日起60日内将纠正相关行政违法行为或者做好善后工作的情况报告行政复议机关。

行政复议期间行政复议机构发现法律、法规和规章实施中带有普遍性的问题，可以制作行政复议建议书，向有关机关提出完善制度和改进行政执法的建议。

省以下各级税务机关应当定期向上一级税务机关提交行政复议、应诉、赔偿统计表和分析报告，及时将重大行政复议决定报上一级行政复议机关备案。

行政复议机构应当按照规定将行政复议案件资料立卷归档。行政复议案卷应当按照行政复议申请分别装订立卷，一案一卷，统一编号，做到目录清晰、资料齐全、分类规范、装订整齐。

行政复议机构应当定期组织行政复议工作人员业务培训和工作交流，提高行政复议工作人员的专业素质。

第二节　税务行政诉讼概述

一、税务行政诉讼概述

税务行政诉讼是指公民、法人或其他组织认为税务机关及其工作人员的具体税务行政行为，侵犯其合法权益，依法向人民法院提起行政诉讼，由人民法院对具体税务行政行为的合法性进行审查，并作出裁决的司法活动。

税务行政诉讼具有以下特点。

（1）税务行政诉讼以审理税务行政案件、解决税务行政争议为内容。这是税务行政诉讼区别于其他行政诉讼的根本标志。

（2）税务行政诉讼的当事人具有恒定性。税务行政诉讼的原告必须是认为自己的合法权益受到侵害的公民、法人或其他组织。税务行政诉讼的被告必须是税务机关或经法律、法规授权的行使国家税务行政管理权的机关、组织或是改变原具体税务行政行为的复议机关。因此，海关、财政等部门也可能成为税务行政诉讼的被告。

（3）税务行政诉讼所要解决的争议，必须是由税务机关在行使税务行政管理职能中引起的税务纠纷，而不是其他争议，即税务行政诉讼的标的只能是具体税务行政行为。

二、税务行政诉讼的基本原则

税务行政诉讼的基本原则，是指由行政诉讼法规定的，用以指导整个税务行政诉讼活动或者诉讼主要阶段活动的基本准则。税务行政诉讼的基本原则主要有：选择复议与必经复议相结合原则、具体行政行为合法性审查原则、行政诉讼期间具体行政行为不停止执行原则、税务机关负举证责任原则、不适用调解原则。

（一）选择复议与必经复议相结合原则

选择复议是指在法律、法规没有明确规定必须经过复议的情况下，当事人对税务机关作出的具体行政行为不服时，既可以选择先向上一级税务机关或法律规定的特定机关申请税务行政复议，对复议决定不服，再向人民法院提起税务行政诉讼；也可以选择不经复议，直接向人民法院提起税务行政诉讼的制度。

必经复议是指当事人对税务机关作出的具体征税行为不服时，不能直接向人民法院提起税务行政诉讼，而必须先向上一级税务机关申请行政复议，对复议决定不服的，才能向人民法院提起税务行政诉讼的制度。

根据《征管法》的规定，当事人同税务机关在征税行为上发生争议时，必须先申请行政复议，对税务行政复议决定不服的，才可以向人民法院起诉，未经复议而直接向人民法院起诉的，人民法院将不予受理。除了征税争议外，其他具体税务行政行为，当事人可以选择申请行政复议，也可以不经复议直接向人民法院起诉。因此，税务行政诉讼采用的是选择复议与必经相结合的原则。

（二）具体行政行为合法性审查原则

行政诉讼法第5条规定：人民法院审理行政案件，对具体行政行为是否合法进行审查。与刑事诉讼和民事诉讼相比，具体行政行为合法性审查原则是行政诉讼最具特色的基本原则。

具体税务行政行为合法性审查的内容。

人民法院审查具体税务行政行为的具体内容包括：（1）主体是否合法，即税务机关是否享有作出具体行政行为的权限，是否超越法定的职责权限以及是否依法享有税收征收管理权、级别管理权和地域管理权，上述任何一方面违法都构成主体无权限或超越职权；（2）具体税务行政行为的证据是否确凿充分、事实是否清楚，证据是否具有客观性、合法性和关联性；（3）具体税务行政行为适用法律是否正确；（4）程序是否合法，即税务机关不得违反法定程序，税务机关遗漏程序步骤、颠倒顺序、超越时限以及违反法定行为方式，所作出的具体税务行政行为无效；（5）具体税务行政行为的目的是否合法。

在法定的例外情况下，人民法院也可以审查具体税务行政行为的合理性。《行政诉讼法》第54条第4项规定：行政处罚显失公正的，可以判决变更。

（三）行政诉讼期间具体行政行为不停止执行原则

行政诉讼期间具体行政行为不停止执行原则是指，在行政诉讼中，当事人争议的具体行政行为不因原告提起诉讼而停止执行。这是国家行政管理的特殊性决定的。现代国家的行政管理，要求效率性和连续性，如果具体行政行为一经当事人起诉即予停止执行，势必破坏行政管理的效率性和连续性，使社会秩序处于不稳定状态。

但是，这一原则也有例外。根据《行政诉讼法》第44条规定，有下列情况的，停止具体行政行为的执行：（1）被告认为需要停止执行的；（2）原告申请停止执行，人民法院认为该具体行政行为的执行会造成难以弥补的损失，并且停止执行不损害社会公共利益，裁定停止执行的；（3）法律、法规规定停止执行的。

（四）税务机关负举证责任原则

税务机关负举证责任，是指作为被告的税务行政机关负有提供赖以作出具体行政行为的证据和所依据的规范性文件的责任。《行政诉讼法》第32条规定，被告对作出的具体行政行为负有举证责任，应当提供作出该具体行政行为的证据和所依据的规范性文件。《若干问题的解释》第6条进一步规定：原告可以提供证明被诉具体行政行为违法的证据。原告提供的证据不成立的，不免除被告对被诉具体行政行为合法性的举证责任。因此，在我国，行政诉讼法确立了被告行政机关在行政诉讼中承担主要举证责任的基本原则，这使行政诉讼举证责任的分配明显区别于民事诉讼举证责任的分配。根据我国民事诉讼法的规定，民事诉讼采用“谁主张、谁举证”的规则。

行政诉讼确立被告对被诉具体行政行为合法性负举证责任原则主要基于以下原因：（1）由被告负举证责任，是被告行政机关在行政程序中必须遵循“先取证、后裁决”规则的自然延伸。这一规则要求行政机关在作出具体行政行为前，应当认真调查，充分搜集证据，在证据充分、事实清楚的基础上，正确适用法律法规，作出正确的行政行为。如果行政机关作出的具体行政行为被起诉，由作出该具体行政行为的被告负举证责任则是理所当然。(2) 由被告负举证责任，有利于发挥行政机关的举证优势。具体行政行为是由被告作出的，被告对该行为的证据最为了解，而且在作出该具体行政行为过程中，被告居于主导地位，相比行政相对人而言，处于强势地位，其举证能力比原告强，因此由被告负举证责任体现了负担公平原则，有利于保护公民、法人或其他组织的诉权。(3) 由被告负举证责任，有利于促进行政机关依法行政。行政机关作出具体行政行为必须要事实清楚、证据确凿、程序合法、依据准确，否则其作出的具体行政行为一旦被起诉，将面临败诉的可能。

(五) 不适用调解原则

不适用调解原则，是指人民法院审理行政案件不得采用调解作为审理程序和方式。这是因为行政管理权是国家权力的重要组成部分，行使行政职权既是行政机关的权力，也是行政机关的职责，行政机关必须履行。如果行政机关处分这种权力和职责（因为调解必定涉及对权利的放弃或让步），则意味着违法失职。此外，在行政诉讼中，人民法院主要审查具体行政行为的合法性，行政机关作出的具体行政行为或者合法，或者违法，没有第三种可能。

不适用调解也有例外。《行政诉讼法》第 67 条规定："赔偿诉讼可以适用调解"。这是因为赔偿诉讼无非涉及两个问题：一是是否造成了损害；二是损害的程度如何。相应地审理这类案件也是解决两个问题：一是是否予以赔偿；二是赔偿的数额。而这两个问题均不涉及行政机关的法定职权。因此，双方可以通过协商，本着互谅互让的精神，解决行政赔偿责任问题。

三、税务行政诉讼的受案范围

税务行政诉讼的受案范围，是指人民法院可以依法受理税务行政争议的种类和权限。并不是所有的税务行政争议都能进入行政诉讼程序。对于税务行政相对人来说，受案范围也就是诉权的范围，只有属于受案范围的税务行政行为，才能向人民法院提起行政诉讼。

(一) 税务行政诉讼的受案范围

根据行政诉讼法关于受案范围的规定，结合税务具体行政行为的实际情况，税务行政诉讼受案范围主要有以下几种：

(1) 税务机关作出的征税行为（必经复议）。包括纳税人、扣缴义务人、纳税担保人对税务机关确定的纳税主体、征税对象、征税范围、减税、免税及退税、抵扣税款、适用税率、计税依据、纳税环节、纳税期限、纳税地点以及税款征收方式等具体税务行政行为以及征收税款的行为、加收滞纳金行为、税务机关委托征收的单位作出的代扣代缴和代收代缴行为有异议的。

（2）税务机关作出的责令纳税人提供纳税担保的行为。根据《征管法》的规定，在以下三种情况下，税务机关可以要求纳税人提供纳税担保。

①税务机关有根据认为从事生产、经营的纳税人有逃避纳税义务行为的，可以在规定的纳税期之前，责令限期缴纳应纳税款；在限期内发现纳税人有明显的转移、隐匿其应纳税的商品、货物以及其他财产或者应纳税的收入的迹象的，税务机关可以责成纳税人提供纳税担保。

②欠缴税款的纳税人或者它的法定代表人需要出境的，应当在出境前向税务机关结清税款、滞纳金或者提供担保。

③纳税人、扣缴义务人、纳税担保人同税务机关在纳税上发生争议时，必须先依照税务机关的纳税决定缴纳或者解缴税款及滞纳金或者提供相应的担保，然后可以依法申请行政复议。

（3）税务机关作出的税收保全措施。税务保全措施必须经县以上税务局（分局）局长批准，主要有以下两种方式：

①书面通知纳税人开户银行或者其他金融机构冻结纳税人的金额相当于应纳税款的存款；

②扣押、查封纳税人的价值相当于应纳税款的商品、货物或者其他财产。

（4）税务机关作出的税收强制执行措施。

①书面通知当事人开户银行或者其他金融机构从其存款中扣缴税款；

②扣押、查封、依法拍卖或者变卖当事人价值相当于应纳税款的商品、货物或者其他财产。

税收强制执行措施必须经县以上税务局（分局）局长批准。

（5）税务机关未及时解除税收保全措施，使纳税人的合法权益遭受损失的行为。

（6）税务机关作出的行政处罚行为。包括罚款，没收违法所得及非法财物，停止出口退税权，停止发售发票、收缴发票，法律、行政法规规定的其他税务行政处罚等。

（7）税务机关不予依法办理或答复的行为。包括不予审批减免税或出口退税，不予抵扣税款，不予退还税款，不予颁发税务登记证、发售发票，不予开具完税凭证和出具票据，不予认定为增值税一般纳税人，不予核准延期申报、批准延期缴纳税款等。

（8）税务机关作出的取消增值税一般纳税人资格的行为。

（9）税务机关作出的通知出境管理机关阻止出境的行为。

（10）税务机关作出的其他具体行政行为。

（二）税务行政诉讼的排除范围

1. 国家行为

国家行为主要是指国务院、中央军事委员会、国防部、外交部等根据宪法和法律的授权，以国家的名义实施的有关国防和外交事务的行为，以及经宪法和法律授权的国家机关宣布紧急状态、实施戒严和总动员等行为。国家行为不能被提起行政诉讼，这是各国行政诉讼制度的通例。

2. 抽象行政行为

抽象行政行为是指针对不特定的对象发布的能反复适用的行政规范性文件。因此，抽象税务行政行为不可诉，而根据《行政复议法》和《税务行政复议规则》的规定，纳税人及其他当事人认为税务机关的具体行政行为所依据的规定不合法，在对具体行政行为申请行政复议时，可以一并向复议机关提出对所依据的规定的审查申请，这些规定包括：国家税务总局和国务院其他部门的规定，其他各级税务机关的规定，地方各级人民政府的规定，地方人民政府工作部门的规定。这些规定不含规章。

因此，对于抽象税务行政行为而言，可以在申请行政复议时一并申请对规定的审查，但不能对该规定提起行政诉讼，也不能在提起行政诉讼时要求一并对该规定进行审查。

3. 内部行政行为

行政机关对行政机关工作人员的奖惩、任免等决定，是行政机关的内部行政行为，不属于行政诉讼的受案范围。

4. 终局行政裁决行为

因此，对国家税务总局、财政部、海关总署和各省、自治区、直辖市人民政府所作的具体税务行政行为不服的，向作出该具体行政行为的部门申请行政复议，对复议决定不服的，可以向人民法院提起行政诉讼，也可以向国务院申请裁决，国务院所作的裁决为最终裁决，不能再提起行政诉讼。

四、税务行政诉讼的管辖

税务行政诉讼的管辖是指，上下级人民法院之间和同级人民法院之间受理第一审税务行政案件的分工和权限。管辖分为级别管辖、地域管辖和裁定管辖。

管辖与受案范围不同。受案范围解决的是人民法院与其他行政机关之间处理行政案件的分工和权限，而管辖解决的是法院系统内部上下级法院或同级法院之间处理第一审税务行政案件的分工和权限。对当事人而言，受案范围确定了当事人对税务机关的哪些税务行政行为不服可以向人民法院提起诉讼，管辖则明确了当事人在与税务机关发生税务行政争议时应向哪一地的哪一级法院起诉的问题。

（一）级别管辖

级别管辖是指，法院组织系统内，划分上下级法院之间受理第一审税务行政案件的分工和权限。级别管辖是从纵向上解决哪些第一审税务行政案件应由哪一级人民法院受理和审理的问题。根据《行政诉讼法》第 13 ~ 16 条的规定，最高人民法院管辖全国范围内重大、复杂的第一审税务行政案件；中、高级人民法院管辖本辖区内重大、复杂的第一审税务行政案件；基层人民法院管辖除上级法院管辖的第一审税务行政案件以外的所有的第一审税务行政案件，即一般的税务行政案件均由基层法院管辖。

（二）地域管辖

地域管辖又称“区域管辖”，是指同级人民法院之间受理第一审税务行政案件的分工和权限。它是根据法院的辖区与当事人所在地或者与行政诉讼标的所在地的关系确定的第一审税务行政案件的管辖。地域管辖分为一般地域管辖和特殊地域管辖。

1. 一般地域管辖

一般地域管辖，是指按照最初作出具体行政行为的行政机关所在地确定的管辖。根据行政诉讼法的规定，凡未经复议而直接向法院起诉的，或者经过复议，复议机关维持原决定的，当事人不服向人民法院起诉的，均由最初作出具体行政行为的行政机关所在地法院管辖。

2. 特殊地域管辖

特殊地域管辖，是指根据具体行政行为的特殊性或者标的物所在地来确定管辖的法院。行政诉讼法规定了三种特殊地域管辖：第一种是经过复议，复议机关改变原具体行政行为的；第二种是对限制人身自由强制措施提起的诉讼；第三种是对不动产提起的诉讼。税务行政诉讼中涉及的特殊地域管辖主要是第一种情况，即复议机关改变了原具体行政行为的案件。案件经过复议，而复议机关改变原具体行政行为，当事人可以选择向复议机关所在地人民法院管辖，也可以选择由最初作出具体行政行为的税务机关所在地人民法院管辖。当事人可以向任何一个有管辖权的法院起诉，由最先收到起诉书的人民法院为第一审法院。

（三）裁定管辖

裁定管辖是指人民法院在某些特殊情况下，以裁定方式确定税务行政案件的管辖。裁定管辖有移送管辖、指定管辖和管辖权的转移三种。

1. 移送管辖

移送管辖是指某一法院受理税务行政案件后，发现自己对该案件没有管辖权，而将案件移送给有管辖权的法院的一种管辖方式。移送管辖必须具备三个条件：一是移送法院已经受理了该案件；二是移送法院对该案件没有管辖权；三是接受移送的法院必须对该案件有管辖权。一般情况下，接受移送的法院不得再自行移送，但如果认为移送的案件确实也不属于自己管辖，应说明理由，报请共同上一级法院，由上一级法院指定某个下级法院管辖。

2. 指定管辖

指定管辖是指上级法院以裁定方式指定某一下级法院管辖某一税务行政案件。有以下两种情况：（1）由于特殊原因，有管辖权的法院不能行使管辖权。所谓特殊原因，是指导致有管辖权的人民法院不能公正、及时审理案件的情况。包括事实原因，如自然灾害、战争、意外事故等不可抗力事实，还包括法律原因，如法院与该案有利害关系等。（2）法院之间对管辖权发生争议，协商不成的，应报请共同上一级法院决定管辖。

3. 管辖权的转移

管辖权的转移是指由上级法院决定或者同意，上级法院审理下级法院管辖的第一审税务行政诉讼，或者把它管辖的第一审税务行政案件移交下级法院审理。需要注意的是，转移的法院与接受的法院之间应当具有审级管辖，没有上下级审级关系的法院之间不能转移管辖权。

五、税务行政诉讼的参加人

行政诉讼参加人是指在税务行政诉讼中为保护自己或他人的合法权益而参加诉讼的当事人和类似当事人诉讼地位的人。包括原告、被告、共同诉讼人、第三人、诉讼代理人。

诉讼参加人不同于诉讼参与人，后者范围更宽，除了诉讼参加人之外，还包括证人、鉴定人、翻译人、勘验人等。这类诉讼参与人在法律上与案件没有利害关系，但是他们在诉讼中享有特殊的诉讼地位。

（一）原告

1. 原告的概念

在税务行政诉讼中，原告是指依照行政诉讼法向人民法院提起诉讼，引起税务行政诉讼开始的公民、法人或其他组织。

2. 原告资格

税务行政诉讼的原告应当具备以下条件。

（1）原告必须是作为税务行政管理相对方的公民、法人或其他组织。对税务机关作出的具体行政行为而言，并非任何公民、法人或其他组织都可以作为原告提起诉讼。只有在具体税务行政法律关系中处于行政相对方地位的公民、法人或其他组织才可能成为税务行政诉讼的原告。行政机关在实施行政管理的过程中与相对方发生争议，税务机关不能作为原告，税务机关只有在行政法律关系中处于被管理地位时，才能成为原告。

（2）原告是承担具体行政行为法律后果或受其影响的公民、法人或其他组织。原告必须与被诉具体行政行为之间有利害关系，即承担该具体行政行为法律后果或者合法权益受到影响。这里需要注意的是，行政诉讼原告并不限于具体行政行为直接针对的公民、法人或其他组织，在特定情况下，公民、法人或其他组织即使不是行政行为的直接相对人，只要其权益受到行政行为实质影响的，也可以成为原告。

（3）原告是认为具体行政行为侵犯其合法权益的税务行政管理相对方。作为与具体行政行为发生利害关系的公民、法人或其他组织，可以具有原告资格，这仅仅是可能的条件，要使之成为现实的条件，还要求他认为具体行政行为侵犯了其合法权益。根据行政诉讼法的规定，合法权益主要是指人身权、财产权。人身权、财产权以外政治、民主等权利受到具体行政行为侵犯的，则必须根据有关单行法律、法规的规定来决定是否起诉。规定可以起诉的，才能行使起诉权，否则不得行使。

需要注意的是，具体行政行为是否实际上违法，“合法权益”是否确实受到侵害不是起诉的前提，这里的关键是原告的主观认识，只要他“认为”其受到具体行政行为的侵害就可以依照行政诉讼法的规定，提起行政诉讼。

3. 原告资格的转移

为了进一步保护行政相对人的合法权益，监督行政机关依法行政，《行政诉讼法》第24条还规定了原告资格转移的情形：有权提起行政诉讼的公民死亡，其近亲属可以提起行政诉讼；有权提起行政诉讼的法人或其他组织终止，承受其权利、义务的法人或其他组织可以提起诉讼。

在上述两种情形下，因转移而获得原告资格的公民、法人或其他组织提起行政诉讼，其诉讼地位即为原告，而非原告的代理人。

4. 原告的权利和义务

原告的诉讼权利主要有：（1）起诉权；（2）委托诉讼代理人的权利；（3）提供证据和申请保全证据权；（4）申请回避权；（5）补充、变更诉讼请求权；（6）申请强制执行权；（7）上诉权等。与被告相比，其中第（1）、（5）项为原告独有。

原告的诉讼义务主要有：（1）依法行使诉权；（2）遵守诉讼规则；（3）服从法院指挥；（4）自觉履行已发生法律效力的判决、裁定等。

（二）被告

1. 被告的概念

被告，是指被原告诉称作出了侵犯其合法权益的具体行政行为，经人民法院通知应诉的税务机关。

2. 被告资格

被告应当具备以下条件：（1）被告必须是具有诉讼权利能力的税务机关；（2）必须是具体行政法律关系中作出具体行政行为的税务机关；（3）必须由法院通知其应诉。由于被告资格最终由法院确认，所以只有在法院确认被诉税务机关符合前述条件，并通知其应诉，该行政主体才能成为特定行政案件的被告，获得被告资格。

同样，为进一步保护行政相对方的合法权益，促进和监督行政机关依法行政，行政诉讼法规定了被告资格的转移情况，即行政机关被撤销的，继续行使其职权的行政机关是被告。

3. 被告的权利和义务

被告在行政诉讼中享有的诉讼权利主要有：（1）委托诉讼代理人；（2）提供证据和申请保全证据权；（3）申请回避权；（4）申请查阅补正庭审笔录权；（5）申请财产保全权；（6）上诉权；（7）在第一审程序裁判前变更原具体行政行为权；（8）依法强制执行法院判决、裁定权等。与原告诉讼权利相比，第（7）、（8）两项为被告特有的权利。

被告的义务主要有：被告具有与原告基本相同的诉讼义务，但也有些义务是被告所特有的，如应诉义务、提供具体行政行为的证据和所依据的规范性文件的义务、根据法院裁定在行政诉讼过程中停止执行被诉具体行政行为的义务等。

（三）第三人

税务行政诉讼中的第三人是指，因与被诉具体行政行为有利害关系，在税务行政诉讼过程中申请参加诉讼或由人民法院通知其参加诉讼的公民、法人或其他组织。

第三人具有以下特点：

（1）第三人与被诉具体行政行为有利害关系。根据《若干问题的解释》，所谓的“利害关系”是指，“与具体行政行为有法律上利害关系”，即具有法律上的权利义务关系，包括具体行政行为使其获得某种权利，减少某种义务，或者使其丧失某种权利，增加某种义务，或使其权益导致某种不利影响。

（2）第三人是参加到他人诉讼中来的公民、法人或其他组织。第三人是在他人开始诉讼之后，认为有必要参加诉讼的，才申请或被法院通知参加诉讼的。这是第三人与原被告的重要区别。

（3）第三人有独立的诉讼地位。第三人参加诉讼是为了保护自己的权益，他独立于原告和被告，即使其诉讼主张与原告或被告可能一致或部分一致，但是，第三人为了维护自己的合法权益，他既不会依附原告，也不会依附被告，可以提出自己的请求，对第一审判决不服有权提出上诉。

（四）诉讼代理人

1. 诉讼代理人的概念

诉讼代理人，是指根据法律规定由人民法院指定，或者接受当事人、法定代理人委托，以当事人的名义，在代理权限范围内，代理当事人进行诉讼活动的人。诉讼代理人具有以下特点：

（1）诉讼代理人以行政诉讼当事人的名义进入诉讼程序，而不能以自己的名义进行诉讼活动，否则，他就不是代理人而是当事人了。

（2）代理人在代理权限范围内的诉讼活动，其后果归属于被代理人。

（3）代理人参加行政诉讼的目的在于维护被代理人的合法权益。因此，诉讼代理人只能在一个案件中代理一方当事人，而不能在同一诉讼中代理双方当事人。

2. 诉讼代理人的种类

根据行政诉讼法的规定，依照代理权发生的根据不同，可以将诉讼代理人分为法定代理人、指定代理人、委托代理人。

（1）法定代理人。根据法律规定行使代理权代替无诉讼行为能力的公民进行行政诉讼的人，是法定代理人。在行政诉讼中，法定代理人只适用于没有诉讼行为能力的公民，即未成年人、精神病人等，法定代理不适用于法人、组织和作为被告的行政机关。

法定代理是一种全权代理，法定代理人所做的一切诉讼行为，都被视为是被代理的当事人本人所为的诉讼行为，与当事人的诉讼行为具有同等的法律效力。

（2）指定代理人。由人民法院指定代理无诉讼行为能力的当事人进行行政诉讼的人。

指定代理的条件是：一是被代理人属于无诉讼行为能力的公民；二是被代理人无法定代理人，或者虽有法定代理人，但法定代理人相互推诿代理责任或者不能行使代理权；三是由法院依职权指定，无须被指定人同意。

（3）委托代理人。根据当事人、法定代理人的委托授权而代为诉讼行为的人，是委托代理人。根据行政诉讼法第29条的规定，当事人、法定代理人可以委托1~2人代为诉讼。

在行政诉讼中，可以做委托代理人的有：律师、社会团体和提起诉讼的公民的近亲属或所在单位推荐的人，经人民法院许可的其他公民。

由于委托代理人的身份不同，因而他们在行政诉讼中的权利不完全相同：代理律师可以依照规定查阅本案的有关材料，可以向有关组织和公民调查、搜集证据，但对涉及国家秘密和个人隐私的材料，应当依法保密。除律师以外的其他诉讼代理人，经人民法院许可后，才可以查阅除涉及国家秘密和个人隐私以外的其他庭审材料。

当事人委托诉讼代理人，应向人民法院提交授权委托书，委托书应载明委托事项和权限范围，并经人民法院审查同意。解除委托时，应书面报告人民法院。

六、税务行政诉讼程序

（一）起诉与受理

1. 起诉及其条件

起诉是指公民、法人和其他组织认为自己的合法权益受到税务机关具体行政行为的侵害，而向人民法院提起诉讼请求，要求法院通过行使审判权，依法保护自己合法权益的诉讼行为。

起诉的条件：

（1）原告是认为具体税务行政行为侵犯其合法权益的纳税人、纳税担保人或扣缴义务人等。

（2）必须要有明确的被诉税务机关。公民、法人或其他组织直接向人民法院提起诉讼的，作出具体行政行为的税务机关为被告。对税务行政机关的内设机构或者派出机构在没有法律、法规或者规章授权的情况下，以自己名义作出的具体行政行为，当事人不服提起行政诉讼的，应当以该税务行政机关为被告；法律、法规或规章授权行使职权的行政机关内设机构、派出机构或者其他组织，超出法定授权范围实施行政行为，当事人不服提起行政诉讼的，应当以被授权机构或组织为被告；经过复议的案件，复议决定维持原具体行政行为的，作出原具体行政行为的税务机关为被告；复议决定改变原具体行政行为的，复议机关为被告；复议机关在法定期限内不做出复议决定，当事人对原具体行政行为不服提起诉讼的，应当以作出原具体行政行为的税务机关为被告；当事人对复议机关不作为不服提起诉讼的，应当以复议机关为被告；行政机关被撤销的，继续行使其职权的行政机关为被告。

（3）有具体的诉讼请求和事实根据。诉讼请求是原告通过人民法院针对被告提出的，希望获得法院司法保护的实体权利要求。它将决定法院审理和裁判的内容，因此必须明确、具体。主要有以下几种：要求撤销被诉具体行政行为；要求变更显失公正的行政处罚决定；要求被告履行法定职责；要求确认具体行政行为违法；要求行政机关给予国家赔偿。

值得注意的是，要求原告提供事实根据是为了证明存在行政争议，而不是要求原告提供证据证明被诉具体行政行为违法，税务行政诉讼的举证责任由税务机关承担。

（4）起诉的案件属于法院受案范围和受诉法院管辖。

（5）法律、法规规定在起诉前必须向行政机关申请复议的，应经过行政复议或者复议机关逾期不作复议决定后才能起诉。

（6）必须在法定期限内提起行政诉讼。《行政诉讼法》第39条规定，当事人直接向法院提起行政诉讼的，应当在知道作出具体行政行为之日起3个月内提出。经复议后起诉的案件，应当在收到复议决定书之日起15日内向人民法院提起诉讼；复议机关逾期不作决定的，申请人可以在复议期限满（一般为60日）之日起15日内向人民法院提起诉讼，法律另有规定的除外。

2. 受理

（1）税务行政诉讼受理的概念。受理是指人民法院对公民、法人和其他组织的起诉进行审查，对符合法定条件的起诉决定立案审理，从而引起诉讼程序开始的职权行为。

(2) 审查。人民法院在接到公民、法人或其他组织的起诉后，应当组成合议庭，对起诉的内容和形式进行审查，并根据审查结果作出受理或者不予受理的裁定。对当事人的起诉，法院一般从以下几个方面进行审查：

①是否具备法定的起诉条件。

②是否已经受理或者正在受理。对已经申请复议的，但复议期间尚未届满，当事人向人民法院起诉的，人民法院不予受理。

③是否经过必经的复议程序，纳税争议必须复议前置，未申请税务行政复议的，法院不予受理。

④是否具有管辖权。

⑤是否符合法定的期限。对已过诉讼时效的，应当告知起诉人向作出具体行政行为的行政机关或其上级机关申诉。

(3) 审查的结果。人民法院对起诉进行审查后，应作如下处理：

①对于符合起诉条件的，受诉法院必须收到诉状之日起 7 日内立案，并通知原告。

②对不符合起诉条件的，受诉法院应在受到起诉状之日起 7 日内作出不予受理裁定。起诉人对不予受理裁定不服的，可在接到裁定书之日起 10 日内向上一级法院提出上诉。

③对起诉条件有欠缺的，受诉法院可以要求起诉人限期补正。起诉人补正后，经审查，符合法定条件的，人民法院应当受理。

④受诉法院在收到起诉状之日起 7 日内，不能决定是否受理的，应当先予受理。受理后经审查不符合起诉条件的，裁定驳回起诉。

（二）审理

1. 税务行政诉讼审理的概念

税务行政诉讼中的审理，是指人民法院对税务行政案件进行实质性审查，并确定判决税务机关的行政行为是否合法、正确的诉讼活动。审理的核心是审查被诉具体行政行为是否合法，即作出该行为的税务机关是否依法享有税务行政管理权，该行为是否具有事实依据和法律依据，是否符合法定的程序要求等。

2. 税务行政诉讼审理的法律适用

根据《行政诉讼法》第 52 条、第 53 条规定，人民法院审查具体行政行为是否合法，依据法律、行政法规和地方性法规（民族自治地方的自治条例和单行条例）；参照部门规章和地方性规章。

(1) 人民法院审理税务行政案件，以法律法规为依据。法律，是指全国人民代表大会及其常委会制定的规范性文件。在税收法律体系中，上升为法律的规范性文件不多，主要包括《中华人民共和国税收征收管理法》《中华人民共和国个人所得税法》《中华人民共和国企业所得税法》等。

法规，包括行政法规和地方性法规。行政法规，专指国务院制定的规范性文件。根据全国人大的授权，目前，我国税法多是以行政法规的形式出现的，如《中华人民共和国增值税暂行条例》《中华人民共和国发票管理办法》等。地方性法规，是指省、自治区、直辖市的权力机关以及省会城市和国务院批准的较大城市的权力机关制定的规范性文件。根据我国现行税收立法体制，地方还享有某些税收要素的调整权。地方性法规仅适用于该行政区域发生的税务行政案件。

民族自治地方的人民代表大会制定的自治条例和单行条例，是审理发生在该民族自治区内的税务行政案件的依据。

（2）人民法院审理税务行政案件，以规章为参照。规章包括部门规章和地方规章。部门规章是国务院各部、委员会制定的规范性文件；地方性规章是各省、自治区、直辖市政府以及省会市政府和国务院批准的较大城市的政府制定的规范性文件。

参照与依据不同，参照是指人民法院审理案件，对符合法律法规的规章，要参照审理；对不符合或不完全符合法律法规的规章，法院可以有灵活处理的余地。因此，从总体上而言，行政规章对人民法院审理案件不具有绝对的约束力。

（3）人民法院审理税务行政案件，可参考一般规范性文件。各地税务机关为贯彻落实税收法律法规规章，结合当地税收工作实际，制定了大量的税收规范性文件。根据行政诉讼法的规定，规章以下的规范性文件在法院审判中，既不是依据，也不是参照，但这并不是说它们在行政诉讼中毫无作用。行政诉讼法第32条规定，被告应当提供作出具体行政行为所依据的规范性文件。那么，提供之后，法院当然要做研究，对法院判案有一定的参考价值。

3. 税务行政诉讼的法律规则

被诉具体行政行为如受两个以上相同效力等级或不同效力等级的法律规范调整，且规范间又存在相互冲突时，人民法院适用法律规范遵循以下原则：

（1）对不同效力等级的法律规范发生冲突时，上位法优先于下位法。即法律优先于法规，法规优先于规章。

（2）对同一效力等级的法律规范发生冲突时，应当是新法优于旧法，特别法优先于一般法。

（三）一审程序

一审程序是人民法院自立案至作出第一审判决的诉讼程序。行政诉讼中的第一审程序只有普通程序，没有简易程序和特别程序。它具体包括以下几个步骤。

1. 审理前的准备

审理前的准备，是指人法院在受理案件后至开庭审理前，为保证庭审工作的顺利进行，由审判人员依法所进行的一系列准备工作的总称。

（1）组成合议庭。与民事诉讼不同，合议庭是法院审理行政案件唯一的组织形式。

合议庭依照法律规定由3人以上的单数审判员或者审判员和陪审员组成。合议庭组成人员确定之后，应当在3日内告知当事人。

（2）交换诉状。交换诉状主要向被告和原告发送有关文书。一方面，人民法院应在立案之日起5日内，将起诉状副本和应诉通知书发送被告，通知被告应诉；被告应当在收到起诉状副本之日起10日内向法院提交作出具体行政行为的证据、依据，并提供答辩状。另一方面，人民法院应在受到被告答辩状之日起5日内，将答辩状副本发送原告。

（3）审查诉讼文书和调取证据。合议庭应当审查诉讼文书，并根据被告提供的证据及案情决定是否需要调查取证。《行政诉讼法》规定第34条规定，人民法院有权要求当事人提供或者补充证据，人民法院有权向有关行政机关以及其他组织、公民调取证据。

（4）决定是否裁定停止被诉具体行政行为的执行。诉讼期间不停止具体行政行为的执行，但在下列情况下，停止具体行政行为的执行：被告认为需要停止执行的；原告申请停止执行，法院认为该具体行政行为的执行会造成难以弥补的损失，并且停止执行不损害社会公共利益，裁定停止执行；法律、法规规定停止执行的。

（5）审查其他内容。在了解案情的基础上，人民法院还要根据具体情况审查和决定下列事项：更换和追加当事人，决定或通知第三人参加诉讼，决定诉讼的合并与分离等。

2. 开庭审理

开庭审理是指在法院合议庭主持下，依法定程序对当事人之间的税务行政争议案件进行审理，查明案件事实，适用相应的法律、法规，并最终作出裁判的活动。

（1）宣布开庭。由审判长宣布开庭。先由书记员查明当事人和其他诉讼参加人是否到庭；宣布法庭纪律。再由审判长核对当事人，宣布案由，宣布审判人员、书记员名单，告知当事人有关的诉讼权利义务，询问当事人是否提出回避申请等。

（2）法庭调查。法庭调查是庭审的重要阶段，主要任务是通过当事人陈述和证人作证，出示书证、物证和视听资料，宣读现场笔录、鉴定结论和勘验笔录，来查明案件事实，审查核实证据，为法庭辩论奠定基础。法庭调查的基本顺序是：

①当事人陈述。法庭调查开始，应首先听取当事人的陈述，由原告陈述自己的主张及事实和证据，由被告陈述自己的答辩主张及事实和证据，有第三人的，应由第三人陈述自己提起诉讼或参加诉讼的理由及事实和证据。当事人陈述的顺序是先原告，后被告，再第三人。

②证人出庭作证。在证人出庭作证时，审判人员应告知证人的权利和义务，然后让证人作证。对不到庭的证人的书面证言，应当庭宣读。证人作证和宣读证言后，当事人和第三人可以向证人发问，要求证人作答。

③出示书证、物质和视听资料。当事人提供的证据和法院收集的证据，都应当在

开庭时出示，并让当事人辨别真伪。书证的内容应当庭宣读，物证应当庭出示，不能当庭出示的，可以出示照片或复制品，视听资料应当庭播放，必要时，运用科学技术手段辨别真伪。

④宣读鉴定结论。对案件有关专门问题进行科学鉴定的，应当庭宣读鉴定结论。有鉴定人出庭作鉴定说明的，当事人、第三人经法庭许可，可以向鉴定人发问，也可以要求重新鉴定，是否允许，由法庭决定。

⑤宣读勘验笔录。法院对现场或物证进行勘验时所作的勘验笔录，应当在法庭调查时宣读，拍摄的照片或绘图，都应在法庭出示。

（3）法庭辩论。法庭辩论是指在合议庭主持下，各方当事人就本案事实和证据及被诉具体行政行为的法律依据，阐明自己的观点，论述自己的意见，反驳对方的主张，进行言辞辩论的诉讼活动。法庭辩论的顺序是：原告及其诉讼代理人发言；被告及其诉讼代理人答辩；第三人及其诉讼代理人发言或答辩。

（4）合议庭评议。法庭辩论结束后，合议庭休庭，由全体成员对案件进行评议。合议庭评议是在法庭调查和法庭辩论的基础上，正确适用法律，对案件事实和证据进行客观、全面地分析判断，力求作出正确的结论。

（5）宣告判决。合议庭评议结束作出判决后，能够当庭宣判的，当庭宣判，并将判决书在10日内送达当事人，不能当庭宣判的，可以定期宣判。

3. 一审的判决

税务行政诉讼的审理结果可以分为判决和裁定两种。判决是法院根据事实，依据法律、法规，参照规章，对审理的行政争议作出的实体性裁判。裁定是在行政诉讼过程中，针对程序性问题作出的裁决。行政裁定与行政判决具有同等的法律效力。

税务行政诉讼的一审判决，是人民法院在第一审程序中所作出的判决，是人民法院对案件初次作出的判决，当事人对其不服的，有权向上一级人民法院提出上诉。根据行政诉讼判决的性质，一审判决分为维持判决、撤销判决、履行判决、变更判决、确认判决和驳回诉讼请求判决等。其中前四种判决形式是行政诉讼法明确规定的，后两种判决形式是《若干问题的解释》所增加的。

（1）维持判决。维持判决是指人民法院通过审理，认为具体行政行为合法有效，从而作出否定原告对被诉具体行政行为的指控，维持被诉具体行政行为的判决。维持判决必须符合三个条件：

①证据确凿。即具体行政行为所依据的证据确实可靠，并足以证明具体行政行为认定事实的存在。

②适用法律、法规正确。即被诉具体行政行为所适用的法律、法规及相应条款正确合理，而且处理的性质、形式和程序等符合法律法规的规定。

③符合法定程序。即在法律法规明确规定有实施具体行政行为的程序时，作出被诉具体行政行为必须严格遵循法定程序。符合法定程序包括下述具体要求：符合法定

方式、符合法定形式、符合法定手续、符合法定步骤、符合法定时限等。

（2）撤销判决。撤销判决是指人民法院经过对案件的审查，认定被诉具体行政行为部分或者全部违法，从而部分或全部撤销被诉具体行政行为，并可以责令被告重新作出具体行政行为的判决。撤销判决可分为三种形式：一是全部撤销，适用于整个具体行政行为全部违法或具体行政行为部分违法但具体行政行为不可分；二是部分撤销，适用于具体行政行为部分违法，部分合法，且具体行政行为可分，人民法院只作出撤销违法部分的判决；三是判决撤销并责令被告重新作出具体行政行为，其适用于违法具体行政行为撤销后尚需被告对具体行政行为所涉及事项作出处理的情形。

法院判决撤销复议机关维持的原具体行政行为，复议决定自然无效。判决重新作出具体行政行为是撤销判决的补充。法院在作出撤销判决的同时，可以作出要求被告重新作出具体行政行为的判决，被告不得基于同一事实和理由作出与原具体行政行为基本相同的具体行政行为。根据《若干问题的解释》第 54 条规定，可以有以下两个例外：一是主要事实或者主要理由有改变，重新作出具体行政行为的；二是法院以违反法定程序为由，判决撤销被诉具体行政行为，行政机关重新作出具体行政行为的。

（3）履行判决。履行判决是指人民法院经过审理认定被告负有法定职责无正当理由而不履行，责令被告限期履行法定职责的判决。履行判决必须同时满足三个条件：①被告负有履行某项义务的法定职责；②被告没有履行该法定职责，没有履行包括不履行和拖延履行两种；③被告没有履行法定职责无正当理由。人民法院判决履行法定职责，应当指定履行的期限，如判决税务机关出售专用发票等。

（4）变更判决。变更判决是指经人民法院审理，认定行政处罚行为显失公正，运用国家审判权直接改变行政处罚行为的判决。

①变更判决只能针对行政处罚行为才能作出，对于其他具体行政行为，法院无权行使司法变更权。

②行政处罚行为显失公正。所谓行政处罚显失公正，是指行政处罚虽然在形式上不违法，但处罚结果明显不公，损害了公民、法人或其他组织的合法权益。在实践中，显失公正的典型表现形式就是畸轻畸重、同样情况不同对待、不同情况相同对待、反复无常等。

人民法院对行政处罚行为作出变更判决，原则上只能减轻不能加重。

（5）确认判决。确认判决是指人民法院通过对被诉具体行政行为的审查，确认被诉具体行政行为合法或违法的一种判决形式。在有下列情形之一时，法院应当做出确认判决：

①被告不履行法定职责，但判决责令履行法定职责已无实际意义的。

②被诉具体行政行为违法，但不具有可撤销内容的。如行政机关作出具体行政行为时，不制作、不送达决定书，而该具体行政行为又属违法行为，即可适用此判决形式。

③被诉具体行政行为依法不成立或无效的。被诉具体行政行为不成立是指被诉具体行政行为的作出不符合行政行为成立的条件，不能产生法律效力的行为。被诉具体行政行为无效，是指被诉具体行政行为存在重大违法情形或依法不可能成立的行为。由于被诉具体行政行为依法不能成立或无效，法院无从撤销，应而作出确认其无效的判决。

④被诉具体行政行为违法，但撤销将给国家利益和公共利益带来重大损失的。不过，为了保护当事人的合法权益，法院应同时判令被告采取相应的补救措施，若造成损害的，还应判决承担赔偿责任。

（6）驳回原告诉讼请求。驳回原告诉讼请求是指人民法院经审理认为原告的诉讼请求依法不能成立，但又不适宜对被诉具体行政行为作出其他类型的判决。它主要适用于下列情形：①原告起诉被告不作为理由不能成立的；②被诉具体行政行为合法但不合理；③被诉具体行政行为合法，但因法律政策的变化需要变更或废止的；④其他情形。

4. 一审的审理期限

人民法院审理第一审行政案件，应当在立案之日起 3 个月内作出判决。不过，鉴定、处理管辖权异议和中止诉讼的期间不计算在内。有特殊情况需要延长的，由高级人民法院批准，高级人民法院审理第一审行政案件需要延长的，由最高人民法院批准。基层人民法院申请延长审理期限，应当直接报请高级人民法院批准，同时报中级人民法院备案。

（四）二审程序

行政诉讼的第二审程序，是指当事人不服地方各级人民法院尚未生效的第一审判决或裁定，依法向上一级人民法院提起上诉，上一级人民法院据此对案件进行再次审理所适用的程序。

1. 上诉的提起与受理

（1）提起上诉。当事人不服人民法院第一审判决的，有权在判决书送达之日起 15 日内向上一级法院提起上诉；当事人不服第一审裁定的，有权在裁定书送达之日起 10 日内向上一级法院提起上诉。逾期不提起上诉的，人民法院的第一审判决或裁定发生法律效力。

（2）上诉的受理。二审法院收到上诉状之后，经审查认为应当对以下三项内容进行审查：①诉讼主体是否适合。凡第一审程序中的原告、被告、第三人及其法定代理人、经授权的委托代理人，都有权提起上诉。对于最高人民法院作出的一审判决、裁定，不得提起上诉；②未超过法定的上诉期限；③上诉必须递交符合法律要求的上诉状。经审查，符合以上条件的，应当予以受理。

2. 二审的审理

就基本的过程而言，上诉案件的审理，与第一审案件大致相同。但二审程序也有几项特殊之处：

（1）审理方式。根据行政诉讼法第59条的规定，人民法院审理上诉案件，认为事实清楚的，可以实行书面审理。因此，二审可以采用两种审理方式，一是书面审理，适用于案件事实清楚；二是开庭审理，适用于当事人对原审法院认定的事实有争议的，或者二审法院认为原审法院认定的事实不清楚的，应当开庭审理。

（2）审理对象。第二审人民法院审理上诉案件，应当对原审法院的裁判和被诉具体行政行为是否合法进行全面审查，不受上诉范围的限制。

（3）审理期限。二审行政案件，应当自收到上诉状之日起2个月内作出终审判决，有特殊情况需要延长的，由高级人民法院批准。高级人民法院审理上诉案件需要延长的，由最高人民法院批准。

3. 二审的裁判

二审判决是人民法在第二审程序中就上诉案件作出的判决，由于我国实行的是两审终审制，因此，二审判决即为终审判决，当事人不能提出上诉。二审判决有以下三种类型：

（1）维持判决，是指二审法院通过对上诉案件的审理，认为原判决认定事实清楚，适用法律、法规正确，判决驳回上诉，维持原判。

（2）依法改判，原判决认定事实清楚，但适用法律、法规错误的，依法改判。

（3）裁定撤销一审判决或裁定，发回重审。原判决认定事实不清，证据不足，或者由于违反法定程序可能影响案件正确判决的，裁定撤销原判，发回原审人民法院重审。对这类案件，也可以在查清事实之后，进行改判。

（五）税务行政诉讼的审判监督程序

1. 审判监督程序的概念

审判监督程序，是指人民法院发现已经发生法律效力的判决、裁定违反法律、法规规定，依法对案件再次进行审理的程序，也称为再审程序。审判监督程序虽与二审程序一样具有救济作用，但是与二审不同的是，它所针对的对象是已经生效的判决或裁定，属于事后救济手段。

2. 审判监督程序的提起

能够提起审判监督程序的主体有：

（1）原审人民法院或其上级人民法院。原审人民法院或者其上级人民法院发现发生法律效力的判决、裁定确有错误的，可以提起再审。

（2）人民检察院。人民检察院认为已经发生法律效力的裁判违反法律、法规的规定，向人民法院抗诉，从而提起再审程序。

（3）当事人。当事人对已发生法律效力的裁判或调解书认为确有错误的，可在裁判、调解书生效两年内向人民法院申请再审。

3. 再审的程序

（1）按照审判监督程序决定再审的案件，应当裁定中止原判决的执行。裁定由院长署名，加盖人民法院印章。

（2）再审案件的审理程序和裁判效力主要依据案件的原审来确定。发生法律效力的裁判是由一审法院作出的，按照一审程序审理，所作出的判决、裁定，当事人可以上诉；发生法律效力的裁判是由二审法院作出的，按照二审程序审理，所作的判决、裁定是终局的判决、裁定。

（3）原审人民法院再审时，应另行组成合议庭。原审合议庭成员不应参加新合议庭。

（六）税务行政诉讼的诉讼中止与诉讼终结

1. 税务行政诉讼的诉讼中止

诉讼中止是指在诉讼进行中，由于存在或者发生了特定原因，致使诉讼无法继续进行而暂时停止诉讼，待中止的原因消除后诉讼继续进行的法律制度。在诉讼过程中，有下列情形之一的，应中止诉讼：

（1）原告死亡，须等待其近亲属表明是否参加诉讼的；

（2）原告丧失诉讼行为能力，尚未确定法定代理人的；

（3）作为一方当事人的行政机关、法人或其他组织终止，尚未确定权利义务承受人的；

（4）一方当事人因不可抗力的事由不能参加诉讼的；

（5）案件涉及法律适用问题，需要送请有关机关作出解释或者确认的；

（6）案件的审判须以相关民事、刑事或者其他行政案件的审理结果为依据，而相关案件尚未审结的；

（7）其他应当中止诉讼的情形。

2. 税务行政诉讼的诉讼终结

终结诉讼是指在诉讼过程中，因特殊情况的发生而结束正在进行的诉讼程序的法律制度。在诉讼过程中，有下列情形之一的，终结诉讼：

（1）原告死亡，没有近亲属或者近亲属放弃诉讼权利的；

（2）作为原告的法人或者其他组织终止后，其权利义务的承受人放弃诉讼的；

（3）因以下三种情况中止诉讼，但中止诉讼满90日仍无人继续诉讼的：一是原告死亡，须等待其近亲属表明是否参加诉讼的；二是原告丧失诉讼行为能力，尚未确定法定代理人的；三是作为一方当事人的行政机关、法人或其他组织终止，尚未确定权利义务承受人的，但有特殊情况的除外。

第三节　税务行政赔偿

一、税务行政赔偿的概念

税务行政赔偿是指税务机关和税务机关工作人员在行使职权时，违法侵犯了纳税人和其他税务当事人合法权益并造成损害的，由国家承担赔偿责任，并由税务机关具体履行义务的一项法律制度。

二、税务行政赔偿的构成要件

（一）侵权主体是行使国家税收征管职权的税务机关及其工作人员

税务行政赔偿区别于其他行政赔偿的显著特征就在于，构成税务行政赔偿责任的侵权主体是行使国家税收征管职权的税务机关和税务机关的工作人员。

赔偿义务机关是行使税收征管职权的税务机关或行使税收征管职权的税务人员所在的税务机关。这里所说的税务机关的工作人员是指在税务机关内行使税收管理职权的税务人员，而不包括勤杂工、服务人员，如司机、炊事员等，因为这些人通常不行使国家赋予的税收征管职权。例如，税务机关的司机违反交通规则撞伤行人导致的赔偿，不能从国家财政列支的国家赔偿费用项目中支付，而由其所在单位或者其本人负责，适用民法调整。

（二）必须是税务机关及其工作人员行使税收征管职权的行为

所谓行使税收征管职权的行为，就是指在行使税收征管职权时，实施的一切活动，即在客观上足以确认为与税收征管职权相关的行为。如果税务机关或者税务机关工作人员作为民事主体从事民事活动时侵犯了他人的合法权益，对于因此造成的损害，就构不成税务行政赔偿责任，国家不负责赔偿，而应由税务机关以自己的经费予以赔偿，或者由税务人员以自己的收入予以赔偿，独立承担民事责任。其中，税务机关为了实施税收征管职权，依法在其职权范围内，针对普遍的对象制定和公布具有普通约束力的税收规范性文件的公务行为，侵害了一部分人的利益，不属于税务行政赔偿的范围。

行使税收征管职权的行为应当是税务具体行政行为，即税务机关及其工作人员为了行使税收征管职权，依法针对特定的、具体的公民、法人或者其他组织而采取某种行政措施的单方公务行为，而不是税务抽象行政行为。税务抽象行政行为所针对的人和事往往是不特定的和不具体的，一般情况下，它不会自动地直接产生损害后果，所以国家无须对税务抽象行政行为负赔偿责任。

（三）必须是行使税收征管职权的行为具有违法性

国家赔偿法上的违法原则并不过问行为人主观上处于何种状态，而是以法律、法规作为标准来衡量行为。如果该行为违反法律、法规。那就是违法，造成损害的，国家就要承担赔偿责任。反之，虽然行为人主观上有过错，但却是“歪打正着”，以法律，法规衡量其行为，客观上并未违背法律、法规的要求和规定，那就不是违法，就不能导致国家的赔偿责任。

需要强调的是，这里所说的违法，不仅包括违反法律、法规，还应当包括不行使法定职权的不作为行为而造成的侵权，不仅包括程序上的违法，而且还包括实体上的违法，具体是指没有事实根据或没有法律依据，适用法律或规错误，违反法定程序，超越职权以及拒不履行法定职责等形式。另外，由于中国国家赔偿的归责原则是违法原则，因此对税务执法人员在法律、法规规定范围内自由裁量、灵活机动地处置问题而发生的裁量不当的行为，国家不承担赔偿责任。

（四）必须有公民、法人和其他组织的合法权益受到损害的事实

所谓有公民、法人和其他组织的合法权益受到损害的事实是指损害后果已经发生，之所以强调损害后果已经发生是因为税务机关和税务机关工作人员的违法行为并不一定会导致损害的后果，例如，县税务局未查明偷税事实就决定对纳税人处以5000元的罚款，所有手续已经办妥但没有去实际执行，或者在未实际执行前被复议机关复议撤销或人民法院判决撤销了，这种情况下就无所谓损害的发生，自然就不产生损害赠偿问题，而只有在损害后果已经发生的情况下，国家才有可能承担赔偿责任。所谓损害后果已经发生，既包括确已存在的现实的损害，也包括已经十分清楚的在将来不可避免地必然发生的损害。同时所损害的必须是纳税人合法财产权和人身权，而非政治权利等其他权利。

（五）必须是违法行为与损害后果有因果关系

只有在税务机关及其工作人员作出的违法的税务具体行政行为同纳税人已经发生的损害后果之间存在因果关系时，税务行政赔偿责任才能构成。如果此行为与彼结果之间没有这种紧密的、必然的联系，因果关系就不能存在，也就不能构成税务行政赔偿责任。因此，确认税务机关为某一合法权益损害后果的赔偿义务机关，必须要有证据证明损害后果是由税务机关及其工作人员作出的违反具体行政行为造成的，且举证责任一般要由赔偿请求人即纳税人承担。

三、税务行政赔偿的范围及赔偿标准

依据《国家赔偿法》的规定，税务行政赔偿的范围及赔偿标准如下。

（一）侵犯人身权的赔偿

（1）税务机关及其工作人员，非法拘禁纳税人和其他税务当事人，或者以其他方式剥夺纳税人和其他税务当事人人身自由的。

（2）税务机关及其工作人员，以殴打等暴力行为或者唆使他人以殴打等暴力行为，造成纳税人和其他税务当事人身体伤害或者死亡的。

（3）税务机关及其工作人员，造成纳税人和其他税务当事人身体伤害或者死亡的其他违法行为。

（二）侵犯财产权的赔偿

（1）税务机关及其工作人员违法征收税款及滞纳金的。

（2）对纳税人和其他税务当事人违法实施罚款、没收非法所得等行政处罚的。

（3）对纳税人和其他税务当事人财产违法采取强制措施或者税收保全措施的。

（4）违反国家规定向纳税人和其他税务当事人征收财物、摊派费用的。

（5）造成纳税人和其他税务当事人财产损害的其他违法行为。

四、税务行政赔偿的请求人

税务行政赔偿的请求人是指税务机关及其工作人员违法行使职权，侵犯了其合法权益造成损害，有权请求国家给予行政赔偿的公民、法人和其他经济组织。受损害的公民死亡，其继承人和其他有扶养关系的亲属有权要求赔偿；受侵害的法人或者其他组织终止，承受其权利的法人或者其他组织有权要求赔偿。

五、税务行政赔偿义务机关

1. 实施侵权行为的税务机关

税务机关及其工作人员行使行政职权侵犯公民、法人和其他组织的合法权益造成损害的，该税务机关为赔偿义务机关。

2. 共同赔偿义务机关

两个以上税务机关或税务机关与其他行政机关共同行使行政职权时侵犯公民、法人和其他组织的合法权益造成损害的，共同行使行政职权的行政机关为共同赔偿义务机关。

3. 委托的税务机关

受税务机关委托的组织或者个人在行使受委托的行政权力时侵犯公民、法人和其他组织的合法权益造成损害的，委托的税务机关为赔偿义务机关。

4. 税务行政复议机关

经复议机关复议的，最初造成侵权行为的税务机关为赔偿义务机关，但复议机关的复议决定加重损害的，复议机关对加重的部分履行赔偿义务。

5. 赔偿义务机关被撤销后的赔偿义务机关

赔偿义务机关被撤销的，继续行使其税收征收管理权的税务机关为赔偿义务机关；没有继续行使其税收征收管理权的税务机关的，撤销该赔偿义务机关的机关为赔偿义务机关。

六、税务行政赔偿的时效

税务行政赔偿请求人请求赔偿的时效为 2 年，自税务机关及其工作人员行使职权的行为被依法确认为违法之日起计算。

有赔偿义务的税务机关应当自收到申请之日起两个月内依法给予赔偿。

对赔偿数额有异议或税务机关逾期不予赔偿的，纳税人或者其他税务当事人可以自期限届满之日起 3 个月内向人民法院提起诉讼。

七、税务行政赔偿程序

（一）税务行政赔偿的提出

赔偿请求人要求赔偿应当先向有赔偿义务的税务机关提出，也可以在申请行政复议和提起行政诉讼时一并提出。赔偿请求人根据受到的不同损害，可以同时提出数项赔偿要求。

赔偿请求人要求赔偿应当向作出具体行政行为的税务机关递交赔偿申请书。申请书应当载明受害人的姓名、性别、年龄、工作单位和住所，法人或其他组织的名称、住所、经营地点、经济类型、纳税人识别码和法定代表人或主要负责人的姓名、职务；事实经过；赔偿请求的具体内容、理由、根据等。请求赔偿申请书应由请求人和代理人签名或盖章后向赔偿义务机关提出，否则不具有法律效力。

（二）税务行政赔偿的受理与处理

对于符合赔偿请求条件的，应予受理，并及时通知赔偿请求人；对于不符合赔偿范围及有关规定的，应当书面通知赔偿请求人不予受理。对依法应当提交证据材料不足的，应当书面通知赔偿请求人限期补正。

（三）税务行政赔偿的诉讼

赔偿请求人单独提起行政赔偿诉讼，可在向赔偿义务机关递交赔偿申请后 2 个月届满之日起 3 个月内提出。对原告的起诉，人民法院依法审理后，可以作出维持、变更、驳回判决，也可以调解结案。

八、税务行政赔偿的方式

国家赔偿以支付赔偿金为主要方式，能够返还财产或恢复原状的，予以返还财产或者恢复原状。

思考与练习

1. 简述税务行政复议适用的范围。
2. 简述税务行政复议的中止和终止。
3. 简述税务行政诉讼的基本原则。
4. 简述税务行政赔偿的构成要件。
5. 简述如何确定税务行政赔偿的机关。
6. 案例题：2002 年 8 月 1 日，某县地税局检查人员到某饭店进行税务检查，发现其 1～6 月少缴税款 1526 元，饭店认为没少缴税款，并与税务人员发生争执，税务人员一气之下推倒饭店的消毒柜。8 月 11 日县地税局做出《税务行政处理决定书》，8 月 15 日饭店老板缴纳部分税款，同时向市地税局提交复议申请。8 月 22 日，市地税局对复议申请审查完毕，发出受理复议通知书，但拒绝老板之弟以合伙经营饭店为由要求参与复议的请求。9 月 20 日老板缴清全部税款，以没有时间和精力为由要求撤回复议申请。市地税局认为既已申请就必须复议。复议期间，县地税局为了解事实，再次派人到饭店核查情况。10 月 15 日经过复议，市地税局复议委员会以自己名义做出《复议决定书》，维持原征税决定，并于 10 月 20 日送达饭店。11 月 16 日老板以对复议决定不服为由，向县人民法院起诉市地税局，并要求赔偿消毒柜，市地税局提出饭店已超过起诉期，不服征税可以起诉，赔偿消毒柜不能起诉。县法院与 11 月 20 日将起诉状副本送达市地税局，市地税局于 12 月 3 日形成答辩状交局长审阅。12 月 5 日法院通知将于 12 月 10 日审理此案，市地税局以尚未提出答辩为由，认为法院不能审理。经审理，判决饭店应少缴税款 1106 元，并判市地税局赔偿消毒柜 800 元。后来市地税局用机关办公经费赔偿消毒柜，对损坏消毒柜的检查员进行了教育。

试对案例中相关方违反规定的行为进行分析。

第十五章

税务代理

第一节　税务代理概述

一、税务代理的概念

税务代理是指取得税务代理资格的税务师事务所接受纳税人、扣缴义务人及其他单位和个人委托，代为办理的各项税务事宜的活动。

纳税人或扣缴义务人对有关涉税事宜可自行办理，也可委托税务代理机构办理。税务机关不得将税务行政管理职能转交税务代理机构办理并收费，不得利用行政权力强制纳税人和扣缴义务人接受代理服务和到指定的代理机构接收服务。对纳税人和扣缴义务人自行办理涉税事宜的，各级税务机关不得以任何借口故意刁难或拒绝办理。

二、税务代理的特征

（一）公正性

只有公正的代理行为才能使税收的强制性与纳税人的自觉性有机地结合起来。税务代理机构不是税务行政权力机关，而是征纳双方的中介机构，因而能站在公正的立场上，客观地评价被代理人的经济行为。同时代理人必须在税收法律范围内为被代理人代理税收事宜，独立、公正地执行业务，维护国家利益，并保护委托人的合法权益。

（二）自愿性

税务代理的选择一般有两种：一是单向选择，即被代理人在认为有必要委托代理人代理税收事宜时，则主动选择代理人为其代理税收事宜；二是双向选择，即代理人和被代理人共同商定税收代理事宜。无论哪种选择都是建立在双方自愿的基础上的。也就是说，税务代理人实施税务代理行为，应当以纳税人、扣缴义务人自愿委托和自愿选择为前提。

（三）有偿性

税务代理是一种社会服务，它不是国家行政机关的附属机构，因此同其他企事业单位一样要自负盈亏，实行有偿服务，通过代理取得收入并抵补费用获得利润。代理人只有成为独立的法人实体，才能承担法律与经济责任；只有有偿服务，才能使经济责任得到履行，才能使代理关系具有坚实的基础。

（四）独立性

税务代理机构是独立于税务机关和纳税人、扣缴义务人等征纳双方之外的中介机构，它不是国家行政机关的附属机构，也同纳税人、扣缴义务人等无行政隶属关系。因此，税务代理机构与代理人不受税务行政部门的干预与左右，也不受纳税人、扣缴义务人等所左右，具有一定的独立性。

（五）确定性

税务代理人的税务代理范围，是以法律、行政法规和行政规章的形式确定的。因此，税务代理人不得超越规定的内容从事代理活动。税务机关按照法律、行政法规规定委托其代理外，代理人不得代理应由税务机关行使的行政权力。

三、税务代理的业务范围

税务代理机构接受纳税人、扣缴义务人委托，可以从事下列代理服务：

（1）办理税务登记、变更税务登记和注销税务登记手续；

（2）办理除增值税专用发票外的发票领购手续；

（3）办理纳税申报或扣缴税款报告；

（4）办理缴纳税款和申请退税手续；

（5）制作涉税文书；

（6）审查纳税情况；

（7）建账建制，办理账务；

（8）税务咨询、受聘税务顾问；

（9）税务行政复议手续；

（10）国家税务总局规定的其他业务。

四、税务代理人的权利和义务

（一）税务代理人的权利

税务代理人有权依照税务代理试行办法的规定代理由纳税人、扣缴义务人委托的事宜。税务代理人依法履行职责，受国家法律保护。任何机关、团体、单位和个人不得非法干预。

税务代理人有权根据代理业务需要，要求委托人提供相关会计、经营等涉税资料（包括电子数据），以及其他必要的协助，查阅被代理人的有关财务会计资料和文件，查看业务现场和设施。代理人有权要求被代理人提供真实、准确的经营情况和财会会计报表等纳税资料。

税务代理人有权向当地税务机关订购或查询税收政策、税收法律、法规以及有关资料，可以对税收政策存在的问题向税务机关提出意见和修改建议，可以对税务机关和税务人员的违法、违纪行为提出批评或者向上级主管部门反映。税务代理人如果对税务机关的行政决定不服，有权并依法向税务机关申请行政复议和向人民法院起诉。

（二）税务代理人的义务

税务代理人在办理代理业务时，必须向有关税务工作人员出示税务师执业证书，按照主管税务机关的要求，如实提供有关资料，不得隐瞒、谎报，并在税务文书上署名盖章，并对其真实性、合法性负责。

税务师执业由税务师事务所委派，个人不得擅自承接业务。税务师与委托人有利害关系的，应当回避，委托人有权要求其回避。

税务代理人执业中发现委托人有违规行为并可能影响审核报告的公正、诚信时，应当予以劝阻；劝阻无效的，应当中止执业。税务代理人对被代理人偷税、骗取减税、免税和退税的行为，有义务进行制止，并应及时报告税务机关。

税务代理人在从事代理业务期间和停止代理业务以后，有义务不得泄露因代理业务而得知的秘密。

税务代理人应当建立税务代理档案，如实记载各项代理业务的始末和保存计税资料及涉税文书。

五、税务代理收费

税务代理收费实行政府指导价，收费标准由各省、自治区、直辖市价格主管部门商同级税务主管部门制定中准价和浮动幅度，指导税务代理服务机构制定具体收费标准。

税务代理计费方式原则上实行定额计费或按人员工时计费。对确实不宜按定额或人员工时计费的，可以按代理标的额的一定比率计费，但应规定最高限额。

税务代理机构应在收费场所的显著位置公布服务程序或业务规程、服务项目和收费标准，实行明码标价，自觉接受委托人及社会各方面的监督。

第二节　税务代理程序

一、税务代理关系的确立

（一）委托与受理

税务代理关系的确立，应当以委托人自愿委托和税务师事务所自愿受理为前提。委托人提出书面或口头的委托代理意向后，税务师事务所应派人对委托人的基本情况及委托事项进行了解。重点应了解委托人的生产经营、销售、纳税以及财务会计制度等情况。

税务师事务所经过了解，对符合下列条件的，可以接受委托：

（1）委托的税务代理事项，符合国家的法律、法规，符合规定的业务范围；

（2）委托人能全面、真实地提供税务代理工作所需要的生产、经营情况和有关的数据、财务账册及文件资料；

（3）税务师事务所对委托人委托的事项具备相应的承办能力。

（二）签订税务代理委托协议

税务师事务所决定接受委托的，应与委托人就委托事项进行协商。双方达成一致意见后，签订税务代理委托协议。

税务代理委托协议应当包括以下内容：

（1）委托人及税务师事务所名称和住址；

（2）委托代理项目和范围；

（3）委托代理的方式；

（4）委托代理的期限；

（5）双方的义务及责任；

（6）委托代理费用、付款方式及付款期限；

（7）违约责任及赔偿方式；

（8）争议解决方式；

（9）其他需要载明的事项。

税务代理委托协议自双方法定代表人签字、盖章时起即具有法律效力，并受法律保护。

税务代理委托协议中的当事人一方必须是税务师事务所，税务代理执业人员不得以个人名义直接接受委托。税务代理执业人员承办税务代理业务由税务师事务所委派。

税务师事务所应根据委托事项的复杂难易程度及税务代理执业人员的经验、知识等情况，将受托业务委派给具有胜任能力的税务代理执业人员承担。

税务代理委托协议在履行过程中如遇情况变化，需要变更或修改补充的，双方应及时协商议定。

税务代理委托协议约定的履行期满，双方如有续约意向，应及时协商并另行签订。

二、税务代理业务的实施

税务代理业务的实施是整个税务代理工作的中心环节，税务代理执业人员应严格按照税务代理委托协议约定的范围和权限开展工作。

（一）编制代理计划

实施复杂的税务代理业务，应在税务代理委托协议签订后，由项目负责人编制代理计划，经部门负责人和主管经理（所长）批准后实施。

税务代理计划一般应包括以下内容：

（1）委托人的基本情况；

（2）代理事项名称、要求及范围；

（3）审验重点内容及重点环节的选择；

（4）采取的方法及所需的主要资料；

（5）代理工作量及实施进度和时间预测；

（6）人员安排及分工；

（7）风险评估；

（8）代理费用预算：

（9）其他。

（二）委托方提供资料

代理计划经批准后，代理项目负责人及其执业人员应根据代理协议和代理计划的要求，向委托方提出为完成代理工作所需提供的情况、数据、文件资料。必要时，可书面列示。

根据委托人的授权和工作需要，承办的执业人员应对委托人提供的情况、数据、资料的真实性、合法性、完整性进行验证、核实。

（三）制作税务代理报告

承办的执业人员在对委托人提供的代理事项所需资料验证、核实的基础上，制作税务代理报告、涉税文书等，经征求委托人同意后，加盖公章送交委托人或主管税务机关。

税务代理报告实行三级审核签发制，即代理项目负责人、部门经理、经理（所长）签字后，方可加盖公章送出。

代理项目负责人、部门经理、经理（所长）应为执业税务师。执业税务师对其代理的业务所出具的所有文书有签名盖章权，并承担相应的法律责任。

在税务代理过程中，税务代理执业人员如遇下列情况之一的，必须及时向所在的税务师事务所和主管税务机关报告：

（1）现行税收法律、法规没有明确规定或规定不够明确的；

（2）委托人授意代理人员实施违反国家法律、法规行为，经劝告仍不停止其违法活动的；

（3）委托人自行实施违反国家法律、法规行为，经劝告仍不停止其违法活动的。

代理项目实施中的责任，应根据协议的约定确定。凡是由于委托方未及时提供真实的、完整的、合法的生产经营情况、财务报表及有关纳税资料造成代理工作失误的，由委托方承担责任；执业人员违反国家法律、法规进行代理或未按协议约定进行代理，给委托人造成损失的，由税务师事务所和执业人员个人承担相应的赔偿责任。

三、税务代理工作底稿

税务代理工作底稿是税务代理执业人员在执业过程中形成的工作记录、书面工作成果和获取的资料。税务代理工作底稿应如实反映代理业务的全部过程和所有事项，以及开展业务的专业判断。

税务代理工作底稿要依照税务代理事项的内容和要求编制。应当内容完整、格式规范、记录清晰、结论准确。不同的代理事项应编制不同的工作底稿。

税务代理工作底稿的基本内容包括：

（1）委托人名称；

（2）委托业务项目名称；

（3）委托业务项目时间或期限；

（4）委托业务实施过程记录；

（5）委托业务结论或结果；

（6）编制者姓名及编制日期；

（7）复核者姓名及复核日期；

（8）其他说明事项。

税务师事务所要建立健全工作底稿逐级复核制度，有关人员在编制和复核工作底稿时，必须按要求签署姓名和日期。

税务师事务所要指定专人负责税务代理工作底稿的编目、存档和保管工作，确保工作底稿的安全。

四、税务代理工作报告

税务代理执业人员在委托事项实施完毕后，应当按照法律、法规的要求，以经过核实的数据、事实为依据，形成代理意见，出具税务代理工作报告。

税务代理工作报告是税务代理执业人员就其代理事项的过程、结果，向委托人及其主管税务机关或者有关部门提供的书面报告，包括审查意见、签订结论、证明等。

税务代理工作报告应根据代理项目的不同分别编写，主要包括下列内容：

（1）标题；

（2）委托人名称；

（3）代理事项的具体内容、政策依据；

（4）代理过程；

（5）存在的问题及调整处理意见或建议；

（6）代理结论及评价；

（7）有关责任人签字、盖章。

对外出具的代理报告，由承办的具有税务师资格的执业人员签字，经有关人员复核无误后，加盖税务师事务所公章，交委托人签收。

委托人对代理事项不要求出具代理报告的，受托人可不出具代理报告，但仍应保存完整的代理业务工作底稿。

税务代理工作报告必须资料真实可靠，分析合理有据，责任明确。

五、税务代理关系的终止

（一）正常终止

税务代理委托协议约定的代理期限届满或代理事项完成，税务代理关系自然终止。

（二）委托方单方终止

有下列情形之一的，委托方在代理期限内可单方终止代理行为：

(1) 税务代理执业人员未按代理协议的约定提供服务；
(2) 税务师事务所被注销资格；
(3) 税务师事务所破产、解体或被解散。

(三) 代理方单方终止

有下列情形之一的，税务师事务所在代理期限内可单方终止代理行为：
(1) 委托人死亡或解体、破产；
(2) 委托人自行实施或授意税务代理执业人员实施违反国家法律、法规行为，经劝告仍不停止其违法活动的；
(3) 委托人提供虚假的生产经营情况和财务会计资料，造成代理错误的。

委托关系存续期间，一方如遇特殊情况需要终止代理行为的，提出终止的一方应及时通知另一方，并向当地主管税务机关报告，终止的具体事项由双方协商解决。

六、税务代理业务档案的管理

税务师事务所承办代理业务必须建立档案管理制度，保证税务代理档案的真实、完整。

税务代理业务档案是如实记载代理业务始末、保存计税资料、涉税文书的案卷。代理业务完成后，应及时将有关代理资料按要求整理归类、装订、立卷，保存归档。

税务代理业务档案包括：
(1) 与委托人签订的委托协议；
(2) 税务代理工作底稿、重要文字记录、各种财务报表、计算表、汇总表、核对表；
(3) 本所人员从事代理业务所出具的各类审核意见书、签证报告、说明书、报表等；
(4) 与委托人或税务机关商谈委托业务时形成的有关文件、会议记录等书面资料；
(5) 委托人的基本情况资料及有关法律性资料；
(6) 其他有关代理业务资料。

税务代理业务档案需妥善保存，专人负责。税务代理业务档案保存应不少于5年。

第三节 税务代理的法律责任

一、税务师事务所的法律责任

税务师和税务师事务所出具虚假涉税文书，但尚未造成委托人未缴或者少缴税款的，由省税务局予以警告并处1000元以上3万元以下的罚款，并向社会公告。

税务代理人违反税收法律、行政法规，造成纳税人未缴或者少缴税款的，除由纳税人缴纳或者补缴应纳税款、滞纳金外，对税务代理人处纳税人未缴或者少缴税款50%以上3倍以下的罚款。

税务师事务所有下列行为之一的，由省税务局予以警告或者处1000元以上1万元以下罚款，责令其限期改正；逾期不改正或者情节严重的，向社会公告。

（1）未按照本办法规定承办相关业务的；

（2）未按照协议规定履行义务而收费的；

（3）未按照财务会计制度核算，内部管理混乱的；

（4）利用执业之便，谋取不正当利益的；

（5）采取夸大宣传、诋毁同行、以低于成本价收费等不正当方式承接业务的；

（6）允许他人以本所名义承接相关业务的。

税务代理机构有下列行为之一的，由价格主管部门依据《价格法》和《价格违法行为行政处罚规定》予以查处：

（1）超出指导价浮动幅度制定收费标准的；

（2）提前或推迟执行政府指导价的；

（3）自立收费项目和收费标准收费的；

（4）采取分解收费项目、重复收费、扩大收费范围等方式变相提高收费标准的；

（5）违反规定以保证金、抵押金等形式变相收费的；

（6）强制或变相强制服务并收费的；

（7）不按规定提供服务而收取费用的；

（8）未按规定进行明码标价的；

（9）对委托人实行价格歧视的；

（10）其他违反本通知规定的收费行为。

未经涉税鉴证业务委托人同意，税务师事务所不得向他人提供工作底稿，但下列情形除外：

（1）税务机关因税务检查需要进行查阅的；

（2）注册税务师行业主管部门因检查执业质量需要进行查阅的；

（3）公安机关、人民检察院、人民法院根据有关法律、行政法规需要进行查阅的。

二、税务师的法律责任

税务师的工作机构是税务师事务所。税务师不得同时在两个或两个以上的税务师事务所执业。

税务师不得为获取代理业务而做虚假承诺，不得对自身的执业能力进行夸张或做容易引起误解的宣传。

税务师应对业务助理人员的工作进行指导与审核，并承担助理人员工作的最终责任。

税务师在执业中应当尊重同行，同业互助，公平竞争，共同提高执业水平。不得贬损、排挤同行，不得使用不正当手段招揽业务。

税务师未按照委托代理协议书的规定进行代理或违反税收法律、行政法规的规定进行代理的，由县以上国家税务局处以2000元以下的罚款。

税务师不得有下列行为：

（1）执业期间，买卖委托人的股票、债券；

（2）索取、收受委托合同约定以外的酬金或者其他财物，或者利用执业之便，谋取其他不正当的利益；

（3）允许他人以本人名义执业；

（4）向税务机关工作人员行贿或者指使、诱导委托人行贿；

（5）其他违反法律、行政法规的行为。

税务师有下列行为之一的，由省税务局予以警告或者处1000元以上5000元以下罚款，责令其限期改正，限期改正期间不得对外行使注册税务师签字权；逾期不改正或者情节严重的，应当向社会公告。

（1）执业期间买卖委托人股票、债券的；

（2）以个人名义承接业务或者收费的；

（3）泄露委托人商业秘密的；

（4）允许他人以本人名义执业的；

（5）利用执业之便，谋取不正当利益的；

（6）在一个会计年度内违反本办法规定两次以上的。

税务师出具报告时，不得有下列行为：

（1）明知委托人对重要涉税事项的处理与国家税收法律、法规及有关规定相抵触，而不予指明；

（2）明知委托人对重要涉税事项的处理会损害报告使用人或者其他利害关系人的合法权益，而予以隐瞒或者作不实的报告；

（3）明知委托人对重要涉税事项的处理会导致报告使用人或者其他利害关系人产生重大误解，而不予指明；

（4）明知委托人对重要涉税事项的处理有其他不实内容，而不予指明。

税务师知道被委托代理的事项违法仍进行代理活动或知道自身的代理行为违法仍进行的，由省、自治区、直辖市税务局吊销其税务师执业证书，禁止从事税务代理业务。

税务师触犯刑律，构成犯罪的，由司法机关依法惩处。

思考与练习

1. 简述税务代理的特征。

2. 简述税务代理的业务范围。

3. 简述税务代理人的权利和义务。

4. 简述税务代理的程序。

5. 简述税务师事务所的法律责任。

6. 简述税务师的法律责任。

7. 案例题：某市税务机关在对辖区一企业进行年度税务检查中发现，该企业将部分多年不用的库存材料出售，取得销售收入58500元（含税价），已入“其他业务收入”科目，未计提增值税销项税金，形成少缴税款8500元的违法事实。在此期间，该企业老板一再向税务机关陈述，由于曾受过税务行政处罚，企业管理层比较重视税务风险，近年来纳税申报事项委托某税务师事务所代理，每月的账务处理及涉税申报经过该事务所审核过后进行纳税申报，有各类申报表上注册税务师印章为证。企业认为，企业每年向税务师事务所缴纳了税务代理费500元，并签订有代理合同。此后，税务师事务所负责人找到了税务机关，说明企业该笔收入未申报纳税的责任在于税务代理人员的疏忽大意，应当由税务代理人员承担责任。

试分析本案中的各方各自应承担的法律责任。

参考文献

1. 国家税务总局：《关于发布〈税务师事务所行政登记规程（试行）〉的公告》，国家税务总局官网，2017年8月4日。

2. 中国注册会计师协会：《税法》，中国财政经济出版社2017年版。

3. 宋凤轩、孙健夫、谷彦芳：《财政与税收》（第四版），人民邮电出版社2017年版。

4. 国家税务总局：《关于发布〈税务行政处罚裁量权行使规则〉的公告》，国家税务总局官网，2016年11月30日。

5. 吴旭东：《税收管理》（第六版），中国人民大学出版社2016年版。

6. 樊勇：《税收管理》，清华大学出版社2016年版。

7. 国家税务总局：《关于印发〈税务稽查案源管理办法（试行）〉的通知》，国家税务总局官网，2016年5月19日。

8. 国家税务总局：《关于完善纳税服务投诉管理制度有关问题的通知》，国家税务总局官网，2016年2月15日。

9. 人力资源社会保障部、国家税务总局：《关于印发〈税务师职业资格制度暂行规定〉和〈税务师职业资格考试实施办法〉的通知》，2015年11月2日。

10. 国家税务总局：《关于修订纳税人识别号代码标准的公告》，国家税务总局官网，2015年9月25日。

11. 国家税务总局：《关于落实"三证合一"登记制度改革的通知》，国家税务总局官网，2015年9月10日。

12. 国务院办公厅：《关于加快推进"三证合一"登记制度改革的意见》，中华人民共和国中央人民政府官网，2015年6月23日。

13. 国家税务总局：《关于发布第一批税务行政处罚权力清单的公告》，国家税务总局官网，2015年2月16日。

14. 国家税务总局：《关于修改〈税务行政复议规则〉的决定》，国家税务总局官网，2015年12月28日。

15. 国家税务总局：《关于修订〈纳税服务投诉管理办法〉的公告》，国家税务总局官网，2015年6月26日。

16. 国家税务总局：《关于规范成本分摊协议管理的公告》，国家税务总局官网，

2015年6月16日。

17. 国家税务总局：《关于修改〈税务登记管理办法〉的决定》修正》，国家税务总局官网，2014年12月27日。

18. 霍军：《当代中国税收管理体制研究》，中国税务出版社2014年版。

19. 国家税务总局：《一般反避税管理办法（试行）》，国家税务总局官网，2014年12月2日。

20. 国家税务总局：《税务系统领导班子和领导干部监督管理办法实施细则》，国家税务总局官网，2013年4月12日。

21. 国家税务总局：《关于发布〈税务稽查执法文书式样〉的公告》，国家税务总局官网，2012年1月4日。

22. 国家税务总局：《中华人民共和国发票管理办法实施细则》，国家税务总局官网，2011年2月14日。

23. 国务院：《关于修改〈中华人民共和国发票管理办法〉的决定》，国家税务总局官网，2010年12月20日。

24. 安仲文、李静敏：《税收管理（应用本科财税）》，东北财经大学出版社2010年版。

25. 国家税务总局：《税务行政复议规则》，国家税务总局官网，2010年2月10日。

26. 国家税务总局：《关于印发〈税务稽查工作规程〉的通知》，国家税务总局官网，2009年12月24日。

27. 国家税务总局：《关于纳税人权利与义务的公告》，2009年11月6日。

28. 国家税务总局关于印发《全国税务系统2010～2012年纳税服务工作规划》的通知，国家税务总局官网，2009年9月10日。

29. 国家税务总局：《关于加强转让定价跟踪管理有关问题的通知》，国家税务总局官网，2009年4月16日。

30. 国家税务总局：《关于印发〈特别纳税调整实施办法（试行）〉的通知》，国家税务总局官网，2009年1月8日。

31. 国家税务总局：《关于印发〈税务系统公务员奖励实施细则（试行）〉的通知》，国家税务总局官网，2008年11月14日。

32. 国家税务总局：《关于印发〈税收分析工作制度〉的通知》，国家税务总局官网，2007年4月13日。

33. 国家税务总局：《关于全面加强税务行政复议工作的意见》，国家税务总局官网，2007年3月13日。

34. 国家税务总局：《关于印发全国统一税收执法文书式样的通知》，国家税务总局官网，2005年11月1日。

35. 国家税务总局：《关于印发〈税务检查证管理暂行办法〉的通知》，国家税务总局官网，2005年9月23日。

36. 国家税务总局：《关于印发〈纳税评估管理办法（试行）〉的通知》，国家税务总局官网，2005年3月31日。

37. 国家税务总局：《关于印发〈税收管理员制度（试行）〉的通知》，国家税务总局官网，2005年3月11日。

38. 国家税务总局：《关于印发税收执法责任制“两个办法”和“两个范本”的通知》，国家税务总局官网，2005年3月22日。

39. 李大明：《税收管理与稽查》，经济科学出版社2004年版。

40. 国务院：《中华人民共和国税收征收管理法实施细则》，国家税务总局官网，2002年9月7日。

41. 国家税务总局：《关于印发〈税务代理业务规程（试行）〉的通知》，国家税务总局官网，2001年10月8日。

42. 国家税务总局：《中华人民共和国税收征收管理法》，国家税务总局官网，2001年4月28日。

43. 国家计委、国家税务总局：《关于规范税务代理收费有关问题的通知》，国家税务总局官网，1999年12月30日。

44. 国家税务总局：《关于实行税务检查计划制度的通知》，国家税务总局官网，1999年11月12日。

45. 国家税务总局：《关于印发〈税收会计制度〉的通知》，国家税务总局官网，1998年10月27日。

46. 国家税务总局：《关于印发〈税务行政处罚听证程序实施办法（试行）〉、〈税务案件调查取证与处罚决定分开制度实施办法（试行）〉的通知》，国家税务总局官网，1996年9月28日。

47. 国家税务总局：《税务监察暂行规定》，国家税务总局官网，1995年6月23日。

附　　件

常用税收执法文书式样

外出经营活动税收管理证明

税外证〔　　〕　　号

纳税人名称				纳税人识别号			
法定代表人（负责人）		身份证件名称			身份证件号码		
税务登记地				外出经营地			
登记注册类型				经营方式			
外出经营活动情况							
应税劳务		劳务地点	有效期限				合同金额
			年　月　日至　年　月　日				
			年　月　日至　年　月　日				
货物名称	数量	销售地点	有效期限				货物总值
			年　月　日至　年　月　日				
			年　月　日至　年　月　日				
合同总金额							
税务登记地税务机关意见： 经办人：　年　月　日 负责人：　年　月　日 税务机关（签章）　年　月　日							
有效日期	自　年　月　日起至　年　月　日						

续表

以下由外出经营地税务机关填写

应税劳务	营业额	缴纳税款	使用发票名称	发票份数	发票号码
合计金额			……		

货物名称	销售数量	销售额	缴纳税款	使用发票名称	发票份数	发票号码
合计金额	……			……		

外出经营地税务机关意见：

经办人：　　负责人：　　税务机关（签章）

年　月　日　　年　月　日　　年　月　日

使用说明

1. 本表依据《征管法实施细则》第二十一条、《税务登记管理办法》第三十二条设置。

2. 适用范围：纳税人需要临时到外埠从事生产经营活动时使用。

3. 表中主要内容填表说明：

经营方式：填批发零售、工业加工、修理修配、建筑安装、服务、其他。

劳务地点：填劳务实际发生的地点。

4. 本表由纳税人在外出经营前向税务登记地税务机关领取并填写有关内容；到达外出经营地在开始经营前向外出经营地税务机关报验登记；外出经营活动结束后，经外出经营地税务机关签章，由纳税人持本表返税务登记地税务机关办理有关事项。

外出经营活动情况申报表

纳税人名称		纳税人识别号	
外出经营活动税收管理证明号码			
证明有效期	自　年　月　日到　年　月　日		
实际经营期间	自　年　月　日到　年　月　日		
到达时间		报验时间	
经营地点		货物存放地点	

应税劳务	营业额	缴纳税款	使用发票名称	发票份数	发票号码
合计金额			……		

货物名称	销售数量	销售额	缴纳税款	使用发票名称	发票份数	发票号码
合计金额	……			……		

申请单位： 经办人：　法定代表人（负责人）： 年　月　日　年　月　日 申请单位（签章） 年　月　日	税务机关意见： 经办人：　负责人： 年　月　日　年　月　日 税务机关（签章） 年　月　日

使用说明

1. 本表依据《税收征管法实施细则》第二十一条、《税务登记管理办法》第三十五条设置。

2. 本表适用于外出经营活动的纳税人在经营活动结束后向外出经营地税务机关申报时使用。

3. 外出经营活动证明号：填纳税人税务登记地税务机关开具的外出经营活动税收管理证明号。

4. 到达时间：填纳税人到达外出经营地的时间。

5. 报验时间：填纳税人向外出经营地税务机关报验的时间。

6. 经营地点：填外出经营地的具体地点，要明确区、街及街道号。

7. 货物存放地点：填外出经营货物的具体存放地点，要明确填到区、街及街道号。

税务证件挂失报告表

<table>
<tr><td>纳税人名称</td><td></td><td>纳税人识别号</td><td></td></tr>
<tr><td rowspan="6">遗失
被盗
税务
证件</td><td>证件名称</td><td colspan="2">证件号码</td></tr>
<tr><td></td><td colspan="2"></td></tr>
<tr><td></td><td colspan="2"></td></tr>
<tr><td></td><td colspan="2"></td></tr>
<tr><td></td><td colspan="2"></td></tr>
<tr><td></td><td colspan="2"></td></tr>
<tr><td>遗失
被盗
情况
说明</td><td colspan="3"></td></tr>
<tr><td>遗失
声明</td><td colspan="3"></td></tr>
<tr><td rowspan="5">纳税
人提
供的
资料</td><td>1.</td><td colspan="2">2.</td></tr>
<tr><td>3.</td><td colspan="2">4.</td></tr>
<tr><td>5.</td><td colspan="2">6.</td></tr>
<tr><td>7.</td><td colspan="2">8.</td></tr>
<tr><td>9.</td><td colspan="2">10.</td></tr>
<tr><td colspan="4">主管税务机关意见：

经办人：　　　　　　　　负责人：　　　　　　　　税务机关（签章）
年　月　日　　　　　　　年　月　日　　　　　　　年　月　日</td></tr>
</table>

使用说明

1. 适用范围：本表适用于纳税人遗失税务登记证正本、税务登记证副本、发票领购簿等税务证件后向税务机关报告挂失时使用。

2. 遗失、被盗情况说明：应写明遗失、被盗证件的原因、有关情况、如何处理等。

3. 遗失声明：应写明遗失证件的纳税人名称、纳税人识别号、遗失证件的种类等情况并声明作废。遗失声明应在地市级（含地市级）以上发行的非娱乐性报纸、杂志，或者税务机关根据有关规定要求的媒体上发布。

4. 纳税人提供的资料：填写纳税人向税务机关报告挂失时提供的有关资料。包括刊登遗失声明的报纸、杂志的报头或者刊头；刊登遗失声明的版面原件和复印件；遗失、被盗证件后，公安机关或其他有关部门出具的立案处理证明、说明；税务机关要求提供的其他材料。

停业复业（提前复业）报告书

填表日期：　　年　　月　　日

<table>
<tr><td rowspan="2">纳税人基本情况</td><td colspan="3">纳税人名称</td><td colspan="2">纳税人识别号</td><td colspan="2">经营地点</td></tr>
<tr><td colspan="3"></td><td colspan="2"></td><td colspan="2"></td></tr>
<tr><td>停业期限</td><td colspan="3"></td><td>复业时间</td><td colspan="3"></td></tr>
<tr><td rowspan="4">缴回发票情况</td><td>种类</td><td>号码</td><td>本数</td><td rowspan="4">领回发票情况</td><td>种类</td><td>号码</td><td>本数</td></tr>
<tr><td></td><td></td><td></td><td></td><td></td><td></td></tr>
<tr><td></td><td></td><td></td><td></td><td></td><td></td></tr>
<tr><td></td><td></td><td></td><td></td><td></td><td></td></tr>
<tr><td rowspan="2">缴存税务资料情况</td><td>发票领购簿</td><td>税务登记证</td><td>其他资料</td><td rowspan="2">领用税务资料情况</td><td>发票领购簿</td><td>税务登记证</td><td>其他资料</td></tr>
<tr><td>是（否）</td><td>是（否）</td><td>是（否）</td><td>是（否）</td><td>是（否）</td><td>是（否）</td></tr>
<tr><td rowspan="2">结清税款情况</td><td>应纳税款</td><td>滞纳金</td><td>罚款</td><td rowspan="2">停业期是（否）纳税</td><td>已缴应纳税款</td><td>已缴滞纳金</td><td>已缴罚款</td></tr>
<tr><td>是（否）</td><td>是（否）</td><td>是（否）</td><td>是（否）</td><td>是（否）</td><td>是（否）</td></tr>
<tr><td colspan="8">纳税人（签章）：
年　　月　　日</td></tr>
<tr><td colspan="2">税务机关复核</td><td colspan="2">经办人：
年　　月　　日</td><td colspan="2">负责人：
年　　月　　日</td><td colspan="2">税务机关（签章）
年　　月　　日</td></tr>
</table>

注：1. 申请提前复业的纳税人在表头“提前复业”字样上画钩。

2. 已缴还或领用税务资料的纳税人，在“是”字上画钩，未缴还或未领用税务资料的纳税人，在“否”字上画钩。

3. 纳税人在停业期间有义务缴纳税款的，在“停业期是（否）纳税”项目的“是”字上画钩，然后填写后面内容；没有纳税义务的，在“停业期是（否）纳税”项目的“否”字上画钩，后面内容不用填写。

发票领购簿

国家税务总局监制

使用说明

1. 本“领购簿”为纳税人向税务机关办理领购发票手续的凭证。

2. 核准使用发票情况、发票领购、缴销、挂失等记录均由税务机关填写。

3. 纳税人发生变更税务登记机关、变更领购发票种类及注销税务登记的，应到税务机关办理发票领购簿的换发、注销手续。

4. 纳税人发生停业、复业时，应到税务机关办理发票领购簿的封存、启用手续。

5. 发票领购簿要妥善保管，不得转借、涂改。如有丢失，立即报告税务机关，申请挂失后补发。

6. 纳税人领购的发票，只准在税务机关核准的范围内使用，不得跨地区或跨行业使用、不得转借、虚开发票；未经税务机关批准，不准拆本使用发票。

7. 纳税人发生发票丢失、被盗的，应于丢失、被盗当日书面报告税务机关。

<table>
<tr><td colspan="8">纳税人识别号：
发票领购簿号码：
纳税人名称：
纳税人（签章）
法定代表人（负责人）：
发票管理人：

税务机关（签章）
年　　月　　日</td></tr>
<tr><td rowspan="12">核准使用发票情况</td><td rowspan="3">发票种类</td><td rowspan="3">发票代码</td><td rowspan="3">发票名称</td><td rowspan="3">单位</td><td colspan="2">限购数量</td><td rowspan="2">备注</td></tr>
<tr><td colspan="2">每次限购/每月限购</td></tr>
<tr><td>数量</td><td>票面金额</td><td rowspan="9"></td></tr>
<tr><td></td><td></td><td></td><td></td><td colspan="2"></td></tr>
<tr><td></td><td></td><td></td><td></td><td colspan="2"></td></tr>
<tr><td></td><td></td><td></td><td></td><td colspan="2"></td></tr>
<tr><td></td><td></td><td></td><td></td><td colspan="2"></td></tr>
<tr><td></td><td></td><td></td><td></td><td colspan="2"></td></tr>
<tr><td></td><td></td><td></td><td></td><td colspan="2"></td></tr>
<tr><td></td><td></td><td></td><td></td><td colspan="2"></td></tr>
<tr><td></td><td></td><td></td><td></td><td colspan="2"></td></tr>
<tr><td colspan="3">购票方式：□ 批量供应　□ 验旧购新
□ 交旧购新　□ 其他</td><td colspan="4">须提供发票担保的，是否已经提供担保人或交纳保证金：□ 是
□ 否</td></tr>
</table>

发票领购记录

<table>
<tr><td colspan="2">年</td><td rowspan="2">发票代码</td><td rowspan="2">发票名称</td><td rowspan="2">单位</td><td rowspan="2">数量</td><td rowspan="2">字轨</td><td rowspan="2">起讫号码</td><td rowspan="2">售票人</td><td rowspan="2">购票人</td></tr>
<tr><td>月</td><td>日</td></tr>
<tr><td></td><td></td><td></td><td></td><td></td><td></td><td></td><td></td><td></td><td></td></tr>
</table>

发票缴销、挂失记录

年		发票代码	发票名称	缴销	挂失	单位	数量	字轨	起讫号码	经办人
月	日									

发票违章记录

使用说明

1. 本领购簿依据《发票管理办法》设置。
2. 适用范围：纳税人领购发票时使用。
3. 单位：本、份或元。
4. 本领购簿为 195mm ×330mm 竖式。

代开发票申请表

纳税人识别号：

纳税人名称： 开票类别： 编号：

货物或应税劳务名称	单位	数量	单价	金额	税率（征收率）	税额
价税合计（大写金额）						
付款方纳税人名称			联系电话			
付款方地址			开户银行及账号			
付款方纳税人识别号						
申请理由： （签章） 经办人： 年 月 日						
主管税务机关意见： 经办人： 负责人： 税务机关（签章） 年 月 日 年 月 日 年 月 日						
代开发票种类： 代开发票名称： 代开发票号码： 税票号码： 经办人： 代开发票日期：						

发票挂失/损毁报告表

纳税人识别号：

纳税人名称：

<table>
<tr><td rowspan="9">挂失损毁发票</td><td rowspan="2">发票名称</td><td rowspan="2">发票代码</td><td rowspan="2">份数</td><td colspan="2">发票号码</td><td colspan="3">其中：空白发票</td></tr>
<tr><td>起始号码</td><td>终止号码</td><td>份数</td><td>起始号码</td><td>终止号码</td></tr>
<tr><td></td><td></td><td></td><td></td><td></td><td></td><td></td><td></td></tr>
<tr><td></td><td></td><td></td><td></td><td></td><td></td><td></td><td></td></tr>
<tr><td></td><td></td><td></td><td></td><td></td><td></td><td></td><td></td></tr>
<tr><td></td><td></td><td></td><td></td><td></td><td></td><td></td><td></td></tr>
<tr><td></td><td></td><td></td><td></td><td></td><td></td><td></td><td></td></tr>
<tr><td></td><td></td><td></td><td></td><td></td><td></td><td></td><td></td></tr>
<tr><td></td><td></td><td></td><td></td><td></td><td></td><td></td><td></td></tr>
<tr><td>挂失损毁情况说明</td><td colspan="8">经办人：　　　　法定代表人（负责人）：　　　　纳税人（签章）
年　月　日　　　　年　月　日　　　　年　月　日</td></tr>
<tr><td>挂失声明</td><td colspan="8"></td></tr>
<tr><td rowspan="4">纳税人提供资料</td><td colspan="4">1.</td><td colspan="4">2.</td></tr>
<tr><td colspan="4">3.</td><td colspan="4">4.</td></tr>
<tr><td colspan="4">5.</td><td colspan="4">6.</td></tr>
<tr><td colspan="4">7.</td><td colspan="4">8.</td></tr>
<tr><td colspan="9">主管税务机关发票管理环节意见：

经办人：　　　　负责人：　　　　税务机关（签章）
年　月　日　　　　年　月　日　　　　年　月　日</td></tr>
<tr><td colspan="9">上级税务机关发票管理环节意见：

经办人：　　　　负责人：　　　　税务机关（签章）
年　月　日　　　　年　月　日　　　　年　月　日</td></tr>
</table>

使用说明

1. 适用范围：本表适用于纳税人发票遗失、被盗，或者遇水、火等灾害后造成损毁等情况向税务机关报告时使用。

2. 挂失、损毁情况说明：应写明挂失、损毁的原因、有关情况、如何处理等。

3. 挂失声明：挂失声明中应写明挂失发票纳税人名称、纳税人识别号、发票种类、发票号码等相关情况并声明作废。挂失声明应在地市级（含地市级）以上发行的非娱乐性报纸、杂志，或者税务机关根据有关规定要求的媒体上发布。增值税专用发票的挂失声明在《中国税务报》刊登。

4. 纳税人提供的资料：填写纳税人向税务机关报告挂失或者损毁时提供的有关资料。包括刊登遗失声明的报纸、杂志的报头或者刊头；刊登遗失声明的版面原件和复印件；遗失、被盗发票后，公安机关或其他有关部门出具的立案处理证明、说明；税务机关要求提供的其他材料。

5. 挂失、损毁发票数量较大，在报告表中无法全部反映的，可以使用《挂失/损毁发票清单》，作为报告表的附件并在提供资料中注明。

______________税务局
收缴、停止发售发票决定书
________税停票〔　　〕号

______________________________：

根据《中华人民共和国税收征收管理法》第七十二条的规定，由于你单位存在______________________________的税收违法行为，且拒不接受税务机关处理，决定自________年________月________日起停止向你单位出售发票并收缴你单位的空白发票。

如对本决定不服，可自收到本决定之日起，六十日内依法向__________申请行政复议；或者自收到本决定之日起三个月内依法向人民法院起诉。

税务机关（签章）

年　　月　　日

延期申报申请核准表

纳税人识别号		纳税人（扣缴义务人）名称	
申请延期申报税种	税款所属时期	规定申报期限	申请延期申报的期限

申请延期申报的理由：

经办人：　　　　法定代表人（负责人）：　　　　纳税人（签章）

年　月　日　　　　年　月　日　　　　年　月　日

以下由税务机关填写

核准延期申报期限：　　年　月　日前

预缴税款核定方式　□ 上期实际缴纳税额　　□ 税务机关核定税额

预缴税种	税目	税款所属时期	上期实际缴纳税额	核定预缴税额

经办人：　　　　负责人：　　　　税务机关（签章）

年　月　日　　　　年　月　日　　　　年　月　日

使用说明

1. 本表依据《中华人民共和国税收征收管理法》第二十七条设置。

2. 适用范围：纳税人、扣缴义务人不能按期办理纳税申报、报送代扣代缴、代收代缴税款报告表，在规定的申报期限届满之前申请延期申报时使用。

3. 填表说明：

（1）申请延期申报的税种：纳税人、扣缴义务人逐项填写无法正常申报的税种；

（2）核准延期申报期限：税务机关批准的准予延期申报的截止日期；

（3）预缴税款核定方式：采取哪种核定方式在相应的“□”内打“√”；

（4）核定应纳税种：税务机关批准的纳税人、扣缴义务人申请延期申报的税种；

（5）核定预缴税额：税务机关核定的纳税人、扣缴义务人预缴税款的税额。

延期缴纳税款申请审批表

金额单位：元（列至角分）

纳税人识别号		纳税人名称	

申请延期缴纳税款情况	税种	税款所属时期	应纳税额	申请延期缴纳税额	申请延期缴纳期限

当期货币资金余额	人民币（大写）　　　　¥		
当期应付职工工资支出预算		当期社会保险费支出预算	
申请延期缴纳税款理由	经办人：　　　法定代表人（负责人）：　　　纳税人（签章） 年　月　日　　年　月　日　　年　月　日		

税务机关审批意见

管理部门意见			县（区）税务机关意见		
税种	延期缴纳税额	延期缴纳期限	税种	延期缴纳税额	延期缴纳期限
经办人：　负责人：　税务机关（签章） 年　月　日　年　月　日　年　月　日			经办人：　负责人：　税务机关（签章） 年　月　日　年　月　日　年　月　日		

（地）市级税务机关审核意见			省级税务机关批准意见		
税种	延期缴纳税额	延期缴纳期限	税种	延期缴纳税额	延期缴纳期限
经办人：　负责人：　税务机关（签章） 年　月　日　年　月　日　年　月　日			经办人：　负责人：　税务机关（签章） 年　月　日　年　月　日　年　月　日		

使用说明

1. 本表依据《中华人民共和国税收征收管理法》第三十一条设置。

2. 适用范围：纳税人因有特殊困难不能按期缴纳税款，申请延期缴纳税款时使用。

3. 申请延期缴纳税款的附报以下材料：

A. 所有银行存款账户的对账单；

B. 资产负债表；

C. 应付职工工资和社会保险费的支出预算；

D. 税务机关要求报送的其他材料。

4. 税务机关审批意见：直辖市、计划单列市税务机关审批的，可不填写“（地）市级税务机关审核意见”。

5. 本表为A4型竖式，各级税务机关分别留存一份，纳税人一份。

格式一

________税务局（稽查局）
税务检查通知书
________税检通一〔　　〕号

________________：

根据《中华人民共和国税收征收管理法》第五十四条规定，决定派________________等人，自________年________月________日起对你（单位）________年________月________日至________年________月________日期间（如检查发现此期间以外明显的税收违法嫌疑或线索不受此限）涉税情况进行检查。届时请依法接受检查，如实反映情况，提供有关资料。

税务机关（签章）
年　　月　　日

告知：税务机关派出的人员进行税务检查时，应当出示税务检查证和税务检查通知书，并有责任为被检查人保守秘密；未出示税务检查证和税务检查通知书的，被检查人有权拒绝检查。

使用说明

1. 本通知书依据《中华人民共和国税收征收管理法》第五十四条、第五十九条、《中华人民共和国税收征收管理法实施细则》第八十九条设置。
2. 适用范围：税务检查人员在依法对纳税人、扣缴义务人实施税务检查时使用。
3. “决定派等人”横线处至少填写两人姓名。
4. 本通知书与《税务文书送达回证》一并使用。
5. 文书字轨设为“检通一”，稽查局使用设为“稽检通一”。
6. 本通知书为A4竖式，一式两份，一份送被查对象，一份装入卷宗。

格式二

________税务局（稽查局）
税务检查通知书
____税检通二〔 〕号

______________________：

根据《中华人民共和国税收征收管理法》第五十七条规定，现派______________等________人，前往你处对____________进行调查取证，请予支持，并依法如实提供有关资料及证明材料。

税务机关（签章）

年　月　日

告知：税务机关派出的人员进行税务检查时，应当出示税务检查证和税务检查通知书，并有责任为被检查人保守秘密。未出示税务检查证和税务检查通知书的，被调查人有权拒绝为税务机关提供有关资料及证明材料；有权拒绝协助税务机关调查取证。

使用说明

1. 本通知书依据《中华人民共和国税收征收管理法》第五十四条、第五十七条、第五十九条设置。

2. 适用范围：检查人员在向有关单位和个人调查取证纳税人、扣缴义务人和其他当事人与纳税、代扣代缴、代收代缴税款有关的情况，或者需要协查案件时使用。

3. 本通知书的抬头填写有配合调查义务的单位或个人名称，空白横线处分别填写所派出税务人员的姓名和需要调查取证的涉税事项。

4. 本通知书与《税务文书送达回证》一并使用。

5. 文书字轨设为“检通二”，稽查局使用设为“稽检通二”。

6. 本通知书为 A4 竖式，一式两份，一份送被调查对象，一份装入卷宗。

________税务局（稽查局）
调取账簿资料通知书
________税调〔　　〕号

________________：

根据《中华人民共和国税收征收管理法实施细则》第八十六条规定，经________税务局（分局）局长批准，决定调取你（单位）________年________月________日至________年________月________日的账簿、记账凭证、报表和其他有关资料到税务机关进行检查，请于________年________月________日前送到________________税务局（稽查局）。

联系人员：

联系电话：

税务机关地址：

税务机关（签章）

年　月　日

使用说明

1. 本通知书根据《中华人民共和国税收征收管理法实施细则》第八十六条设置。

2. 适用范围：检查人员在调取纳税人、扣缴义务人的账簿凭证等资料时使用。

3. 本通知书中的抬头填写纳税人、扣缴义务人的名称。

4. 税务机关使用本通知书调取纳税人、扣缴义务人以前会计年度的账簿、记账凭证、报表和其他有关资料时，应由县以上税务局（分局）局长批准；调取纳税人、扣缴义务人当年的账簿、记账凭证、报表和其他有关资料时，应由设区的市、自治州以上税务局局长批准。本通知书经内部审批后使用。

5. “经税务局（分局）局长批准”横线处填写依照规定的审批程序和权限符合《中华人民共和国税收征收管理法》规定具有审批权限的税务局（分局）局长所在税务机关的具体名称。

6. 调取账簿、记账凭证、报表和其他资料，可以通知纳税人、扣缴义务人送到税务机关，也可以在下达本通知书后由税务人员带回税务机关。

7. 本通知书与《税务文书送达回证》一并使用。

8. 文书字轨设为“调”，稽查局使用设为“稽调”。

9. 本通知书为A4竖式，一式两份，一份送被查对象，一份装入卷宗。

调取账簿资料清单

被查对象名称：共　页第　页

序号	账簿资料名称	资料所属时期	单位	数量	页（号）数	备注

税务检查人员签字： 企业经办人签字： 税务机关（签章） 调取时间：　　年　　月　　日	税务检查人员签字： 企业经办人签字： 纳税人（签章） 退还时间：　　年　　月　　日

使用说明

1. 本清单依据《中华人民共和国税收征收管理法实施细则》第八十六条设置。

2. 适用范围：检查人员在调取和退还账簿资料时使用。

3. 退还账簿资料时，由被查对象清点无误后，双方在清单上签字，并注明退还时间，加盖被查对象印章。

4. “备注”栏填写调取账簿资料的出处、部分资料提前退还等内容。

5. “税务机关（签章）”处加盖检查实施部门所在税务机关的签章。

6. 本清单为A4竖式，一式两份，一份送被查对象，一份装入卷宗。

________税务局（稽查局）
税务稽查结论
________税结〔　　〕号

________________：

经对你（单位）______年______月______日至______年______月______日期间________________情况的检查，未发现税收违法问题。

税务机关（签章）
年　月　日

使用说明

1. 本结论依据《中华人民共和国税收征收管理法》及其实施细则、国家税务总局《税务稽查工作规程》第三十六条、第四十三条设置。

2. 适用范围：税务机关对纳税人、扣缴义务人进行查处，未发现税收违法问题时使用。

3. 未经立案查处又未发现问题的，本结论由稽查实施环节人员填写；经立案查处又未发现问题的，本结论由审理环节人员填写。

4. 本结论应由税务局（稽查局）局长审批。

5. 本结论与《税务文书送达回证》一并使用。

6. 文书字轨设为“结”，稽查局使用设为“稽结”。

7. 本结论为A4竖式，一式三份，一份送纳税人或者扣缴义务人，一份送征收管理部门，一份装入卷宗。

______________税务局（稽查局）
税务处理决定书
________税处〔　　〕号

________________________________：

我局（所）于______年______月______日至______年______月______日对你（单位）______年______月______日至______年______月______日__________________情况进行了检查，违法事实及处理决定如下：

一、违法事实

（一）

1.

2.

（二）

……

二、处理决定

（一）

1.

2.

（二）

……

限你（单位）自收到本决定书之日起________日内到__________将上述税款及滞纳金缴纳入库（账号：____________），并进行相关账务调整。逾期未缴，将依照《中华人民共和国税收征收管理法》第四十条规定强制执行。

若同我局（所）在纳税上有争议，应自收到本决定之日起六十日内依照本决定缴纳税款及滞纳金，或者提供相应的担保，然后可依法向____________申请行政复议。

税务机关（签章）

年　　月　　日

使用说明

1. 本决定书依据《中华人民共和国税收征收管理法》《中华人民共和国行政复议法》第九条、《税收征收管理法实施细则》设置。

2. 适用范围：税务机关经对各类税收违法行为依据有关税收法律、行政法规、规章作出处理决定时使用。

3. 本决定书应当包括如下内容：被处理对象名称、查结的违法事实及违法所属期间、处理依据、处理决定、作出处理决定的税务机关名称及印章、作出处理决定日期、该处理决定文号、告知申请行政复议的时限、途径。

4. 本决定书的主体部分，必须抓住税收违法的主要违法事实，简明扼要地加以陈述，然后列举处理的法律依据，写明处理结论。若违法事实复杂，应给予分类分项陈述。

5. 本决定书所援引的处理依据，必须是税收法律、行政法规或者规章，并应当注明文件名称、文号和有关条款。

6. “限你（单位）自本决定书送达之日起________日内到________将上述税款及滞纳金缴纳入库（账号：________），并进行相关账务调整。逾期未缴，将依照《中华人民共和国税收征收管理法》第四十条规定强制执行。”仅限于对从事生产、经营的纳税人、扣缴义务人适用，对非从事生产、经营的纳税人、扣缴义务人不能适用。

7. 本决定书与《税务文书送达回证》一并使用。

8. 文书字轨设为“处”，稽查局使用设为“稽处”。

9. 本决定书为A4竖式，一式三份，一份送纳税人，一份交纳税人的征管部门，一份装入卷宗。

税务文书送达回证

送达文书名称	
受送达人	
送达地点	
受送达人签名或盖章	年 月 日 时 分
代收人代收理由、签名或盖章	年 月 日 时 分
受送达人拒收理由	年 月 日 时 分
见证人签名或盖章	年 月 日 时 分
送达人签名或盖章	年 月 日 时 分
填发税务机关	（签章） 年 月 日 时 分

使用说明

1. 本送达回证依据《中华人民共和国税收征收管理法实施细则》第一百零一条至第一百零六条设置。

2. 适用范围：向当事人送达税务文书时使用。

3. “送达文书名称”栏，填写送达文书名称及文号。

4. “受送达人”栏，受送达人为单位的，填写单位名称；受送达人为个人的，填写姓名。

5. “送达地点”栏，填写送达税务文书的具体地点。

6. “受送达人签名或盖章”栏，受送达人是法人或其他组织的，应当由法人的法定代表人、其他组织的主要负责人或者该法人、组织的财务负责人、负责收件的人签收；受送达人是公民的，应当由本人直接签收。

7. “代收人代收理由及签名或盖章”栏，受送达人为个人的，本人不在由其同住成年家属在此栏签名，并注明与受送达人关系；受送达人为单位的，法定代表人不在的，由其代理人或其他负责人或负责收件的人员在此栏签字。

8. “受送达人拒收理由”栏，受送达人或其他法定签收人拒收时，由送达人填写此栏。

9. “见证人签名或盖章”栏，受送达人拒收时，邀请有关基层组织或其所在单位的代表作为见证人到场，由见证人在此栏签名或盖章，不应由税务人员签名或盖章。

10. 本送达回证为A4竖式，随同送达的税务文书装入卷宗。

________税务局（稽查局）
税收保全措施决定书
（冻结存款适用）
________税保冻〔 〕号

________________：

根据《中华人民共和国税收征收管理法》________规定，经________税务局（分局）局长批准，决定从________年________月________日起冻结你（单位）在____________的存款（大写）________（¥________）元。请于________年________月________日前缴纳应纳税款；逾期未缴的，将依照《中华人民共和国税收征收管理法》________规定采取强制执行措施。

如对本决定不服，可自收到本决定之日起六十日内依法向________申请行政复议，或者自收到本决定之日起三个月内依法向人民法院起诉。

冻结账户的账号：

税务机关（签章）

年 月 日

使用说明

1. 本决定书依据《中华人民共和国税收征收管理法》第三十八条、第五十五条及《中华人民共和国税收征收管理法实施细则》第一百零七条设置。

2. 适用范围：税务机关冻结纳税人、扣缴义务人在银行或者其他金融机构的存款账户时针对纳税人、扣缴义务人使用。

3. 本决定书抬头填写纳税人、扣缴义务人的具体名称。

4. “根据《中华人民共和国税收征收管理法》________规定”横线处根据具体情况填写第三十八条第一款或者第五十五条。

5. “经________税务局（分局）局长批准”横线处填写符合《中华人民共和国税收征收管理法》规定具有审批权限的税务局（分局）局长所在税务机关的具体名称。

6. “将依照《中华人民共和国税收征收管理法》________规定采取强制执行措施。”横线处根据具体情况填写第三十八条、第四十条、第五十五条、第八十八条等条款。

7. “向________”横线处填写有权受理行政复议申请的上级税务机关的具体名称。

8. 本决定书应与《冻结存款通知书》一并依照规定的审批程序和权限，由县以上税务局（分局）局长批准后使用。

9. 本决定书与《冻结存款通知书》《税务文书送达回证》一并使用，在送达金融机构后送达纳税人一份。

10. 文书字轨设为“保冻”，稽查局使用设为“稽保冻”。

11. 本决定书为A4竖式，一式三份，一份随同《冻结存款通知书》送金融机构，一份送纳税人，一份装入卷宗。

______________税务局（稽查局）
冻结存款通知书
________税冻通〔　　〕号

_________________________：

根据《中华人民共和国税收征收管理法》_________规定，经______________税务局（分局）局长批准，请从_____年_____月_____日_____时起冻结_________在你处的存款账户_____________号的存款（大写）______（¥______）元。

税务机关（签章）
年　月　日

以下由银行（或其他金融机构）填写
存款账户余额：
签收人：
签收时间：　　年　　月　　日　　时　　分

签收单位（签章）
年　月　日

使用说明

1. 本通知书依据《中华人民共和国税收征收管理法》第三十八条、第五十五条设置。

2. 适用范围：税务机关冻结纳税人、扣缴义务人在银行或者其他金融机构的存款账户，通知银行或其他金融机构时使用。

3. 本通知书抬头填写银行或者其他金融机构的具体名称。

4. “根据《中华人民共和国税收征收管理法》________规定”横线处填写第三十八条第一款或者第五十五条。

5. “经________税务局（分局）局长批准”横线处填写符合《中华人民共和国税收征收管理法》规定具有审批权限的税务局（分局）局长所在税务机关的具体名称。

6. 本通知书应与《税收保全措施决定书（冻结存款适用）》一并依照规定的审批程序和权限，由县以上税务局（分局）局长批准后使用。

7. 存款账户余额指税务人员冻结存款前查询时的存款余额。

8. 本通知书与《税收保全措施决定书（冻结存款适用)》《税务文书送达回证》一并使用。在送达本通知书时，要求签收时间不但要写明“年”“月”“日”“时”，而且要具体写明“分”。

9. 文书字轨设为“冻通”，稽查局使用设为“稽冻通”。

10. 本通知书为A4竖式，一式两份，一份随同《税收保全措施决定书（冻结存款适用)》送金融机构，一份装入卷宗。

______________税务局（稽查局）
解除税收保全措施决定书
（冻结存款适用）
________税解保冻〔　　〕号

______________________________：

鉴于你（单位）的税款____________，根据《中华人民共和国税收征收管理法》第三十八条规定，我局决定解除________年________月________日《税收保全措施决定书（冻结存款适用）》（________税保冻〔　　〕号）对你（单位）存款账户______________号存款的冻结。

税务机关（签章）
年　　月　　日

使用说明

1. 本决定书依据《中华人民共和国税收征收管理法》第三十八条、《中华人民共和国税收征收管理法实施细则》第六十八条设置。

2. 适用范围：税务机关已对纳税人采取税收保全措施，纳税人缴纳了应纳税款或者税务机关已依法采取强制执行措施追缴税款入库后使用。

3. 纳税人按照税务机关规定的期限缴纳税款的，税务机关应当自收到税款或者银行转回的完税凭证之日起1日内解除冻结存款；纳税人未按照税务机关规定的期限缴纳税款，税务机关依法采取了强制执行措施追缴税款入库的，也应发出本决定书解除冻结存款。

4. “鉴于你（单位）的税款________”横线处应分清解除税收保全措施的不同原因分别填写：

（1）纳税人在限期内自行缴纳应纳税款的，填写“已在限期内缴纳”；

（2）由税务机关采取强制执行措施追缴税款入库的，填写“已经依法强制执行”。

5. 本决定书应与《解除冻结存款通知书》一并依照规定的审批程序和权限，由县以上税务局（分局）局长批准后使用。

6. 本决定书与《解除冻结存款通知书》《税务文书送达回证》一并使用，本决定书送达纳税人一份的同时送达金融机构。

7. 文书字轨设为“解保冻”，稽查局使用设为“稽解保冻”。

8. 本决定书为A4竖式，一式三份，一份随同《解除冻结存款通知书》送金融机构，一份送纳税人，一份装入卷宗。

________税务局（稽查局）
解除冻结存款通知书
____税解冻通〔　〕号

________________：

鉴于________的税款________，决定从____年____月____日起解除____年____月____日发出的《冻结存款通知书》（____税冻通〔　〕号）对其存款账户________号存款的冻结。

税务机关（签章）
年　月　日

使用说明

1. 本通知书依据《中华人民共和国税收征收管理法》第三十八条、《中华人民共和国税收征收管理法实施细则》第六十八条设置。

2. 适用范围：税务机关对纳税人采取税收保全措施后，纳税人自行缴纳了应纳税款，或者税务机关依法强制执行了纳税人的应纳税款，税务机关通知银行或者其他金融机构时使用。

3. 本通知书抬头填写银行或者其他金融机构的具体名称。

4. “鉴于____的税款____”第一横线处填写被冻结存款的纳税人、扣缴义务人、纳税担保人等的具体名称；第二横线处应分清解除冻结存款的不同原因分别填写：

（1）纳税人在限期内自行缴纳应纳税款的，填写“已在限期内缴纳”；

（2）由税务机关采取强制执行措施追缴税款入库的，填写“已经依法强制执行”。

5. 纳税人按照税务机关规定的期限缴纳税款的，税务机关应当自收到税款或者银行转回的完税凭证之日起1日内解除冻结存款；纳税人未按照税务机关规定的期限缴纳税款，税务机关采取了强制执行措施追缴税款入库的，也应向金融机构发出本通知书解除冻结存款。

6. 本通知书应与《解除税收保全措施决定书（冻结存款适用）》一并依照《中华人民共和国税收征收管理法》规定的审批程序和权限，由县以上税务局（分局）局长批准后使用。

7. 本通知书与《税务文书送达回证》一并使用。

8. 文书字轨设为“解冻通”，稽查局使用设为“稽解冻通”。

9. 本通知书为A4竖式，一式两份，一份随同《解除税收保全措施决定书（冻结存款适用）》送银行或者其他金融机构，一份装入卷宗。

______税务局（稽查局）
税收保全措施决定书
（扣押/查封适用）
______税保封〔 〕号

______________：

根据《中华人民共和国税收征收管理法》______规定，经______税务局（分局）局长批准，决定从______年______月______日起对你（单位）的______（商品、货物或者其他财产）予以______。如纳税限期期满仍未缴纳税款，将依法拍卖或者变卖所扣押、查封的商品、货物或者其他财产抵缴税款。

如对本决定不服，可自收到本决定之日起六十日内依法向______申请行政复议，或者自收到本决定之日起三个月内依法向人民法院起诉。

税务机关（签章）

年 月 日

使用说明

1. 本决定书依据《中华人民共和国税收征收管理法》第三十七条、第三十八条、第四十条、第五十五条及《中华人民共和国税收征收管理法实施细则》设置。

2. 适用范围：税务机关采取税收保全措施，依法查封、扣押纳税人、扣缴义务人的价值相当于应纳税款的商品、货物或者其他财产时使用。

3. “根据《中华人民共和国税收征收管理法》______规定”横线处分别填写第三十七条、第三十八条、第四十条或第五十五条。

4. “经______税务局（分局）局长批准”横线处填写符合《中华人民共和国税收征收管理法》规定具有审批权限的税务局（分局）局长所在税务机关的具体名称。

5. 本决定书审批程序和权限依照有关规定办理：

（1）对未按照规定办理税务登记的从事生产、经营的纳税人以及临时从事经营的纳税人实施扣押的，由税务机关（包括税务所、稽查局）负责人审批，文书正文中可不注明“经______税务局（分局）局长批准”。

（2）对从事生产、经营的纳税人、扣缴义务人实施查封、扣押的，由县以上税务局（分局）局长审批。

6. 个人及其所扶养家属维持生活必需的住房和用品，不在税收保全措施的范围之内。单价 5000 元以下的其他生活用品，不采取税收保全措施。

7. 税务机关在扣押商品、货物或者其他财产的价值，参照同类商品的市场价、出厂价或评估价估算。

8. 税务机关按上述方法确定应查封、扣押的商品、货物或其他财产的价值时，还应当包括滞纳金和扣押、查封、保管、拍卖、变卖过程中所发生的费用。

9. “对你（单位）的________”横线处填写税务机关查封（扣押）的商品、货物或者其他财产的具体名称。

10. “向________”横线处填写有权受理行政复议申请的上级税务机关的具体名称。

11. 本决定书在必要时与《协助执行通知书》《税务文书送达回证》一并使用，可要求协助执行部门停止办理产权过户手续。

12. 文书字轨设为“保封”，稽查局使用设为“稽保封”。

13. 本决定书为 A4 竖式，一式三份，一份送纳税人或扣缴义务人，一份送协助执行部门，一份装入卷宗。

查封商品、货物或者其他财产清单

根据《税收保全措施决定书（查封/扣押适用)》（税保封〔 〕号）查封你（单位）下列商品、货物或者其他财产：

序号	商品、货物或者其他财产名称	单位	数量	单价	金额	备注
合计						
合计金额（大写）						

以上内容请被执行人认真核对无误后签字盖章。

税务机关（签章）： 执行人： 执行日期： 年 月 日

被执行人：

使用说明

1. 本清单依据《中华人民共和国税收征收管理法》第四十七条设置。

2. 适用范围：税务机关在查封商品、货物或者其他财产时使用。

3. 本清单为《税收保全措施决定书（查封/扣押适用)》附件。

4. 税务机关查封商品、货物或者其他财产的价值，参照同类商品的市场价、出厂价或者评估价估算。

5. 税务机关按上述方法确定应查封的商品、货物或其他财产的价值时，还应当包括滞纳金和查封、保管、拍卖、变卖过程中所发生的费用。

6. 本清单为 A4 竖式，一式两份，一份送被执行人，一份装入卷宗。

____________税务局（稽查局）
解除税收保全措施决定书
（扣押/查封适用）
________税解保封〔　　〕号

____________________________：

鉴于你（单位）____________________，根据《中华人民共和国税收征收管理法》__________规定，决定解除________年________月________日《税收保全措施决定书（查封/扣押适用）》（________税保封〔　　〕号）查封（扣押）你（单位）的商品、货物或者其他财产。请于________年________月________日前持《查封商品、货物或者其他财产清单》（或《扣押商品、货物或者其他财产专用收据》），前来办理解除查封（扣押）手续。

税务机关（签章）
年　　月　　日

使 用 说 明

1. 本决定书依据《中华人民共和国税收征收管理法》第三十七条、第三十八条、《中华人民共和国税收征收管理法实施细则》第六十八条设置。

2. 适用范围：税务机关采取税收保全措施或者强制执行措施，纳税人缴纳了应纳税款、滞纳金后使用。

3. 本决定书审批程序和权限依照有关规定办理：

（1）对未按照规定办理税务登记的从事生产、经营的纳税人以及临时从事经营的纳税人实施扣押的，由税务机关（包括税务所、稽查局）负责人审批；

（2）对从事生产、经营的纳税人、扣缴义务人实施查封、扣押的，由县以上税务局（分局）局长审批。

4. “鉴于你（单位）________”横线处应分清解除税收保全措施的不同原因分别填写：

（1）纳税人主动在限期内全部缴纳应缴款项的，填写“已在限期内缴纳了应缴税款、滞纳金”；

（2）由税务机关采取强制执行措施追缴款项入库的，填写“应缴税款、滞纳金已由税务机关依法强制执行”。

5. “根据《中华人民共和国税收征收管理法》________规定”横线处根据具体情况填写“第三十七条”或“第三十八条”。

6. 纳税人按照税务机关规定的期限缴纳税款的，税务机关应当自收到税款或者银行转回的完税凭证之日起1日内解除查封（扣押）；纳税人未按照税务机关规定的期限缴纳税款，税务机关采取了强制执行措施追缴税款入库的，也应向当事人发出本决定书解除查封、扣押。

7. 解除查封（扣押）后，税务机关应将纳税人保存的《查封商品、货物或者其他财产清单》或《扣押商品、货物或者其他财产收据》收回存档。

8. 本决定书在必要时与《协助执行通知书》《税务文书送达回证》一并使用，可要求协助执行部门解除停止办理产权过户手续。

9. 文书字轨设为“解保封”，稽查局使用设为“稽解保封”。

10. 本决定书为A4竖式，一式三份，一份送查封（扣押）商品、货物或者其他财产纳税人，一份随同《协助执行通知书》送协助执行部门，一份装入卷宗。

______税务局（稽查局）
税收强制执行决定书
（扣缴税收款项适用）

______税强扣〔　　〕号

______：

根据《中华人民共和国税收征收管理法》______规定，经______税务局（分局）局长批准，决定从______年______月______日起从你（单位）在______的存款账户（账号：______）中扣缴以下款项，缴入国库：

税　　款（大写）：______（¥______）

滞纳金（大写）：______（¥______）

罚　　款（大写）：______（¥______）

没收违法所得（大写）：______（¥______）

合　　计（大写）：______（¥______）

如对本决定不服，可自收到本决定之日起六十日内依法向______申请行政复议，或者自收到本决定之日起三个月内依法向人民法院起诉。

税务机关（签章）

年　月　日

使用说明

1. 本决定书依据《中华人民共和国税收征收管理法》第三十八条、第四十条、第五十五条、第八十八条，《中华人民共和国税收征收管理法实施细则》设置。

2. 适用范围：

（1）税务机关对从事生产、经营的纳税人已采取税收保全措施，但纳税人逾期未缴纳税款时使用；

（2）从事生产、经营的纳税人、扣缴义务人未按规定的期限缴纳或者解缴税款，纳税担保人未按规定的期限缴纳所担保的税款，由税务机关责令限期缴纳，逾期仍未缴纳时使用；

（3）税务机关对从事生产、经营的纳税人以前纳税期的纳税情况依法进行税务检查时，发现纳税人有逃避纳税义务行为，并有明显的转移、隐匿其应纳税的商品、货物以及其他财产或者应纳税的收入的迹象时使用；

（4）当事人对税务机关的处罚决定逾期不申请行政复议也不向人民法院起诉、又不履行时使用。

3. 本决定书抬头填写纳税人、扣缴义务人或者纳税担保人的具体名称。

4. “经________税务局（分局）局长批准”横线处填写符合《中华人民共和国税收征收管理法》规定具有审批权限的税务局（分局）局长所在税务机关的具体名称。

5. “在________的存款账户（账号：________中扣缴以下款项）”横线处填写纳税人、扣缴义务人或者纳税担保人开户银行或者其他金融机构的具体名称。

6. 本决定书应与《扣缴税收款项通知书》一并依照规定的审批程序和权限，由县以上税务局（分局）局长批准后使用。

7. “向________”横线处填写有权受理行政复议申请的上级税务机关的具体名称。

8. 本决定书与《税务文书送达回证》一并使用，在送达金融机构后送达纳税人一份。

9. 文书字轨设为“强扣”，稽查局使用设为“稽强扣”。

10. 本决定书为A4竖式。

______________税务局（稽查局）
扣缴税收款项通知书
________税扣通〔　　〕号

______________________________：

________________未按规定缴纳税款（滞纳金、罚款），根据《中华人民共和国税收征收管理法》____________规定，经____________税务局（分局）局长批准，请于本通知书送达之时起至________年________月________日止按所附缴款凭证共________份开具的金额（大写）________________（¥________）元从其在你处的存款账户（账号：__________）扣缴入库（账号：__________）。

税务机关（签章）
年　　月　　日

以下由银行（或其他金融机构）填写
存款账户余额：
签收人：
签收时间：　　年　　月　　日　　时　　分

签收单位（签章）
年　　月　　日

使用说明

1. 本通知书依据《中华人民共和国税收征收管理法》第三十八条、第四十条、第五十五条、第八十八条设置。

2. 适用范围：

（1）税务机关对从事生产、经营的纳税人已采取税收保全措施，但纳税人逾期未缴纳税款时使用；

（2）从事生产、经营的纳税人、扣缴义务人未按规定的期限缴纳或者解缴税款，纳税担保人未按规定的期限缴纳所担保的税款，由税务机关责令限期缴纳，逾期仍未缴纳时使用；

（3）税务机关对从事生产、经营的纳税人以前纳税期的纳税情况依法进行税务检查时，发现纳税人有逃避纳税义务行为，并有明显的转移、隐匿其应纳税的商品、货物以及其他财产或者应纳税的收入的迹象时使用；

（4）当事人对税务机关的处罚决定逾期不申请行政复议也不向人民法院起诉、又不履行时使用。

3. 本通知书抬头填写纳税人、扣缴义务人或者纳税担保人开户银行或者其他金融机构的具体名称。

4. “________未按规定缴纳税款（滞纳金、罚款）”横线处填写纳税人、扣缴义务人或纳税担保人具体名称。

5. “经________税务局（分局）局长批准”横线处填写符合《中华人民共和国税收征收管理法》规定具有审批权限的税务局（分局）局长所在税务机关的具体名称。

6. 本通知书应与《税收强制执行决定书（扣缴税收款项适用）》一并依照规定的审批程序和权限，由县以上税务局（分局）局长批准后使用。

7. 本通知书与《税务文书送达回证》一并使用，在送达时签收时间不但要写明“年”“月”“日”“时”，而且要具体写明“分”。

8. 文书字轨设为“扣通”，稽查局使用设为“稽扣通”。

9. 本通知书为A4竖式，一式两份，一份随同《税收强制执行决定书（扣缴税收款项适用）》送金融机构，一份装入卷宗。

______税务局（稽查局）
税收强制执行决定书
（拍卖/变卖适用）
______税强拍〔　　〕号

______________：

根据《中华人民共和国税收征收管理法》______规定，经__________税务局（分局）局长批准，决定：______________________________

____

依法予以拍卖或者变卖，以拍卖或者变卖所得抵缴__________。

如对本决定不服，可自收到本决定之日起六十日内依法向______申请行政复议，或者自收到本决定之日起三个月内依法向人民法院起诉。

税务机关（签章）

年　　月　　日

使用说明

1. 本决定书依据《中华人民共和国税收征收管理法》第三十七条、第三十八条、第四十条、第五十五条、第八十八条，《中华人民共和国税收征收管理法实施细则》设置。

2. 适用范围：税务机关依法采取税收强制执行措施，依法拍卖或者变卖纳税人的价值相当于应纳税款的商品、货物或者其他财产，以拍卖或者变卖所得抵缴税收款项时使用。

3. “经______税务局（分局）”横线处填写符合《中华人民共和国税收征收管理法》规定具有审批权限的税务局（分局）局长所在税务机关的具体名称。

4. 在“决定：”后面的横线处，根据做出税收强制执行决定前的实际情况，从以下三款内容中选择填写。

对《税收保全措施决定书（查封/扣押适用）》（______税保封〔　　〕号）所查封（扣押）的你（单位）的商品、货物或者其他财产。

自　　年　　月　　日起对你单位相当于应纳税款、滞纳金（大写）元的商品、货物或者其他财产，予以查封（扣押），对你单位提供用于纳税担保（纳税担保书　　号）的商品、货物或者其他财产。

5. 税务机关在实施拍卖或者变卖时，拍卖或者变卖的商品、货物或者其他财产的价值，参照同类商品的市场价、出厂价或者评估价估算。

6. 税务机关按上述方法确定应拍卖或者变卖的商品、货物或其他财产的价值时，还应当包括滞纳金和扣押、查封、保管、拍卖、变卖所发生的费用。

7. 税务机关对有产权证书的动产或不动产拍卖后，向有关机关发出《协助执行通知书》，请有关机关协助办理该动产或不动产的过户手续。

8. “向________” 横线处填写有权受理行政复议申请的上级税务机关的具体名称。

9. 本决定书与《税务文书送达回证》一并使用。

10. 文书字轨设为“强拍”，稽查局使用设为“稽强拍”。

11. 本决定书为A4竖式，一式三份，一份送纳税人，一份送协助执行部门，一份装入卷宗。

________税务局（稽查局）
强制执行申请书
______税强申〔　　〕号

________________：

申请执行人：________________　　地址：________________

法定代表人：________________　　职务：________________

联系电话：________________　　邮政编码：________________

被申请执行人：________________　　地址：________________

法定代表人：________________　　职务：________________

联系电话：________________　　邮政编码：________________

____

____

____

____

根据____________规定，特申请贵院强制执行。

附件：____________

申请执行机关（签章）

年　　月　　日

使用说明

1. 本申请书依据《中华人民共和国税收征收管理法》第八十八条，《中华人民共和国行政诉讼法》第六十五条第一款、第二款及《中华人民共和国行政复议法》第三十三条设置。

2. 适用范围：税务机关申请人民法院强制执行税款、滞纳金、罚款、没收违法所得时使用。

3. 本申请书抬头填写税务机关申请强制执行的人民法院的具体名称。

4. 正文第一段填写申请理由，申请理由一般包含如下内容：

（1）对税务行政处罚决定未按规定申请行政复议或者向人民法院提起行政诉讼，又不履行；

（2）已对______（《税务处理决定书》名称、字号和《税务行政处罚决定书》

名称、字号）申请行政复议，但对__________（复议机关）________年________月________日作出的《税务行政复议决定书》（________税复〔　　〕　　号）逾期不起诉又不履行；

（3）已对________（《税务处理决定书》名称、字号、《税务行政处罚决定书》名称、字号、《税务行政复议决定书》名称、字号）提起行政诉讼，但不履行________人民法院________（判决书或裁定书名称、字号）的判决（裁定）。

5. “根据________规定”横线处依照不同情况填写以下内容：

（1）《中华人民共和国行政诉讼法》第六十五条第一款、第二款或者第六十六条；

（2）《中华人民共和国税收征收管理法》第八十八条；

（3）《中华人民共和国行政复议法》第三十三条。

6. “附件”根据具体情况填写《税务处理决定书》《税务行政处罚决定书》《税务行政复议决定书》或者人民法院判决书、裁定书的文书名称、字号。

7. 文书字轨设为“强申”，稽查局使用设为“稽强申”。

8. 本申请书为A4竖式，一式两份，一份送人民法院，一份装入卷宗。

______________税务局（稽查局）
税务行政处罚事项告知书
________税罚告〔　　〕号

______________________________：

对你（单位）的税收违法行为拟于________年________月________日之前作出行政处罚决定，根据《中华人民共和国税收征收管理法》第八条、《中华人民共和国行政处罚法》第三十一条规定，现将有关事项告知如下：

一、税务行政处罚的事实依据、法律依据及拟作出的处罚决定：

____

____

二、你（单位）有陈述、申辩的权利。请在我局（所）作出税务行政处罚决定之前，到我局（所）进行陈述、申辩或自行提供陈述、申辩材料；逾期不进行陈述、申辩的，视同放弃权利。

三、若拟对你罚款2000元（含2000元）以上，拟对你单位罚款10000元（含10000元）以上，你（单位）有要求听证的权利。可自收到本告知书之日起3日内向本局书面提出听证申请；逾期不提出，视为放弃听证权利。

税务机关（签章）

年　　月　　日

______税务局（稽查局）
税务行政处罚决定书（简易）
______税简罚〔　　〕号

<table>
<tr><td>被处罚人名称</td><td colspan="3"></td></tr>
<tr><td>被处罚人证件名称</td><td></td><td>证件号码</td><td></td></tr>
<tr><td>处罚地点</td><td></td><td>处罚时间</td><td></td></tr>
<tr><td>违法事实及
处罚依据</td><td colspan="3"></td></tr>
<tr><td>缴纳方式</td><td colspan="3">□ 1. 当场缴纳；
□ 2. 限 15 日内到______缴纳。</td></tr>
<tr><td>罚款金额</td><td colspan="3">（大写）______ ¥ ______</td></tr>
<tr><td>告知
事项</td><td colspan="3">1. 当事人应终止违法行为并予以纠正；
2. 如对本决定不服，可以自收到本决定书之日起 60 日内可以依法向______申请行政复议，或者自收到本决定书之日起 3 个月内依法向人民法院起诉；
3. 到期不缴纳罚款的，自缴款期限届满次日起每日按罚款数额的 3% 加处罚款；
4. 对处罚决定逾期不申请行政复议也不向人民法院起诉、又不履行的，税务机关将依法采取强制执行措施或者申请人民法院强制执行。</td></tr>
<tr><td colspan="4">税务机关

经办人：　　　　　　　　负责人：　　　　　　　　税务机关（签章）
　年　　月　　日　　　　　年　　月　　日　　　　　年　　月　　日</td></tr>
</table>

使用说明

1. 本决定书依据《中华人民共和国税收征收管理法》《中华人民共和国行政处罚法》第三十三条设置。

2. 适用范围：在对公民处以 50 元（含 50 元）以下、对法人或者其他组织处以 1000 元（含 1000 元）以下罚款，当场作出税务行政处罚时使用。

3. 填写说明：

（1）被处罚人名称：单位被处罚的，填写单位全称；个人被处罚的，填写个人姓名。

（2）被处罚人证件名称：单位被处罚的，填写税务登记证件，未办理税务登记的，填写组织机构代码证书；个人被处罚的，填写个人有效身份证件名称。

（3）证件号码：单位填写税务登记证件号码，未办理税务登记的，填写组织机构代码；个人填写有效身份证件的号码。

（4）缴纳方式：如果是当场缴纳，在“□1”内打“√”，如是指定缴纳在“□2”处打“√”，在“__________”填写缴纳地点；

4. 本表为A4型竖式，一式三份，当事人一份，作出处罚决定的部门一份，征收部门一份。

______税务局（稽查局）
税务行政处罚决定书
______税罚〔　　〕号

______：

经我局（所）______________________________________，你单位存在违法事实及处罚决定如下：

一、违法事实

（一）

1.

2.

（二）

……

二、处罚决定

（一）

1.

2.

（二）

……

以上应缴款项共计______元。限你（单位）自本决定书送达之日起______日内到________缴纳入库（账号：________）。到期不缴纳罚款，我局（所）将依照《中华人民共和国行政处罚法》第五十一条第（一）项规定，每日按罚款数额的百分之三加处罚款。

如对本决定不服，可以自收到本决定书之日起六十日内依法向________申请行政复议，或者自收到本决定书之日起三个月内依法向人民法院起诉。如对处罚决定逾期不申请复议也不向人民法院起诉、又不履行的，我局（所）将采取《中华人民共和国税收征收管理法》第四十条规定的强制执行措施，或者申请人民法院强制执行。

税务机关（签章）

年　　月　　日

使用说明

1. 本决定书依据《中华人民共和国税收征收管理法》《中华人民共和国税收征收管理法实施细则》《中华人民共和国行政处罚法》设置。

2. 适用范围：税务机关在对纳税人、扣缴义务人及其他当事人作出税务行政处罚决定时使用。

3. “经我局（所）____________”：横线处填写“于________年________月________日至________年________月________日对你（单位）________年________月________日至________年________月________日____________情况进行检查”，或“对你单位____________情况进行检查核实”。

4. 本决定书的主体部分，必须抓住税收违法的主要违法事实，简明扼要地加以陈述，然后列举处罚的法律依据，写明处罚结论。若违法事实复杂，应给予分类分项陈述。

5. 本决定书所援引的处罚依据，必须是税收法律、行政法规或者规章，并应当注明文件名称、文号和有关条款。

6. “向________”横线处填写有权受理行政复议申请的上级税务机关的具体名称。

7. 本决定书与《税务文书送达回证》一并使用。

8. 文书字轨设为“罚”，稽查局使用设为“稽罚”。

9. 本决定书为A4竖式，一式三份，一份送纳税人或者扣缴义务人或者其他当事人，一份送征管部门，一份装入卷宗。

______________税务局（稽查局）
税务行政处罚听证通知书
________税听通〔　　〕号

______________________________：

根据你（单位）提出的听证要求，决定于________年________月________日________时在____________________举行听证，请准时参加。无正当理由不参加听证的，视为放弃听证权利。

本次听证由________主持，如你（单位）认为主持人与本案有直接利害关系需要申请回避的，请在举行听证的3日前提出，并说明理由。

税务机关（签章）
年　　月　　日

使用说明

1. 本通知书依据《中华人民共和国税收征收管理法》第八条、《中华人民共和国行政处罚法》第四十二条、国家税务总局《税务行政处罚听证实施办法》第五条设置。

2. 适用范围：税务机关通知当事人参加听证时使用。

3. 抬头：填写当事人姓名或名称。

4. 本通知应在举行听证的7日前送达当事人。

5. 本通知与《税务文书送达回证》一并使用。

6. 文书字轨设为“听通”，稽查局使用设为“稽听通”。

7. 本通知书一式两份，一份送当事人，一份装入卷宗。

听证笔录

共　　页第　　页

案　　由：____

时　　间：____________________地　　点：____________________

听证主持人：__________________记 录 员：____________________

当事人姓名：__________________性　　别：________年　　龄：__________

工作单位：____________________职　　务：____________________

现住所：____

调查人员姓名：____

委托代理人姓名：____

工作单位：____________________职务：____________________

现住所：____

____

____

____

____

____

____

____

____

____

听证笔录续页

共　　页第　　页

听证主持人签字：　　　　　　　　　　记录员签字：

当事人签字：　　　　　　　　　　　　代理人签字：

本案调查人签字：　　　　　　　　　　证人签字：

其他有关人员：

使用说明

1. 本笔录依据《中华人民共和国税收征收管理法》第八条、《中华人民共和国行政处罚法》第四十二条和国家税务总局《税务行政处罚听证实施办法（试行）》第十八条设置。

2. 适用范围：税务机关在对税务案件组织听证时使用。

3. 本笔录所设定的内容应逐项填写，不得缺漏。

4. “案由”填写组织听证的案件名称和理由。

5. 本笔录要对当事人、代理人、本案调查人员等的意见客观、准确、详细地记录并经核对无误。

6. 本笔录为 A4 竖式，一式一份，装入卷宗。

格式一

____________税务局（稽查局）
协助执行通知书
________税协一〔　　〕号

____________________________：

我局已依法对__________的________________实施查封、扣押。根据《中华人民共和国税收征收管理法实施细则》第六十六条规定，在查封、扣押期间请不再办理该动产或不动产的过户手续。

附件：《税收保全措施决定书（查封/扣押适用）》（________税保封〔　　〕号）

税务机关（签章）

年　　月　　日

使用说明

1. 本通知书依据《中华人民共和国税收征收管理法》第五条、《中华人民共和国税收征收管理法实施细则》第六十六条设置。

2. 适用范围：税务机关在通知有关机关协助执行税收保全措施时使用。

3. 抬头：填写应通知的有关机关的具体名称，如：房地产管理、车辆管理等机关。

4. “我局已依法对________的________实施查封、扣押”中第一横线处填写被查封、扣押商品、货物或者其他财产的纳税人的具体名称；第二横线处填写被查封、扣押商品、货物或者其他财产的具体名称。

5. 本通知书与《税收保全措施决定书（查封/扣押适用）》《税务文书送达回证》一并使用。

6. 文书字轨设为“协一”，稽查局使用设为“稽协一”。

7. 本通知书为A4竖式，一式两份，一份送协助执行机关，一份装入卷宗。

格式二

________税务局（稽查局）
协助执行通知书
________税协二〔　　〕号

________________________：

根据________________规定，我局已依法解除对____________的__________实施的查封、扣押，请解除对该动产或不动产的过户限制。

附件：《解除税收保全措施决定书（查封/扣押适用）》（________税解保封〔　　〕号）

税务机关（签章）

年　　月　　日

使用说明

1. 本通知书依据《中华人民共和国税收征收管理法》第五条、《中华人民共和国税收征收管理法实施细则》第六十六条设置。

2. 适用范围：税务机关在通知有关机关协助执行解除税收保全措施时使用。

3. 抬头填写应通知的有关机关的具体名称，如：房地产管理、车辆管理等机关。

4. “根据________规定”横线处填写解除查封、扣押的法律依据。一般填写《中华人民共和国税收征收管理法》第三十八条、第四十条等条款。

5. “我局已依法解除对________的________实施查封、扣押”中第一横线处填写被查封、扣押商品、货物或者其他财产纳税人的具体名称；第二横线处填写被查封、扣押商品、货物或者其他财产的具体名称。

6. 本通知书与《解除税收保全措施决定书（查封/扣押适用）》《税务文书送达回证》一并使用。

7. 文书字轨设为“协二”，稽查局使用设为“稽协二”。

8. 本通知书为A4竖式，一式两份，一份随同《解除税收保全措施决定书（查封/扣押适用）》送协助执行机关，一份装入卷宗。

格式三

________税务局（稽查局）
协助执行通知书
________税协三〔　　〕号

________________：

根据________规定，我局已依法将________的________实施拍卖，请协助买受人________办理该动产或不动产的过户手续。

附件：1. 拍卖人出具的成交证明和有关材料；

2.《税收强制执行决定书（拍卖/变卖适用）》（________税强拍〔　　〕号）、《拍卖（变卖）商品、货物或其他财产清单》；

3. 其他材料。

税务机关（签章）

年　　月　　日

使用说明

1. 本通知书依据《中华人民共和国税收征收管理法》第五条设置。

2. 适用范围：税务机关通知有关机关协助买受人办理拍卖的动产或不动产的过户手续时使用。

3. 抬头填写应通知的有关机关的具体名称，如：房地产管理、车辆管理等机关。

4. "根据________规定"横线处填写税务机关拍卖纳税人商品、货物或者其他财产的法律依据。一般填写《中华人民共和国税收征收管理法》第三十八条、第四十条、第五十五条、第八十八条等条款。

5. "我局已依法对________的________实施拍卖"中第一横线处填写被拍卖的商品、货物或者其他财产的纳税人的具体名称；第二横线处填写被拍卖商品、货物或者其他财产的具体名称。

6. "请协助买受人________办理该动产或不动产的过户手续"横线处填写取得动产或不动产产权的买受人的具体名称。

7. 本通知书与《税收强制执行决定书（拍卖/变卖适用）》（________税　强拍〔　　〕号）、《拍卖（变卖）商品、货物或其他财产清单》、《税务文书送达回证》一并使用。

8. 文书字轨设为“协三”，稽查局使用设为“稽协三”。

9. 本通知书为 A4 竖式，一式两份，一份随同《税收强制执行决定书（拍卖/变卖适用)》、《拍卖（变卖）商品、货物或其他财产清单》送协助执行机关，一份装入卷宗。

______________税务局（稽查局）
涉税案件移送书
________税移〔　　〕号

______________________________：

______________一案，经我局调查核实，认为已涉嫌触犯《中华人民共和国刑法》__________的规定。根据《中华人民共和国税收征收管理法》第七十七条和国务院《行政执法机关移送涉嫌犯罪案件的规定》第三条及有关规定，现将该案移送你单位审查，是否决定立案侦查，请于收到本移送书十五日内将审查结果告知我局。

附件：1.

2.

（列明税务处理决定书、税务行政处罚决定书以及主要相关证据材料复制件名称）

税务机关（签章）

年　　月　　日

使用说明

1. 本移送书依据《中华人民共和国税收征收管理法》第七十七条和国务院《行政执法机关移送涉嫌犯罪案件的规定》设置。

2. 适用范围：税务机关在移送涉嫌犯罪的税收违法案件时使用。

3. 本移送书抬头填写公安机关的具体名称。

4. “________一案”横线处填写移送案件的名称。

5. 本移送书结合《税务行政执法审批表》经内部审批后使用。

6. 本移送书与《税务文书送达回证》一并使用。

7. 文书字轨设为“移”，稽查局使用设为“稽移”。

8. 本移送书为A4竖式，一式两份，一份送公安机关，一份税务机关留存。

税务行政执法审批表

编号		纳税人识别号	
纳税人名称			
税务执法行为			
拟使用文书			
申请理由	申请单位：　年　月　日		
承办部门审核意见	负责人：　年　月　日		
局长意见	局长：　年　月　日		

使用说明

1. 本审批表依据《中华人民共和国税收征收管理法》《中华人民共和国税收征收管理法实施细则》设置。

2. 适用范围：本审批表适用于税务机关内部审批税收执法行为时使用。各级税务稽查局在拟采取税收执法行为时，依照规定的审批程序和权限由税务局（分局）局长批准税务执法行为时使用本审批表。本审批表不能直接作为税收执法行为的法律文书。

3. 本审批表中的“税务执法行为”是指拟采取的具体税务执法行为，如调取账簿、检查存款账户、税收保全措施、税收强制执行措施等需要由税务局长审批的执法行为。

4. 本审批表“申请理由”是指拟采取税务执法行为的原因及依据，由提出申请的单位或部门经办人填写。

5. 本审批表需逐级分别填写及审批。“申请单位”填写查办案件部门或下级税务机关名称；“承办部门意见”填写稽查局或者其他主管部门意见；“局长意见”填写有审批权限的同级税务局（分局）局长意见。

6. 本审批表为 A4 竖式，一式一份，装入卷宗。